国家社科基金
GUOJIA SHEKE JIJIN HOUQI ZIZHU XIANGMU
后期资助项目

中古西欧末日启示神学的
史学运用研究

朱君杙　著

社会科学文献出版社
SOCIAL SCIENCES ACADEMIC PRESS (CHINA)

图书在版编目（CIP）数据

中古西欧末日启示神学的史学运用研究／朱君杶著
. --北京：社会科学文献出版社，2024.10
国家社科基金后期资助项目
ISBN 978-7-5228-3324-8

Ⅰ.①中…　Ⅱ.①朱…　Ⅲ.①基督教-神学-研究-
西欧-中世纪　Ⅳ.①B972.6

中国国家版本馆 CIP 数据核字（2024）第 050293 号

国家社科基金后期资助项目

中古西欧末日启示神学的史学运用研究

著　　者／朱君杶

出 版 人／冀祥德
责任编辑／郭白歌
责任印制／王京美

出　　版／社会科学文献出版社·区域国别学分社（010）59367078
　　　　　　地址：北京市北三环中路甲29号院华龙大厦　邮编：100029
　　　　　　网址：www.ssap.com.cn
发　　行／社会科学文献出版社（010）59367028
印　　装／三河市龙林印务有限公司

规　　格／开　本：787mm×1092mm　1/16
　　　　　　印　张：20　字　数：315千字
版　　次／2024年10月第1版　2024年10月第1次印刷
书　　号／ISBN 978-7-5228-3324-8
定　　价／128.00元

读者服务电话：4008918866

国家社科基金后期资助项目
出版说明

后期资助项目是国家社科基金设立的一类重要项目，旨在鼓励广大社科研究者潜心治学，支持基础研究多出优秀成果。它是经过严格评审，从接近完成的科研成果中遴选立项的。为扩大后期资助项目的影响，更好地推动学术发展，促进成果转化，全国哲学社会科学工作办公室按照"统一设计、统一标识、统一版式、形成系列"的总体要求，组织出版国家社科基金后期资助项目成果。

全国哲学社会科学工作办公室

目　录

导　言

　　四方上下曰宇，古往今来曰宙。时间和空间是历史学的两个重要维度，任何历史编纂活动都要观照到这两个维度，中世纪西欧史学编纂活动也概莫能外。自人类步入文明社会以来，一直存在着两种时间观：一种是循环时间观，另一种是线性时间观。在古代东方的埃及、印度和西方的希腊世界非常盛行循环时间观，此种时间观将小到人的生命，大到人类社会的历史理解成一个周而复始的圆圈。基督教兴起并在西方社会占据主导地位后，逐渐打破了此前世界的循环时间观。相比其他文明的循环时间观，基督教的时间观是一种以神为中心的线性时间观，即将历史解释成耶稣基督救赎人类的过程，亦即人类蒙受基督圣恩，灵魂得到救赎并奔向永恒天国的历史。末日论是基督教理论的一项重要内容，强调皇帝、国王等世俗君主所统治的帝国无论多么强大，其辉煌都是暂时性的，它们终将灰飞烟灭、归于尘土。耶稣为救赎世人而"道成肉身"并被钉死在十字架上，但他三天后复活，四十天后升天，不过，耶稣和圣父终有一天将会复临人间审判古往今来的一切人类生灵，亡故者也将复活与存世之人同受审判，信神并行善者将升入天堂，不信神及为恶者将不得救赎而堕入地狱。一切世俗政权也将烟消云散，届时耶稣为王的天国将永存于世。基督教的末日论被《圣经》等基督教经典所强调。依据基督教经典《圣经》的记载，基督教把人类历史看作一个拥有起点、中点和终点的一维性数轴，起点是上帝创世、中点是耶稣基督"道成肉身"、终点是耶稣基督复临人间展开末日审判，创立耶稣为王的"上帝之国"，而这一过程都是上帝早已预先设定好的，非人力所能改变。《圣经》是反映上帝启示的基督教经典，其中的《但以理书》《启示录》① 等篇章时常被教会史家作为末日启示神学理论的来源和依据。这种历史哲学所依托的最为常见的史学体裁形式是长时段的世界编年史。将基督教末日启示的理论运用于历史著作始于 4 世纪，与基督教史学取代古典史学成为西方主流史学的时间变化相一致，这一时期的教会史家把《圣经》中所记载的古代犹太人和异教王国的历史视为事实原封不动地予以接受，并从《圣经》经文中寻找预示人类历史发展走向的经文，"曲为比附"解释人类的历史并根据《圣经》中的经文启示，形成了两个固定的末日启示的理论模式——"四大帝国"和"六个时代"。与此同时，由于《启示录》揭示了预示未来末日的种种异象，它成了中世纪神学家领悟末日奥秘的重要依据。《启示录》在中世纪的西欧被神学家不断编纂、注疏，其预示末日的种种异象也被史家运用到历史著作中。

然而，随着中世纪历史的推进，人类历史的演进并未完全按照早期教会史家所预想的那样发展，世界末日不仅未在 500 年、800 年来临，800年查理曼加冕，尘世中反而又出现了一个基督教大帝国。为了与世界末日迟迟未来临的现实相呼应，基督教神学家、史学家创造了"五大帝国"、"帝国权力转移"、"敌基督"拖延者、"最后一位世界皇帝"等神学历史哲学的新概念解释历史。随后，1000 年前后的"千年恐慌"、蒙古西征引发的恐慌都促使基督教神学家、史学家构建新的解说话语，丰富了末日启示神学历史哲学的实际运用。而不列颠、伊比利亚半岛的神学家、史学家也根据自身王国地域、历史传统的不同特点，分别有选择地运用末日启示神学的某种形式解释他们母国的历史，将母国的历史与上帝属意的神学合法性联系在一起。在中世纪晚期，随着"文艺复兴"期间人文主义思潮的兴起，神本史观受到了冲击，末日启示神学历史哲学的理论及其史学实践遭到了法、意史学家的否定和批判。然而，在德国宗教改革时期，由于尊崇《圣经》和受德意志民族主义情绪高涨的刺激，建立在基督教末日启示这一神本史观基础上的"四大帝国"理论受到了德国宗教改革史家

---

① 本书所讨论的《启示录》相传为约翰长老于拔摩海岛撰写的，本书注释所引内容源自和合本《圣经》。因为和合本《圣经》将其翻译为《启示录》，故本文也采用此种翻译方法。凡未在《启示录》之前标明撰写者名讳的《启示录》均为约翰《启示录》。

的追捧。

　　需要指出的是，末日启示神学理论及其史学运用在中世纪信奉基督教的各个国家中普遍存在，尤其是在东南欧的拜占庭帝国和西亚叙利亚地区，伪美多德（Pseudo-Methodius）《启示录》传入西欧后，对于西欧"敌基督"和"最后一位世界皇帝"的末日启示论概念的形成有着重要的影响。然而，由于笔者专业方向所限，有关拜占庭帝国及其他基督教文明区的末日启示神学理论及其史学运用并不在本书探究的范围内，本书探究的地域范围是西欧地区，包括西欧封建时代信奉基督教的三大区域：一是加洛林帝国统辖的地区及其继承国；二是中世纪伊比利亚半岛地区；三是不列颠岛地区。今天挪威、瑞典所在的地区从地理和文化传统的角度审视，都属于西欧地区，该地区在中世纪鼎盛时期也实现了基督教化和封建化，理应列入本书探究的范围，但笔者没有找到该地区中世纪史家运用末日启示神学的资料，故弃而不述，特此说明。本书探究的时间范围为5～16世纪，关于中世纪应于哪一具体时间点终止，学界意见不一，有观点认为应结束于1640年英国资产阶级革命，有观点认为应终结于16世纪中期的尼德兰革命，国际学术界对欧洲中世纪下限的认识并不一致，以16世纪为欧洲中世纪下限是西方通行的简便做法，也被国内学界所普遍采用。国内现行权威教材均以16世纪初为中世纪结束、近代开启的时间节点。笔者也认同这一通行分期方法，但是西欧史家运用末日启示论撰史的传统并未随着中世纪的结束戛然而止，而是在近代早期相当长的一段时间内被延续，故而笔者论述的时间范围也相应地向后顺延了100余年，以更为全面地揭示这一撰史传统的演变。

一　国内研究现状

　　新中国成立后，受各方面条件的限制，国内学界有关中世纪西欧史学史的研究长期以来以宏大叙事为主，仅能满足西方史学史最基本的教学、科研需求。有关中世纪西欧史学史的成果往往以西方史学史教科书中的一个章节的面貌呈现，对于西欧中世纪历史文献的记载颇为简略，表现为收录其中的文献数量稀少。大多数西方史学史的教科书对于中世纪早期历史文献的介绍主要围绕格雷戈里的《法兰克人史》（*Historia Francorum*），艾因哈德的《查理大帝传》，以及阿尔弗烈德大王在位时编写的《盎格鲁-撒克逊编年史》。对于中世纪西欧史学史发展状况的评价，其立场雷同单一且概念化倾向十分严重，基本秉持中世纪西欧史学乃是基督教神本史观产物的解说模式，认为它存在着"以经解史"、虚妄失真的弊陋之处，但其究竟如何"以经解史"？中世纪西欧神学家、史学家主要依据何种基督教经文，又是如何将经文中的神学理论运用于史书编纂之中的？其运用状况有何变化？在中世纪的西欧，神学理论运用于史书编纂的适应性问题是否始终契合如一？中世纪的西欧地域广袤，王国、帝国、教皇国、伯爵领、公爵领等各种封建政权林立，各个地区的神学家、史学家运用神学理论于史书编纂之中，是存在地缘方面的差异，还是"通西欧皆一式"？读者们读后疑窦丛生。笔者认为，此种现象出现之缘由乃是受各种主客观条件的限制，早年国内学界对于中世纪西欧史学史的著作并未完全立足于各类历史文献。一方面，新中国在国际社会中受西方国家的孤立、封锁，国内世界史研究前辈缺乏与西方同行交流的渠道，缺乏学习西方古代语言、现代语言的渠道；另一方面，各类中世纪原始文献、各类中世纪历史文献现代语言的翻译版本也很难获取。为了满足西方史学史教学科研工作的需要，前辈们排除万难，主要以苏联或西方通史性著作为典范，编写了西方史学史的教科书，构建起包括中世纪西欧史学在内的整个西方史学史的框架结构体系。他们为后来的学者留下了继续深耕、探幽发微的广阔空间，其"筚路蓝缕、以启山林"的拓荒之功不容否定。

近年来，随着对外学术交流的增多以及现代信息技术的发展，中青年中世纪史研究者不懈地努力，对于中世纪西欧各类历史文献的研究持续升温。北京师范大学、北京大学、东北师范大学等高校的中世纪史研究者已经开始关注这一课题的某些具体问题并有较为前沿的学术论文发表，如北京师范大学刘林海的《〈但以理书〉及其史学价值》①，对"但以理"解梦的预言启示及其所隐喻的人类历史将要经历"四大帝国"的理论及概念作了较为详细的介绍。刘林海的《早期基督教的历史分期理论及其特

① 刘林海：《〈但以理书〉及其史学价值》，《史学史研究》2013年第1期。

点》①，介绍了早期基督教的各种历史分期方法，对源自《圣经》、具有末日启示性质的"六个时代"的历史分期法作了详细的介绍。北京大学李隆国的《从结巴诺特克的〈查理大帝传〉看"金属"中的人类历史》②，从基督教历史哲学的角度，解释了结巴诺特克为何对"铁"感兴趣，认为他既利用《但以理书》以及教父的相关注疏，尤其是其中有关历史进程的理论，也根据当时具体的政治形势，理论联系实际，有针对性地为加洛林帝国的长久统治提供辩护。东北师范大学朱君杙、王晋新的《长存多变的"巨兽"——论中古西欧史家"四大帝国"结构原则的运用》③，对于末日启示论的重要撰史形式——"四大帝国"的结构原则在中世纪西欧的运用状况进行了探究。朱君杙的《竖立起塑像金头的查理曼——论结巴诺特克〈查理大帝事迹〉中的神学隐喻》④，对结巴诺特克基于末日启示论将自己对于加洛林帝国神学历史地位的认知融入《查理大帝事迹》撰写之中的状况进行了探究。朱君杙的《加洛林时代基督教"四大帝国"末日启示理论的史学运用研究》⑤发表于《新史学第二十九辑：差异的清单》，对"四大帝国"理论在加洛林时代的具体运用状况进行了探究。现阶段国内的研究与过往相比，在研究的前沿性和具体方面有了较大的突破，已经基本突破了过往西方史学史教科书对于西欧中世纪史学的概念化认知，为以后更为全面、系统地研究奠定了一定的基础。

二 国外研究现状

西方学术界对于末日启示论的研究虽然成果丰硕且研究非常深入细致，然过于偏重神学，并未立足史学本身，对于末日启示神学与史学之间

---

① 刘林海：《早期基督教的历史分期理论及其特点》，《史学史研究》2011 年第 2 期。
② 李隆国：《从结巴诺特克的〈查理大帝传〉看"金属"中的人类历史》，陈恒、洪庆明主编《世界历史评论第 3 辑：叙述事实与历史事实》，上海人民出版社，2015。
③ 朱君杙、王晋新：《长存多变的"巨兽"——论中古西欧史家"四大帝国"结构原则的运用》，《历史教学》（下半月刊）2016 年第 2 期。
④ 朱君杙：《竖立起塑像金头的查理曼——论结巴诺特克〈查理大帝事迹〉中的神学隐喻》，《历史教学》2017 年第 11 期。
⑤ 陈恒编《新史学第二十九辑：差异的清单》，大象出版社，2022。

的互动变化未有明确、细致的探究，因而无助于全面深刻地理解这一问题，但其研究成果及其研究方法值得借鉴。

相关研究专著中重要的有以下几部。詹姆斯·T. 帕默（James T. Palmer）的《中世纪早期的末日启示论》（*The Apocalypse in the Early Middle Ages*）①，对于4～11世纪西欧末日启示论的起源、发展演变进行了全面的考察，尤其对于中古早期西欧人有关世界寿命的计算及其争议以及因世界末日而引发的末日恐慌问题进行了详细的探究。由于该著的侧重点在于末日启示神学，所以帕默援引了许多神学家的神学作品、信札、宗教会议的记录、诗歌、历史著作说明其末日启示论的观点，由于该著的立意并非为了说明末日启示论对于史书编纂的指导和影响作用，所以对于末日启示神学与史学之间的互动变化也未有明确、细致的探究，但就神学研究的角度而言，该著具有较高的学术价值。

伯纳德·麦基恩（Bernard McGinn）的《末日的幻象：中世纪末日启示的传统》（*Visions of the End: Apocalyptic Traditions in the Middle Ages*）②是从幻象、神谕传说的角度探察中世纪西欧的末日启示论。认为"幻象"是在虔信宗教的社会氛围下，信徒产生的一种迷幻的视觉现象和思想意识现象，可能是在梦境中，也可能是在清醒的状态下。此外，中世纪的西欧神谕传说颇为盛行，这些传说大多是一些所谓预言家在迷幻状态下吐露出的话语，最著名的是西贝尔的神谕传说，无论是幻象还是神谕都被认为带有上帝启示的神圣性。而经某些神学家的解释，这些幻象和神谕具有预言人类历史如何走向世界末日的特点，可能是人们对于世界末日启示问题认知的一种宗教形式的反映。麦基恩的研究较为全面，从5世纪一直叙述至15世纪哥伦布发现美洲新大陆，但与帕默一样的是，该著的立意并非为了说明末日启示论对于史书编纂的指导和影响作用，所以对于末日启示神学与史学之间的互动变化也未有明确、细致的探究，其援引的材料多是神学家的神学作品、信札、宗教会议的记录、

---

① James T. Palme, *The Apocalypse in the Early Middle Ages*, Cambridge: Cambridge University Press, 2014.

② Bernard McGinn, *Visions of the End: Apocalyptic Traditions in the Middle Ages*, New York: Columbia University Press, 1979.

诗歌，历史著作较少。

布雷特·爱德华·惠伦（Brett Edward Whalen）的《上帝的统治权：中世纪的基督教世界和末日启示论》（*Dominion of God: Christendom and Apocalypse in the Middle Ages*）探究了 11~14 世纪的末日启示论。他的探究与时代背景结合得较为紧密，11 世纪的教会改革运动、12 世纪的教皇英诺森三世扩张教皇权运动、13 世纪的方济各修会运动都有所述及。这些运动对于末日启示论的影响是惠伦探究的重点，菲奥里的约阿西姆的末日启示论思想是惠伦着重探究的对象。

除了学术专著外，西方学术界还有一些学术论文，如约瑟夫·沃德·斯温（Joseph Ward Swain）的《对照罗马帝国历史的四大帝国理论》叙述了"四大帝国"理论在罗马帝国晚期形成、发展演变的历史。理查德·兰德斯（Richard Landes）的《千年末日的恐慌：中世纪和近代的奥古斯丁派历史撰著》（*The Fear of an Apocalyptic Year 1000: Augustian Historiography Medieval and Modern*）围绕公元 1000 年临近形成的"千年末日"的恐慌心理，探讨了神学家、史学家在此种恐慌心理的作用下如何在历史著作中表达末日启示思想。

三　主要观点

（一）中古西欧基督教末日启示神学在史学领域的运用并不是固定僵化的模式，而是具有一定的灵活适应性，有调整自身叙述模式以迎合历史现实的倾向。

（二）中古西欧末日启示论主要是教职人士所创并将其运用于史学撰著之中，但主流服务对象却是以皇帝为代表的世俗君主。

（三）中古西欧末日启示论虽产生于教会主权观念盛行、民族国家概念尚未完全成熟的中世纪，但其运用于史书编纂时仍带有符合时代背景的"民族性"。

（四）中古西欧的末日启示论具有较强的生命力，在从中古到近代转型之时虽遭人文主义者批判与否定，但得到了德国新教改革家的厚爱并在史学运用上出现了新的变化。

四　研究方法

（一）史学与神学跨学科研究并举。基督教末日启示论是基督教神学历史哲学的重要内容，追根溯源这一理论的源头是基督教的经典文献《圣经》，所以研究这一课题，需要对《圣经》和教父著作有一定程度的了解和掌握，对于初步的神学理论知识需要有一定程度的把握。与此同时，对于中古西欧重要的史家及其著作也要有所了解和掌握。然后，在此基础上，对二者加以对照，发掘末日启示论这一基督教神学历史哲学是如何指导史家撰写历史著作的，同时又是如何根据世界末日迟迟未来临，尘世中新的基督教帝国诞生这一新的历史条件调整既有末日启示的历史理论模式，创造新的末日启示理论概念的。

（二）历史文献与史家背景相结合。一方面，从历史文献入手，熟读中世纪西欧的各种历史文献，在阅读、研析这些历史文献的文本时，重要的是要细心研读，对其强调之处加以格外严密的分析。然后，深入系统地发掘历史文献文本中所蕴含的末日启示神学指导思想，对于既有的末日启示理论模式的继承以及史家的创新之处要有所掌握。另一方面，对于史家所处的时代背景及政治背景要有所了解和把握，如史家所处的时代是否已经临近过往末日启示论预设的世界末日的最后期限，社会大众是如何看待预设的世界末日即将临近的观念，是否存在一种恐慌的社会心理，这些必然会对史家运用末日启示论撰写历史著作产生重大的影响。同时，需要对史家所属的政治派别及其政治立场有所把握，考察史家在运用末日启示论撰写历史著作时是否受到了政治情感的影响，以及是如何因应这一情感对末日启示论进行相应调整的。

五　学术创新

（一）对于中世纪西欧基督教史学的定性更为客观具体。以往国内学界对于中世纪西欧基督教史学的认知与定性过于笼统和概念化，如"神本史观""非理性、虚妄""以经解史"等，一个又一个"宏大概念"仿佛中世纪西欧的基督教史学是一种封闭的、一成不变的哲学形式。事实上，中世纪西欧的基督教史学是一种动态开放的哲学形式，以末日启示论的史学运用为例，它就曾吸收中古拜占庭帝国和西亚地区的某种神学哲学形式，如西亚叙利亚地区伪美多德《启示录》传入西欧后，对于西欧"敌基督"和"最后一位世界皇帝"的末日启示论概念的形成有着重要的影响。在纵向的时间上，末日启示论也随着世界末日迟迟未来临、新的基督教大帝国出现而调整，创造"帝国权力转移"等新概念与之相适应。

（二）打破固有认知和定性。以往国内学界对于中世纪西欧基督教史学的认知过于偏颇和笼统，"教会垄断一切""为教会服务"等概念成了人们对西欧中世纪史学的固有认知和定性。事实却并不尽然，以末日启示论的史学运用为例，史家存在着偏爱所属主君帝王、偏爱本族群和母国的情感倾向。

（三）借鉴而不盲从西方。西方学术界对于末日启示神学与史学之间的互动变化未有明确、细致的探究，因而无助于全面深刻地理解这一问题，但其研究成果及研究方法值得借鉴。

六　学术价值

（一）夯实西欧中世纪史研究的基础。对国内学术界中世纪史的研究现状进行梳理后，便可发现国内从事西欧中世纪早期史领域研究的人员稀少，成果极其有限，呈现简单化、碎片化的状态，本书将西欧中世纪两大重要领域神学和史学联系起来加以考察，既有助于理解中世纪神学思想对于史学的影响，又涉及许多历史文献，为史学研究提供了较为可靠的文献支撑，有助于增强国内西欧中世纪史研究的基础。

（二）为西方史学史等相关学科的发展提供参考。本书全面、客观、公允地呈现中世纪基督教末日启示神学的史学运用，破除"教会垄断一切""为教会服务"等有关西欧中世纪史学固有结论和思考模式的束缚，增进我国西方史学史学科建设，促进其扎实地成长与健康地发展。

第一章

末日启示神学的兴起及其
史学运用理论的成形

第一节 《启示录》的编纂与末日启示的
神学命题

　　基督教传统认为《启示录》是使徒约翰被罗马皇帝图密善放逐至拔摩海岛后，将自己接获的异象书录下来形成的。相传当时罗马皇帝图密善疯狂迫害基督徒，许多基督徒因恐惧而灵性动摇，使徒约翰将救主传递给他的各种奥秘异象书录了下来，以此告诫基督徒们要至死忠诚地效忠教会。基督教传统认为《启示录》中的各种异象乃是上帝指示约翰并透过约翰指示基督徒们的"道"，所以它预示了人类社会未来历史发展的走势和趋向，即尘世中的世俗政权终将覆灭，神圣的基督教会必将取得最终的胜利。在基督教信仰极端虔敬、炽烈的中世纪西欧，《启示录》因为隐含着基督指示的"道"而受到教会神学家和普通信徒的高度重视，它不仅在某些王国教会的宗教仪典中被宣读，而且被许多《圣经》注释家不断注疏、阐释以方便基督徒更为深入、透彻地理解基督的指示。它的精髓内核还深入当时的绘画艺术、哲学、历法计时、历史编纂学等多个领域，成为中世纪西欧《圣经》文化的一个重要分支。由于《启示录》通过上帝启示的形式揭示了世界末日的到来，西方学者多从末日期盼的维度剖析《启示录》，如伯纳德·麦基恩教授提出预测

性末日期盼和非预测性末日期盼的概念①，詹姆斯·T. 帕默教授提出
"个人道德的末日"或"集体或政治的末日"，前者关心每个人审判结
果的个人道德、罪与忏悔，后者关心更大规模的组织，如帝国、教会在
末日中的角色。② 因为《启示录》是对未来的启示性预测，在时间维度
上构成了一种纵向、直线向前的时间线索，为中世纪基督教神学家、史
学家建构过去、现在和未来提供了符合基督教宗教观的时间脉络和神学
历史素材，所以《启示录》中的末日启示性的内容经常被中世纪西欧
的基督教神学家、史学家所援引、延伸。

现存最早的关于《启示录》的拉丁文注疏是由 3 世纪下半叶彼他的
维克托里乌斯（Victorinus of Pettau）撰写的，这篇注疏后来被哲罗姆重
写，以维克托里乌斯-哲罗姆重写本而闻名于世。此后，阿尔勒的凯撒里
乌斯、卡西奥多鲁斯、普里马西乌斯（Primasius）都曾对《启示录》进
行注疏，不过，他们的注疏长短不一、形式多样，阿尔勒的凯撒里乌斯的
注疏以彼他的维克托里乌斯和泰哥尼乌斯（Tyconius）的《启示录》为主
要的材料来源。阿尔勒的凯撒里乌斯的注疏没有采取严格的注疏体裁形
式，而是一些用于布道的"粗略草稿"或"笔记"的整合。卡西奥多鲁
斯的注疏为摘要注疏，没有对《启示录》的全篇予以注疏，目的是为他
的门徒提供一份灵修的参考指南。527～565 年在北非担任哈德鲁梅图姆主
教的普里马西乌斯的《启示录》注疏非常有影响力，他使用的《启示录》
底本几乎一字不差地抄录自奥古斯丁和泰哥尼乌斯的《启示录》经文，
他的注疏内容在很多方面模仿哲罗姆、彼他的维克托里乌斯和泰哥尼
乌斯。

在西哥特王国统治的早期，教会神学家、史学家除了在编纂历史时运
用到末日启示的神学理论外，还对饱含这一理论的《启示录》进行了注
疏，其中最为著名的注疏作品是贝贾的阿普林吉乌斯的《〈启示录〉注
疏》。在西哥特王国复活节至五旬节期间，基督教会通常会举行莫萨拉布

---

① Bernard McGinn, "The End of the World and the Beginning of Christendom," in Macolm Bull ed.,
   Apocalypse Theory and the Ends of the World, Oxford: Blackwell Publisher, 1995, p. 60.
② James T. Palmer, *The Apocalypse in the Early Middle Ages*, Cambridge: Cambridge University Press,
   2014, pp. 7-8.

圣咏，咏诵《启示录》是这一宗教仪式的重要内容。由于开展宗教仪式活动，西哥特王国的基督徒需要更为深入、透彻地理解《启示录》，可能这是贝贾的阿普林吉乌斯对《启示录》进行注疏的原因。贝贾的阿普林吉乌斯本人是信奉罗马正统教派的基督徒，而当时西哥特王国的国王狄乌蒂斯信奉阿里乌斯派，不过这位西哥特国王并没有对罗马正统教派的基督徒进行过宗教迫害，贝贾的阿普林吉乌斯在他的《〈启示录〉注疏》中也没有对阿里乌斯派异端的观点进行批驳，这种现象反映了西哥特王国当时的宗教现实——尽管西哥特王国内部存在着信仰的分歧，但这种分歧并不十分尖锐。作为罗马正统教派的主教，贝贾的阿普林吉乌斯在他的《〈启示录〉注疏》中反复强调"圣三一"论。他在序言中宣称耶稣基督是"律法的创作者"，弱小的人类无法解释它，除非在"基督两性双重圣礼奥秘"的指导下才能够解释律法。圣灵居住在耶稣的体内，神（圣灵）教导我们，亦如圣灵打开我们的内心之门。贝贾的阿普林吉乌斯认为《启示录》是上帝通过先知约翰传达给基督徒的"道"，必须对它予以正确的阐释，通过这些神圣的话语照亮教会。关于《启示录》中的"七封印"说，贝贾的阿普林吉乌斯认为这"七封印"象征着耶稣基督生命中的七个事件——（1）"道成肉身"；（2）诞生；（3）受难；（4）死亡；（5）复活；（6）荣耀；（7）称王。

在古代晚期及中世纪早期基督教世界对《启示录》的注释传统中，诺森伯利亚的比德的贡献和深远影响不容忽视。当然，比德的注疏也是建立在前代教父努力的基础上，研究现存的比德对《启示录》的众多抄本，我们会发现比德对泰哥尼乌斯的《〈启示录〉注疏》颇为了解，而且他的注疏也参考了奥古斯丁的《论基督教教义》。不过，比德并没有一成不变地继承前人，而是有所思考并且进行了影响深远的创新。比德的创新主要表现在对于《启示录》中神学异象的解释，如将哲罗姆"敌基督之后将出现和平"的神学理念引入对《启示录》的注疏中；为了求得与约翰在拔摩岛接获的诸种异象启示的神学一致性，将"七封印"的异象视为一个独立且统一的整体，并将"七封印"连续不断的开启视为教会所经历的诸阶段，第一封印中的白骑士代表原始教会的纯洁，继之而起的三骑士代表三次针对教会的连续战争，在此基础上，第六封印的种种灾难是

"敌基督"统治下尘世人们所要遭受的最后考验，而"天上寂静约有半小时"则是哲罗姆早已确定的"敌基督"到来之后至末日审判之前的短暂安息期。① 比德还将七位天使吹响的七声号角视为与"七封印"同一的事物，即具有相同的神学象征性意涵，象征着教会所要经历的诸阶段，对于七声号角吹响顺序的解释也与"七封印"先后开启的解释大同小异。② 比德的上述解释侧重于宣示和强调罗马教会对世界的领导，正如他在《〈启示录〉注疏》中将天使站在世界的四个角落，解释为亚述人、波斯人、希腊人和罗马人的统治，最后归于罗马教会的统治。③

比德对于《启示录》的注疏对安布罗西乌斯－奥特佩尔图斯产生了重要的影响，后者在 758～767 年对《启示录》进行了更为详尽的注疏。安布罗西乌斯是伦巴第贝内文托公国的僧侣，他的注疏直接遵循了普里马乌斯的传统，以其底本为基础，对于其内容的引用甚至多达数百次，同时又注入了比德注疏的神学精神，他注疏《启示录》的意义在于向基督徒传递个人默思在灵修方面的益处。安布罗西乌斯的注疏又对 9 世纪下半叶西法兰克王国勃艮第地区圣日耳曼欧塞尔修道院修士海默的注疏产生了重要的影响，海默大量借鉴安布罗西乌斯的注疏内容，不过，二者的精神内核有所不同。安布罗西乌斯强调个人静默修道在灵修中的重要意义，而海默则强调修道士作为宗教战士在反对异教徒战争中的重要作用，他在注疏中

---

① "人们相信在'敌基督'被消灭后，教会将有一段安息期……为什么在'敌基督'亡故后会有四十五天的安息期呢？这只有上帝知道，除非我们可以说，推迟上帝之国的到来是对圣徒忍耐的考验。" Saint Bede (the Venerable), John Allen Giles, *The Complete Works of Venerable Bede: Commentaries on the Scriptures*, London: Whittaker, 1844, p. 373.

② "教会通常专门用数字七来表示传道的职责。第一声号角象征着用火和冰雹全面摧毁恶人。第二声号角象征着被驱逐出教会的魔鬼，在这个世界的海洋中被燃烧得更加猛烈。第三声号角象征着从教会中失足的异端。第四声号角象征着假教友们的堕落。第五声号角象征着异端分子更加猖獗，预示着'敌基督'时代的到来。第六声号角象征着'敌基督'和他的追随者对教会的公开战争以及主的到来，'敌基督'的毁灭。第七声号角象征着末日审判日的到来，在这一天，主将奖励他自己的人，并消灭那些败坏的人。" Saint Bede (the Venerable), John Allen Giles, *The Complete Works of Venerable Bede: Commentaries on the Scriptures*, London: Whittaker, 1844, p. 373.

③ 四位天使可以理解为与四方文风相同，这与但以理的预言一致。但以理预言："看哪，天上的四方文风在大海里争竞，有四只巨兽从海里上来。""四只巨兽"象征着亚述、波斯、希腊、罗马四大帝国。Saint Bede (the Venerable), John Allen Giles, *The Complete Works of Venerable Bede: Commentaries on the Scriptures*, London: Whittaker, 1844, p. 366.

频繁使用一些表示激烈斗争的术语来描述《启示录》中基督与魔鬼之间的善恶之战。在"加洛林文艺复兴"期间，查理曼本人就十分热心于推动《圣经》的注疏和阐释，阿尔昆是查理曼文化政策的主要合作者，宫廷学校的校长，他对《启示录》进行了注疏。① 而且阿尔昆还以《圣经》中新的经文隐喻"四大帝国"，他认为《启示录》中的"四方之风"代表着亚述、波斯、马其顿和罗马四大帝国。②

　　注疏《启示录》的传统不仅在中古西欧基督教王权的庇护下开展，而且在伊斯兰教统治下的基督教社团中也颇为低调地进行着。在安德鲁斯政权的统治下，颇受宗教禁锢的半岛基督徒们也以注疏《启示录》的方式提醒信徒们坚定基督必胜的信仰，勇敢地面对异教政权的压力及其所带来的种种磨难。安德鲁斯统治时期影响力最大的《启示录》注疏是由黎巴纳的比阿图斯（Beatus of Liébana）创作的。他以泰哥尼乌斯已经散佚的《〈启示录〉注疏》、彼他的维克托里乌斯的《〈启示录〉注疏》、贝贾的阿普林吉乌斯的《〈启示录〉注疏》为底本，连同奥古斯丁、哲罗姆、大格雷戈里和伊西多尔的著作片段撰写了自己的《〈启示录〉注疏》。③ 比阿图斯将自己的这部注疏称为"图书馆的钥匙"，涉及主题颇为广泛，包括上帝的本质、三位一体、基督、圣母玛利亚、教会学、罪的本质、悔过和救赎。与奥古斯丁将世界分为尘世之城和上帝之城两部分的划分方法不同，比阿图斯遵从了泰哥尼乌斯的划分方法，将世界分为教会和尘世中的王国，教会本身又分为虔信者和邪神恶灵的追随者（包括假先知、异端分子和分裂教会分子）。比阿图斯的《〈启示录〉注疏》虽然没有直接通过文字形式表达对西班牙伊斯兰政权的敌对，但它通过图像的形式表达

---

① Paul E. Szarmach, M. Teresa Tavormina, Joel T. Rosenthal, *Routledge Revivals: Medieval England (1999): An Encyclopedia*, New York: Routledge, 2017, p. 14.

② 阿尔昆的具体表述为："我看见四位天使站在地的四角，执掌地上四方的风，叫风不吹在地上、海上和树上……四位天使代表着什么，您知道古人的身体吗？象征着四大帝国——亚述、米底和波斯、马其顿和罗马……阿尔昆认为执掌'四方之风'的四位天使与但以理所解的梦中的铜像身体的四部分以及'四大帝国'一样同属撒旦的邪恶之体，终将被基督毁灭，而日出之地上拿着永生神印的天使则是救世主基督。"Albinus Flaccus Alcuinus, "B. Flacci Albini seu Alcuini, Abbatis et Caroli Magni Imperatoris," in J. P. Migne ed., *PL*, Vol. 100, Paris, 1863, cols. 1128–1129.

③ Simon Barton, Robert Portass, *Beyond the Reconquista: New Directions in the History of Medieval Iberia (711–1085)*, Leiden: Brill, 2020, p. 263.

了阿斯图里亚斯国王必将摧毁伊斯兰政权的神定宿命。比阿图斯的《〈启示录〉注疏》中有一幅耶路撒冷图，上帝的羔羊（耶稣）背负着等同于武器的十字架，此类十字架图像在这一时期伊比利亚半岛的手稿中颇为常见，它表达了两个主题——一是和平、光明、国王和法律，二是召唤君士坦丁皇帝幻象的传奇。凭依这个十字架符号，虔敬者得到庇护，敌人被摧毁。海默之后，直至公元 1000 年之后，西欧才有新的重要的《启示录》神学阐释理论问世，其中一个里程碑式的人物是意大利西西里王国的修士菲奥勒的约阿希姆（Abbot Joachim of Fiore，1135 - 1202）。约阿希姆以《启示录》为基础理解包括《旧约》在内的整部《圣经》，撰写了《新约与旧约的谐致》（*Concordia Novi ac Veteris Testamenti*）。菲奥勒的约阿希姆在该书中提出了 "两约谐致"① 和 "七封印" 的末日启示论，他的理论对于后世的神学家产生了重要的影响，是他们解释《启示录》的重要依据，如以豪登的罗杰（Roger of Howden）、科格索尔的拉尔夫（Ralph of Coggeshall，? ~1227 年之后）为代表的英格兰神学家、史学家受到菲奥勒的约阿希姆的末日启示神学观点的影响，在自己的史作中吸收了 "两约谐致" 和 "七封印" 的神学观点，把第三次十字军东征中英王狮心理查的主要对手埃及阿尤布王朝的苏丹萨拉丁解释成 "一位还在" 的 "第五封印" ——恶魔邪灵。中世纪西欧对《启示录》的注疏和阐释有明确的传承谱系，即后代注疏和阐释者在继承前人的基础上不断创新，而且这一传承谱系经历了自欧洲东部向西部，自南部向北部的转移过程，这一点我们从上文提到的那几位注疏和阐释者的出生地即能看出，他们出生于达尔马提亚、北非、不列颠诺森伯里亚、伦巴第、西班牙、日耳曼尼亚和西西里等地，反映了欧洲基督教文明重心从地中海世界东南部向欧洲西北部转

---

①　修士菲奥勒的约阿希姆在编撰神圣历史时，没有依循奥古斯丁七阶段的划分法，而是依据《启示录》中的 "七封印"，将 7 这个数字作为范式用于他所划分的旧约时期和新约时期。按照他的解释，旧约时期犹太人经历埃及、迦南、叙利亚、亚述、卡尔顿、墨得斯、希腊 7 个阶段的迫害，相应地，新约时期的基督教会也将经历 7 个阶段的迫害，即犹太人的迫害，异教徒的迫害，同时遭遇波斯人、哥特人和汪达尔人的迫害，伦巴第人的迫害，萨拉森人的迫害，神圣罗马帝国皇帝的迫害，"敌基督" 的迫害。Abbot Joachim of Fiore, Randolph Danie eds. , *Abbot Joachim of Fiore: Liber de Concordia Novi Ac Veteris Testamenti*, Philadelphia: The American Philosophical Society, 1983, pp. 185-198.

移的历史地理变迁。

《启示录》在西欧基督教世界的不同地区被神学家不断注疏和阐释，极大地方便了它的神学内容被广大的基督徒所熟知，为不同地区的神学家、史学家运用它的神学启示理论撰写历史著作创造了前提条件。"一万个人心中就有一万个哈姆雷特"，尽管中世纪西欧不同地区的神学家、史学家所熟知的《启示录》是同一文献，但由于他们所处的国度和地区不同，他们的历史关切也必然存在差异，故而，他们对于《启示录》中种种神学异象的历史解释也必然不同。中世纪西欧的神学家有关《启示录》的神学解释主要围绕两个核心要点展开。一是世界末日何时到来。尽管奥古斯丁认为这一问题唯有上帝方能知晓并反对人们预测它的时间，但仍然有不少神学家或明或暗地展开预测。二是对《启示录》中神学异象的历史意涵予以阐释。《启示录》中"歌革和玛各""七封印""大红龙""四骑士"几个神学异象被中世纪西欧的神学家、史学家最为频繁地阐释。

（一）"歌革和玛各"

"歌革和玛各"是《启示录》中一个重要的神学异象，中世纪早期伊比利亚半岛的神学家、史学家偏爱运用这一神学异象阐释历史。因为从声韵学的角度审视，"歌革和玛各"与"哥特"二词的发音有相似之处，塞维利亚的伊西多尔最早从声韵学的角度，把哥特人视为"歌革和玛各"的化身①，而伊比利亚半岛是西哥特人长期立国之地。不过，《启示录》并不是《圣经》中唯一记载"歌革和玛各"的篇章，《以西结书》中也有"歌革和玛各"的记载，但两者的神学设定并不全然相同。在《以西结书》第38、39章中说"歌革"是几个民族的王，将会在世界末日之时率领多国军兵自北方极处杀向以色列，而耶和华将显示力量打败"歌革"并埋葬他，在这里"玛各"被视为"歌革"的居住地。塞维利亚的伊西多尔在他的《哥特人、汪达尔人和苏维汇人史》中援引《以西结书》中的神学预示，认为哥特人对于罗马帝国的入侵

---

① Isidore of Seville, *Isidore of Seville's History of the Goths, Vandals, and Suevi*, G. Donin - G. B. Ford trans., Leiden: Brill, 1966, p. 3.

和征服之所以能够成功正是源自上帝的此种安排，在人类尘世中的最后一个帝国——罗马帝国灭亡前，一定会出现象征着"歌革和玛各"的邪恶力量，它会灭掉罗马帝国，但耶稣基督会将这一邪恶势力彻底摧毁，人类将会进入耶稣为王的"千年王国"（Millennium）。及至9世纪晚期阿斯图里亚斯王国统治时期，伊比利亚半岛阿斯图里亚斯王国宫廷中产生了一部编年史——《先知编年史》（*Chronica Prophetica*）。它也以《圣经·启示录》中"歌革和玛各"①的神学异象解释历史。

（二）"七封印"

"七封印"也是《启示录》中一个重要的神学异象，"七封印"在《启示录》中被多次提及，第一次是在第5章第1节中："我看见坐宝座的右手中有书卷，里外都写着字，用七印封严了。"② 第二次是在第6章前六个封印一个接一个被打开。③ 第三次是在第8章中第七封印也被打开："羔羊揭开第七封印的时候，天上寂静约有二刻。我看见那站在神面前的七位天使，有七枝号赐给他们。……"④ 诺森伯里亚的比德在他的《〈启示录〉注疏》中对"七封印"所象征的神学历史意涵给予了阐释。继比德之后，对"七封印"神学异象予以阐释且影响最大的西欧神学家是12世纪意大利两西西里王国的修士菲奥勒的约阿希姆以及随后英格兰神学家、史学家科格索尔的拉尔夫。

（三）"大红龙"

"大红龙"是使徒约翰所描述的末世景观诸种异象中的一种，是魔鬼撒旦的化身。见于《启示录》第12章中的异象：

> 天上又现出异象来：有一条大红龙，七头十角，七头上戴着七个冠冕。它的尾巴拖拉着天上星辰的三分之一，摔在地上。龙就站在那将要生产的妇人面前，等她生产之后，要吞吃她的孩子。妇人生了一

---

① 《圣经·启示录》第20章则说"歌革和玛各"是两个臣服于撒旦，在世界末日时分召集各种邪恶力量争战的人。参见《圣经·启示录》20：8。本书有关《圣经》的引文均采用联合圣经公会指定在中国大陆发行的2012年版的和合本，下文不再逐一注释。
② 《圣经·启示录》5：1。
③ 此处是对《启示录》部分原文大意的概括，原文参见《圣经·启示录》6：1—17。
④ 《圣经·启示录》8：1—2。

个男孩子,是将来要用铁杖辖管万国的。她的孩子被提到神宝座那里去了。妇人就逃到旷野,在那里有神给她预备的地方,使她被养活一千二百六十天。①

中世纪西欧的神学家、史学家也运用这一神学异象阐释历史并表达自己的政治愿景。如英格兰安茹王室的廷臣豪登的罗杰以及 11 世纪科隆多伊茨修道院的院长鲁珀特。

(四)"四骑士"

"四骑士"是《启示录》第 6 章中所记载的末日来临前的异象:

> 我看见羔羊揭开七印中第一印的时候,就听见四活物中的一个活物,声音如雷,说:你来! 我就观看,见有一匹白马,骑在马上的拿着弓,并有冠冕赐给他。他便出来,胜了又要胜。
>
> 揭开第二印……就另有一匹马出来,是红的,有权柄给了那骑马的,可以从地上夺去太平,使人彼此相杀,又有一把大刀赐给他。揭开第三印的时候……见有一匹黑马,骑在马上的,手里拿着天平……揭开第四印的时候……见有一匹灰色马,骑在马上的,名字叫作死,阴府也随着他,有权柄赐给他们,可以用刀剑、饥荒、瘟疫、野兽,杀害地上四分之一的人。②

比德、让·德·莫恩、格霍赫·冯·赖谢斯贝格都曾在自己的撰著中提到这一末日前的异象,他们把"四骑士"的相继出现解释成四个连续的历史时期。在 12 世纪,注疏家和史家将"四骑士"解释为象征教会历史的各个连续阶段,而象征着死亡的骑着灰马的第四位骑士被他们认定为与当时基督教会的各种虚伪行径有关。譬如法国作家让·德·莫恩在他的《玫瑰传奇》的续篇中发展了这一概念。③ 德国神学家、巴伐

---

① 《圣经·启示录》12∶3-6。

② 《圣经·启示录》6∶1-8。

③ Max Kaluza ed. , *The Romaunt of the Rose: From the Unic Glasgow MS*, London∶Kegan Paul, Trench, Trübner, 1891, p. 422.

利亚教会改革者格霍赫·冯·赖谢斯贝格认为"四骑士"的故事预示着四个连续的历史时期，他自己生活的历史时期正处于象征着死亡和地狱的第四骑士，也就是那位骑着灰马的骑士所象征的时代，在他生活的时代出现了大量的异教徒。① 《弗卢托夫〈世界编年史〉1106 年续编》②的匿名作者则有意识地将同时代的游牧民族视为世界末日来临前对神的王国作战的恶势力。

《启示录》在笃信基督教神学的中世纪西欧被神学家不断注疏，有关《启示录》的注疏活动存在一个明显的前后相继的传统，扩散至西欧各地的注疏活动在一定程度上扩大了人们对于《启示录》中异象的了解。约翰在上帝末日启示中见到的诸种异象，如痛苦、折磨、死亡威胁、火焰、非人的刑罚、末日骑士、饥荒以及瘟疫、可怖、压抑的恐惧使人们一直处于一种紧张畏惧的状态；另外，中世纪的人们面对末日恐惧并未绝望，他们仍在等待上帝于末日时将世俗的邪恶暴政扭转为善与美的统治。随后，上帝把魔鬼的力量打低到无力对人类施虐的程度。世界将被划分为善和恶两个领域，这是一种完美的二元论。在哲学意义上，二元论被明确提出前的时代里，神学上的二元论无非是善与恶、天堂与地狱的二元，尘世则是它们二者的混合体，而世界末日将化解这一切，善良的人将被解放出来，进入一个没有邪恶的、永恒回报、欢欣鼓舞的境界。中世纪西欧的神学家、史学家在编纂史书的时候，巧妙地运用了这种神学意义上的善恶二元论，他们善于利用《启示录》中的神学异象表达自己的政治意涵，这种运用带有明显的宗教、政治倾向。各种伊斯兰势力，如伊比利亚半岛的安德鲁斯政权等被视为末日启示前善恶对决中恶势力的化身和代表，比附为《启

---

① 笔者未能查找到载有格霍赫·冯·赖谢斯贝格上述观点的原始文献，但在恩斯特·布莱萨赫的《古代、中世纪和现代历史著作》一书中查找到了他对于格霍赫·冯·赖谢斯贝格所持这一观点的评述。参见 Ernst Breisach, *Historiography: Ancient, Medieval, and Modern, Third Edition*, Chicago: The University of Chicago Press, 2008, p. 142。

② 米歇尔斯堡的弗卢托夫是德国班贝格米歇尔斯堡修道院的院长，撰有《世界编年史》，他的《世界编年史》被后人不断续编，大约在 1105 年或 1106 年，米歇尔斯堡的匿名作者将弗卢托夫的《世界编年史》续写至 1106 年，这部分续编被学界称为《弗卢托夫〈世界编年史〉1106 年续编》。

示录》中代表"敌基督"的邪恶异象。而在政教斗争中倾向于教权的神学家、史学家鲁珀特也将其运用于偏袒教皇和诋毁皇帝的政治斗争。中世纪西欧的神学家、史学家除了依据《启示录》中的各种神学异象构建各种末日启示的神学命题外，还构建了两种阐释末日启示神学的理论模式——"四大帝国"和"六个时代"，而这两种末日启示神学的理论模式成了中世纪西欧众多编年史创作的基本范式。

第二节　"四大帝国"理论模式的由来与嬗变

"四大帝国"更替的撰史结构原则源自《圣经·但以理书》中的神学论断，是中古西欧史家编纂长时段"世界历史"时惯用的一种撰史结构原则。虽然国内学术界对此问题有一定的共识，认为该原则存在以经解史的弊端，是中古基督教史学附属于神学的一个鲜明例证，但对这一撰史结构原则在中古西欧世界的运用状况尚未予以较为全面的考察，尤其对该原则运用过程中所蕴含的"民族性"特质尚未予以充分重视。本节拟对该撰史结构原则在中古西欧世界的运用状况作一简略的探究和讨论。

一　"四大帝国"理论原则的由来

"四大帝国"的结构模式源自《圣经·但以理书》。《圣经》中的预言家但以理曾以解梦的方式指出，人类的历史要经历四个阶段，其最后结果是走向一个永恒的天国。据《但以理书》的记载，但以理做过一个梦，梦见四只巨兽从海上来，各有不同的形状。第一只兽像狮子，但有鹰的翅膀。第二只兽像熊，用两只后腿站立，牙齿间叼着三根肋骨。第三只兽像豹，背上有四只如鸟翼般的翅膀。这兽有四个头，并被赋予权柄。第四只兽恐怖可怕，极其强壮……它有十个角。最后一只像人子的驾着天云而来，他的统治直到永远，没有穷尽。但以理心中恐惧，走近一位侍立一旁的，问这四只巨兽是何意思，他说这四只巨兽是指四个将要在世上兴起的帝国。① 现代学者们经过研究后认定《但以理书》形

———————————

① 此处是但以理原话的主旨大意，原文参见《圣经·但以理书》7：1-28。

成于公元前 168~前 165 年，当时犹太人掀起了反抗塞琉古国王安条克
四世的民族大起义，《但以理书》的作者可能是一位参与起义的犹太
人，他编造了四只巨兽的故事，企图以神谕启示的形式表明曾经统治犹
太人的异族政权终将覆灭，犹大·马加比领导的起义将带领犹太人胜利
复国，其中四只巨兽是亚述或迦勒底巴比伦、米底、波斯、希腊四大帝
国的隐喻。①

　　人类历史将经历"四大帝国"的理论除了源自但以理的"四巨兽"
梦外，也源自但以理所解的尼布甲尼撒二世的"大像"梦。据《但以
理书》的记载，新巴比伦王尼布甲尼撒二世梦见了一尊"大像"。"这
像甚高，极其光耀，这像的头是精金的，胸膛和膀臂是银的，肚腹和
腰是铜的。腿是铁的，脚是半铁半泥的。你观看，见有一块非人手凿
出来的石头打在这像半铁半泥的脚上，把脚砸碎。于是金、银、铜、
铁、泥都一同砸得粉碎。诚如夏天禾场上的糠秕被风吹散，无处可寻，
打碎这像的石头，变成一座大山，充满天下。"② 被掳的犹太人中有一
位哲士但以理向尼布甲尼撒二世阐释了此梦，认为此梦预示着人世间将
先后出现四大世界性帝国，尼布甲尼撒二世的新巴比伦王国是"大像"
的金头，银胸是第二国、铜腹是第三国、铁腿和半铁半泥的脚是第四
国，打碎金、银、铜、铁、泥塑像的石头被解释成天上的神必另立一
国，永不败坏，也不归别国的人，却要打碎灭绝那一切国，这国必存到
永远。③ 后世基督教会的神学注疏家将《但以理书》中的"大像"梦
和"四巨兽"梦结合在一起阐释，认为在"四大帝国"之后，耶稣基
督将再次降临人间，届时一切世俗政权将被摧毁湮灭，耶稣为王的
"上帝之国"将会成为永恒，正如打碎大像的石头，变成一座大山，充
满天下。哲罗姆在注疏《但以理书》的时候，将金头认定为新巴比伦
王国、银胸认定为波斯帝国、铜腹认定为亚历山大的希腊王国、铁腿
和半铁半泥的脚认定为罗马帝国，"半铁半泥"意味着罗马帝国需要蛮

---

① Joseph Ward Swain, "The Theory of the Four Monarchies Opposition History under the Roman Empire," *Classical History*, 1940, Vol. 35, No. 1, p. 1.

② 参见《圣经·但以理书》2：31-35。

③ 此处是但以理原话的主旨大意，原文参见《圣经·但以理书》2：36-44。

族人的帮助。①

　　事实上，帝国相继交替统治世界的观念和理论在基督教诞生 100 多年前的近东、东地中海世界，已广为流传，如马库斯·维莱伊乌斯·帕特尔库鲁斯（Marcus Velleius Paterculus）在著作中提及"埃米利乌斯·苏拉在他的《罗马大事记》（Chronology）中曾经言道：'亚述人最先握有了统辖众民族的权力，之后是米底人，再之后是波斯人，其后则是马其顿人。再之后，两位马其顿血统的国王腓力和安条克三世被彻底征服，不久后随着迦太基的覆灭，（掌控世界的）至高权力转归罗马人所有。'"② 埃米利乌斯·苏拉大约生活在公元前 2 世纪初，其时近东、东地中海世界已经历了数千年之久的文明旅程，近东、东地中海世界各个区域早已打破了先前相互隔绝、各自独立发展的封闭状态，各个区域之间的经济、文化联系已经颇为频繁，而且由于亚述、波斯、马其顿等的相继崛起，近东、东地中海世界在政治上也实现了某种程度的统一。此外，在公元前 2 世纪的布匿战争中，罗马已经取得了压倒强敌迦太基的决定性胜利，转而把扩张的矛头指向了东方并在三次马其顿战争中彻底击败了东部强敌马其顿，于是埃米利乌斯·苏拉有感而发，认为统治"世界"的至高权力已转归罗马人所有。1~2 世纪，罗马帝国已经统一了整个地中海世界，而且随着国内长期内战的结束以及元首制度的确立，帝国境内长期安定，经济、文化、法律、建筑等各项事业均达到了前所未有的高峰，这一历史阶段被世人称誉为"罗马和平"时期，因此，某些异教史家认为罗马帝国是接续近东四大帝国统治的第五大帝国，而且它比之前的四大帝国更为强盛和优越，如哈利卡那索斯的狄奥尼索斯在他的《罗马古事记》（Roman Antiquities）中写道："无论谁想要关注众城邦及国度连续而起的霸权的话，对于它们的叙述需要追溯至往昔，对各个国度予以探索和综合比较，以确定究竟哪一国度拥有了最为宽广的疆域并在和平及战争状况下取得了最为耀眼的成就，那么他将会发现罗马人的

---

① Gleason L. Archer trans., *Jerome's Commentary on Daniel*, Michigan: Baker Book House, 1958, pp. 31-32.

② Joseph Ward Swain, "The Theory of the Four Monarchies Opposition History Under the Roman Empire," *Classical History*, 1940, Vol. 35, No. 1, p. 2.

霸权远远超越了此前记载的所有帝国。"① 狄奥尼索斯具体叙述了亚述、米底、波斯和马其顿是如何不及罗马的。② 阿庇安在他的《罗马史》序言中也把罗马作为超越此前四大帝国的第五大帝国加以赞美："迄今为止尚无一个帝国在幅员和存续时间上能够与罗马相比……亚述、米底、波斯存在的时间合在一起不及 900 年，而罗马如今已达到了 900 年，而且鄙人认为它们的幅员不及罗马的一半……亚历山大帝国在幅员、军队以及征服事业的成功和速度方面都是值得推崇的，而且这一帝国也存有少许的企图心——疆域无远弗届、成就越古绝伦，但它存在的时间太过短暂，就仿佛一簇一闪即灭的亮光。"③

罗马帝国的异教史家所宣扬的帝国相继交替统治世界的理论是以"亚述、米底、波斯、马其顿、罗马"五大帝国为序列，这与但以理梦中四只巨兽从大海中浮出的启示有所出入，故而基督教史学兴起之后，早期的基督教史家在对异教的帝国交替理论予以继承的同时，也对其中的帝国序列进行了调整，以求与但以理梦中的启示相吻合，于是米底被基督教史家从帝国序列中删除，从而形成了"亚述或巴比伦、波斯、马其顿、罗马"四大帝国交替统治世界的新序列，这一"四大帝国"理论一直被中世纪的史家所继承。米底之所以被基督教史家从帝国序列中删除或许是由于这一帝国与基督教圣事之间的关联甚少。《旧约》以古代犹太人的历史为记载的主线。由于犹太人曾经遭受亚述人、巴比伦人、波斯人的统治，《旧约》中存在着许多有关亚述、巴比伦和波斯的记载，而对于米底王国的记载却很少。基督教史学兴起后，《旧约》所记载的犹太人的神圣历史被基督徒视为基督教的前事而备受重视，因而早期的基督教史家在构造四大帝国序列的时候删除了米底，把亚述或巴比伦、波斯以及与罗马帝国存在着直接交替关系的马其顿帝国保留了下来，于是它们和早期基督教史家生活时代的帝国——罗马帝国一同构成了基督教史学的四大帝国序列。4

---

① Dionysius of Halicarnassus, *The Roman Antiquities of Dionysius of Halicarnassus*, Earnest Cary trans., Harvard University Press, 1939, p. 7.

② Dionysius of Halicarnassus, *The Roman Antiquities of Dionysius of Halicarnassus*, Earnest Cary trans., Harvard University Press, 1939, pp. 7-9.

③ Appian, *Appian's Roman History*, Horace White trans., Harvard University Press, 1912, pp. 13-15.

世纪的拉丁教父哲罗姆不仅把《圣经》翻译成拉丁文，还为之作注，他把《旧约·但以理书》中的两则梦幻启示——尼布甲尼撒二世梦到的一座金头、银胸、铜腿、铁足的纯金雕像和但以理梦到的从海中浮出的四只巨兽解释成人类世界将要经历巴比伦、波斯、马其顿、罗马四大帝国的统治，罗马帝国将一直持续至世界的末日，雕像半铁半泥的脚和第四只巨兽的十个犄角被哲罗姆解释成罗马帝国将分裂成若干个小的王国。哲罗姆认为各路蛮族对于罗马帝国的侵扰是人类世界正在走向没落和衰亡的标志，世界末日即将来临，耶稣为王的"上帝之国"的到来已为时不远。①

二　地中海东部世界对"四大帝国"理论的阐释和运用

在 4~5 世纪，已然衰落的罗马帝国外有西哥特人、东哥特人、汪达尔人、匈人、萨珊波斯人等外族的入侵，帝国内部则皇权旁落，实权操之于日耳曼蛮族雇佣军将领的手中。395 年，罗马帝国正式分裂为东罗马帝国和西罗马帝国。东罗马帝国凭借相较于西罗马帝国更为殷实的经济基础挺过了帝国衰落动荡的历史时期并实现了由古代奴隶制帝国向中世纪封建制拜占庭帝国的过渡。在这一转折、动荡之交，地中海东部世界的教父尽管期盼基督为王的"千年王国"早日到来，但相较于烧杀劫掠的蛮族人，他们仍旧对罗马帝国保持偏爱，对于腐朽衰落的罗马帝国仍旧秉持着较大的眷恋和期待。他们认为罗马帝国是世界末日到来前尘世中最后一个世俗的帝国政权，也就是但以理释梦中的第四大帝国，没有什么世俗的力量能够征服它，而罗马帝国在与蛮族的战斗中失利，是罗马人背离了基督教，遭受上帝厌弃的结果。这些教父有耶路撒冷的西里尔、约翰·克里索斯托姆（John Chrysostom）、叙利亚的狄奥多里特、叙利亚的以弗伦姆等。耶路撒冷的西里尔受尤西比乌斯的影响，认为罗马帝国是但以理解梦中的第四个王国，他将要在世界末日"敌基督"到来前没落。② 约翰·克里索斯托姆认为罗马帝国是"大像"梦中"大像"的半铁半泥的脚，将会在

---

① Jerome, "Commentariorum in Danielem libri Ⅲ," in Francis Glorie ed., *Corpus Christanorum Series Latina 75A*, Turnhout: Brepols, 1964, pp. 793-795.

② Stephen J. Shoemaker, *The Apocalypse of Empire: Imperial Eschatology in Late Antiquity and Early Islam*, Philadelphia: University of Pennsylvania Press, 2018, p. 40.

"敌基督"到来前尘世最后的日子里没落。约翰·克里索斯托姆的"四大帝国"理论还包含了"敌基督"的思想，也就是认为罗马帝国的存在阻拦、延迟了《新约·帖撒罗尼迦》中提及的"敌基督"，这一观点最先由德尔图良在 3 世纪提出。① 这种观点认为罗马帝国的统治将要一直维持至被"敌基督"攻克为止，而"敌基督"将被基督摧毁。叙利亚的狄奥多里特也认为罗马帝国是雕像半铁半泥的腿和但以理"四巨兽"梦中的第四只巨兽，因此罗马帝国是尘世中最后的帝国，将要持久永恒地统治直至"世界末日"到来，届时基督将会建立他永恒的统治。② 叙利亚的以弗伦姆将四个帝国分别对应为巴比伦、米底、波斯和马其顿王国。这一注疏与哲罗姆试图加以批判的异教徒波尔菲鲁斯的观点较为接近，都是偏向于从字面上解经。③ 以弗伦姆为何将罗马帝国抛弃在外呢？也就是说，为何没有将罗马帝国作为但以理"四大帝国"理论中的第四大帝国？或许因为他对罗马皇帝"叛教者"朱利安抱有一种敌对的情绪。叙利亚人以弗伦姆生活在 4 世纪罗马帝国和萨珊波斯帝国交界处的一个边境城市，是基督教会的坚定捍卫者。他生活的时代是罗马皇帝"叛教者"朱利安统治时期。朱利安皇帝恢复了异教——古希腊罗马多神教，改变了罗马帝国自君士坦丁大帝以来确立的独尊基督教的政策，以弗伦姆对此深为不满。当他所在的城市尼西比斯被萨珊波斯的军队攻陷后，他竟然欢欣不已，公开表示庆贺。363 年，罗马皇帝朱利安率军东征萨珊波斯，在马兰加战役中被长矛贯身而亡。以弗伦姆认为罗马军队的失败是罪有应得，叛教者朱利安身亡是他背弃基督教信仰，恢复传统异教而受"天罚"的结果。④ 他撰写了一系列反对朱利安的诗歌，运用但以理的帝国

---

① Stephen J. Shoemaker, *The Apocalypse of Empire: Imperial Eschatology in Late Antiquity and Early Islam*, Philadelphia: University of Pennsylvania Press, 2018, p.41.

② Stephen J. Shoemaker, *The Apocalypse of Empire: Imperial Eschatology in Late Antiquity and Early Islam*, Philadelphia: University of Pennsylvania Press, 2018, p.41.

③ Phil J. Botha, "The Relevance of the Book of Daniel for the Fourth-Century Christianity According to the Commentary Ascribed to Ephrem the Syrian," in Katharina Bracht und David S. Du Toit, 2007, pp.99-122. 转引自李隆国《从结巴诺特克的〈查理大帝传〉看"金属"中的人类历史》，陈恒、洪庆明主编《世界历史评论第 3 辑：叙述事实与历史事实》，上海人民出版社，2015。

④ Carol Ann Newsom, Brennan W. Breed, *Daniel: A commentary*, Louisville: Westminster John Knox Press, 2014, p.87.

更替理论，把萨珊波斯人对罗马人的胜利归结为上帝意欲净化他的神圣帝国。以弗伦姆认为朱利安背离基督教信仰，回归罗马异教崇拜，罗马帝国也因此失去了上帝的青睐，不再是上帝属意的统治尘世的"四大帝国"之一，罗马帝国阶段属于第四大帝国——希腊-马其顿王国阶段。

　　但以理"四大帝国"相继更替的理论对于日后拜占庭帝国的王朝史编纂同样有着深刻的影响。在中世纪，拜占庭人直至灭亡都以古罗马帝国的继承人自居，执拗地认为自己是"罗马人"，自己的帝国是"罗马帝国"，即使拜占庭人在帝国末期面临着外敌压境、国破山河碎的危险境况仍然没有改变这种世界观。波德斯卡尔斯基曾这样形容拜占庭人固守此种世界观的偏执："拜占庭帝国末世论的主要兴趣不是推翻乌托邦，而是对已经开始的统治阶段进行权威性的最终认可。"[①] 例如，14 世纪上半叶，拜占庭帝国爆发了以皇帝约翰五世及其爱子曼纽尔为一派，长子安德罗尼卡和安德罗尼卡之子约翰七世为一派的长期内战。长期的内战使拜占庭帝国的国计民生受到了沉重的打击。虎视眈眈的奥斯曼土耳其人在十几年的时间里连续占领了帝国的政治、军事重镇布鲁萨、尼西亚和尼科米底，并利用拜占庭帝国的内战于 1356 年进入了巴尔干半岛，对君士坦丁堡形成了包围圈。[②] 面对奥斯曼土耳其人的步步紧逼，拜占庭人希望依靠西方军事力量的支持，抵御奥斯曼土耳其人的蚕食和进攻。为此，拜占庭皇帝约翰五世曾亲赴布达向匈牙利国王路易一世求援，路易一世提出的援助条件是东西方教会重新合并而且君士坦丁堡大牧首须承认罗马教皇的至上权威。在基督教会最高领导权的问题上，约翰五世试图向西方妥协的态度遭到了大牧首菲洛提欧斯（Philotheos）的强烈反对，他认为拜占庭帝国及其教会继承了古罗马帝国的权力衣钵，西方诸国本为帝国和教会的成员，后因自身的愚蠢而出走，因此拜占庭帝国和教会不应本末倒置地屈从于

---

① Podskalsky, Reichseschatologie（wie Anm. 9），58f；转引自 Martin Tamcke，"Die byzantinisch-russische Reichseschatologie vor den Herausforderungen der Geschichtep," in Mariano Delgado, Klaus Koch, Edgar Marsch, Hrsg, *Europa, Tausendjähriges Reich und Neue Welt: Zwei Jahrtausende Geschichte und Utopie in der Rezeption des Danielbuches*, Stuttgart：Universitätsverlag Freiburg Schweiz W. Kohlhammer Verlag GmbH, p. 205。

② 参见徐家玲:《拜占庭文明》，人民出版社，2006，第 152~153 页。

西方。他在 1352 年写道：

在君士坦丁大帝统治期间，罗马人伟大而精妙的帝国遵循上帝的旨意，从意大利迁徙至东方。自此，希腊文化转化为基督教信仰，拜占庭城也转变为今天伟大的城市，君士坦丁以自己的名字称呼这座城市。正是君士坦丁在这座城市建立了一座王宫并把旧罗马整个公民大会和元老院迁移至此，新罗马由此享有了凌驾于其他城市之上的权威……如今新罗马所面临的状况是我们每个人都隶属于世界性教会并且都是罗马帝国的臣民，而且我们还一直把我们自己称为罗马人（Romaioi），与旧罗马人和那些形形色色的公国、侯国的臣民们大为不同。如今，在那些分离的国家中，几乎没有人意识到这一事实——他们曾经也是罗马人，曾经与（我们）同属于一个国家和帝国，他们脱离教会的原因与他们脱离帝国的原因一样，都是由于他们本身的短视和愚蠢。①

拜占庭人这种自认为是古罗马帝国继承者、地位高于西方诸国一等的思想不仅表现在与西方诸国交往的外交领域，也表现在王朝史修撰领域。中世纪拜占庭的编年史家同样秉持着这种世界观——拜占庭帝国是古罗马帝国当然的继承者，是但以理"四巨兽"梦中的第四只巨兽。从古罗马帝国直至拜占庭帝国的历史是延续的，古罗马帝国的皇帝序列与拜占庭帝国的皇帝序列同样作为"罗马皇帝"的帝系连在了一起。476 年，西罗马帝国末代皇帝罗慕路斯·奥古斯都被日耳曼蛮族雇佣军首领奥多亚克废黜是罗马帝系的又一次统一，东罗马皇帝芝诺成为罗马-地中海世界唯一的皇帝。约翰·佐纳拉斯（John Zonaras）、君士坦丁·玛拿西（Constantine Manasses）、约翰·马拉拉斯（John Malalas）、西奥多·斯库塔里奥特斯（Theodore Skoutariotes）、米凯尔·帕塞洛斯（Michael Psellos）的历史著作均反映了这一世界观。当然，凡事皆有例

① J. H. Burns ed. , *The Cambridge History of Medieval Political Thought*, Cambridge: Cambridge University Press, 2008, p. 60.

外，拜占庭旅行家和地理学家科斯马斯·印第科普莱特斯（Cosmas Indicopleustes）对于但以理"四大帝国"相继更替理论的认知就不同于其他拜占庭学者。他撰有《基督教世界风土志》（*Universal Christian Topography*），认为地球是平的，苍穹从犹如房屋的四壁垂到地面，其顶点是一个马车拱顶状扁平帐篷。在历史观方面，科斯马斯·印第科普莱特斯与约翰·马拉拉斯等史家一样认为人类历史将经历一系列帝国的更替，但他认为相继更替的"四大帝国"是巴比伦、米底、波斯和马其顿。科斯马斯·印第科普莱特斯认为罗马帝国不在"四大帝国"的序列之中，不属于但以理"四巨兽"梦中的第四只巨兽，他认为人类在经历了巴比伦、米底、波斯和马其顿四大帝国后就已经发展到极点了，罗马帝国是上帝在"四大帝国"灭亡后拔擢的一个在尘世扩张天国（Kingdom of Heaven）势力的帝国。[1]

三 地中海西部世界对"四大帝国"理论的阐释和运用

395 年，狄奥多西的两个儿子霍诺留里乌斯和阿尔卡迪乌斯分治东西罗马帝国，476 年西罗马帝国皇帝罗慕路斯·奥古斯都被日耳曼蛮族雇佣军首领奥多亚克废黜，由爱德华·吉本确立的传统史学观点认为 395 年罗马帝国的东西分治是帝国的完全分裂，476 年罗慕路斯·奥古斯都的退位是"西罗马帝国"灭亡的标志，这一观点早在 19 世纪 70 年代就遭到了布赖斯（Bryce）、孚斯泰尔·德·库朗热（Fustel de Coulanges）、蒙森（Mommsen）等学者的质疑。[2]但无法否认的是在公元 476 年至 9 世纪这段历史时期，地中海世界无论在纵向的时间维度上，还是在横向的空间维度上都发生了重大的文明裂变：一方面拉丁化西方和希腊化东方都实现了从古代奴隶制社会向中世纪封建制社会的过渡；另一方面拉丁化西方和希腊化东方都已跨越了文明裂变的临界点，各自形成了特有的中世纪文明发展模式。然而，这些深刻

---

① Alexei Siverstev, *Judalism and Imperial Ideology in Late Antiquity*, Cambridge：Cambridge University Press, 2011, p. 11.

② 布赖斯等人认为 476 年根本不存在所谓西罗马帝国灭亡的事情，而是罗马帝国的东部和西部重新归属于一个罗马皇帝的统辖。参见 Herman Fischer, "The Belief in the Continuity of the Roman Empire Among the Franks of the Fifth and Sixth Centuries," *The Catholic Historical Review*, 1925, Vol. 10, No. 4, p. 538。

的历史变化并未被当时的人们所承认，476 年之后，罗马帝国统一和长存的观念仍旧长期根植于地中海世界各阶层人民的心目中。例如，在西罗马帝国灭亡后的高卢，人们依然认为君士坦丁堡的拜占庭君主是统辖整个地中海世界的罗马皇帝，而克洛维等日耳曼蛮族首领只不过是拜占庭皇帝的属臣。维埃纳主教阿维都斯（Avitus）在庆贺克洛维受洗的贺信中称："东方（指拜占庭皇帝）应该感到庆幸自己凭依信仰任命了我们现在的君主。"①

　　哲罗姆的《〈但以理书〉注疏》在拉丁西部地区广为传播，深受一些神学家、史学家的好评。如 5 世纪与 6 世纪之交东哥特王国的卡西奥多罗斯曾高度评价这一注疏，他说："对于先知书，圣哲罗姆第一个为初学者和年轻人提供了切实而简要的评论……对于更为成熟且学会了沉思的学者，依靠我主基督的恩典，圣哲罗姆提供了其他更为全面而清晰的注疏。通过翻译、解释隐晦的隐喻，使得隐晦不明的先知话语变得清晰，这位圣洁的博学之士向人类揭示了天国之主的伟大奥秘……尽管但以理不被犹太人视为先知，但仍被视为圣学作者（Haigographa），圣哲罗姆对其有注疏三卷。"② 哲罗姆《〈但以理书〉注疏》在拉丁西部地区的广为流传，加强了西罗马帝国晚期和诸蛮族王国时期拉丁史家对于"四大帝国"理论模式的认知，他们在阐释长时段世界历史时都遵循了这一理论传统。如西罗马末年，高卢的编年史家苏尔皮奇乌斯·塞维鲁（Sulpicius Severus）在《塞维鲁编年史》一书中运用了但以理阐释的"大像"梦，提及人类历史将经历"四大帝国"——迦勒底、波斯和米底、马其顿、罗马：

---

① Avitus episcop. Clodowecho regi, 38（41），a. 498/497（M. G. hist.，auct. Ant.，6，p. post.，75 sq.）. 转引自 Herman Fischer, "The Belief in the Continuity of the Roman Empire among the Franks of the Fifth and Sixth Centuries," *The Catholic Historical Review*，1925，Vol. 10, No. 4, p. 538。

② 笔者找到了卡西奥多罗斯著作的英译本，李隆国老师对这段话有过精彩的汉译，这里就使用李隆国老师的精美译文。James W. Halporn trans.，*Cassiodorus, Institutions of Divine and Secular Learning and on the Soul*，Liverpool：Liverpool University Press，2004，pp. 117-119. 汉译文引自李隆国《从结巴诺特克的〈查理大帝传〉看"金属"中的人类历史》，陈恒、洪庆明主编《世界历史评论第 3 辑：叙述事实与历史事实》，上海人民出版社，2015。

　　根据显示世界历史的"大像"梦隐喻预言的说法，我们认为金头是迦勒底王国，是第一个和最为富庶的王国。银胸和臂膀揭示的是第二个王国：居鲁士吞并了迦勒底并将米底合并到波斯。铜腹预示的是第三个帝国，我们倾向于认为是马其顿帝国，亚历山大吞并了波斯。以及我们认为罗马是铁腿的第四大帝国，铁一般坚硬的国家，是最为强大和持久的国家……①

他与哲罗姆一样认为半铁半泥的脚是罗马帝国分裂而形成的若干个小的王国：

　　半铁半泥的脚不能和谐共存，它预示着：不是由一个皇帝，而是由武装程度不同、意见分歧的多位皇帝治理。因此由不能互相融洽的物质——铁和泥的混合预示着互不信任的不同种族共存，罗马帝国将被外族和叛乱势力占据，或通过和平方式被交给他们，而我们的军队、城市和行省充斥着各种蛮族人，如同犹太人一样，他们与我们一起生活，但我们又似乎并不改变我们自己的生活方式。②

值得注意的是，在罗马帝国晚期和诸蛮族王国时期，编年史家对于但以理书中"四大帝国"这一命题是由哪四大帝国组成的认知并不统一，苏尔皮奇乌斯·塞维鲁认为迦勒底是第一大帝国，迦勒底和米底帝国合并到波斯帝国中，波斯帝国是第二大帝国，马其顿是第三大帝国，罗马是第四大帝国。哈德鲁梅图姆主教普里马西乌斯认为亚述帝国是第二大帝国，米底是第三大帝国，他删除了马其顿帝国，不过仍旧认为罗马是第四大帝国。奥罗西乌斯在约 417 年做了更为彻底的改动，他将迦太基帝国作为继

---

① Sulpicius Severus, "Chronica," in Carolus Halm ed., *Sulpicii Severi Libri qui Supersunt*, Vindobaonae, 1866, II, 3, p. 58.

② 笔者找到了苏尔皮奇乌斯·塞维鲁《塞维鲁编年史》的拉丁文版本，Sulpicius Severus, Chronica, in Carolus Halm ed., *Sulpicii Severi Libri qui Supersunt*, Vindobaonae, 1866, II, 3, pp. 58-59。李隆国老师对这段话有过精彩的汉译，这里就使用李隆国老师的精美译文，见李隆国《从结巴诺特克的〈查理大帝传〉看"金属"中的人类历史》，陈恒、洪庆明主编《世界历史评论第 3 辑：叙述事实与历史事实》，上海人民出版社，2015。

巴比伦和马其顿帝国之后的第三大帝国，罗马是第四大帝国。这样四大帝国的顺序为巴比伦、马其顿、迦太基和罗马，他将这四大帝国分配至天国的四个方向。巴比伦是东方的帝国，马其顿是北方的帝国，迦太基是南方的帝国，罗马是西方的帝国……[①]这一时期，有的学者在世界性帝国数目的认识上破除了但以理"四"这一数字，如米努西乌斯-费利克斯认为有亚述、米底、波斯、希腊、埃及和罗马六大帝国，哥特人的编年史家约尔达内斯认为有亚述、米底、波斯、马其顿、罗马五大帝国。一位匿名的编年史家认为有亚述、米底、波斯、希腊、马其顿、罗马六大帝国。[②] 可见，这一时期但以理"四大帝国"理论的影响并未像后世那样深远，仍有史家构建自己的世界帝国序列时不去迎合这一神学理论，这一状况与这一时期基督教会在意识形态领域并未达到后世那样的绝对性统治地位有关。

墨洛温时代的法兰克史家在自己的史作中并没有呈现古代历史与中世纪历史之间的历史分期，476 年之后的历史被统统划归于"罗马帝国"的统治阶段，从罗马帝国开始直至法兰克时代的历史都是连着的，在都尔主教格雷戈里《法兰克人史》第一卷第四十八节中并列使用了阿尔卡迪乌斯和霍诺留里乌斯两位皇帝的纪年，表明格雷戈里并没有认同罗马帝国分裂为东西两个帝国的观点。《法兰克人史》中也并没有 410 年西哥特人首领阿拉里克攻陷罗马城的记载，也没有西罗马帝国最后一位皇帝罗慕路斯·奥古斯都被废黜的记载，或许是因为格雷戈里把这些事件仅仅看成是罗马帝国暂时性的变乱，认为它们并未动摇"罗马帝国"存在的根基，故而不值一提。《法兰克人史》以记叙高卢地区的历史为主题，因而它的作者格雷戈里没有采用"四大帝国"的结构原则叙述亚述、波斯、马其顿的历史，但格雷戈里同样遵循了基督教史学预定性和启示性的原则，他把自己生活的历史阶段——"罗马帝国"的统治阶段视为人类历史的最后一个阶段，之后则是基督为王的"上帝之国"。格雷戈里在《法兰克人

---

① Johan Hendrik Jacob Van Der Pot, *Sinndeutung und Periodisierung der Geschichte: Eine Systematische Übersicht der Theorien und Auffassungen*, Köln: Brill, 1999, S. 133.

② Johan Hendrik Jacob Van Der Pot, *Sinndeutung und Periodisierung der Geschichte: Eine Systematische Übersicht der Theorien und Auffassungen*, Köln: Brill, 1999, S. 133-134.

史》第十卷第二十五节中记载了高卢地区末世前的种种迹象：瘟疫、饥荒以及假基督、假先知的横行①，这与《新约圣经》中所记载的末世前的景象如出一辙。②

但以理"四巨兽"梦在法兰克王国广为流传，对这一时期法兰克史家的影响还表现在有人仿照这一神谕式梦幻启示编造新的神谕式梦幻启示以表明未来历史的走向。如墨洛温时代的"弗莱德伽"③，他纂修的《弗莱德伽编年史》以一则神奇预言故事揭示了墨洛温家族必然走向衰朽的宿命。据《弗莱德伽编年史》第三卷的记载，希尔德里克在与巴锡娜初夜时，巴锡娜拒绝与之交媾并将其打发至宫门之外目睹奇景：希尔德里克第一次看到了狮子、身体似马的独角兽、豹，第二次看到了熊和狼，第三次看到了长得像狗一样的小兽和其他一些拍打着绒羽并翻滚着的兽。巴锡娜向希尔德里克解释了这些奇景，认为这预示着希尔德里克的儿子将会像狮子一样，孙子则会像独角兽和豹一样，之后的后裔会像熊和狼一样并最终堕落成狗。④ 以三种动物来隐喻墨洛温王朝的国王们一代不如一代的衰落命运，学者们普遍认为《弗莱德伽编年史》中的希尔德里克梦幻启示是以但以理"四巨兽"梦为基础编造出来的。如玛蒂娜·哈特曼认为"弗莱德伽"将但以理的寓言故事翻转过来，在这个寓言中，前后相继的世界帝国变得越来越强大，但"弗莱德伽"却用它表达自己对7世纪中叶在位的墨洛温国王的大量批评，在《弗莱德伽编年史》中的其他章节中很明显，达戈贝尔一世在中世纪很受推崇，经常被评断为最后一位强大

---

① 〔法兰克〕格雷戈里：《法兰克人史》，O. M. 道尔顿英译，寿纪瑜、戚国淦译，商务印书馆，1981，第557页。

② 圣保罗在《圣经·帖撒罗尼迦后书》中说过，在尘世即将结束，耶稣复临人间之前将会出现冒充主的假先知，他会抵挡主，高抬自己超过一切所谓的神明和人们崇拜的对象，甚至坐在上帝的殿中以上帝自居！此处是部分经文的概括，原文参见《圣经·帖撒罗尼迦后书》2：1-4。

③ 关于《弗莱德伽编年史》的作者"弗莱德伽"的身份问题，学术界聚讼不一，存在着由一人编写的"一元论"、由两人编写的"二元论"、三人编写的"三元论"。参见陈文海《百年学讼与"弗莱德加"信度问题》，《史学史研究》2015年第3期。

④ Fredegar, "Chronicarum quae dicuntur Fredegarii Scholastici libri IV. Cum Continuationibus," in Bruno Krusch ed., *MGH, Scriptores Rerum Merovingicarum*, Tomvs II, *Fredegarii et Aliorum Chronica. Vitae Sanctorum*, Hannoverae: Impensis Bibliopolii Hahniani, 1888, p. 97.

而荣耀的国王，在"弗莱德伽"的作品中却被赋予了一个极度负面的形象……①

中世纪的基督教史家在撰写长时段的世界历史时所运用的"四大帝国"理论模式源自《旧约·但以理书》中的"四巨兽"梦和"大像"梦，这一理论模式最初流行于近东、地中海世界，基督教兴起后经拉丁教父哲罗姆为之注疏，"四大帝国"理论模式成为中世纪拉丁西方神学家、史学家所遵循的阐释世界历史的经典模式。在古罗马帝国衰落至查理曼的加洛林帝国崛起这一历史时期，"四大帝国"理论模式被拜占庭帝国和拉丁西方世界的史家所遵循。这些史家没有意识到罗马帝国衰落后，罗马-地中海世界已经开始发生深刻的社会变化，封建制的生产关系已经开始萌生。他们仅是从神学教条的角度把他们所生活的时代看作与古罗马帝国时期一样的历史时期——处于"四大帝国"的第四大帝国——罗马帝国统治时期。这种因循守旧地阐释历史的模式与传统一直延续着，直至查理曼的加洛林帝国建立。"罗马皇帝"这一名号在缺失已经长达300余年的拉丁西方世界重现，引发了人们的思考。人们对传统的基督教神学所强调的带有预定性、启示性的人类历史轨迹模式提出了疑问，也对依据这一神学理论阐释人类历史的"四大帝国"理论提出了前所未有的挑战。

第三节 "六个时代"理论模式和世界年龄的计算

大多数中世纪早期的世界编年史遵循两个末世论的结构原则——"四大帝国"和"六个时代"，这两个结构原则都沿着一条径直的时间线索，不断地靠近世界的终点——末日审判。"六个时代"理论，依据《旧约·创世纪》上帝在六天的时间里创造了世界，第七天休息的叙述，认为人类的历史也相应地分为"六个时代"。"早期基督徒根据《圣经》的一些论断，推算世界的寿命。根据《创世纪》里的叙述，上帝在六天的

① Martina Hartmann, "Sage-Klischee-Fiktion？Zum Bild der Merowingischen Königinnen in den Frühmittelalterlichen Erzählenden Quellenp," in Eva Dewes, Sandra Duhem Hrsg., *Kulturelles Gedächtnis und Interkulturelle Rezeption im Europäischen Kontext*, Berlin：Akademie Verlag GmbH, 2008, S. 23.

时间里创造了世界，第七天休息。《旧约》中有'千年如已过的昨日，又如夜间的一更'（《诗篇》90：4）的说法。使徒书信中有'主看一日如千年，千年如一日'（《彼得后书》3：8）的论断。这样，世界的寿命就变成了6000年。上帝在第六日造人，耶稣基督出生在第六天的正午，也就是第5500年。这种观念也逐渐在教会内部流传开来，成为共识。虽然教会内部的学者们很早就对这一认知不再持有疑义，但对这6000年进行具体的分期，则相对较晚。"① 奥古斯丁是最早做这项工作的学者。他有感于上帝六日创世的故事，将其中的每一日引申为世界历史将会经历一个千年，上帝六日创世意味着神圣的历史将会经历六个时代。第一个时代从人类的始祖即从亚当开始，一直持续到诺亚；第二个时代从诺亚（大洪水）一直持续到亚伯拉罕；第三个时代从亚伯拉罕一直持续到大卫王；第四个时代从大卫王到犹太人的"巴比伦之囚"；第五个时代从"巴比伦之囚"到耶稣基督的降临；第六个时代从基督的降临直到世界末日。从世界末日起，世界进入第七个时代，即人类永享安息的时代。这个时代没有穷尽，不属于尘世，因此不属于通常意义上的历史。"'六个时代'理论得到了很多人的认可，并成为中世纪历史编纂的重要参考系。"②

一　"六个时代"理论模式的源起

最早提出"六个时代"理论模式的史家是3世纪晚期的绥克斯图斯·朱利乌斯·阿非利加纳（Sextus Julius Afncanus），他也是世界编年史体裁的开创者，撰有最早的世界编年史《阿非利加纳编年史》。这部编年史从上帝创世开始叙述，一直叙述至公元221年。根据阿非利加纳的说法，人类生活的世界，也就是人类的历史一共包含了六个时代，每一时代将持续1000年，为何人类历史包含了六个时代，这一数值是六呢？这一数值是阿非利加纳参考比附上帝六日创造世界，第七天休息的故事而得出

① 刘林海：《早期基督教的历史分期理论及其特点》，《史学史研究》2011年第2期，第10页。

② 刘林海：《早期基督教的历史分期理论及其特点》，《史学史研究》2011年第2期，第10页。

的。那么，为何上帝创造世界的每一天，也就是人类历史的一个时代是等值的 1000 年呢？这一数值的得来也是阿非利加纳参考比附《圣经》的结果。《圣经·诗篇》中有"千年如已过的昨日，又如夜间的一更"① 的说法，据此人类历史"六个时代"中的每一个时代都是 1000 年。阿非利加纳还据此计算了世界的年岁。根据阿非利加纳的计算，截至公元 221 年，世界已经 5723 岁，而基督"道成肉身"发生在上帝创世的第 5501 年的第一天。"道成肉身"后，尘世还将继续存在 500 年，届时基督为王的"千年王国"将会建立。阿非利加纳认为基督为王的王国也将持续 1000 年，故而基督为王的国度被称为"千年王国"，这 1000 年的时间与上帝创世第七天休息的时间相对应——"一千年"等于创世的"一天"。

北非希波城的主教奥古斯丁继承了阿非利加纳的基督教史学思想，其中就包括他的世界编年史体裁和人类历史将会经历"六个时代"的思想。奥古斯丁也认为人类历史将会经历"六个时代"并且指出了划分每一个时代的标志性人物和事件，"六个时代"之后是基督为王的王国：

> 这真是安息日中最大的一个，没有晚上的安息日，是上帝在创世之初所裁可的安息日，他在那里言道："上帝在劳作了一切后休息……上帝赐福于第七天……"我们自己将遵循那第七天休息的规定……现在借着主的更大的恩典恢复和完善了。我们将永远保持静止和悠闲……现在，如果按照《圣经》中明显的时间模式，把人类历史的各个时期以"天"计算的话，那么这个象征着安息日的时期将在这七个时代里显得更加珍贵。第一天是第一个时期，从亚当到诺亚大洪水；第二天是第二个时期，从诺亚大洪水到亚伯拉罕；第三天是第三个时期，从亚伯拉罕到大卫；第四天是第四个时期，从大卫到"巴比伦之囚"；第五天是第五个时期，从"巴比伦之囚"到基督"道成肉身"；第六天是第六个时期，从基督"道成肉身"到世界末日。上帝必在第七日安息，使我们在第七日如他那里得安息……第七日是我们的安息日，这安息日的结束不是在傍晚，而是

---

① 《圣经·诗篇》90：4。

在主日，也就是在第八日。就如那永远长存的日子，是为基督复活而庆贺纪念的日子。①

值得注意的是奥古斯丁虽然给出了划分"六个时代"的标志性人物和事件，但是没有给出划分每个时代的具体详细的时间，他认为世界的年龄以及划分"六个时代"的具体时间是模糊的、无法知晓的，他也反对人类计算这些时间和推测世界末日将会在何时到来。奥古斯丁此种观点的依据是《圣经·使徒行传》。据《使徒行传》的记载："信徒们曾经询问耶稣，他所复兴的以色列国就在此时吗？耶稣对他们说：'父凭着自己的权柄所定的时候、日期，不是你们可以知道的。'"② 奥古斯丁由此认为某些启示性的重要时刻的到来是人类无法预知的，人类计算这些时刻也是荒谬的和不应该的。奥古斯丁还将一个重要思想赋予"六个时代"理论，这一重要思想就是世界正在变老。奥古斯丁认为世界如同我们人类每个人一样，都将经历出生、青年、成熟、衰老和死亡的过程，人类在衰老期里年老体衰、百病丛生，而世界在它的"衰老时期"也会灾祸不断：

> 世界正在变得衰朽，那是令人吃惊的？你会感到惊诧，世界也会变老？人出生后，会随着年龄的增长而变老。在人的老年会有许多悲哀困楚，人会充满苦难，如果世界变老的话，它也会充满种种灾难。③

奥古斯丁认为他所生活的时代正处于"六个时代"中的第六个时代——从基督"道成肉身"至世界末日，世界正处于它的"衰老时期"，因而地震、疾疫等自然灾害以及内战、外敌入侵、经济萧条等人为的灾难频发。奥古斯丁的这一思想也是为了回应当时许多人将罗马帝国衰落引发的种种灾难归罪于基督教。奥古斯丁的代表作《上帝之城》创作于413

---

① Jared C. Calaway, *The Sabbath and the Sanctuary: Access to God in the Letter to the Hebrews and Its Priestly Context*, Tübingen: Mohr Siebeck, 2013, pp. 204–205.

② 《圣经·使徒行传》1：7。

③ Lawrence Besserman, *The Sabbath and the Sanctuary: Access to God in the Letter to the Hebrews and Its Priestly Context*, New York: Garland Publishing, Inc., 1996, p. 7.

年，当时罗马城已被西哥特人攻陷，难民四处流徙。奥古斯丁在希波城外遭遇了这些从罗马逃难而来的难民，他们向奥古斯丁述说着自己的悲惨遭遇，并把罗马帝国的衰落归咎于基督教。奥古斯丁认为自己所生活的时代正处于第六个时代，也就是处于世界的"衰老时期"，因此出现种种灾难亦如人类老年疾病频发一样是自然而然的事情，故而不应归罪于基督教。

奥古斯丁"六个时代"的思想对中世纪早期的人们影响很大。他认为世界末日何时到来等具有启示性的历史时刻是无法预知的，也是不应该计算的。这种"不可知性"与中世纪早期社会动荡、自然灾害频仍的现实交相呼应，加剧了欧洲人的"末日恐慌"心理。由于奥古斯丁强调世界末日的到来是不可预知的，同时又宣称世界正处于它的"衰老时期"，中世纪早期的欧洲人在重重灾祸的打击下把世界末日的到来看作一件迫在眉睫的事情。如萨洛纳主教赫西修斯（Hesychius）经历了日食、干旱和地震后，援引《圣经》中自然异象的产生预示着耶稣基督将会复临人间的记载①，认为世界末日近了。② 601 年，教皇大格雷戈里给新近皈依的肯特国王埃塞尔伯特（Ethelberht）写信，信中也提到了世界末日即将来临。在致埃塞尔伯特的信中，大格雷戈里鼓励和劝勉他，听取良好的建议，走向正途，因为时日无多，末日审判即将来临。大格雷戈里请埃塞尔伯特注意某些异象，"随着世界末日的临近，许多以前没有的事情迫在眉睫，显然，空气中的变化，以及来自天上的恐怖，与季节的顺序相反，风暴、战争、饥荒、瘟疫和地震遍布大地"。③ 这些异象是世界末日即将来临的前兆，大格雷戈里告诫埃塞尔伯特需多行善事，为即将到来的末日审判做好准备。④

---

① "日月星辰要显出异兆，地上邦国也有困苦，因海中波浪的响声，就慌慌不定。天势都要震动，人想起那将要临到世界的事，就都吓得魂不附体。那时他们要看见人子有能力，有大荣耀，驾云降临。一有这些事，你们就当挺身昂首，因为你们得赎的日子近了。"参见《圣经·路加福音》21：25—28。

② Richard Kenneth Emmerson, Bernard McGinn, *The Apocalypse in the Middle Ages*, New York：Cornell University of Press, 1992, p.30.

③ Ludovicus M. Hartmann ed., "Adilberto Regi Anglorum Gregorius," in G. H. Pertz ed., *MGH, Epistolarvm*, Tomvs Ⅱ, Berolini：Apvd Weidmannos, 1899, p.309.

④ Saint Bede (the Venerable), *Baedae Opera Historica*, Mass：Harvard University Press, 1954, p.174.

二　伊西多尔和比德对于"六个时代"理论的运用

西罗马帝国灭亡后，在原西罗马帝国统治的疆域内诞生了一系列日耳曼人的蛮族王国。4~5世纪基督教会的教父所开创的一系列神学历史哲学的原则：末世论、上帝预定论、直线一维的基督教时间观和世界编年史体裁形式，以及"四大帝国""六个时代"的修史结构原则都被继承、延续了下来。日耳曼诸蛮族王国统治时期，西欧普遍的史学撰著形式有三种，分别是圣徒传记、蛮族史和世界编年史。其中，从纵向的时间和横向的空间两个维度最为直观地呈现基督教神学哲学原则的史学体裁形式是世界编年史。世界编年史体裁在这一时期西欧的日耳曼诸蛮族王国中以两种形式传承。一种形式是对《哲罗姆编年史》的续写，如阿奎丹的普罗斯珀（Prosper of Aquitaine）首先将《哲罗姆编年史》续写至455年，后来又有一位主教西班牙的伊达提阿斯（Idatiius）将其续写至468年，之后东哥特王国的卡西奥多罗斯又将其续写至519年。这些编年史家是在《哲罗姆编年史》的基础上续写历史的，因而他们的作品也就无法独立地、完整地呈现世界历史演进的"六个时代"的原则。另一种形式是一些编年史家如西哥特王国的伊西多尔、诺森伯利亚的比德、法兰克王国墨洛温王朝的"弗莱德伽"以《哲罗姆编年史》为摹本，修撰了自己的编年史著作。由于它们是独立的原创之作，可以从头写起，形式与篇幅皆不受前作的影响与制约，为他们运用"六个时代"的结构原则创造了条件。

西哥特王国塞维利亚的主教伊西多尔撰写了《大编年史》（*Chronica Maiora*）。伊西多尔受奥古斯丁"六个时代"思想的影响，也依照"六个时代"的结构原则编排他的《大编年史》。从伊西多尔另一部重要的著作《辞源》（*Etymologies*）中可以了解到伊西多尔对于奥古斯丁非常推崇。伊西多尔这样评价奥古斯丁："奥古斯丁凭依聪明才智和学识，克服了所有因素的影响，因为他写得太多了，没有人能够夜以继日地工作，誊抄他的书，甚至没有人能够读遍他的书。"① 伊西多尔在《大编

---

① Isidore of Seville, *The Etymologies of Isidore of Seville*, Stephen A. Barney et al. trans., Cambridge: United Kingdom at the University Press, 2006, p. 139.

年史》中运用了"六个时代"的结构原则，该书上起上帝创世，下迄615年。他的《辞源》则是一部汇集了古典时代以来地中海世界各学科、各门类知识的大百科全书，其中在第五章"法律和年表"中也运用了"六个时代"的思想呈现世界历史的年表。

不过，伊西多尔并没有原封不动地照抄照搬奥古斯丁的"六个时代"的思想，他的"六个时代"的划分与奥古斯丁的划分存在着差异，请参见表1-1。

表 1-1 奥古斯丁和伊西多尔对于"六个时代"的划分

	奥古斯丁	伊西多尔	伊西多尔	伊西多尔
	《上帝之城》	《大编年史》再编版	《辞源》V.38	《小编年史》《辞源》V.39
1	亚当—诺亚/大洪水	上帝创世—诺亚	亚当—诺亚	亚当—诺亚
2	诺亚/大洪水—亚伯拉罕	闪—纳葛尔	诺亚—亚伯拉罕	闪—塔拉
3	亚伯拉罕—大卫	塔拉—撒母尔、扫罗	亚伯拉罕—大卫	亚伯拉罕—撒母耳、扫罗
4	大卫—"巴比伦之囚"	大卫—西底家	大卫—犹太人被掳掠—巴比伦	大卫—西底家
5	"巴比伦之囚"—基督诞生	"巴比伦之囚"—恺撒	巴比伦—主"道成肉身"	"巴比伦之囚"—恺撒
6	基督的诞生—未知者	屋大维—未知者	目前—世界末日	屋大维—未知者

资料来源：Jamie Wood, *The Politics of Identity in Visigothic Spain: Religion and Power in the Histories of Isidore of Seville*, Boston：Brill, 2012, p.124.

与奥古斯丁相比，伊西多尔对于"六个时代"结构的运用具有如下的特点。第一，奥古斯丁在叙述历史时构造了一个"神圣"（"上帝之城"指教会历史）和"凡俗"（"地上之城"指世俗历史）双重的历史演进轨迹。而伊西多尔却没有这样划分，他将两者糅为一体，呈现了一个统一的历史演进过程。[①] 第二，奥古斯丁没有明确划分"六个时代"的时间界

---

① Jamie Wood, *The Politics of Identity in Visigothic Spain: Religion and Power in the Histories of Isidore of Seville*, Boston：Brill, 2012, p.125.

限，只是粗略地给出了一些分割各个时代的标志性事件或人物，而伊西多尔明确划分了"六个时代"的时间界限，这种差异可能是由于二人著作性质不同，奥古斯丁的著作是纯粹的神学著作，不太强调时间的精确性，而伊西多尔的著作是史学著作，十分注重时间的具体和精确。① 第三，奥古斯丁强调教会史和世俗历史相互交织，且不断进行着你死我活的斗争，但教会史的地位高于世俗历史，所以他以犹太人的历史和基督教会的历史为串联"上帝之城"的叙述主线。② 而伊西多尔则有着强烈的反犹太人和推崇罗马帝国的情结，表现为他在叙述第四、第五个时代历史的时候，特别强调犹太人受亚述人等他族压迫的事实并以非犹太人的他族［亚述人、斯基泰人（Scythiang）］为串联历史的主线。对罗马帝国的推崇表现在他以罗马帝国的恺撒和屋大维作为分割第五、第六个时代之间的界限。伊西多尔的这两种情结与此时西哥特王国整体的社会氛围有关。在 6 世纪末和 7 世纪，皈依了基督教正统教派的西哥特国王们依靠基督教主教，通过在首都托莱多城召开宗教会议的方式治理国家。他们通过了一系列限制犹太人与基督徒自由接触的法规，甚至颁布了一些严格限制犹太人自由的法规，如禁止犹太人出任公职，禁止为犹太人洗礼，限制犹太人结婚的权利，使犹太人沦为了奴隶并没收他们的财产。636 年，国王苏因提拉（Suinthila）宣布未受洗的人无权在西班牙生活，此令在事实上驱逐了犹太人。③

8 世纪，不列颠诺森伯利亚王国的史家比德以伊西多尔的《大编年史》为底本，在他的著作中运用了"六个时代"理论，他的《关于日期的认定》（On the Reckoning of Time）第 66 章中有一大事记，这一大事记后来独立成书，被称为《大编年史》（Greater Chronicle）。比德撰写《大编年史》所依据的直接史料是伊西多尔《辞源》中的大事年表。比德与伊西多尔一样，十分精确地在时间上呈现历史，他把时间细分为天、月、年、世纪和时代，比德依照"六个时代"理论同样认为世界将会

---

① Jamie Wood, *The Politics of Identity in Visigothic Spain: Religion and Power in the Histories of Isidore of Seville*, Boston: Brill, 2012, p. 125.

② Jamie Wood, *The Politics of Identity in Visigothic Spain: Religion and Power in the Histories of Isidore of Seville*, Boston: Brill, 2012, p. 125.

③ Michael Frassetto, *The Early Medieval World: From the Fall of Rome to the Time of Charlemagne*, Santa Barbara: ABC-CLIO, 2013, p. 343.

经历六个时代，截至他所生活的时代，六个时代中的前五个已经过去，比德认为他生活在第六个时代中，至于第六个时代何时结束、世界末日何时到来唯有上帝才能知晓。比德的这一观点与奥古斯丁、伊西多尔秉持的人类无法预知、计算世界末日到来的观点大同小异。[1] 比德以《旧约》中的神圣人物和事件为标志划分六个时代，第一至第六个时代分别以上帝创世、大洪水、亚伯拉罕、大卫、"巴比伦之囚"和基督"道成肉身"作为划分的标志。但是比德并不认为每一个时代是等分的一千年，他认为第一个时代长 1656 年，第二个时代长 292 年，因为比德这一计算依据的是哲罗姆翻译的拉丁文《旧约》版本，而不像奥古斯丁、伊西多尔那样以尤西比乌斯和《旧约》的七十士译本[2]为依据计算每一时代的时间[3]。比德的学说不再把每一个时代等分为一千年，违背了《圣经》"主看一日如千年"的规定，被许多神学家认定为异端邪说，但客观上部分解放了神学信条对历史时间计算的限制。比德的《大编年史》对于中世纪西欧的编年史撰写影响深远，许多编年史家以比德的《大编年史》为底本撰写他们的世界编年史，这些编年史自上帝创世至编年史家所生活的时代之前的历史大多以比德的《大编年史》为依据予以确定。

三　墨洛温史家的末世论思想与世界年龄的计算

在墨洛温时代的法兰克高卢，尤西比乌斯、哲罗姆、奥罗西乌斯等教会史家以末世论、启示论思想为主导编订历史的史学传统得到了延续，不过，墨洛温史家在撰写历史时并没有像奥古斯丁、伊西多尔、比德那样明确将世界历史划分为"六个时代"。在墨洛温时代的法兰克高卢最为重要的一位史家是有着"蛮族的希罗多德"之称的都尔主教格雷戈里。格雷戈里应该熟知尤西比乌斯、哲罗姆等人计算世界年龄的方法，他在《法

① Saint Bede (the Venerable), *Bede, The Reckoning of Time*, Faith Wallis trans., Liverpool: The Liverpool University Press, 1999, p. 358.
② 《旧约》最早的希腊文译本，简称 LXX，约公元前 3～前 1 世纪译成，因传说是由 72 位翻译者在亚历山大城合译而得名。
③ Saint Bede (the Venerable), *Bede, The Reckoning of Time*, Faith Wallis trans., Liverpool: The Liverpool University Press, 1999, p. 358.

兰克人史》第 1 卷第 1 章中提及了这一点,声称尤西比乌斯、哲罗姆、奥罗西乌斯等人把创世以来所有年代的顺序排列了出来。① 阿基坦的维克托里乌斯为了确定复活节日期,又将这项工作重做了一遍。② 格雷戈里吸收了基督教编年史的计时功能,"愿意遵循上述作家的前例……愿把全部的年代一直推算到今天。这一工作以亚当为开始"。③ 格雷戈里没有明确提及世界的寿命,也没有明确将世界历史划分为"六个时代",但他对于犹太史、早期基督教会史以及高卢地区史上重大事件的时间计算极为具体,如在《法兰克人史》第 4 卷第 51 章提及了这些时间:"从创世到洪水 2242 年。从洪水到亚伯拉罕 942 年。从亚伯拉罕到以色列人出埃及 462 年。从以色列人出埃及到所罗门建造圣殿 480 年。从建造圣殿到圣殿荒芜和耶路撒冷众民流落巴比伦 390 年。从耶路撒冷民众流落巴比伦到我主耶稣受难 668 年。从我主耶稣受难到圣马丁逝世 412 年……总数是 5774 年。"④ 从格雷戈里的这一时间记录可以看出在犹太史和早期教会史部分,划分"六个时代"的重大事件(如上帝创世、大洪水、亚伯拉罕、"巴比伦之囚"、耶稣"道成肉身")均被格雷戈里提及,只是格雷戈里对犹太史和早期教会史的划分比"六个时代"的划分法更为细致。他将亚伯拉罕至摩西、摩西至所罗门的历史又单独分出,这样从创世至耶稣"道成肉身"就成了六个阶段,而不像"六个时代"划分法那样将这段历史划分为五个阶段。格雷戈里与比德一样并不认为划分世界历史重大事件之间的时间距离一定是 1000 年,他给出的时间距离数都是精确、非等值的,格雷戈里对于世界末日、末日审判、基督复临等一系列基督教神学启示问题是极为信奉的。他在《法兰克人史》第 10 卷第 31 章中为了告诫都尔教会的主教们日后不要妄加修改他的史作时以末日审判相威吓:"凭我们

---

① 〔法兰克〕格雷戈里:《法兰克人史》,O. M. 道尔顿英译,寿纪瑜、戚国淦译,商务印书馆,1981,第 8 页。
② 〔法兰克〕格雷戈里:《法兰克人史》,O. M. 道尔顿英译,寿纪瑜、戚国淦译,商务印书馆,1981,第 8 页。
③ 〔法兰克〕格雷戈里:《法兰克人史》,O. M. 道尔顿英译,寿纪瑜、戚国淦译,商务印书馆,1981,第 8~9 页。
④ 〔法兰克〕格雷戈里:《法兰克人史》,O. M. 道尔顿英译,寿纪瑜、戚国淦译,商务印书馆,1981,第 206 页。

的主耶稣基督的降临，凭一切犯罪者感到可怕的审判日，若是你们不愿意狼狈不堪地从这个审判席离开，去和魔鬼一同定罪，那我就请求你们大家不要从这几卷书里挑选某些部分，略去其他部分，因而使它们遭到损害或改写，而应该使它们保持完整无缺……"① 至于世界末日何时来临，也就是世界的寿命将会是多少的问题；格雷戈里没有给出明确的回答，但他在《法兰克人史》中多次提及了"敌基督"显现的现象，"我认为上帝在《福音书》里亲自谈到了这些人，他说最后'假基督、假先知将要起来，显大神迹、大奇事，甚至将选民带引到错误中去'"。② 一是第9卷第6章记载了一个冒充从西班牙来的大骗子，以殉道者文森特和费利克斯的圣物坑蒙拐骗。③ 二是第10卷第25章记载了布尔日一个冒充基督的人。④由于"敌基督"将于基督复临前出现并终究被基督毁灭，从这里可以推知格雷戈里似乎认定世界末日的来临已经不远了，格雷戈里也记载了马赛遭受瘟疫，昂热、南特、勒芒遭遇饥荒的现象，认为这些是"敌基督"显现，世界末日将要来临的自然征兆。他在《法兰克人史》的结尾处计算截至他所生活时代的世界年龄已经达到了5792年。⑤ 可见，格雷戈里似乎也认为世界的寿命为6000年，在这一点上与"六个时代"的思想一致。因此，他所生活的时代与世界末日只有200余年的时间了。

《弗莱德伽编年史》及其续编者对于世界末日、末日审判、基督复临等一系列基督教神学启示问题是极为信奉的。《弗莱德伽编年史》是一部记叙584~642年法兰克高卢历史的原始史料。《弗莱德伽编年史》成书之后，先后被三次续编。8世纪30年代，一位奥斯达拉西亚的作者首先将《弗莱德伽编年史》续编至721年。之后，在查理·马特异母弟希尔德布

---

① 〔法兰克〕格雷戈里：《法兰克人史》，O. M. 道尔顿英译，寿纪瑜、戚国淦译，商务印书馆，1981，第576页。
② 〔法兰克〕格雷戈里：《法兰克人史》，O. M. 道尔顿英译，寿纪瑜、戚国淦译，商务印书馆，1981，第456页。
③ 〔法兰克〕格雷戈里：《法兰克人史》，O. M. 道尔顿英译，寿纪瑜、戚国淦译，商务印书馆，1981，第454页。
④ 〔法兰克〕格雷戈里：《法兰克人史》，O. M. 道尔顿英译，寿纪瑜、戚国淦译，商务印书馆，1981，第557页。
⑤ 〔法兰克〕格雷戈里：《法兰克人史》，O. M. 道尔顿英译，寿纪瑜、戚国淦译，商务印书馆，1981，第577页。

兰德伯爵及其子尼布龙根伯爵的资助下该书被续编至 751 年。该书第三次续编被续编至 768 年矮子丕平统治时期。"弗莱德伽"在《弗莱德伽编年史》的第一部分收录、摘抄了四部编年史对于世界年龄的计算，这四部编年史分别是《哲罗姆编年史》、《哈德利乌斯编年史》、伊西多尔的《大编年史》、《谱系书》（Liber Generalionis），其中前三部编年史使用的是一种计算世界年龄的方法，被称为创世纪元 I（AM 1），《谱系书》使用的是另一种计算世界年龄的方法，被称为创世纪元 II（AM II）。① "弗莱德伽"秉持着世界寿命 6000 年的思想，也就是说他认为世界将在其 6000 年的时候终结，届时基督复临人间开始末日审判。所以他对于创世纪元6000 年的这一数字非常顾忌。他把君士坦丁统治的日期确定为创世纪元 I 的第 5806 年，而把希拉克略统治的最后一年（实际上是公元 641 年）确定为 5149 年。倘若按照创世纪元 I 推算将是 6140 年，而这一数字逾越了6000 年的界限，将对世界寿命 6000 年的基督教末世论、启示论思想构成挑战，所以"弗莱德伽"有意弄错。为了尽可能精确地计算世界年龄，"弗莱德伽"把基督受难前（5228 年）的历史以创世纪元 II 来纪年并将年数与阿基坦的维克托里乌斯的复活节年表周期相加，这一年表每隔 532年重复一次，因此提供了一个年复一年的图表，用以追踪过往的第六个千年的历史。② 《弗莱德伽编年史》的续编者也使用这种计算方法来纪年，而且他对于创世纪元 6000 年的这一数字也非常忌惮。最早的《弗莱德伽编年史续编》的手稿（Paris BN lat. 10910）的结尾处包含了这样的计算：公元715 年，达戈伯特三世统治第四年的下半年，路西里奥斯计算距离这一千年的圆满还有 84 年。③ 也就是说《弗莱德伽编年史》的续编者在计算距离世界末日还有多少年。

在 5~7 世纪，西哥特、诺森伯利亚、墨洛温法兰克等诸蛮族王国的

---

① Werner Verbeke and D. Verhelst, *The Use and Abuse of Eschatology in the Middle Ages*, Leuven: Leuven University Press, p. 168.

② Werner Verbeke and D. Verhelst, *The Use and Abuse of Eschatology in the Middle Ages*, Leuven: Leuven University Press, p. 168.

③ Fredegar, "Chronicarum quae dicuntur Fredegarii Scholastici libri IV. Cum Continuationibus," in Bruno Krusch ed., *Fredegar II et Aliorum Chronica Vitae Sanctorum*, Hannoverae: Impensis Bibliopolii Hahniani, 1888, pp. 9-10.

编年史家继承了哲罗姆、奥罗西乌斯、奥古斯丁等拉丁教父的末世论、启示论思想，也延续了以编年史的形式计算世界年龄的做法，但他们的具体形式却有所差别。有的编年史家，如伊西多尔和比德使用了"六个时代"的理论呈现末世论、启示论思想，将世界末日前的世界历史划分为不等值的"六个时代"，有别于奥古斯丁等值的划分方法；都尔主教格雷戈里和《弗莱德伽编年史》的编者及续编者没有明确使用"六个时代"这种呈示世界历史的方法，不过他们秉持世界寿命将会是6000年的思想，认为世界将在6000年的时候走向终结，因而在史册中对于6000年的创世纪年颇为忌惮和顾忌，以免对基督教末世论、启示论的思想构成挑战。然而，随着时间的流逝，耶稣基督迟迟未能复临人间进行末日审判，尘世的历史一直延续着，世界的年龄早已超越了6000年的大限，编年史家继续使用原有的计算手段和阐释途径已经难以自圆其说了，他们需要新的计算手段和阐释途径呈示新阶段的世界历史，以符合基督教末世论、启示论的思想，这就促成了加洛林时代历史撰述，尤其是编年史撰述新形式的萌生和发展。

第二章

加洛林时代末日启示神学的史学运用

第一节　查理曼加冕事件

查理曼是欧洲历史上杰出的统治者，曾被同时代的诗人称颂为"欧洲之父"。[①] 正是凭借他的伟大征服，法兰克王国才从比今天法国还要狭小的地区扩张到原西罗马帝国的欧洲部分。他不仅武功赫赫，还大力推广基督教、教育和学术。他在 800 年圣诞节被教皇加冕为皇帝，此举把日耳曼世界和罗马世界连接了起来，激发了此后欧洲君王们的帝王野心。对于查理曼的加冕称帝，比利时历史学家亨利·皮朗认为此事并无重大意义，这一拥戴推举纯粹是一幕戏剧而已。其真实意义在于，罗马教皇赋予了查理曼皇帝的头衔，从而使他成了基督教会的捍卫者。与古代罗马帝国的皇帝头衔不同，查理曼这一皇帝头衔并不具备世俗的意义……[②]然而，笔者通过爬梳法兰克和拜占庭的历史文献，发现无论是查理曼本人，还是教皇，乃至与之利益攸关却并未亲见其事的拜占庭皇帝都非常看重罗马皇帝的头衔并围绕查理曼的加冕展开了持久的政治、外交、军事博弈。查理曼的加冕绝非一幕戏剧或一场宫廷政变那么简单，它对拜占庭皇帝的

[①] 在拉丁叙事诗《查理大帝与利奥教皇》（*Karolus Magnus et Leo Papa*）中，查理曼被称颂为"欧洲之父"（Pater Europae）。Ernst Dümmler ed. , "Karolus Magnus et Leo Papa," in *MGH*, *Poetae Latini Medii Aevi*, Tomvs I, Berolini: Apvd Weidmannos, 1881, p.379.

[②] 〔比〕亨利·皮朗：《穆罕默德与查理曼》，王晋新译，上海三联书店，2011，第 239 页。

世界宗主权产生了巨大的冲击，在古代晚期和中世纪早期文明演变的历程中具有里程碑的重要意义。查理曼所复兴的帝国仍然号称"罗马帝国"，与拜占庭帝国的名号相同，从而引发了二者在基督教世界中以及基督教末日启示理论中的地位之争。

一　基督教世界皇帝的历史由来

基督教世界皇帝的历史传统源自古代的罗马帝国，后被拜占庭帝国的皇帝所继承。罗马从台伯河畔的一个蕞尔小邦逐渐发展成横跨欧亚非三大洲、环抱地中海世界的大帝国，这一领土疆域上的突出成就使罗马人逐渐形成了罗马帝国的疆域"无远弗届"的思想，认为一个世界性的罗马帝国应该统治所有人类居住的土地并以此把和平赐予所有的民族。在奥古斯都时代，一些罗马作家的文艺作品明确地表达了这种思想，例如，维吉尔的《埃涅阿斯纪》（*The Aeneid*）中曾有这样的记载："朱庇特神向维纳斯（Venus）许下诺言，当奥古斯都使大洋环抱他的帝国，他的荣耀与星辰同辉之时，罗马人就将控制辖域内所有的海洋与大地。"[1] 奥维德在他的《岁时记》（*Fasti*）中也曾宣称："罗马人的空间罗马城与世界同度。"（Romanae spatium est urbis et orbis idem.）[2] 在奥古斯都时代，罗马并非唯一的大帝国，在它的东部仍然存在着与之对立的波斯帝国，而且在公元前9年，奥古斯都大帝因为痛感瓦卢斯军团在条顿堡森林中的覆灭而从此放弃了对外扩张的政策，使帝国的疆界就此稳定了下来。尽管如此，罗马人依旧执着地认为罗马帝国"无远弗届"且"永世长存"，即在空间和时间两个维度上都是没有尽头的。即使到了5世纪初，帝国饱受各个蛮族的侵扰，国势已然江河日下，帝国"无远弗届"的思想仍旧未被舍弃。例如，高卢-罗马诗人茹提利乌斯·南马提阿努斯（Rutilius Namatianus）在其诗歌《论还家》（*De Reditu Suo*）中就把罗马比喻成世界上最美丽的女神"罗玛"（Roma）："她把过往的一个世界，变成了一个城市。"（Urbem

① Emily Albu, *The Medieval Peutinger Map: Imperial Roman Revival in a German Empire*, Cambridge: Cambridge University Press, 2014, p. 25.

② Ovid, *Fastorum Libri Sex: The Fasti of Ovid Volume I*, James George Frazer trans., London: Macmillan, 1929, p. 98.

fecisti, quod prius orbis erat.)① 这首诗词形象地说明了罗马灭国无数、凌
驾万邦之上的世界性帝国的地位。众所周知，"拜占庭"是近代人编造出
来的一个学术用语，并未被我们现在称为"拜占庭人"的古人所使用。
事实上，历史上的"拜占庭人"一直有意识地把自己称为"罗马人"，把
他们的首都君士坦丁堡称为"新罗马"，把他们的帝国称为"罗马帝国"。
在他们看来，古罗马与拜占庭之间的历史是紧密相连的，其间并无明显的
断裂。关于古罗马帝国与拜占庭帝国的历史分期，近代以来的学术界众说
纷纭且争讼不断，其中主要的历史分期观点有如下三种：一是以 324 年君
士坦丁大帝重新统一罗马-地中海世界为古罗马与拜占庭之间的历史分
期；二是以 395 年狄奥多西大帝崩逝，东西罗马帝国的分离为历史分期；
三是以 476 年罗慕路斯·奥古斯都被废黜为历史分期。② 尽管后世学者选
取了上述年代，把它们作为重要历史分期的节点并赋予其重大的历史意
义，但对于当时的人们而言，在这些历史年代中所发生的事件只不过是罗
马皇帝传承谱系的一次又一次分分合合罢了，恐怕并未料想到会有后世学
者附会叠加如此重大的历史意义，也不会把它们视为一个划时代的历史标
志。在他们看来，这些历史事件的发生并未使罗马帝国发生本质性的变
化，他们的帝国依旧是以前的罗马帝国。例如，被后世学者附会叠加最多
的一个历史时间——476 年，被认为是西罗马帝国灭亡的时间、中世纪的
开端、西欧奴隶制终结和封建制开启的时间……在时人的眼中，这只不过
是一度分裂的罗马帝系又一次实现复合罢了，因为废黜罗慕路斯·奥古斯
都的日耳曼将领奥多亚克并未自立乾坤，而是派遣使节至君士坦丁堡，希望
东罗马皇帝芝诺能够认可他在意大利的统治，而且这种统治仍然是以芝诺的
名义实行的。上述历史现象充分表明了古罗马帝国与拜占庭帝国之间的历史
延续性，作为古罗马帝国在中世纪的直接继承者，拜占庭帝国自然也承袭了
前者的众多遗产，其中就包括罗马帝国凌驾于万邦之上的世界性帝国的地位。
尽管在整个中世纪，拜占庭帝国的这种国际地位不断受到其他国家的挑战，

---

① Rutilius Namatianus, *De Reditu Suo*, Aug Wilh Zumptius ed. , Berolini：Sumptibus Ferd. Dümmleri. , 1840, p. 58.
② 关于古罗马帝国与拜占庭帝国的历史分期，参见徐家玲《拜占庭的历史分期与早期拜占庭》，《东北师大学报》（哲学社会科学版）1999 年第 6 期。

但它作为一种思想观念却被拜占庭人一直坚守至帝国的灭亡。

　　基督教君权神授的思想为罗马-拜占庭皇帝"世界皇帝"的诉求提供了理论依据。在基督教产生和发展的早期，由于基督教徒仅仅笃信上帝为唯一的真神，拒不履行神化罗马皇帝的仪式而饱受罗马皇帝的摧残和迫害。这种迫害基督徒的活动从 54 年尼禄统治时期开始，时断时续地发生，其中大规模的迫害活动共有 10 次，直至 313 年君士坦丁大帝颁布《米兰敕令》后，迫害活动方才终止。面对罗马皇帝的迫害，基督徒以大规模的以身殉道的方式来应对，在这场肉体与灵魂、暴力与精神的较量中，基督教会最终凭借信徒大无畏的牺牲精神成了胜利者。为了收揽人心、稳固统治，君士坦丁大帝意识到需要对基督教信仰加以改造，使国家和宗教连成一体，以重建对于民众的传统控制力。为此，他在解除基督教信仰禁令的同时，召开了 325 年的尼西亚宗教会议，以皇帝的身份干预教会内部的组织及教义问题。另外，教会尽管认为崇拜皇帝的仪式行为是一种令人讨厌的、异教的信仰，但为了赢得皇帝的庇护和支持，也不得不对先前公然藐视神化皇帝的行为做出相应的调整。在此历史背景下，皇权神授的理论思想应运而生。与君士坦丁大帝大致处于同一时代的基督教学者尤西比乌斯在他的《卅年致辞》（*Tricennial Orations*）中首先提出了基督教的皇权神授的思想。基督教属于一神信仰，这使其无法像多神信仰那样直接地把统治者奉为真神予以顶礼膜拜，于是为了达到神化统治者的目的，只能采用君权神授的解释方法，把统治者的权力说成是由神授予的。例如，尤西比乌斯就采取了"映像说"神化君士坦丁的统治权。他认为："君士坦丁帝国是天国在尘世中的一种映像。由于天国中有且只有一位上帝，故而尘世中也应相应地有且只有一位皇帝。帝王的一切权力都源于上帝。君士坦丁通过神圣之言的逻各斯与上帝保持着特殊的联系。他是上帝的朋友，箴言的阐释者；他转动的双眼能够接受来自天庭的信息；他能够为臣民升入天堂做足准备并热忱地向一切人等宣达真实、神圣的法律，以此唤醒整个人类接近上帝。"① 君士坦丁大帝本人也十分注重利用这种皇权神授的思

----

① D. M. Nicol, "Byzantine Political Thought," in J. H. Burns ed., *The Cambridge History of Medieval Political Thought c. 350-c. 1450*, Cambridge: Cambridge University Press, 2008, p. 52.

想，例如，他曾下令打造一个金属圆盘，镌刻有上帝亲自为君士坦丁加冕的塑像，以此向他的基督教臣民们宣示，他是应上帝的召唤统治帝国的。①

尤西比乌斯认为，既然罗马皇帝的权力是由上帝授予的，那么他在人类事务的管理方面就应该享有绝对和无限的权力，故而，作为一个由上帝所主宰的国度——罗马帝国理应统治整个世界，以符合天国中只有一位上帝的观点。尤西比乌斯在《卅年致辞》中写道：

> 罗马帝国此时已确立了君主制度，而原本仅仅从唯一基点出发的基督训诫为了赢得大众的欢迎也做出了相应的调整。故而，这两大权力得以并行发展并兴旺发达。由于凭依我主的力量，多元化的魔鬼和多神教的神祇均遭毁灭，这预示着一个由上帝主宰的国度的到来，这一国度便是罗马帝国。它君临希腊人、蛮族人及所有民族之上，甚至包括了那些在世界上最遥远的地区生活的民族。既然政府林立的原因已被消除，那么罗马帝国就应该兼并那些可以看到的政府，以此把整个人类合并为一个统一的和谐体。罗马帝国已经把诸多民族中的大部分并入，它注定会把那些尚未被并入，直至人类所居住世界的最遥远地区的民族一一合并。②

尤西比乌斯君权神授的思想奠定了中世纪拜占庭帝国政治思想的基础。由于帝国的政治重心东移，在近东古老文明神化君主传统的影响下，拜占庭帝国也走上了神化皇帝的道路，甚至在一定程度上脱离了基督教一神信仰的传统。例如，在拜占庭皇帝的宫廷生活中，皇帝的穿着和排场处处体现其为上帝代理人的特殊身份，皇帝在重大场合一般头戴皇冠、足踏紫色御鞋、身着紫色且镶缀黄金的丝绸御袍。按照君士坦丁·波菲罗根尼蒂斯的说法，皇冠与御袍并不是由人工制成的，而是天使奉上帝之命，送

① George Ostrogorsky, "The Byzantine Emperor and the Hierarchical World Order," *The Slavonic and East European Review*, Vol. 35, No. 84 (Dec., 1956), p. 2.

② H. A. Drake, *In Praise of Constantine: A Historical Study and New Translation of Eusebius' Tricennial Orations*, California: California University Press, 1975, p. 120.

给君士坦丁大帝的。① 在教会庆典中，拜占庭皇帝时常模仿耶稣基督，重现他在尘世生活的情景。如皇帝在圣诞节会邀请十二位宾客共进晚餐，重现耶稣与十二使徒共进最后晚餐的故事；在圣枝主日（Palm Sunday），皇帝模仿耶稣前赴耶路撒冷的样子行进于游行队伍中，而军事长官（magisters）和贵族（patricians）则扮演使徒；在濯足星期四（Maundy Thursday），皇帝效仿曾为门徒洗脚的耶稣，也为帝国的十二位穷人洗脚。② 由于拜占庭皇帝自命为上帝在尘世的代理人，所以在对外交往上，总是以宗主对待属臣的姿态对待别国君主。拜占庭君臣的这种傲慢态度甚至到了不考虑敌我双方实际力量对比、罔顾国家安全的地步。5世纪初，被誉为"上帝之鞭"的匈人首领阿提拉一度纵横欧洲大陆，对东、西罗马帝国都构成了极大的威胁，拜占庭皇帝狄奥多西被迫向其输银纳款。尽管如此，拜占庭方面仍旧坚持其皇帝享有不可企及的至高地位。当拜占庭使节与匈人使节宴饮时，匈人使节吹嘘其首领阿提拉的实际地位已超过了拜占庭皇帝，拜占庭使节威吉列（Wigilia）抗言答道："把凡人与神相提并论是荒谬的；阿提拉只不过是一个凡人，而狄奥多西皇帝则是一位神。"威吉列的回话触怒了这位匈人使节，尽管为了化解矛盾，拜占庭使节们向其馈赠了许多礼品以示抚慰，但在立场方面却丝毫不肯让步。③

476年之后，地中海世界的政治版图发生了重大的变化，在原西罗马帝国境内出现了一系列由日耳曼人军事首领实际统治的蛮族王国，拜占庭皇帝有效统治的区域仅限于东部地中海世界。尽管拜占庭皇帝统治地中海世界的权力因蛮族的入侵而动摇，但在历史继承和君权神授观念的影响下，拜占庭皇帝仍然不肯放弃对西部地中海世界的统治主权。"拜占庭皇帝芝诺曾采取'以蛮治蛮'的策略，邀请东哥特人首领提奥多利克进军

① George Ostrogorsky, "The Byzantine Emperor and the Hierarchical World Order," *The Slavonic and East European Review*, Vol. 35, No. 84 (Dec., 1956), pp. 3-4.

② George Ostrogorsky, "The Byzantine Emperor and the Hierarchical World Order," *The Slavonic and East European Review*, Vol. 35, No. 84 (Dec., 1956), p. 4.

③ Fritz Kern, *Kingship and Law in the Middle Ages: I. The Divine Right of Kings and the Right of Resistance in the Early Middle Ages. II. Law and Constitution in the Middle Ages*, S. B. Chrimes trans., New Jersey: The Lawbook Exchange Ltd., 2005, p. 63.

意大利，为帝国收复西部失地。结果，事实并未如其所愿，提奥多利克反而独霸意大利，造成了日耳曼人对罗马帝国的第二次冲击。"① "6 世纪中叶前后，一代枭雄查士丁尼遣派大军反攻。无论就其本身意愿而言还是从客观的实际效果上看，这场查士丁尼战争都体现出了罗马帝国对帝国失地的收复以及恢复地中海统一世界的强烈意愿。"② 查士丁尼在敕令中把自己称为阿勒曼尼人、哥特人、法兰克人、日耳曼人、安提阿人、阿兰人、汪达尔人、阿非利加人的恺撒弗拉维斯查士丁尼（Caesar Flavius Justinian the Alamannicus, Gothicus, Francicus, Germanicus, Anticus, Alanicus, Vandalicus, Africanus），以此表明自己是泛地中海世界的罗马皇帝。拜占庭皇帝还通过赐予蛮族首领"贵族""执政官"头衔的方式表明自己的统治主权，最典型的一例是阿纳斯塔修斯皇帝赐予克洛维"执政官"的头衔。

值得注意的是，奥多亚克、提奥多利克、克洛维等蛮族首领对于拜占庭皇帝的宗主权大多采取承认的态度并不是因为他们认同尤西比乌斯的说教——拜占庭皇帝的权力是由上帝授予的，理应统治整个世界。因为除了法兰克人首领克洛维，蛮族首领大多信奉阿里乌斯派，在宗教上与拜占庭皇帝存有分歧。把西部正统教徒从阿里乌斯异端的统治下解放出来是查士丁尼征讨汪达尔、东哥特、西哥特等蛮族王国的一个动机和口号。例如，查士丁尼发动汪达尔战争的借口是因为汪达尔人拒绝了他的一个要求——使信奉阿里乌斯教派的国王盖利默（Gelimer）退位，使亲罗马、亲正统教会的希尔德里克复位。蛮族首领承认拜占庭皇帝的宗主权似乎更多的是出于现实统治的需要以及对罗马-拜占庭先进文明的仰慕。在蛮族大迁徙的过程中，进入罗马帝国境内的蛮族人口在数量上远远少于罗马当地人，尽管我们无法从史料文献中找到各个蛮族人口数量的确切数据，但从普洛科皮乌斯《战争史》对于汪达尔人和阿兰人数量的记载，可以推知各个蛮族人数的稀少。据其记载，闯入北非的汪达

---

① 王晋新：《古典文明的终结与地中海世界的裂变：对西方文明形成的重新审视》，《东北师大学报》（哲学社会科学版）2010 年第 1 期。
② 王晋新：《古典文明的终结与地中海世界的裂变：对西方文明形成的重新审视》，《东北师大学报》（哲学社会科学版）2010 年第 1 期。

尔人和阿兰人战士仅有 5 万人。① 于是，为了缓和罗马当地人的不满情绪以稳固统治，蛮族首领需要借用远在君士坦丁堡的拜占庭皇帝的名义实行统治。譬如东哥特国王提奥多利克以拉文纳为首都，充当拜占庭皇帝阿纳斯塔修斯的副王（sub-emperor）统治意大利，提奥多利克完好地保留了罗马元老院并在拜占庭皇帝的准允下，每年都任命罗马贵族执政官（consul）。这样东哥特王国实行了一种双重统治制度，东哥特人首领提奥多利克统治王国中的东哥特人，而罗马贵族统治王国中的罗马人。罗马-拜占庭的先进文明似乎也是促使蛮族首领承认或者默认拜占庭皇帝宗主权的一个原因。例如，法兰克国王希尔佩里克对罗马-拜占庭文化仰慕不已，他模仿诗人塞杜里乌斯的诗作撰写了两首韵律诗，还撰写了若干赞美诗以及吟诵弥撒的歌谣。另外，在生活上，希尔佩里克处处模仿拜占庭皇帝，对拜占庭皇帝赠予的礼物爱不释手。格雷戈里在他的《法兰克人史》中曾记载希尔佩里克国王非常自豪地向他展示拜占庭皇帝赠予的礼物。格雷戈里写道：

> 我去诺让的王室领地见国王，他把各有一磅重的金块展示给我们看，这是皇帝送给他的，金块的一面有皇帝的像，镌有"永垂不朽的提贝里乌斯·君士坦丁·奥古斯都"的铭文，反面是一辆架着四匹马的马车和御者，镌有"罗马人的光荣"的铭文。他同时展示了使臣们带来的许多其他贵重物品。②

希尔佩里克国王的这一举动恐怕并不仅仅因为拜占庭皇帝所赠物品的贵重，还可能因为他对罗马-拜占庭文明的仰慕以及对拜占庭皇帝宗主权的充分认可，他对拜占庭皇帝的垂青欢心不已，从而热衷于向他人宣示以表明自身统治的合法性。这也似乎能够解释他为何遵照拜占庭皇帝的指令强迫辖域内的犹太人受洗。③

---

① 参见〔拜占庭〕普洛科皮乌斯《战争史》，王以铸、崔妙因译，商务印书馆，2010，第 242 页。

② 〔法兰克〕格雷戈里：《法兰克人史》，O. M. 道尔顿英译，寿纪瑜、戚国淦译，商务印书馆，1981，第 290~291 页。

③ Bernhard Jussen, *Spiritual Kingship as Social Practice: Godparenthood and Adoption in the Early Middle Ages*, Pamela Selwyn, Newark, Delaware: University of Delaware Press, 2000, p. 174.

当然，在这段历史时期，也有某些蛮族国王不肯承认拜占庭皇帝的宗主权，如 7 世纪 20~30 年代的西哥特国王苏因提拉，他在西哥特人的心目中，是驱逐拜占庭人，统一伊比利亚半岛的英雄。塞维利亚主教伊西多尔曾在《哥特人、汪达尔人、苏维汇人国王史》（*Historia de regibus Gothorum, Vandalorum et Suevorum*）中把他称作第一位统治全西班牙的君主（monarchiam）。① 在 6 世纪 50 年代，拜占庭皇帝查士丁尼一世曾派遣大军进攻伊比利亚半岛的西哥特王国，占领了半岛东南沿海地区并建立了拜占庭的西班牙行省。西哥特国王阿塔纳吉尔德（Athanagild）无力抵抗拜占庭人的进攻，被迫承认拜占庭皇帝的宗主权，但 625 年苏因提拉国王打败了拜占庭人，完全收复了失地。塞维利亚主教伊西多尔颂扬苏因提拉："乃是第一位高踞海峡的全西班牙王国的君主，此前的历代统治者从未取得过这一功绩。"② 依照塞维利亚主教伊西多尔的《辞源》对于 "monarchiam" 的释义，"monarchiam" 是指那些掌握无可置疑权威的人，如统治希腊人的亚历山大大帝，统治罗马人的朱利乌斯·恺撒。③ 可见，塞维利亚主教伊西多尔称苏因提拉为 "君主" 是对拜占庭皇帝宗主权的公然挑战。在 476~800 年，尽管蛮族王国中也存在着不承认拜占庭皇帝宗主权的声音，但这种声音的侧重点在于强调蛮族王国自身的独立性，并非强调蛮族王国具有与拜占庭帝国同等的政治地位，是又一个志在统合地中海世界且与拜占庭帝国并驾齐驱的 "罗马帝国"。

在 476~800 年，拜占庭皇帝所享有的基督教世界皇帝的地位也在一定程度上得到了罗马教皇的承认。这一时期的罗马教皇与拜占庭皇帝在神学信仰方面存在着严重的分歧，芝诺、阿纳斯塔修斯、希拉克略等拜占庭皇帝从争取帝国一性论信徒的支持，巩固帝国统治的立场出发，主张调和

---

① 《哥特人、汪达尔人、苏维汇人国王史》416 年的记叙内容为："此后，最虔诚的国王苏安提拉与罗马其他城市开战，通过对整个西班牙的迅速胜利，他首先获得了王国的君主地位。" Theodorvs Mommsen ed. , "Isidori Iunioris Episcopi Hispalensis Chronica Maiora ed. Primum. a. DCXV Chronicorum Epitome ed. a. DCXXVII," in *MGH*, *Scriptores Actorvm Antiqvissimorvm*, Tomvs XI, Berolini: Apvd Weidmannos, 1894, p. 480.

② David Rojinsky, *Companion to Empire: A Genealogy of the Written Word in Spain and New Spain*, Amsterdam: Rodolphi, 2010, p. 51.

③ Isidore of Seville, *The Etymologies of Isidore of Seville*, Stephen A. Barney et al. trans. , Cambridge: United Kingdom at the University Press, 2006, p. 201.

与基督一性论的矛盾，从而与恪守卡尔西顿信经，主张"基督神人两性"的罗马教皇产生了严重的宗教分歧，二者冲突最为激烈的一幕是654年拜占庭皇帝君士坦斯二世对于教皇马丁一世的迫害。马丁一世因为无视君士坦斯二世禁止宗教争论的敕令，继续批驳调和正统派与一性派矛盾的一志论而被君士坦斯二世派人拘捕，押解至君士坦丁堡刑讯后，流放至克里米亚半岛并客死于该地。尽管在神学信仰方面，罗马教皇没有对拜占庭皇帝唯命是从，教皇格拉西乌斯一世更是提出了教皇掌握最高宗教权力、皇帝掌握最高世俗权力的"两种权力"的理论，但是在这一时期，无论是教皇对于皇帝的抗命，还是他所提出的抬升自身权威的诉求都仅仅局限于宗教神学领域。在世俗政治领域，教皇远远无法与皇帝相抗衡，他们仍以拜占庭皇帝统治下的属臣自居，据《历代教皇传之哈德里安一世传》的记载，直至"丕平献土"之际，"哈德里安教皇才开始索取和行使（世俗的）最高统治权。"[1] 772~781年教皇哈德里安一世开始在公文上使用自己的在位年次纪年，而在此之前都是使用拜占庭皇帝的在位年次纪年。此外，对于世俗政治格局中拜占庭皇帝高于蛮族国王的政治地位，教皇也深表认同，譬如，大格雷戈里在致信拜占庭皇帝时，把他们称为"伟大的皇帝"（Lord emperor），而在致信西方诸王时则把他们称为"最亲爱的儿子们"（dearest sons）。[2]

二　历史文献中的查理曼加冕事件

自君士坦丁大帝迁都古希腊城市拜占庭以来，历代拜占庭皇帝一直以古罗马皇帝的继承人自居，顽固地坚守着他们继承自古罗马皇帝的各项权力，其中就包括对于帝国辖域之外地中海世界文明区域宗主权的继承。而800年查理曼的加冕严重侵犯了拜占庭皇帝的利益，自然招致了拜占庭方面的激烈反对，尽管囿于法兰克-加洛林帝国的实力，拜占庭人最终于

---

[1]　Anonymous, *The Lives of the Eighth-Century Popes*, *The Ancient Biographies of the Popes from A. D. 715-A. D. 817*, Raymond Davis trans., Liverpool: Liverpool University Press, 1992, p. 112.

[2]　Henri J. M. Claessen and Jarich G. Oosten eds., *Ideology and the Formation of Early States*, New York: Brill, 1996, p. 230.

812 年承认了查理曼的皇帝地位，但这种承认并未彻底动摇他们对于世界宗主权诉求的坚守。这一时期，无论是东方拜占庭帝国的历史文献，还是西方法兰克-加洛林王朝的历史文献都不约而同地记载了查理曼的加冕事件，但拜占庭方面的记载颇为简略，淡化这一事件影响和意义的用意十分明显。如"忏悔者"塞奥法尼斯在他的《塞奥法尼斯编年史》801 年的年度词条中，仅仅轻描淡写地记下了一句话："该年 12 月 25 日，第 9 小记，法兰克人国王查理被教皇利奥加冕为皇帝。"① 而并未记载教皇为查理曼加冕的热烈场面。相比之下，法兰克-加洛林王朝的记载则较为翔实，《王室法兰克年代记》（*Royal Frankish Annals*）和《历代教皇传之利奥三世传》都描写了 800 年 12 月 25 日圣彼得大教堂内外的热烈场面。如《王室法兰克年代记》801 年的年度词条写道：

> 在最为神圣的圣诞节那天，正当国王在圣彼得大教堂神龛前做完祈祷，站起身来，欲再去参加弥撒之时，教皇利奥将一顶皇冠戴在了他的头上，而后，国王就受到全罗马城民众的欢呼：奥古斯都·查理，由上帝加冕的，伟大而仁慈的罗马人皇帝，万岁、胜利！在民众欢呼之后，教皇为他戴上了古罗马皇帝样式的冠冕。从此，他的"罗马贵族"（Patricius）之称号被废弃，而改称皇帝和奥古斯都。②

罗马教皇利奥三世之所以把罗马皇帝的冠冕授予查理曼，使地中海西部世界自 476 年之后第一次出现了一位罗马皇帝，主要是为了给罗马教会寻找一位新的世俗保护人，以抵御伦巴德人等周边蛮族的侵扰并制服罗马城中的敌对贵族。因为罗马教会原先的保护人拜占庭皇帝为了抵御东部信仰伊斯兰教的阿拉伯人的进攻已无暇顾及遥远的罗马教会，而罗马教会与拜占庭皇帝之间因"圣像破坏运动"产生的嫌隙更使这种保护无法实现。

---

① Theophanes Confessor, *The Chronicle of Theophanes Confessor: Byzantine and Near Eastern History A. D. 284-813*, Cyril Mango and Roger Scott trans., Oxford: Clarendon Press, 1997, p. 653.

② Anonymous and Nithard, *Carolingian Chronicles: Royal Frankish Annals and Nithard's Histories*, Bernhard Walter Scholz trans., Michigan: The University of Michigan Press, 1970, p. 81.

不过，此时拜占庭皇位继承方面的新变化也为教皇拥戴查理曼提供了绝佳的借口。797 年，拜占庭伊苏里亚王朝的皇太后伊琳娜废黜了儿子君士坦丁六世并取而代之。这在长期奉行《萨利克法典》，排斥女性皇位继承权的法兰克人看来是无法接受的。据《洛尔施年代记》的记载，教皇利奥三世即以此为据，方才拥戴查理曼的。

　　　既然当时希腊人方面终止了皇帝的名号，希腊人因女性皇帝而放弃了帝国，那么在使徒利奥本人和所有出席会议本身的圣父们看来，或者在其他基督教人民看来，他们应该把查理称呼为法兰克人的皇帝，他拥有罗马本身，恺撒总是习惯于驻跸于那里，或者他本人在整个意大利或高卢，以及在日耳曼占有其余的地盘；既然全能的上帝把所有这些地盘都授予他统治，那么在他们看来，在上帝和整个基督教人民的帮助下，帝国的名号是空缺的。①

　　而据查理曼御用侍臣艾因哈德的记载，查理曼对于教皇的拥戴不仅事先毫不知情，而且还非常不喜欢皇帝的称号。"他肯定地说，假如他当初能够预见到教皇的意图，他那天是不会进教堂的，尽管那天是教会的重要节日。"② 一些学者由此认为，查理曼不喜欢教皇的加冕可能是出于对教权凌驾于皇权之上的担忧，因为既然皇帝的称号是由教皇授予的，教皇自然也就享有了废黜皇帝的权力。但有的学者并不认同这种观点，如 C. 迪莱尔·伯恩斯就认为，查理曼加冕称帝是查理曼继承其父祖衣钵，进一步巩固征服成果而利用神权政治的必然归宿，是查理曼内政外交的终极目的，当然是由其一手策划的。③ 笔者赞同伯恩斯的观点，因为就当时教皇与查理曼二人之间的情势而论，教皇利奥处于仰人鼻息的依附状态，连自

---

① G. H. Pertz ed. , "Annalium Laureshamensium Pars Altera," in *MGH*, *Scriptorvm*, Tomvs I, Hannoverae: Impensis Bibliopolii Avlici Hahniani, 1826, p. 38.

② 〔法兰克〕艾因哈德、圣高尔修道院僧侣：《查理大帝传》，A. J. 格兰特英译，戚国淦汉译，商务印书馆，1979，第 30 页。

③ C. Delisle Burns, *The First Europe: A Study of the Establishment of Medieval Christendom A. D. 400-800*, London: George Allen & Unwin, 1961, p. 569, pp. 580-581, pp. 588-589. 转引自孙宝国《查理曼加冕历史真相之再思考》，《长春师范学院学报》2004 年第 8 期。

己的人身安全尚且需要查理曼的有力保护，即使他有为查理曼加冕的意图，又岂敢不事先告知后者，至于利用为查理曼加冕的机会，就教权与皇权孰高孰低的问题与之一较高下则更不可能。而从加冕之后，查理曼与拜占庭方面的多次外交交涉中可以推知，查理曼对于皇帝的称号是极为觊觎的，他不仅在加冕之后便派遣了使臣前赴君士坦丁堡交涉，更重要的是，812年，为了换取拜占庭皇帝米凯尔一世对其皇帝头衔的承认，甚至不惜在领土的问题上做出了妥协，放弃了威尼斯和达尔马提亚沿海的城市统治权。因为获取皇帝的头衔将会抬升查理曼的政治地位，使查理曼成为古罗马皇帝的继承人，从而名正言顺地统治那些新近征服的，原属西罗马帝国的土地。故而，800年教皇为查理曼加冕一事，极有可能是查理曼一手策划的，而教皇利奥三世只不过充当了配合演出的角色罢了。作为查理曼御用侍臣的艾因哈德为了彰显主君的谦卑礼让，自然不会直言查理曼的真实意图，于是，他把教皇推到了前台，塑造成这一事件的发起人和推动者，而查理曼则相应地成了却之再三、不慕荣利的"谦恭君子"。相比之下，由远离宫廷，较少牵涉宫廷政治恩怨的佚名修士修撰的《洛尔施年代记》，对查理曼意图的记载和评论或许更为符合历史的真实：

> 查理国王本人拒绝了这一请求，但他以谦卑的态度顺从上帝和教士及全体基督教徒的请求，在我们的主耶稣基督诞辰纪念日，他在教皇利奥的祝福下接受了皇帝的名号。①

艾因哈德也提到了查理曼加冕事件对于拜占庭皇帝的刺激，但他仍然采用回护主君的"春秋笔法"借机颂扬了查理曼超越拜占庭皇帝的宽容大度。"但是在他接受了尊号以后，却能平心静气地容忍着由此引起的敌视和罗马皇帝（指拜占庭皇帝）的愤怒。他以他的豁达大度克服了他们的敌意，论起胸襟开阔来，他无疑是远远超过他们的，他常常派使臣到他

---

① G. H. Pertz ed., "Annalium Laureshamensium Pars Altera," in *MGH*, *Scriptorvm*, Tomvs I, Hannoverae: Impensis Bibliopolii Avlici Hahniani, 1826, p.38.

们那里去，称他们为他的弟兄。"① 的确，800 年查理曼的加冕，使基督教世界自 476 年之后第一次同时出现了两位罗马皇帝，从根本上冲击了拜占庭皇帝世界宗主权诉求的理论根基。在中世纪早期，罗马皇帝继承人的身份和皇权神授的思想一直是拜占庭皇帝对整个地中海世界提出宗主权诉求的依据。拜占庭皇帝是尘世唯一的罗马皇帝，是由上帝选立的古罗马皇帝的继承人，故而，他们是整个基督教世界的领导者，是基督教信仰的监督者和保护人。由此一来，正如世界上只有一个真正的基督教会一样，世界上也应只有一个合法的罗马皇帝和罗马帝国。所有那些曾经属于古罗马帝国辖域内的基督教国家，都被认为是拜占庭皇帝永恒和不容置疑的属地。这些思想观念在中世纪的拜占庭人看来是天经地义的。尽管罗马-拜占庭帝国统治世界的权力曾一度因蛮族入侵而动摇，但早期的拜占庭帝国一直为保持它的世界性权力而斗争，查士丁尼大帝更是把这种政策作为拜占庭国家政策的最根本目标并为之征战四方。因此，查理曼加冕自然被拜占庭皇帝和臣民视为一种篡逆，从而引发了拜占庭与法兰克两国的外交纷争、军事冲突以及拜占庭国内政局的动荡。查理曼加冕后，法兰克与拜占庭即就如何重新确定两国关系的问题展开了双边的外交交涉活动。无论是法兰克，还是拜占庭的历史文献都记载了这些外交活动，但双方的记载却有所不同。拜占庭方面的记载是，查理曼首先向伊琳娜派遣使节，《塞奥法尼斯编年史》800~801 年的年度词条写道：

> 查理曼计划派出一支舰队远征西西里，但后又改变主意，转而决定迎娶伊琳娜，最终他于次年派遣了大使。②

而法兰克方面的记载则是，伊琳娜首先向查理曼派遣使节，《王室法兰克年代记》802 年的年度词条写道：

---

① 〔法兰克〕艾因哈德、圣高尔修道院僧侣：《查理大帝传》，A. J. 格兰特英译，戚国淦汉译，商务印书馆，1979，第 30 页。

② Theophanes Confessor, *The Chronicle of Theophanes Confessor: Byzantine and Near Eastern History A. D. 284-813*, Cyril Mango and Roger Scott trans. , Oxford: Clarendon Press, 1997, p. 653.

女皇伊琳娜派遣了佩剑侍卫利奥作为使臣，从君士坦丁堡专程赶来，商谈法兰克人与希腊人之间签订和约的问题。当这位使臣返国时，皇帝随即派遣了亚眠主教杰西（Jesse）、伯爵赫尔姆古德（Helmgaud）作为使臣，前赴君士坦丁堡，同伊琳娜缔结和约。①

查理曼加冕之后，基督教世界一度出现了两位罗马皇帝同时并立的局面，就当时的国际外交形势而言，无论是伊琳娜，还是查理曼皆有互相协商，以确定两位皇帝之间关系，进而确定并稳固两国外交关系的需求。至于双方史家有关外交往还先后顺序的不同记载，可能是由于两边的史家皆有维护本国君主尊严的意图。按照外交惯例，通常先由属邦之君向宗主国的君主致意，继而宗主国君主再向属邦垂恩。这种记载差异充分体现了查理曼加冕后，两国君主在究竟谁为基督教世界最高主宰的问题上存在深刻矛盾。根据拜占庭历史学家"忏悔者"塞奥法尼斯的记载，查理曼曾谋划同拜占庭女皇伊琳娜结婚，以期通过联姻的方式使东、西两个帝国合为一体，重建一个统一的罗马帝国，从而化解彼此间的矛盾。在欧洲中世纪的历史上，这种以皇室联姻的方式把两个封建王国合并成一个王国的事例屡见不鲜，其中最典型的事例是，15世纪末伊比利亚半岛上的两个封建王国卡斯蒂利亚和阿拉贡通过伊莎贝拉公主和斐迪南王子的结合形成了西班牙国家。据"忏悔者"塞奥法尼斯的记载，女皇伊琳娜似乎已准备对该计划予以认可，但该计划受到了大贵族阿提乌斯（Aëtius）的抵制，因他力图使自己的兄弟获得皇位。② 在这项计划尚未取得最终结果之前，以长官（logothetes）尼基弗鲁斯为首的贵族集团发动了政变，罢黜了伊琳娜的皇位。802年10月，尼基弗鲁斯和一伙高官显宦，包括特里菲利奥伊兄弟（Triphyllioi brothers）等人在部分皇家近卫军官（officers of the tagmata）的配合下，闯进了宫廷并逮捕了伊琳娜。10月31日凌晨，政变分子抵达了圣索菲亚大教堂，尼基弗鲁斯被大牧首特拉西奥斯（Tarasios）

① Anonymous and Nithard, *Carolingian Chronicles: Royal Frankish Annals and Nithard's Histories*, Bernhard Walter Scholz trans., Michigan：The University of Michigan Press, 1970, p. 82.

② Theophanes Confessor, *The Chronicle of Theophanes Confessor: Byzantine and Near Eastern History A. D. 284-813*, Cyril Mango and Roger Scott trans., Oxford：Clarendon Press, p. 654.

加冕为皇帝。废帝伊琳娜随后被流放至普林基普奥斯（Prinkipos）岛上的塞奥特奥克斯（Theotokos）修道院，后又被遣送至莱斯博斯岛并于803年8月9日崩逝于此。[①]"忏悔者"塞奥法尼斯在他的《编年史》中虽未明确记载尼基弗鲁斯发动政变是出于反对伊琳娜与查理曼联姻的动机，但从尼基弗鲁斯称帝之后，拜占庭与法兰克外交谈判破裂且兵戎相见的历史事实中可以推知尼基弗鲁斯是拒绝承认查理曼配享皇帝头衔的。尽管相关的历史文献并未详细记载伊琳娜统治时期拜占庭与法兰克外交谈判的具体内容，但伊琳娜同意嫁给查理曼，也就等于变相承认了查理曼"罗马皇帝"的地位。因为从查理曼一贯强势的作风来看，他与伊琳娜联姻后不可能仅仅充当"王夫"的角色，甘居幕后。而且考虑到古代社会"夫主妻从"以及女人"为帝称君"[②]备受争议的历史事实，可以推知伊琳娜与查理曼婚姻谈判的结果极有可能是：查理曼是统一后罗马帝国的皇帝，而伊琳娜仅仅充当皇后兼副王的次要角色，作为交换，查理曼同意婚后充当伊琳娜的保护人以制服那些觊觎她皇位的臣下。这样的结果自然招致了阿提乌斯、尼基弗鲁斯等拜占庭大贵族的一致反对并最终导致了联姻计划的破产和拜占庭皇位的更迭。

尼基弗鲁斯登基后，拜占庭与法兰克爆发了战争，据《王室法兰克年代记》的记载："806年，拜占庭皇帝尼基弗鲁斯派遣了一支舰队，在大贵族尼西塔斯（Nicetas）的统领下向达尔马提亚地区发动了进攻，欲重新将该地征服。"[③]《王室法兰克年代记》未明确记载这次战争的胜负，仅记载了807年尼西塔斯同意大利国王丕平签订了一项和约后便起锚返回了君士坦丁堡。[④]不过，从拜占庭并未攻占达尔马提亚地区，并未实现既定战略目标的角度分析，拜占庭很有可能是这场战争失败的一方。809

---

① Theophanes Confessor, *The Chronicle of Theophanes Confessor: Byzantine and Near Eastern History A. D. 284-813*, Cyril Mango and Roger Scott trans. , Oxford: Clarendon Press, p. 655.

② 在男尊女卑的古代社会里，女性称帝有违男权社会以男性为尊的传统，所以这种现象极为少见，在整个拜占庭帝国只有伊琳娜女皇曾使用表示皇帝的阳性名词"奥古斯都"，而西欧中世纪早期则没有一位女性帝王。

③ Anonymous and Nithard, *Carolingian Chronicles: Royal Frankish Annals and Nithard's Histories*, Bernhard Walter Scholz trans, Michigan: The University of Michigan Press, 1970, p.86.

④ Anonymous and Nithard, *Carolingian Chronicles: Royal Frankish Annals and Nithard's Histories*, Bernhard Walter Scholz trans. , Michigan: The University of Michigan Press, 1970, pp.87-88.

年，拜占庭又派遣了一支舰队远征达尔马提亚地区，在科马奇乔诺岛外抛锚停泊，同驻守该岛的法兰克军队发生了交战。结果，拜占庭舰队被击败，被迫撤回威尼斯。舰队统帅保罗（Paul）准备同意大利国王丕平谈判，以实现法兰克人与拜占庭人之间的和平。但他的媾和计划遭到了威尼斯公爵维勒里和比奥图斯的反对，他们甚至准备对保罗进行伏击，幸好保罗识破这一诡计，率舰队安全离去。① 保罗的这次远征大概是拜占庭帝国最后一次主动向法兰克对抗。自此之后，法兰克方面由守转攻。次年，意大利国王丕平被威尼斯公爵们的诡计所激怒，下令从陆地和海上对威尼斯发起进攻，结果攻占了威尼斯并迫使两位威尼斯公爵臣服。② 810 年 10月，拜占庭皇帝尼基弗鲁斯迫于战败的形势派遣了使节与查理曼签订了和约。查理曼将威尼斯还给了尼基弗鲁斯。③ "812 年，尼基弗鲁斯在麦西亚（Moesia）行省同保加尔人的战斗中阵亡。他的女婿米凯尔登上了皇位，并在君士坦丁堡接见了查理曼先前派来拜见尼基弗鲁斯的使团。米凯尔重新确认了尼斯菲奥鲁斯先前提出的和约。然后派遣了一个使团与法兰克使团同赴亚琛。拜占庭使团在亚琛拜见查理曼时，在一座教堂中接受了一份经过装裱后的和约，并按照希腊人的习惯将查理曼称为'皇帝'和'巴塞勒斯'。他们在返程中途经罗马时，在圣彼得大教堂再次从教皇利奥那里接受了同样的和约文件。"④

尼基弗鲁斯登基后，拜占庭与法兰克"由战到和"的历史表明继承了古罗马帝国衣钵的老大帝国拜占庭在军事实力上已不是西方新兴法兰克-加洛林帝国的对手。但历史的吊诡之处在于作为战场上获胜的一方，查理曼并没有同时获得名誉和土地两方面的彻底胜利，而是采取了以"土地换名誉"的原则，他在和约中允诺将他征服的威尼斯、伊斯特里

①　Anonymous and Nithard, *Carolingian Chronicles: Royal Frankish Annals and Nithard's Histories*, Bernhard Walter Scholz trans. , Michigan: The University of Michigan Press, 1970, p. 89.

②　Anonymous and Nithard, *Carolingian Chronicles: Royal Frankish Annals and Nithard's Histories*, Bernhard Walter Scholz trans. , Michigan: The University of Michigan Press, 1970, p. 91.

③　Anonymous and Nithard, *Carolingian Chronicles: Royal Frankish Annals and Nithard's Histories*, Bernhard Walter Scholz trans. , Michigan: The University of Michigan Press, 1970, p. 92.

④　Anonymous and Nithard, *Carolingian Chronicles: Royal Frankish Annals and Nithard's Histories*, Bernhard Walter Scholz trans. , Michigan: The University of Michigan Press, 1970, pp. 94-95.

亚、克罗地亚和达尔马提亚等地归还给拜占庭，而他的交换条件仅仅是要求拜占庭皇帝承认他也有使用"皇帝"一词的权力，除此之外，别无其他任何附加条件。而拜占庭方面对于这种名誉分享的让步可谓心有不甘，在拜占庭与法兰克签订的和约中，查理曼只能使用一种比较拗口的罗马皇帝头衔"统御帝国的罗马人皇帝"（Imperator Romanorum gubernans imperium），而不能使用加冕时民众欢呼的"罗马人的皇帝"（Imperator Romanorum）这一头衔。或许由于查理曼认为"统御帝国的罗马人皇帝"这一头衔过于拗口且不太好听，所以他和他的臣下更喜欢使用"皇帝""奥古斯都"的头衔，以及"法兰克人和伦巴德人国王"的头衔。"罗马人的皇帝"这一头衔仍旧被拜占庭皇帝专属使用，而且自812年之后，历代拜占庭皇帝几乎从未在自我称呼中舍弃这一头衔的全称。然而，在此之前，拜占庭皇帝已经习惯于以希腊式的"巴塞勒斯"的头衔称呼自己。上述历史事实表明拜占庭皇帝在法兰克人的军事压力下，被迫放弃了独占罗马皇帝这一头衔的特权，让一位西方蛮族首领也配享了这一称号，但心有不甘的他们仍旧在头衔的语言文字上竭力维护自己高人一等的尊严，以示他们与蛮族皇帝的区别以及他们是古罗马皇帝合法继承人的正统地位。

三 圣像崇拜争议与拜占庭、法兰克"大像"梦阐释之别

8世纪上半叶，拜占庭帝国伊苏里亚王朝的皇帝利奥三世发动了"圣像破坏运动"。利奥三世于726年起宣布反对圣像崇拜，730年又召开了御前会议，迫使教俗大贵族在他制定的反对圣像崇拜的法令上签字，拒绝签字的人立即被免职。运动开始后，大量的圣像、圣物和圣迹遭到了破坏，修道院和教会的大片土地被收归国有后分配给了新兴军事贵族和士兵，众多的教士、修士和修女被强迫还俗，成了承担徭役和兵役的帝国臣民。"圣像破坏运动"期间，拜占庭帝国的文化艺术形式也相应地发生了转向，教堂装饰不再是肃穆的宗教壁画和镶嵌画，画面的主题多为动植物图案和拜占庭人日常的城乡生活，充满了世俗生活的气息。拜占庭帝国"圣像破坏运动"的爆发与信奉伊斯兰教的阿拉伯帝国的冲击有着莫大的关系。首先，从政治军事的角度来看，阿拉伯帝国的入侵使拜占庭帝国永

久性地丧失了北非、西亚的大片领土，领土大为缩小，增强国力，尤其是军事力量以有效地抵御阿拉伯人的进攻就成了帝国皇帝治国理政的当务之急。皇帝利奥三世原本为帝国军区的司令，因抵御阿拉伯人有功而积聚了实力和人心，从而成功地篡位自立，开创了伊苏里亚王朝。他在位之时，还依靠"希腊火"的技术力量，成功地击退了阿拉伯人对首都君士坦丁堡的围攻。利奥三世想从根本上增强国家的军事力量必须掌握大量的土地以赏赐于国有功的军事贵族和士兵。在拜占庭帝国，教会和修道院掌握了大量的土地，利奥三世若想获得大量土地必须拿教会和修道院"开刀"，而有悖教理的圣像崇拜为利奥三世掠夺教会提供了绝佳的借口。其次，从宗教的角度来看，拜占庭人在与信奉伊斯兰教的阿拉伯人的对抗中落败，丧失了大片领土，包括皇帝在内的许多拜占庭人认为伊斯兰教的冲击可能是上帝对拜占庭人的惩罚，拜占庭人因触犯了偶像崇拜的宗教禁忌而引发上帝的降罪，所以需要拨乱反正，发起一场反圣像崇拜的"圣像破坏运动"。

罗马教皇和拜占庭皇帝、君士坦丁堡大牧首之间因圣像破坏争议而引发的嫌隙增大，促使罗马教皇转而投靠法兰克宫相。罗马教皇格雷戈里三世对"圣像破坏运动"秉持激烈反对的立场，731 年 11 月格雷戈里三世召开了一次谴责"圣像破坏运动"的宗教会议。作为反制措施，皇帝利奥三世派出兵舰试图逮捕格雷戈里三世，但执行其命令的舰船在亚得里亚海搁浅。他继而侵吞了罗马教皇在西西里和卡拉布里亚的领土并将原属罗马教皇掌握的伊利里库姆的宗教管辖权转交给君士坦丁堡大牧首。为了与利奥三世破坏圣像的行径相对抗，格雷戈里三世反其道而行之，他修复并装饰了罗马城内的许多教堂，这些装饰活动包括对耶稣基督、圣母玛利亚和圣徒的圣像进行装饰。罗马教皇反对拜占庭皇帝发起的"圣像破坏运动"在很大程度上是为了捍卫基督教会的利益。自罗马帝国晚期以来，在帝国的五大主教中，罗马教皇具有首席的地位，他在帝国宗教事务上拥有很大的发言权，值此教会危难之际，历史形成的教内首席地位促使他不得不挺身而出，与皇帝相抗衡。实际上，此前的罗马教皇在宗教问题上已经多次与皇帝争锋抗衡过，只不过教皇缺乏实际的政治军事力量作为后盾，所以这种对抗多以罗马教皇的失败而告终。如 654 年拜占庭皇帝君士坦斯二世对于教皇马丁一世的迫害。自君士坦丁大帝以来，历次的基督教大公会议均由拜占庭皇帝召集、主持，甚至罗马教皇的选立都需要接受拜占庭皇帝的最后批准。584 年，拜占庭皇帝提贝里乌斯二世在意大利半岛设置了拉文纳总督区以管辖帝国在意大利的属地。拉文纳总督是拜占庭皇帝在拉文纳总督区的全权代表，统辖总督区内的多个公爵管区（罗马公爵管区、威尼斯公爵管区、卡拉布里亚公爵管区、那不勒斯公爵管区、佩鲁贾公爵管区、潘塔波利斯公爵管区、卢卡尼亚公爵管区），权力极大，连罗马教会的首脑罗马教皇都要受拉文纳总督的控制。然而"圣像破坏运动"削弱了拜占庭皇帝对于罗马教皇的控制。737 年，伦巴德国王入侵意大利，并于 738 年攻陷了拉文纳城，继而又将攻击的矛头指向了罗马教皇驻锡的罗马公爵管区。拜占庭皇帝因忙于国内的"圣像破坏运动"和与阿拉伯人的战争而无力援救教皇。另外，教皇与拜占庭皇帝因"圣像破坏运动"结怨甚深，这一切新的形势变化促使罗马教皇格雷戈里三世召唤法兰克宫相查理·马特干预伦巴德人的进攻。罗马教皇此举使法兰克-加洛林家族的首领取代了拜占庭皇帝成为教皇新的世俗保护人，而自此以后罗马教皇的选立摆脱了拜占庭皇帝的最终决定，格雷戈里三世成为最后一位在教皇选立过程中寻求拜占庭皇帝批准的教皇。在此之前，围绕基督教会内部的重大决策而引发的争端和博弈均在罗马-拜占庭皇帝和罗马教皇两大权势人物之间展开。罗马教皇格雷戈里三世召唤法兰克宫相查理·马特干预伦巴德人的进攻，刺激了法兰克-加洛林家族的首领争夺基督教世界领导权的野心。这种野心膨胀的一个必然结果是加洛林家族的首领效仿并追求"罗马皇帝"的权威和做法，插手包括圣像争议在内的各种宗教争端，使基督教会内部争端博弈的主角由拜占庭皇帝、罗马教皇两方转变为加洛林皇帝、拜占庭皇帝、罗马教皇三方，东西方教会之间的矛盾也随之深化和复杂化。

利奥三世及其子君士坦丁五世、其孙利奥四世在位期间持续开展"圣像破坏运动"，沉重打击了拜占庭帝国教会和修道院的利益。利奥四世崩殂后，其子君士坦丁六世即位，由于年幼，由皇太后伊琳娜摄政。伊琳娜出身于雅典，深受希腊古文化和传统基督教文化的熏陶，认为崇拜圣像乃"天经地义"的正统行为。利奥四世曾因在其寝宫中发现伊琳娜私藏的圣像而不再临幸宠爱她。伊琳娜摄政后，遇到了国内反对派强大的反对声浪。据《塞奥法尼斯编年史》的记载，伊琳娜摄政四十天后，格雷戈里、巴尔达斯、君士坦丁、西摩卡塔等贵族就组成了阴谋小集团策划发动政变，推翻小皇帝和伊琳娜的统治，召唤并拥戴恺撒①尼基弗鲁斯为皇帝，但他们的阴谋被揭露，尽皆被捕，后被流放。② 伊琳娜身为女性执掌拜占庭帝国的最高权柄"名分不正"，权力基础薄弱，各种反对势力蠢蠢欲动。为了巩固统治的根基，缓和与教会的关系，同时改善和增进与罗马教皇、法兰克君主的关系，伊琳娜重新恢复了圣像崇拜，其中固然出于虔诚的宗教信仰，但更多的是出于政治方面的考虑。她任命支持圣像崇拜的塔拉苏斯为君士坦丁堡大牧首并在后者的建议下致信罗马教皇，邀请罗马教皇选派代表参加第二次尼西亚公会议。第二次尼西亚公会议，也是基督教史上的第七次公会议，于787年9月在君士坦丁堡的圣使徒教堂召开，包括罗马教皇代表在内的380名代表与会。此次会议指责"圣像破坏运动"为异端行为，会议决议规定："把亵渎神灵、对着神圣和崇敬的圣像尖叫并嘲笑的那些人逐出上帝神圣的教会"③；"将中伤基督教的那些人咒逐出教，他们是圣像的破坏者"④；"把那些借用圣经中反对偶像的话，用以反对圣像的人咒逐出教"⑤；"把那些不向神圣和崇敬的圣像致敬的人咒逐出教"⑥；"某些人说基督徒对着圣像讲话就是对着上帝讲话，把这些人咒逐出教"⑦；"把那些

---

① 恺撒乃古罗马和拜占庭帝国统治者和皇室子嗣的一个称号。戴克里先实行"四帝共治制"，两位恺撒乃两位奥古斯都的副手和继承人。拜占庭帝国初期，恺撒有时为皇帝继承人或"共治皇帝"的称号，有时被皇帝赐予次子、三子或其他皇室男性亲属。

② Theophanes Confessor, *The Chronicle of Theophanes Confessor: Byzantine and Near Eastern History A. D. 284-813*, Cyril Mango and Roger Scott trans. , Oxford: Clarendon Press, 1997, p.140.

③ Henry Robert Percival, *The Seven Ecumenical Councils of the Undivided Church*, Oxford: James Parker and Company, 1900, p.533.

④ Henry Robert Percival, *The Seven Ecumenical Councils of the Undivided Church*, Oxford: James Parker and Company, 1900, p.534.

⑤ Henry Robert Percival, *The Seven Ecumenical Councils of the Undivided Church*, Oxford: James Parker and Company, 1900, p.534.

⑥ Henry Robert Percival, *The Seven Ecumenical Councils of the Undivided Church*, Oxford: James Parker and Company, 1900, p.534.

⑦ Henry Robert Percival, *The Seven Ecumenical Councils of the Undivided Church*, Oxford: James Parker and Company, 1900, p.534.

将圣像称作偶像的人咒逐出教"①；"把那些与人交流时，有意辱骂和羞辱圣像的人咒逐出教"②。会议宣布恢复圣像崇拜，会议决议规定：

> 须极尽尊荣地颂扬并敬拜神圣而荣耀的圣迹，希望能够分享它们的神圣。同样，颂扬并敬拜我主耶稣基督"道成肉身"的圣像，他为了我们的得救而谦恭有加；像崇敬上帝的圣像一样，崇敬我们的贞女、圣母、天使、圣使徒、先知、殉道者和一切圣徒的圣像。③

宗教会议规定崇敬和荣耀主和圣徒的映像，不是为了崇拜圣像这一有形物质本身，而是为了崇拜神，正如拜占庭人崇拜皇帝圣像是为了崇拜皇帝本人一样。会议决议规定可以用灯和香供奉圣像：

> 人们在被派赴城市和乡村地区的时候，会用灯和香供奉皇帝的画像，以此与皇帝沟通，他们尊崇的并非蜡封的画像，而是皇帝本人。上帝和所有神圣的教父和苦修者的画像应该被描绘，我主基督的教会在很大程度上亦是如此（尊崇和供奉它们）？④

罗马教皇哈德里安一世不仅向此次宗教会议派出了两位代表，而且还在会议上提出了一份教义纲要。这份纲要在宗教会议上获得了通过，它捍卫了圣像的合理使用。哈德里安一世还要求归还皇帝利奥三世没收的原本由教皇承袭的领地，承认教皇对于伊利里库姆的宗教管辖权。罗马教皇之所以选择与拜占庭皇帝和解可能是出于历史和现实两方面的考虑。罗马教皇对拜占庭皇帝和君士坦丁堡教会拥有一种亲和感。由于君士坦丁堡是拜

---

① Henry Robert Percival, *The Seven Ecumenical Councils of the Undivided Church*, Oxford: James Parker and Company, 1900, p. 534.

② Henry Robert Percival, *The Seven Ecumenical Councils of the Undivided Church*, Oxford: James Parker and Company, 1900, p. 534.

③ Henry Robert Percival, *The Seven Ecumenical Councils of the Undivided Church*, Oxford: James Parker and Company, 1900, p. 533.

④ Henry Robert Percival, *The Seven Ecumenical Councils of the Undivided Church*, Oxford: James Parker and Company, 1900, p. 535.

占庭帝国的首都以及它作为使徒圣安德烈驻地的宗教历史地位，历代的罗马教皇都将处理与拜占庭皇帝和君士坦丁堡教会的关系作为优先考虑的事项，而且罗马教皇与拜占庭皇帝和君士坦丁堡教会的历次冲突都是在一个基督教会内部的框架下进行的，并未引起基督教会的组织分裂。由于对过往教会权力格局和传统的眷恋以及出于避免教会组织分裂的考虑，罗马教皇在拜占庭皇帝恢复圣像崇拜后，与拜占庭皇帝达成了和解。罗马教皇与拜占庭皇帝的此次纷争仿佛如以往历次纷争一样，在"斗而不破"的基础上和好如初。如果没有突发事件干扰的话，西欧和拜占庭帝国的基督徒们可能并无差异地供奉圣像。但是另一股新兴势力的突然卷入，使历史走向不再朝着以往既定的轨迹发展，而是走向了一条崭新的道路。

四 查理曼争夺基督教世界最高统治权的野心与圣像争议的延续

法兰克-加洛林王朝的国王查理曼对于罗马教皇与拜占庭皇帝之间的和解并不高兴。查理曼从罗马教皇哈德里安一世那里收到了第二次尼西亚公会议的决议文，为此他咨询了他的神学家并向罗马教皇哈德里安一世发出了《反宗教会议敕令》（*Capitulare Contra Synodum*）（792），在这道敕令中，他指出了公会议决议中存在的问题并给出了正确的观点。查理曼授意他的神学家，包括奥尔良的狄奥多尔夫编纂了神学著作《加洛林书》，对罗马提供的，翻译过来的第二次尼西亚公会议的决议文进行了批驳。查理曼对第二次尼西亚公会议的决议不满是源于他争夺基督教世界最高统治权的野心，自君士坦丁大帝主持第一次尼西亚公会议以来，召集并主持基督教世界的大公会议以解决基督教会内部的重大争端就成了罗马-拜占庭皇帝的权力。拜占庭皇帝既是古代罗马皇帝的历史继承者，同时又是得到基督教会承认的，上帝祝佑的整个基督教世界的主宰，因此其地位远远高于各个蛮族王国的国王。拜占庭皇帝的这一历史地位得到了罗马教皇和各个蛮族王国国王们的承认。然而，随着查理曼对外征服战争的不断胜利和加洛林王朝版图的持续扩大，查理曼产生了取代拜占庭皇帝这一历史地位的想法。800年圣诞节，查理曼在罗马圣彼得教堂由罗马教皇加冕，成了"罗马人的皇帝"，拜占庭皇帝将此举视为对自己的一种冒犯，围绕查理曼的皇帝头衔，查理曼和拜占庭帝国曾一度兵戎相见，拜占庭皇帝两次派遣舰队进攻达尔马提亚地区都被法兰克军队击败，法兰克人还攻占了威尼斯地区。① 在军事压力下，拜占庭皇帝被迫与查理曼签订了和约，承认了后者的皇帝头衔，查理曼则相应地放弃了对威尼斯和达尔马提亚沿海城市的统治权。② 获得皇帝头衔后，查理曼还试图同拜占庭女皇伊琳娜联姻，以联姻的形式将加洛林帝国与拜占庭帝国联合起来，重新实现罗马帝国的统一，那么查理曼则由此成为"名副其实"的"罗马人的皇帝"。伊琳娜似乎已准备接受该计划，但以尼基弗鲁斯为代表的拜占庭帝国贵族集团担心查理曼染指拜占庭帝国的权力中枢后会冲击他们的既得利益，所以坚决反对该计划并于 802 年 10 月发动了推翻伊琳娜的政变，将伊琳娜流放至普林基普奥斯岛上的塞奥特奥克斯修道院。③

　　联姻与战争是查理曼在处理与拜占庭帝国外交关系时交替使用的两手策略。早在 8 世纪 80 年代，查理曼就曾策划把自己的女儿罗特鲁德嫁与拜占庭皇帝君士坦丁六世为妻，实现两国皇室的联姻。然而这一联姻计划在 787 年告吹，查理曼于该年率领大军进军意大利，攻打拜占庭的盟友贝内文托公国。788 年，伊琳娜派遣一支大军进军意大利南部，以武力支持贝内文托公国抵御法兰克人的侵扰，法兰克与拜占庭两国之间嫌隙滋生。同样在 787 年，对查理曼深感不满的伊琳娜没有邀请查理曼参加第二次尼西亚公会议，这使他质疑公宗教会议的普世性。而自君士坦丁大帝以来，裁决基督教会内部的重大争端历来就是罗马-拜占庭皇帝的权力，查理曼以一种"居高临下"的姿态质疑第二次尼西亚公会议的决议并亲自出面"拨乱反正"，组织学者编纂神学著作、组织宗教会议确定"正确"的教规，能够抬升和彰显查理曼基督教世界领袖的地位。他组织学者编纂的《加洛林书》明确表明了抬升查理曼地位的用意，意在表明查理曼不再是一个蛮族首领，而是继古代以色列王、古罗马皇帝和拜占庭皇帝之后，得

① Anonymous and Nithard, *Carolingian Chronicles: Royal Frankish Annals and Nithard's Histories*, Bernhard Walter Scholz trans. , Michigan：The University of Michigan Press, 1970, p. 91.

② Anonymous and Nithard, *Carolingian Chronicles: Royal Frankish Annals and Nithard's Histories*, Bernhard Walter Scholz trans. , Michigan：The University of Michigan Press, 1970, pp. 94-95.

③ Theophanes Confessor, *The Chronicle of Theophanes Confessor: Byzantine and Near Eastern History A. D. 284-813*, Cyril Mango and Roger Scott trans. , Oxford：Clarendon Press, 1997, p. 655.

到上帝属意的基督教世界的新主宰。狄奥多尔夫在书中把法兰克人称为宗教上的以色列人，查理曼为新的大卫王，是基督教徒灵魂获得拯救的牧者领袖。① 狄奥多尔夫还非常露骨地排斥拜占庭皇帝的领导权，他谴责伊琳娜和君士坦丁六世召集的第二次尼西亚公会议，认为这母子二人在宣扬异端。②

根据《加洛林书》的规定，圣像可以用于装饰教堂，用于宗教训诫，还可以用于纪念教会过往的事迹，所以《加洛林书》的编纂者狄奥多尔夫不主张将圣像丢出教堂并毁坏它们：

> 我（狄奥多尔西）从未说过反对圣像的话，因为它有着记忆过往事迹和美化教堂的功能，我们知道摩西和所罗门也曾制作过圣像，但是我们反对对它无礼和极为迷信的崇拜。③

但《加洛林书》反对拜占庭人以崇拜皇帝的礼节崇拜圣像，包括拜伏以及在圣像前燃蜡和点灯。需要指出的是，第二次尼西亚公会议在强调崇拜圣像时使用的是希腊词语"προσκ ύνησις"，意思是"俯身敬拜"，是对圣十字架、圣器皿、圣迹、圣像的一种崇敬礼节，次于对上帝的崇拜，而崇拜（λατρεία）只有上帝才能配享，但罗马教皇在翻译第二次尼西亚公会议决议文时没有弄清楚两者的差异，他呈送给查理曼的决议文译本把这两者混为一谈。法兰克人由此认定拜占庭人对圣像的崇拜亦如对神的崇拜一样，所以《加洛林书》强调唯有神具有神圣性，有资格配享基督徒的崇拜，而圣像只具有教育、美化装饰的功能，只是上帝权力的象征物而已：

> 人类唯有依靠他们的灵魂或他们圣洁的生命方才能够为上帝创作

① M. Shane Bjornlie, *The Life and Legacy of Constantine: Traditions through the Ages*, New York: Routledge, 2016, p. 151.

② M. Shane Bjornlie, *The Life and Legacy of Constantine: Traditions through the Ages*, New York: Routledge, 2016, p. 152.

③ Thomas F. X. Noble, *Images, Iconoclasm, and the Carolingians*, Philadelphia: University of Pennsylvania Press, 2009, p. 215.

一幅映像，任何"纯正"的圣像中都不可能存在某些完全超越神祇的，纯粹的灵魂物质。同样，圣徒的图像也无法如人们所描述的那样能够揭示上帝恩典的权威。同理，一幅据称具备了神秘性质的图像，如果它并不具有魔性的话，也不过是上帝权力的象征物罢了。就神圣性可言，图像本身纯属多余，唯上帝本身充满了神圣性。①

拜占庭帝国与加洛林帝国的圣像崇拜争议不仅体现在对于圣像崇拜形式的认同差异，对于但以理关于"大像"梦的预言阐释也存在着差异。这种差异反映了二者对于各自在基督教末日启示理论中的地位存在着"排斥性"的竞逐关系。8世纪晚期，东罗马帝国围绕圣像崇拜进行着激烈的斗争。787年9月24日，在尼西亚召开的第7次公会议通过了决议，并送达罗马教皇。罗马教皇则请求法兰克国王查理曼召集宗教会议，进行审议、批驳。② 在最终形成的会议文件中，因为事涉圣像，也提及了但以理关于"大像"梦的预言。"先知但以理提到过如此野蛮有力的四分之像，是要预言世界四个强大的王国，在隐喻亚述或者迦勒底王国的金头之后，是指代米底和波斯王国的银胸脯，而铜臂膀说的是马其顿王国，所说的铁腿，由于铁能驯服一切，故能征服一切王国。"③ 但关于像的解释仅此而已，接下来解释"四巨兽"也是对第四兽语焉不详。李隆国老师认为："这段论述读起来让人困惑，因为它忽略了第四个王国。这种解释似乎有意为之，反映了当时加洛林王朝非常尴尬的国际地位。如果说这个能征服一切的'铁腿'是罗马帝国，则无异于承认拜占庭的东罗马帝国将会征服法兰克王国。对于日益强大的加洛林王朝，这似乎是无法容忍的，故有此文本中非常尴尬的处理。"④ 拜占庭帝国对于但以理的"大像"梦

---

① Thomas F. X. Noble, *Images, Iconoclasm, and the Carolingians*, Philadelphia：University of Pennsylvania Press, 2009, p. 214.
② 李隆国：《从结巴诺特克的〈查理大帝传〉看"金属"中的人类历史》，陈恒、洪庆明主编《世界历史评论第3辑：叙述事实与历史事实》，上海人民出版社，2015。
③ 转引自李隆国《从结巴诺特克的〈查理大帝传〉看"金属"中的人类历史》，陈恒、洪庆明主编《世界历史评论第3辑：叙述事实与历史事实》，上海人民出版社，2015。
④ 李隆国：《从结巴诺特克的〈查理大帝传〉看"金属"中的人类历史》，陈恒、洪庆明主编《世界历史评论第3辑：叙述事实与历史事实》，上海人民出版社，2015。

预言阐释较为模糊，反映了其对日益崛起的加洛林王朝较为忌惮，不想在究竟谁是真正的"罗马帝国"，谁是但以理所解的"大像"梦中能够驯服一切的"铁腿"这一敏感的神学问题上过分地刺激法兰克。事实上，拜占庭人对于自己的帝国是但以理预言中"铁腿"的认定是毋庸置疑的。约翰·佐纳拉斯（John Zonaras）、君士坦丁·玛拿西（Constantine Manasses）、约翰·马拉拉斯（John Malalas）、西奥多·斯库塔里奥特斯（Theodore Skoutariotes）、米凯尔·帕塞洛斯（Michael Psellos）等拜占庭帝国的编年史家在自己的编年史著作中都承认了这一事实。相比之下，法兰克人则更为自大，他们毫无顾忌、当仁不让地表达了自己是上帝属意的世界帝国的观点。结巴诺特克还对但以理的"大像"梦预言加以改编。经其改编，查理曼创立的加洛林帝国不再是"大像"的"铁腿"，而是一座巨像的"精金头颅"，既辉煌璀璨，又坚固强大，象征着加洛林帝国的高贵和强大。

第二节　加洛林时代"四大帝国"理论受到的冲击和应变

加洛林王朝早期的历代君主，尽管长于杀伐征战，但并不是只注重武力的赳赳武夫，他们也注重文化，注重通过对基督教思想的提倡和宗教教育的发展来统一民心，以使自己靠武力征服得到的庞大帝国能够长治久安。为了达到发展文化以弘扬教义的目的，查理曼招徕学者、兴办宫廷学校，改革拉丁文，促成了欧洲的第一次觉醒——"加洛林文艺复兴"。规范基督教教义和宗教活动是"加洛林文艺复兴"的一项重要内容，而从事规范基督教教义的活动必然涉及对基督教经典——《圣经》文本的注疏。在加洛林时代，崇尚基督教、规范教义的宗教需求刺激了许多神学家致力于注疏《圣经》并得到了加洛林宫廷的支持。加洛林宫廷及学者为了更好地注疏《圣经》积极寻求犹太人的支持。基督教源于犹太教，最初是从犹太教中的一个分支发展演变而来的，两教在信仰和教义上既存在着深刻而尖锐的分歧，又有着深厚、无法割裂的渊源。犹太教虽然不承认耶稣基督和基督教的《圣经》（《新约》），但基督教却继承了犹太教的《圣经》，只不过将其称为《旧约》。基督教同时也继承了犹太教弥赛亚

（救世主）降世的思想，相信拿撒勒人耶稣就是传说中的弥撒亚，他是上帝的独生子，"道成肉身"并作为圣洁的羔羊为全人类的罪献上了自己，被钉死在十字架上。由于耶稣已经在上帝的面前为人类赎了罪，自此之后唯有信仰耶稣的人，灵魂方能得到救赎。犹太人拒绝承认耶稣为基督救主，这一宗教歧见成了基督徒反犹的宗教思想根源，他们被基督徒视为上帝的"弃民"。但有的神学家认为犹太人终有一天将会迷途知返，他们曾经是上帝的选民，也终将回到上帝的怀抱，不应该对犹太人这样一个全程见证基督教真理的民族进行迫害。如奥古斯丁主张："犹太人应得到基督徒的宽容而不是迫害，因为他们是见证基督教真相所必需的见证人，他们在世界末日来临时将会接受基督。"① 由于基督教将犹太教的《圣经》作为《旧约》加以继承，故而，通晓《旧约》的犹太学者对注疏基督教《圣经》的基督教神学家有很大的助益。哈拉班·毛鲁斯在注疏《旧约》时就曾向美因兹的犹太人学校寻求帮助。犹太学者精于《旧约》，对他注疏《圣经》起到了很大的帮助。查理曼、虔诚者路易等加洛林君主是奥古斯丁宽容犹太人思想的重要实践者。他们兼容并蓄地吸收一切文化——高卢-罗马文化、日耳曼蛮族文化、犹太文化等，并将这些文化统统融合到统一的基督教文化中，故而他们更为看重犹太教文化与基督教文化的共同性，而不是差异性，对犹太人的文化活动予以保护和鼓励。犹太人的文化贡献成了"加洛林文艺复兴"活动的重要内容。其间，犹太学者和智者（sages）发展了犹太人的祈祷书，编纂了赞美诗并撰写了重要的宗教注疏、解经的著作以及哲学和科学著作、希伯来文的宗教和世俗诗歌等。查理曼还曾劝说巴格达的犹太学者麦奇尔（Machir）来那尔徬（Narbonne）定居并在那里建立了法兰克南部第一所研习犹太教法典的学校。在8世纪末，美索不达米亚的犹太人学者马纳塞斯·本·萨贝塔伊（Manasses ben Sabetay）在意大利的卢卡（Lucca）建立了研习《塔木德》的犹太学校。9世纪末，马纳塞斯·本·萨贝塔伊的后人卡洛尼姆斯（Calonymus）定居于莱茵兰，在沃姆斯建立了一所犹太学校。在此之前，美因兹也兴起了一个犹太学校，这两所学校日后成了德系犹太人的重要学术中心。

　　对于《圣经》的注疏和阐释是查理曼本人推动的。在加洛林时代，这种学术活动不再像以往那样是由个别神学家实践的，而是由加洛林王朝的帝王所倡导，并形成了某种类似于体系化的学术研究活动。加洛林时代最早的权威性释经家是威格伯特，他的《〈旧约〉前八卷的探究》（Quaestiones in Octateuchum）是加洛林时代释经活动的范例，这一范例被加洛林时代第一代、第二代学者和学校的教师沿用，威格伯特的新方法被阿尔昆、都林的克劳迪乌斯尤其是哈拉班·毛鲁斯（Hraban Maur）效仿。① 阿尔昆是查理曼文化政策的主要合作者。阿尔昆出身于盎格鲁－撒克逊，他是比德的一个崇拜者，在加洛林时代释经文献中使用了比德的注释。阿尔昆还对《创世纪》、《传道书》、《雅歌》、《福音书》和《启示录》进行了注疏。② 关于但以理的"四大帝国"理论，加洛林时代的释经家是知晓的，如阿尔昆在对《启示录》的注疏中提及了"四大帝国"，而且阿尔昆还以《圣经》中新的经文隐喻这四大帝国，他认为《启示录》中的"四方之风"代表着亚述、波斯、马其顿和罗马四大帝国，《启示录》这样描述"四方之风"："我看见四位天使站在地的四角，执掌地上四方的风，叫风不吹在地上、海上和树上。我又看见另有一位天使，从日出之地上来，拿着永生神的印。他就向那得着权柄能伤害地和海的四位天使大声喊着说：'地与海并树木，你们不可伤害，等我们印了我们神众仆人的额。'"③ 阿尔昆认为执掌"四方之风"的四位天使与但以理解梦中的"四巨兽"以及"四大帝国"一样同属撒旦的邪恶之体，终将被基督毁灭，而日出之地上拿着永生神印的天使则是救世主基督。④ 在查理曼时代，加洛林宫廷诗人和语法学家比萨的彼得（Peter of Pisa）也曾参照哲

① Magne Sæbø, *Hebrew Bible / Old Testament: The History of Its Interpretation*, Vol. 1, *From the Beginnings to the Middle Ages*, Gottingen: Vandenhoeck & Ruprecht, 2000, p. 188.

② Paul E. Szarmach, M. Teresa Tavormina and Joel T. Rosenthal, *Routledge Revivals: Medieval England (1999): An Encyclopedia*, New York: Routledge, 2017, p. 14.

③ 《圣经·启示录》7：1-3，2012，第280页。

④ Bruce Eastwood, *Ordering the Heavens: Roman Astronomy and Cosmology in the Carolingian*, Boston: Brill, 2007, p. 169.

罗姆的《〈但以理书〉注疏》为《但以理书》作了一个问答型的注疏。这一注疏认为，人类历史将经历四大帝国，罗马帝国是最后一个大帝国，"敌基督"降世后，罗马帝国的一切都将被毁灭。[①] 东法兰克国王日耳曼路易对于《圣经》的研究极为热衷，诺特克曾经提醒胖子查理，他的父亲热衷于研习《圣经》，日耳曼路易的图书馆中塞满了《圣经》注疏。865 年，日耳曼路易在杜兹（Douzy）与其兄弟会晤，日耳曼路易询问希尔德斯海姆主教安弗里德，《旧约·诗篇》中的某句话究竟何意？《旧约·诗篇》中有"雀鸟在其上搭窝，至于鹳，松树是它的房屋"[②] 的记载。辛克马尔听到这一谈话后，返回家中立即为这段经文撰写了一篇简短的注疏上呈日耳曼路易。[③] 842 年，富尔达修道院院长、著名的经学家哈拉班·毛鲁斯应日耳曼路易的请求，重新注疏《但以理书》。哈拉班·毛鲁斯自称："我听见不少人抱怨，他们希望《但以理书》得到完整的阐释，一如其他先知书。"看来，当时有不少人开始对哲罗姆的注疏不满意，嫌其内容不够丰富。在注疏中，毛鲁斯所做的修订包括两个方面："依据先贤的说法或者意见，在不那么明晰之处，或者在发现有缺漏之处，插入一些内容。"[④] 哈拉班·毛鲁斯还将自己的《〈但以理书〉注疏》呈献给日耳曼路易，为日耳曼路易解读《圣经》服务，他的《〈但以理书〉注疏》第二卷向日耳曼路易解释了新巴比伦国王伯沙撒宫廷宴会期间王宫与灯台相对的粉墙上所见的神秘文字"弥尼、弥尼、提克勒，乌法珥新"意味着帝国的更替，伯沙撒王统治的新巴比伦王国将丧失统治世界的权柄被米底和波斯人的帝国所取代。[⑤] 在加洛林时代的学者中，圣高尔修道院院长结巴诺特克对于哲罗姆的注疏似乎并不是那么热情，对他

---

① Y. Hen, *Roman Barbarians: The Royal Court and Culture in the Early Medieval West*, New York: Palgrave Macmillan, 2007, p. 157.

② 中国基督教三自爱国运动委员会：《圣经·诗篇》104：17，南京爱德印刷有限公司，2012，第 104 页。

③ Paul Edward Dutton, *The Politics of Dreaming in the Carolingian Empire*, Lincoln: University of Nebraska Press, 1994, p. 204.

④ 李隆国：《从结巴诺特克的〈查理大帝传〉看"金属"中的人类历史》，陈恒、洪庆明主编《世界历史评论第 3 辑：叙述事实与历史事实》，上海人民出版社，2015。

⑤ 此处是对《但以理书》部分原文大意的概括，原文参见《圣经·但以理书》5：25-28。

来说，哲罗姆似乎有点枯燥。① 他在论学书信中说道："对所有先知书，勤奋而亲切的哲罗姆可以满足好学的读者，如果成为他的学生，你应该忍受他那枯燥的书卷给你带来的不安，就像热情的读物适合于热情的学生一样。"② 在加洛林时代，加洛林君主及其臣属对于《圣经》注疏的热爱，使《圣经·但以理书》中的"四大帝国"理论为当时的知识界人士所熟知，使得更多的学者思考如何解释和应对查理曼加冕对于"四大帝国"理论的冲击，使得这种解释和应对在基督教末世论、启示论的神学架构下，既能不彻底废弃"四大帝国"的传统理论，又能为新的历史现实自圆其说。

一　800 年世界末日的恐惧

800 年，查理曼被教皇利奥三世加冕后，关于加洛林帝国的神学历史地位，以维埃纳大主教阿多和洛布斯修道院院长法尔昆为代表的神学家认为加洛林帝国是古罗马帝国的接续，仍然属于历史神学的第四大帝国的范畴。而结巴诺特克则强调加洛林帝国是一个与古代罗马帝国毫无关系的全新帝国，他的这一认知并非其本人的臆想，而是时代观念的产物，反映了 9 世纪中后期的人们渴望延迟世界末日来临的社会心理。尽管奥古斯丁反对人们推测世界末日来临的时间，但许多神学家还是在好奇、恐惧等各种心理状态的支配下不断推测世界将会存在多久，宛如推测一个人的寿命一样。中世纪早期流行的大多数世界年表认为世界将会存在 6000 年之久，当尘世达到 6000 岁时，"敌基督"和耶稣基督将会先后到来。而尘世将于耶稣"道成肉身"后的第几年达到 6000 年的寿命极限则是一个存有争议的问题。中世纪早期的人们先是认为世界将会在公元 500 年达到寿命的极限，后来又更改了世界年龄的计算方法，推迟了这一年份，认为世界将会在公元 800 年达到 6000 岁的寿命极限。理查

---

① 李隆国：《从结巴诺特克的〈查理大帝传〉看"金属"中的人类历史》，陈恒、洪庆明主编《世界历史评论第 3 辑：叙述事实与历史事实》，上海人民出版社，2015。

② "Notatio Notkeri de Illustribus Viri, Cap. 1," in Migne ed., *Patrologia Latina*, Vol. Cxxi, col. 995. 转引自李隆国《从结巴诺特克的〈查理大帝传〉看"金属"中的人类历史》，陈恒、洪庆明主编《世界历史评论第 3 辑：叙述事实与历史事实》，上海人民出版社，2015。

德·兰德斯（Richard Landes）认为中世纪早期的人们推迟世界寿命极限到来的时间是出于对世界末日来临的恐惧，为此他展开了深入的研究，查阅了许多相关的史料，最后得出结论：从现存大多数的史料来看，耶稣统治人间的"千年王国"的到来时间被具有奥古斯丁思维的教士们有意延迟。[1] 而查理曼恰好在公元 800 年被罗马教皇加冕为帝，这一时间点刚好是通常认为的世界 6000 岁寿命极限的时间临界点，这两大时间点的重合表明但以理的"大像"梦预言在某种程度上失效了，世界并未在公元 800 年终结，相反尘世中又诞生了一个新的世俗大帝国，为了与新的历史现实相呼应，结巴诺特克以"大像"梦的启示为背景又创造了一个新的神谕启示，认为在预示着四大帝国前后相继的"大像"被砸碎之后，世界主宰又竖立了一尊新的塑像，预示着尘世将会再经历一次新的四大帝国的更迭，查理曼的加洛林帝国是新塑像的金头，至于继其后的三大帝国则并未进一步说明。

　　根据中世纪早期流行的各种世界年表的计算，世界末日的来临在查理曼统治时期已经是迫在眉睫的事情了。根据圣保罗在《圣经·帖撒罗尼迦后书》中的说法，在尘世即将结束，耶稣复临人间之前将会出现冒充主的假先知，他会抵挡主，高抬自己超过一切所谓的神明和人们崇拜的对象，甚至坐在上帝的殿中以上帝自居！这个假先知就是基督教宣扬的"敌基督"。在查理曼统治时期，一些传道士不断宣传"敌基督"已经出现的种种迹象引起了社会大众的恐慌。为此，查理曼还曾于 789 年颁布了一项皇家赦令，命令将那些宣扬"敌基督"已经出现的所谓先知扣押，其"书信"，倘若被扣押，将被正式焚烧。[2] 加洛林时代的一部年代记《欧吉恩西斯年代记》（The Annales Augiensis）记载了基督纪元 800 年与创世纪元 6000 年的重合："800 年距离世界的开始已经有 6000 年了（6000 ab initio mundi）。"[3] 然而，由于中世纪早期各种依照基督纪年的年表对于

---

① Richard Landes, "The Fear of an Apocalyptic Year 1000: Augustian Historiography Medieval and Modern," *Speculum*, Vol. 75, No. 1, 2000, pp. 97–145.

② Tom Holland, *The Forge of Christendom: The End of Days and the Epic Rise of the West*, London: Doubleday, 2009.

③ G. H. Pertz ed., "Annales Augienses Brevissimi," in *MGH*, *Scriptorvm*, Tomvs Ⅲ, Hannoverae: Impensis Bibliopolii Avlici Hahniani, 1839, p. 137.

基督"道成肉身"的年份界定存在差异，造成了创世纪元的 6000 年（6000 AM Ⅱ）将会大致与基督纪年的 800 年重合，而不是绝对地与 800 年契合，这个契合点会在 799 年和 806 年之间游移。譬如，亚美尼亚的基督徒对于耶稣"道成肉身"年份的认定就不同于拉丁文化的西欧基督徒，尤西比乌斯对于基督"道成肉身"年份的界定不同于狄奥尼修斯和比德，尤西比乌斯的界定比狄奥尼修斯和比德早了两到三年，尤西比乌斯认定耶稣是在提贝里乌斯第 15 年，也就是创世纪元的 5228 年（5228 AM Ⅱ）"道成肉身"的。由于创世纪元的 6000 年的"末日之期"与基督纪年的 800 年大致重合，《王室法兰克年代记》的纂修者秉持着一种戒惧警惕的心理，在叙述查理曼圣诞节访问罗马的篇章中突然戛然而止，宣布基督纪年 801 年的到来：查理曼皇帝加冕。

《王室法兰克年代记》第 800 年词条写道：

　　国王款待那位由耶路撒冷远道而来的修士，并命自己宫中教士扎卡里阿斯（Zacharias）随同其一道返回圣城，向圣陵敬献礼品。他本人则于 3 月中旬离开亚琛宫廷，对加里克海岸地区进行巡视。因当时此地受海盗侵扰危害甚重，所以他在这片海域建立了一支舰队，在不同地点设置了守备力量，并在森图鲁姆（Centulum）的圣里奎尔修道院庆贺了复活节。从森图鲁姆出发，他又沿着海岸行进，前往鲁昂，在此地渡过塞纳河，抵达图鲁斯，目的是欲在圣马丁大教堂做一场祈祷。在该地他逗留了数日，原因是他的王后柳特佳尔达（Liutgarda）陛下身染重疾，6 月 4 日，王后驾崩，并安葬在此地。从此地启程，他经由巴黎和奥尔良返回亚琛王宫。6 月 6 日，或许还有 6 月 9 日，天降严重霜灾，然而，并未对庄稼造成伤害。

　　8 月初，他前往美因茨，昭告天下，远征意大利。随后，他率领大军进入巴伐利亚。在此，他部署了一场进攻贝内文托和拉文那的战役。在此逗留了七天之后，他向罗马城进军，并下令由其儿子丕平统辖的兵马进入贝内文托，纵兵洗劫这一地区。当他即将抵达罗马城时，教皇利奥率罗马人出城十二英里，在门塔纳（Mentana）以最为隆重、最为尊敬的礼仪迎接他的到来。在同国王于此地进过午餐之后，教皇便立刻先于国王返回罗马城。次日，他以向国王赠送罗马城旗的方式，欢迎他的到来。他还下令全城百姓倾城而出，夹道欢呼，迎接御驾亲临。当国王下马，走上台阶之时，教皇率其属下教士、主教一道伫立在圣彼得大教堂的台阶上，恭候国王大驾。举行祈祷之后，在众人高吟圣歌的乐曲声和阵阵欢呼声中，教皇引领着国王一同步入圣彼得大教堂。这一盛举发生的时间是11月24日。

七天之后，国王召开了一次大会，告知所有人他此番君临罗马的缘由，并宣告从此时起，他每天都将全身心地投入工作，以完成自己此番的各种使命。其中最为重要，也是最为困难的使命就是对利奥教皇被指控的各种罪名加以审核。鉴于无人愿意为这些指控做证，教皇利奥在众目睽睽之下，缓慢地登上了圣彼得大教堂讲坛。他手持福音书，以神圣的三位一体的名义，通过宣誓的方式为自己洗清了所有强加到他身上的各种指控罪名。

同日，扎卡里阿斯也从东方回到罗马，同时还带来了两位修士，一位来自奥利弗山（Mount Oliver），另一位则来自圣萨巴修道院（St. Saba's）。这两位修士皆为耶路撒冷大主教所派，随同扎卡里阿斯一道前来朝见国王。他们二人将圣陵、卡拉维勒山（Calvary），以及耶路撒冷城和西奈山（Mount Zion）等各地的钥匙和一面旗帜，敬献给国王陛下，以作为这位大主教良好祝愿之信物。国王非常快慰地接待了他们，在款待数日之后，于4月恩准他们携带各种丰厚奖赏返回故里。国王在罗马城庆贺了圣诞节。①

《王室法兰克年代记》第801年的年度词条也记录了查理曼皇帝加冕的情形，见本书第57页。

二　"帝国权力转移"

至800年查理曼加冕，基督教神学家预言的世界末日迟迟未到，相

---

① Anonymous and Nithard, *Carolingian Chronicles: Royal Frankish Annals and Nithard's Histories*, Bernhard Walter Scholz trans., Michigan: The University of Michigan Press, 1970, pp. 78–81.

反，在尘世中又出现了一个法兰克大帝国，它的版图囊括了西欧大陆的大部分地区，而且它的国王查理曼被罗马教皇加冕为"罗马人的皇帝"。这些新的历史变化为基督教的神学家和史学家提出了新的问题——怎样解释法兰克帝国在但以理"四大帝国"梦幻启示中的地位？又应如何解释法兰克帝国与古代罗马帝国和同时代拜占庭帝国之间的关系？有的史家如结巴诺特克把法兰克帝国看成是一个新的上帝预定的、主宰世界的帝国，认为它并不是但以理梦幻启示中的第四只巨兽——"罗马帝国"，而是一个代之而起的全新帝国。据《但以理书》的记载，尼布甲尼撒二世曾经梦到了一个高大宏伟、极其明亮的塑像，有纯金的头、银的胸和臂、铜的肚腹和大腿、铁的小腿和半铁半泥的脚，但以理认为这塑像的金头、银胸和银臂、铜肚和大腿各自代表着一个帝国，铁的小腿也代表着一个帝国，它能击垮、打碎列国，正如铁能击垮、打碎一切，半铁半泥的脚表示那帝国后来分裂，铁和泥混杂在一起，表示那国的民族彼此混杂通婚，却不能团结，正如铁和泥彼此无法混合。① 显然，半铁半泥的脚隐喻的是"罗马帝国"，结巴诺特克依据但以理对于尼布甲尼撒二世梦幻的启示性解释，认为上帝在毁灭罗马帝国之后，又创造了一个新的主宰世界的帝国。他在《查理曼事迹》（*Deeds of Charlemagne*）的开篇中写道："当同时掌管各国命运和时间更序的全能的世界主宰把一座华贵的塑像——罗马人——的半铁半泥的脚砸碎之后，他凭借卓越的查理的双手在法兰克人中间竖立起另外一座毫不逊色的塑像的精金头颅。他已经开始唯我独尊地统治着世界的西部……"②

　　结巴诺特克对于法兰克帝国的认识与但以理"四大帝国"的梦幻启示不符。如果法兰克帝国是一个取代罗马帝国的新帝国的话，那么，在世界末日来临之前，人类将要经历"五大帝国"的统治。于是，加洛林时代的某些基督教史家否认法兰克帝国是一个全新的帝国，他们依据"帝国权力转移"（translatio imperii）理论，认为法兰克时代仍旧属于"罗马帝国"的统治阶段，只是罗马帝国的统治权力从古罗马人那里转移至拜占庭人并最

---

① 此处是对《但以理书》部分原文大意的概括，原文参见《圣经·但以理书》2：36-41。
② 〔法兰克〕艾因哈德、圣高尔修道院僧侣：《查理大帝传》，A. J. 格兰特英译，戚国淦汉译，商务印书馆，1979，第38页。

终转移至法兰克人的手中，这样一来，古罗马、拜占庭、法兰克之间的关系就不再是新旧帝国之间的接替更续，而是同一个罗马帝国的统治权力在不同王朝之间不断地变换转移。据笔者搜集到的加洛林时代的历史文献来看，最早以"帝国权力转移"理论记载 800 年查理曼加冕一事的历史文献是两部同时代的年代记——《洛尔施年代记》(Annales Laureshamenses) 和《穆瓦萨克编年史》(Chronicon Moissiacense)①，这两部文献将查理曼加冕称帝的原因归结为三点。第一，拜占庭皇太后伊琳娜称皇帝，女人称帝不合传统导致罗马皇帝的帝位虚悬，查理曼称帝是适逢其会的补位。第二，包括罗马城在内的古罗马故地已被查理曼统辖，"罗马城为帝国之母"连同意大利、高卢和日耳曼尼亚已被这位法兰克人的国王主宰。第三，也是最为重要的一点，罗马帝国的权力西移至法兰克是上帝的神意，"凭依上帝的佑助和全体基督教民众的祷告，查理曼也配享皇帝的名号"。"此举（指查理曼加冕称帝之事）是凭依上帝的神意而为的。"②

　　事实上，"帝国权力转移"理论在地中海东部世界的拜占庭帝国也不断被史家使用，查理曼加冕后，妄自尊大的拜占庭人却并未就此放下架子并承认拜占庭帝国与他国在政治地位上是对等的这一政治现实。他们创造了"帝国权力转移"理论，通过强调中世纪拜占庭帝国与古罗马帝国之间的历史继承性，继续突出拜占庭皇帝的世界宗主权。"帝国权力转移"理论认为君士坦丁大帝有意抛弃了他在意大利的首都，把帝国的首都从旧罗马迁移到了君士坦丁堡的新罗马，新罗马帝国和皇帝也由此继承了旧罗马帝国和皇帝的一切权力。在 9~14 世纪，拜占庭帝国包括皇帝、公主、君士坦丁堡大牧首在内的社会上层不断宣示"帝国权力转移"理论，尤其是在遭到西

---

① "在使徒利奥本人和所有出席会议的圣父们看来，或者在其他基督教徒们看来，他们应该把法兰克人的国王查理本人封为皇帝，因为他拥有了帝国之母的罗马。此外他在意大利和高卢，甚至在日耳曼都拥有地盘。因为全能的上帝把所有这些地盘都赐给了他，所以在上帝和整个基督教人民的帮助下，他似乎应该拥有同样的皇帝名号。" G. H. Pertz ed.，"Chronicon Moissiacense," in *MGH*, *Scriptorvm*, Tomvs I, Hannoverae：Impensis Bibliopolii Avlici Hahniani, 1826, p. 305.

② G. H. Pertz ed.，"Annalium Laureshamensium Pars Altera," in *MGH*, *Scriptorvm*, Tomvs I, Hannoverae：Impensis Bibliopolii Avlici Hahniani, 1826, p. 38；G. H. Pertz ed.，"Chronicon Moissiacense," in *MGH*, *Scriptorvm*, Tomvs I, Hannoverae：Impensis Bibliopolii Avlici Hahniani, 1826, p. 305.

方帝王和教皇冒犯的情况下，他们更是希望通过强调拜占庭帝国与古罗马帝国之间的历史继承性以及西方诸国曾为古罗马辖地的历史事实，突出西方统治者冒犯行为的愚蠢可笑。例如，968 年克雷莫纳主教利乌特普兰德出使拜占庭，教皇约翰十三世把拜占庭皇帝尼基弗鲁斯·福卡斯称为"希腊人的皇帝"，而不是"罗马人的皇帝"。"利乌特普兰德被拜占庭皇帝告知教皇约翰十三世是一位愚蠢、不明事理的人，因为他竟然没有意识到圣君士坦丁已把皇权的权柄连同整个元老院和整支罗马大军迁移至君士坦丁堡，在罗马仅仅留下了渔夫、厨师、捕鸟人、私生子等隶农以及平民和奴隶。"① 12 世纪拜占庭科穆宁王朝的公主、历史学家安娜·科穆宁娜（Anna Comnena）也提出了同样的观点："自从帝国首都连同元老院和整支行政机构从罗马迁到我们这座被称为'众城之女王'的城市的时候，教会的最高权力阶层即已转移到这里。"② 接着安娜·科穆宁娜《阿列克谢传》的结尾之处，继续撰写拜占庭帝国历史的皇帝秘书兼历史学家约翰·金纳穆斯（John Cinnamus）也从反对罗马教皇的角度，提出了同样的观点。他为西方统治者的鲁莽无礼而伤心落泪，这些统治者竟然胆大包天地指出拜占庭皇帝的衙门比罗马教皇的教廷机构还要逊色。"他宣称人尽皆知，476 年罗马的皇帝头衔随着罗慕路斯·奥古斯都的垮台而一起消失，自那之后，唯一合法的巴塞勒斯驻跸于君士坦丁堡。只有他有权把国王等头衔授予其他地位更低的君主。"③ 约翰·金纳穆斯写道：

> 自今往溯，由于权力转移的缘故，在罗马城，皇帝的头衔已消失许久，这一头衔从奥古斯都开始一直延续至冲龄继位，我们称之为罗慕路斯的奥古斯都。（代之而起的）奥多亚克和哥特人的首领提奥多利克皆为僭主……迄今为止罗马城仍旧屈服在蛮族僭主的淫威之下，他们效仿（占据罗马城）的首位国王和僭主提奥多利克配享王号，

---

① Liudprand of Cremona, *The Complete of Works of Liudprand of Cremona*, Paolo Squatriti trans., Washington, D. C.: The Catholic University of America Press, 2007, p. 270.

② Anna Comnena, *The Alexiad of the Princess Anna Comnena*, Elizabeth A. S. Dawes trans., Hoboken: Taylor and Francis, 2014, p. 34.

③ J. H. Burns ed., *The Cambridge History of Medieval Political Thought*, Cambridge: Cambridge University Press, 2008, pp. 59-60.

他们根本无权声索帝国至尊的帝位，至于他们本身所行使的王权究竟源自何方，鄙人以为同样源自帝国陛下的殊遇。[1]

法兰克-加洛林王朝的皇帝在与东方的拜占庭皇帝争夺罗马帝国的法统继承权时，也时常利用"帝国权力转移"理论。如871年，皇帝路易二世曾命罗马教廷掌管图书典籍的官员阿塔纳西乌斯起草一份外交公函，这份公函以皇帝路易二世的口吻向拜占庭皇帝巴西尔一世通报——希腊人已因他们的异端观点而丧失了"罗马人帝国"的地位：这一帝国地位因法兰克人的信仰纯正而转移至法兰克。[2]

路易二世致信巴西尔一世的背景是双方结盟对抗萨拉森人，841年萨拉森人攻占了巴里，将该地发展成穆斯林在意大利半岛进一步扩张的据点，受到萨拉森人威胁的蒙特·卡西诺修道院和圣文琴佐修道院的院长们向路易二世求救，路易二世号召意大利半岛上的所有自由人都加入他的军队中对抗萨拉森人，连罗马教皇也被要求将保加尔人可汗鲍里斯的宗教献祭捐献出来以供军需。[3] 为了彻底解除萨拉森人对意大利的威胁，路易二世还试图联合拜占庭帝国，希望双方合力将萨拉森人彻底赶出意大利半岛。869年，路易二世遣派使者前赴君士坦丁堡，协商双方王室的联姻，即将路易二世的女儿嫁给巴西尔一世的儿子，但遭到了巴西尔一世的拒绝。不过，他同意为路易二世围攻萨拉森人的军事行动提供根据地和海军支持。在拜占庭帝国的配合下，871年路易二世成功攻占了巴里。联盟对抗萨拉森人的战争刚刚取得了初步的胜利，路易二世与巴西尔一世之间就围绕究竟谁是基督教世界正统皇帝的问题展开了论战。双方的论战以互相

---

[1]　John Kinnamos, *Deeds of John and Manuel Comnenus*, Charles M. Brand trans., New York: Columbia University Press, 1976, pp. 165-166.

[2]　这份外交公函的内容如下："我们正是凭借对于基督的信仰，我们属于亚伯拉罕的族属（犹太人因为他们的背信弃义而不再归属），凭借我们正确的思想和道统，我们得以拥有罗马帝国的掌控权，反之，希腊人因为他们的错误观念，也就是说他们的异端观点或错误思想，不再是罗马人的皇帝；的确，他们不仅抛弃了帝国的市镇和驻地，而且还丧失了罗马的国家属性和拉丁语……"参见 Robert Folz, *The Concept of Empire in Western Europe: From the Fifth to the Fourteenth Century*, Sheila Ann Ogilvie trans., London: Edward Arnold, 1969, p. 183。

[3]　Pierre Riché, *The Carolingians: A Family Who Forged Europe*, Michael Idomir Allen trans., Philadelphia: University of Pennsylvania Press, 1993, p. 182.

致信诘责的形式展开。论战的发起者是巴西尔一世,他率先致信路易二世指责他的帝位"得之不正"。巴西尔一世致路易二世的信件如今已经佚失①,但从路易二世给巴西尔一世的回信中可以看到它的部分内容。

巴西尔一世指责路易二世帝位"得之不正"的理由有二。第一,族属不符。巴西尔一世认为路易二世属于法兰克人,与古代罗马人之间没有明确的血缘联系。第二,统辖权残缺(或不完整)。巴西尔一世认为路易二世即使作为法兰克人的君主,其统辖权也是不完整的,此时的法兰克人正由多位加洛林家族出身的君主实行统治,路易二世充其量只统治了部分法兰克人,被其统治的族群的普遍性根本无法与古代罗马皇帝相提并论。对于巴西尔一世的指责,路易二世予以了有力的驳斥,他在回信中从三个角度论证了自己作为皇帝的合法性和正统性。第一,帝权族属神定论。路易二世认为皇帝究竟出身于哪一个族群均为上帝的恩典,把皇帝的头衔仅仅认定为仅应由某一族属获得是不恰当的,历史上的罗马皇帝就曾从西班牙人、伊苏里亚人、哈扎尔人(可萨人)等多个族属中产生,难道这些族属在宗教和美德方面比法兰克人更为优越吗?② 第二,地缘的正统性。路易二世认为自己统治了罗马人,统治了上帝诸教会之母的罗马教会,其祖先的权力之基即来自罗马教会,首先作为国王,继而作为皇帝。③ 由于路易二世统治了罗马人、罗马城和罗马教会,因而他的"罗马人的皇帝"的头衔是名副其实的。第三,宗教神权的正统性。路易二世认为巴西尔一世指责他仅仅统治了部分法兰克人是不恰当的,事实上他对整个法兰西亚实行了统治。他与其他加洛林王室成员具有相同的肉体和血液,但拥有其他王室成员所没有的特性,受命于上帝的灵性。④ 路易二世虽然在信中称

---

① 拜占庭皇帝巴西尔一世谨致路易二世的书信已经佚失的观点,参见 Charles West, "Will the Real Roman Emperor Please Stand Up?" *Turbulent Priests*, Retrieved 4, January 2020。

② Recensuit W. Henze ed., "Ludovici II. Imperatoris Epistola Ad Basilium I. Imperatorem Constantinopolitanum Missa," in P. Kehr ed., *MGH: Epistolae Karolin: Aevi V*, Berolini: Apvd Weidmannos, 1928, p. 388.

③ Recensuit W. Henze ed., "Ludovici II. Imperatoris Epistola Ad Basilium I. Imperatorem Constantinopolitanum Missa," in P. Kehr ed., *MGH: Epistolae Karolin: Aevi V*, Berolini: Apvd Weidmannos, 1928, p. 389.

④ Recensuit W. Henze ed., "Ludovici II. Imperatoris Epistola Ad Basilium I. Imperatorem Constantinopolitanum Missa," in P. Kehr ed., *MGH: Epistolae Karolin: Aevi V*, Berolini: Apvd Weidmannos, 1928, pp. 388-389.

呼巴西尔一世为兄弟，也承认巴西尔一世的皇帝头衔，但从信中的内容来看，路易二世显然认为自己的皇帝头衔比拜占庭皇帝的头衔更具正统性和合法性。因为他从最高的主教（指罗马教皇）那里接受了膏油，他是如此的虔敬，被称为皇帝，是主的受膏者。[1] 但拜占庭帝国的皇帝是经军队、元老院甚至妇人拔擢上位的，并非经教皇涂膏册立，缺少了宗教的神圣加持。[2] 而且路易二世对于巴西尔一世归咎于罗马教皇的行径也予以了诘责。[3] 路易二世为了强调自己帝权的合法性和神圣性，不惜借助和肯定罗马教皇对于皇帝帝位的宗教加持作用，也就在一定程度上承认了帝权的合法性是由教权授予的主张。与查理曼在这一问题上的立场相比，他的立场可谓大大的倒退。查理曼只把罗马教皇看作帝国的首席主教，仅仅在宗教事务上需要他的咨询建议罢了，反对这种皇位源自教皇授予的观点。艾因哈德甚至提出这样的说法，如果查理曼当初能够预见到教皇的意图，他那天是不会进教堂的。[4] 罗伯特·福尔茨认为路易二世的这一观点是将罗马帝国的观念以罗马教皇的宗教灵光予以包装，罗马教皇由此成了帝权荣耀的保证人。[5]

　　加洛林时代的史家也使用这一理论把同时代的加洛林帝国解释成古罗马帝国的继续，以此与但以理"四大帝国"的梦幻启示相契合。如维埃纳大主教阿多信奉"罗马不灭论"的思想。他在自己的世界编年史中阐释了罗马帝统延续的线索，这个线索从奥古斯都延续至拜占庭皇帝君士坦丁直至伊琳娜，之后再延续至查理曼"这位有着法兰克蛮族血

---

① Recensuit W. Henze ed. , "Ludovici II. Imperatoris Epistola Ad Basilium I. Imperatorem Constantinopolitanum Missa," in P. Kehr ed. , *MGH: Epistolae Karolin: Aevi V*, Berolini: Apvd Weidmannos, 1928, p. 389.

② Recensuit W. Henze ed. , "Ludovici II. Imperatoris Epistola Ad Basilium I. Imperatorem Constantinopolitanum Missa," in P. Kehr ed. , *MGH: Epistolae Karolin: Aevi V*, Berolini: Apvd Weidmannos, 1928, p. 389.

③ Recensuit W. Henze ed. , "Ludovici II. Imperatoris Epistola Ad Basilium I. Imperatorem Constantinopolitanum Missa," in P. Kehr ed. , *MGH: Epistolae Karolin: Aevi V*, Berolini: Apvd Weidmannos, 1928, p. 389.

④ 〔法兰克〕艾因哈德、圣高尔修道院僧侣：《查理大帝传》，A. J. 格兰特英译，戚国淦汉译，商务印书馆，1979，第38页。

⑤ Robert Folz, *The Concept of Empire in Western Europe: From the Fifth to the Fourteenth Century*, Sheila Ann Ogilvie trans. , London：Edward Arnold, 1969, p. 200.

统的皇帝"。反映阿多"帝国权力转移"思想的著作是《关于六个时代的编年简史，从亚当至 869 年》(*Chronicon Sive Breviarium Chronicorum de Sexmundi Actatibus de Adamo Usque ad Ann 869*)。阿多的这部编年史是以比德的编年史素材为底本的。他把从许多史料中摘录出来的内容连缀到一起，将整部编年史形成了一部连续的叙述文。阿多的"帝国权力转移"思想建立在罗马帝国是一个统一帝国的概念上。他追踪皇帝的序列，从君士坦丁开始直至伊琳娜、查理曼的皇帝序列。阿多的编年史将查理曼称为"第一位源自法兰克族群的皇帝"[①]。阿多把古罗马、拜占庭以及加洛林帝国的历史都归入"第四只巨兽"——罗马帝国阶段。瓦滕巴赫(Wattenbach)认为阿多从权威观念和预想的观念出发审视历史，排除了对某些事件的任何独立判断。[②] 807～809 年，比德的《世界编年史简略》，又名《世界六个时代的编年史》(*Chronicle of the Six Epochs of the World*)被编撰，编撰者重新组合并适时更新了比德的内容并建立了一个皇帝的谱系，表明加洛林王朝的皇帝们是基督教罗马皇帝们的直接继承者。[③] 在西法兰克王国的末年，洛布斯修道院院长法尔昆在他的《洛布斯历代修道院院长传》中叙述了自亚述至罗马的一系列世界性帝国的交替延续，如他叙述马其顿-希腊帝国至罗马帝国的更替：

> 对于我们所听到或看到的王国继承或权力转移，没有什么可奇怪的。因为，正如《圣经·诗篇》作者所说，国度是他（指上帝）的，他要统治万国。正如尼布甲尼撒所感，他要把它赐给他所愿意给予的人。因为当他愿意给予的时候，尘世中的国王就能建立王国，当他想要改变的时候，尘世中的王国就会发生变化。这一点可以从最为古老的亚述人的王国那里得到证明，后来这个王国的权力转移到米底人和波斯人手中，结束了他们的统治。之后是马其顿人，在亚历

[①] Adonis, "Ex Adonis Archiepiscopi Viennensis Chronico," in G. H. Pertz ed., *MGH, Scriptorvm*, Tomvs II, Hannoverae: Impensis Bibliopolii Avlici Hahniani, 1829, p. 320.

[②] Hugh Chisholm ed., *The Encyclopædia Britannica: A Dictionary of Arts, Sciences, Literature and General Information*, Vol. 1, Cambridge: Cambridge University Press, 1910, p. 210.

[③] Renie S. Choy, Renie Shun-Man Choy, *Intercessory Prayer and the Monastic Ideal in the Time of the Carolingian*, Oxford: Oxford University Press, 2016, p. 138.

山大的领导下抛洒鲜血，成了但以理所解的"大像"梦中的铜腿，也就是但以理梦幻中从大海漩涡中浮出的第三只巨兽豹，这无疑出现了一个巨大的苦难；最后他把权力转给了罗马人，罗马人跨越了陆地和海洋并且拥有卓越的力量。没有上帝的首肯，此种权力转移的发生是不可能的。①

法尔昆认为在他生活的时代里，罗马帝国由法兰克人的国王们统治，"法兰克人的帝国不时发展……并发展至它的巅峰，但它仍属于罗马国家"②。因为法兰克人愿意保卫教会并保护修道院，上帝赋予了他们统治罗马帝国的权力："凭依我（指上帝），国王实行了统治；凭依我，国王的统治因信仰而强固，因公平正义而强固。"③

在加洛林时代，由于查理曼加冕，中世纪早期各种年表预测的世界末日将在世界年龄 6000 岁（也就是创世纪元 6000 年，基督纪元 800 年）降临的预测并未实现，而其统治者享有"罗马人的皇帝"称号的法兰克-加洛林帝国却一直统治着世界，从而对但以理"四大帝国"的启示性理论提出了挑战，阿多、法尔昆等人运用"帝国权力转移"理论将法兰克-加洛林帝国解释成第四大帝国——罗马帝国阶段。而结巴诺特克独树一帜，将但以理所解的"大像"梦加以改进，构造了法兰克-加洛林帝国是继罗马帝国之后的"第五大帝国"的说法。由于结巴诺特克的解说相较于"四大帝国"的传统理论是一种突破和创新，本书有必要单独设置一节（第二章第四节）对其加以详细讨论。

三　普鲁姆修道僧《勒斋诺编年史》的"五大帝国"解说模式

普鲁姆修道僧勒斋诺拒绝将加洛林王朝的权力与古代晚期罗马帝国和拜占庭帝国的权力联系起来，勒斋诺认为加洛林帝国的权力承袭自墨洛温王朝

---

① Folcuini, "Folcuini Gesta Abbatum Lobiensium," in G. H. Pertz ed., *MGH*, *Scriptorvm*, Tomvs IV, Hannoverae: Impensis Bibliopolii Avlici Hahniani, 1841, p. 55.

② Folcuini, "Folcuini Gesta Abbatum Lobiensium," in G. H. Pertz ed., *MGH*, *Scriptorvm*, Tomvs IV, Hannoverae: Impensis Bibliopolii Avlici Hahniani, 1841, p. 55.

③ Folcuini, "Folcuini Gesta Abbatum Lobiensium," in G. H. Pertz ed., *MGH*, *Scriptorvm*, Tomvs IV, Hannoverae: Impensis Bibliopolii Avlici Hahniani, 1841, p. 55.

的统治者，而不是罗马-拜占庭帝国的皇帝。勒斋诺"五大帝国"的解说相较于"四大帝国"的传统理论是一种突破和创新。勒斋诺并不热衷于在法兰克人与犹太人、罗马人之间建立神圣联系。勒斋诺忽略了《旧约》中作为基督教前事的古代犹太人的历史，而且拒绝将加洛林王朝的权力与古代晚期罗马帝国和拜占庭帝国的权力联系起来，拒绝以此种方式迎合当时在位的东法兰克君主，拒绝以此种方式为东法兰克君主的统治合法性寻求依据。勒斋诺在叙述法兰克人的国王克洛维接受洗礼的历史时，运用的史料是《法兰克人史纪》(Liber Historiae Francorum)，但他破坏了《法兰克人史纪》的原有结构，没有照抄照搬，没有抄袭《法兰克人史纪》中有关法兰克人的"特洛伊人"起源说。① 在《勒斋诺编年史》中，罗马-拜占庭皇帝统治时期的年代序列与法兰克君王统治时期的年代序列之间并无断裂，但勒斋诺并没有将加洛林王朝描绘成新的罗马帝国，他似乎更喜欢将加洛林帝国描绘成墨洛温王朝的直接继承者。也就是说，勒斋诺认为加洛林帝国的权力源自墨洛温王室，而不是罗马帝国抑或拜占庭帝国。例如，勒斋诺对《法兰克人史书》所强调的克洛维权力来自拜占庭皇帝阿纳斯塔修斯（Anastasius）的史实竭力淡化。勒斋诺通过引述比德对阿纳斯塔修斯驾崩的描述［他由于支持优迪基乌异端（Eutychius）遭受雷劈身死］结束了这一条目，显然他意图掩盖阿纳斯塔修斯本人的身份。② 勒斋诺认为加洛林帝国的权力直接承袭自墨洛温王朝的统治者，而不是罗马-拜占庭帝国的皇帝，在《勒斋诺编年史》的某些年度词条中，他以墨洛温君王与加洛林王朝先祖相互搭配的记载方式表明二者之间的权力承袭关系。如 546～571 年的年度词条叙述了墨洛温国王达戈贝尔特与加洛林王朝先祖圣·阿尔努夫之间的教养关系。③

① Simon Maclean, *History and Politics in Late Carolingian and Ottonian Europe: The Chronicle of Regino of Prüm and Adalbert of Magdeburg*, Manchester: Manchester University Press, 2009, p.85.

② Simon Maclean, *History and Politics in Late Carolingian and Ottonian Europe: The Chronicle of Regino of Prüm and Adalbert of Magdeburg*, Manchester: Manchester University Press, 2009, p.86.

③ "同年阿尔努夫成了克洛塔尔国王的宫相。此人，正如日后所显现的，是上帝所爱之人并得以配享俗世的荣光，他使自己倾心竭力地为基督效力并作为一位出色的主教而备受瞩目。克洛塔尔的儿子达戈贝尔特在孩提之时即被他的父亲托付给阿尔努夫，阿尔努夫把自己的智慧传授给达戈贝尔特，或许也是由阿尔努夫为他指明了基督宗教的路径。"参见 Simon Maclean, *History and Politics in Late Carolingian and Ottonian Europe: The Chronicle of Regino of Prüm and Adalbert of Magdeburg*, Manchester: Manchester University Press, 2009, pp.101-102。

612~631 年的年度词条又叙述了西吉贝尔特与丕平之间的教养关系。① 西蒙·麦克莱恩认为这种相互搭配的记载方式凸显了加洛林——丕平家族在墨洛温王朝末年宫廷中的影响力，构拟了一种王朝延续的观念，从而掩盖了 750 年宫廷政变的事实。② 勒斋诺认为加洛林帝国不是罗马帝国的延续而是一个新生的帝国。有学者如海因茨·洛威认为勒斋诺的这种观点可能受到了当时已经成了某种历史编纂学传统的教会普世主义的影响。这种教会普世主义认为"基督以他的化身宣布了自己对于人类的统治，此种统治取代了罗马帝国，基督如今通过教会行使他的统治，而信奉基督教的各民族是教会的平等成员。故而，勒斋诺拒绝接受罗马帝国一直存在的观点并拒绝将其等同于加洛林帝国……"③

　　从《勒斋诺编年史》的文本内容来看，勒斋诺是一位兼有教会世界主义与法兰克民族主义两种复杂情结的史家。④ 他的观点对于当时流行的基督教末日启示神学的"四大帝国"理论构成了挑战，该理论强调加洛林帝国是罗马帝国的继续，属于人类历史的第四大帝国阶段——"罗马帝国"阶段。800 年查理曼加冕导致加洛林帝国的诞生，引发了神学家、史学家有关加洛林帝国与罗马帝国和拜占庭帝国究系何种关系的争论。其中，勒斋诺认为加洛林帝国是一个不同于罗马帝国抑或拜占庭帝国的新帝国，这种认知在一定程度上是一种民族自信和民族意识的体现，法兰克人已不再需要顶着早已灭亡的老大帝国的名号或是依靠编造与其他民族的血缘联系维持自己在西欧大地的存在，可以名正言顺地公开宣示自己统治的合法性。

　　由于勒斋诺秉持"五大帝国"的史观——加洛林帝国是一个与古罗马帝国和拜占庭帝国之间并不存在某种帝国权力联结的新帝国，所以在

---

① 达戈贝尔特国王驾临梅斯，听从众主教和重臣的建议，将其子西吉贝尔特安置于奥斯达拉西亚王国，托付于科隆教会的古尼柏主教和丕平公爵。Simon Maclean, *History and Politics in Late Carolingian and Ottonian Europe: The Chronicle of Regino of Prüm and Adalbert of Magdeburg*, Manchester: Manchester University Press, 2009, p. 109.

② Simon Maclean, *History and Politics in Late Carolingian and Ottonian Europe: The Chronicle of Regino of Prüm and Adalbert of Magdeburg*, Manchester: Manchester University Press, 2009, p. 109.

③ Heinz Löwe, *Von Cassiodor zu Dante: Ausgewählte Aufsätze zur Geschichtsschreibung und Politischen Ideenwelt des Mittelalters*, Berlin: Walter de Gruyter, 2011, S. 170.

④ 此观点参见朱君杙《论〈勒斋诺编年史〉的"民族史"特色》，《世界历史评论》2020 年第 4 期。

《勒斋诺编年史》中，法兰克王国早期君主的国际地位并不逊色于同时代的拜占庭皇帝。但由于拜占庭帝国在历史文化传统方面与罗马帝国之间的联系，拜占庭皇帝在日耳曼蛮族国王的意识中仍具有较高的地位，他们对于拜占庭皇帝赐予的"贵族""执政官"的头衔欢欣不已，将其视为自己统治合法性的源泉。最为典型的一例是拜占庭皇帝阿纳斯塔修斯赐予克洛维"执政官"的头衔。勒斋诺在他的《勒斋诺编年史》中隐匿、淡化了这一历史事实，如他在记述法兰克人的首任国王克洛维的历史时，引用的材料是格雷戈里的《法兰克人史》，对于《法兰克人史》所载的各个信息点——如克洛维杀死西阿格里乌斯、驱逐贡多巴德、使阿勒曼尼人臣服、在兰斯接受圣雷米洗礼等皆据实收录，唯独回避了克洛维曾接受阿纳斯塔修斯赐予其"执政官"头衔一事。勒斋诺这种处理史料的方法有意回避了克洛维曾经名义上"臣属"拜占庭皇帝的事实。同样的事例还有法兰克国王希尔佩里克对于拜占庭皇帝赐予礼物的炫耀。据格雷戈里的《法兰克人史》的记载，希尔佩里克国王曾非常自豪地向他展示拜占庭皇帝赐予的礼物，包括金箔、马车和御者。[1] 但在勒斋诺的叙述中，希尔佩里克获得拜占庭皇帝提贝里乌斯·君士坦丁的礼物并不是一种上级对下级的赐予，而是两国之间正常的外交往来，是希尔佩里克率先向拜占庭皇帝提贝里乌斯·君士坦丁派遣的使节，随后他收到了这些礼物，勒斋诺也并未记叙希尔佩里克对于收获这些礼物秉持何种态度。[2]

勒斋诺在记叙查理曼时代的历史时，直接抄录的史料是《王室法兰克年代记》。他从753年矮子丕平进军罗马一直抄录至814年1月，除了勒斋诺对于799年巴伐利亚的杰罗德身亡的叙述，其间并无明显的插入语或修改。查理曼统治期间曾于800年由罗马教皇利奥三世加冕为"罗马人的皇帝"，此举是对拜占庭帝国作为罗马帝国政治文化传统继承者这一

---

① "我去诺让的王室领地见国王，他把各有一磅重的金块展示给我们看，这是皇帝送给他的，金块的一面有皇帝的像，镌有'永垂不朽的提贝里乌斯·君士坦丁·奥古斯都'的铭文，反面是一辆架着四匹马的马车和御者，镌有'罗马人的光荣'的铭文。他同时展示了使臣们带来的许多其他贵重物品。"参见都尔教会主教格雷戈里《法兰克人史》，O. M. 道尔顿英译，寿纪瑜、戚国淦译，商务印书馆，1981，第290~291页。

② Simon Maclean, *History and Politics in Late Carolingian and Ottonian Europe: The Chronicle of Regino of Prüm and Adalbert of Magdeburg*, Manchester: Manchester University Press, 2009, p. 85.

固有地位的一种挑战，因而遭到了拜占庭皇帝的不满。法兰克与拜占庭之间因此爆发了战争，随后展开了和平谈判。[1] 查理曼将征服的威尼斯、伊斯特里亚、克罗地亚和达尔马提亚等地归还给拜占庭，以换取拜占庭皇帝对其皇帝头衔的承认。据兰克等学者的考证，《王室法兰克年代记》是一部官修性质的史册[2]，可能是由加洛林王室祈祷堂中的王家教士纂修的，其立场倾向于加洛林王室，纂修目的是荣耀加洛林家族。在记叙 812 年，拜占庭皇帝米凯尔与查理曼缔结和约时，将拜占庭人"矮化"称为"希腊人"。[3] 勒斋诺在记叙查理曼时代的历史时，基本上原封不动地抄录《王室法兰克年代记》的内容，表明他对于加洛林王室的立场和情感与《王室法兰克年代记》纂修者的立场和情感相同。

第三节　多样化的末世启示论写作模式

自阿非利加纳、尤西比乌斯开创基督教编年史体裁以来，西欧的编年史体裁一直延续着从上帝创世开始写起的模式，之后是作为叙述主线的《旧约》中古代犹太人的历史，编年史家或以"四大帝国"理论，或以"六个时代"理论为基础不知疲倦、不知厌烦地延续着历史的书写，从而形成了以上帝创世为起点，耶稣"道成肉身"为中点，耶稣复临人间、世界末日为终点的通行写作模式。然而，当西欧历史的车轮驶入加洛林时代，世界末日迟迟未来临，尘世又出现了一个大帝国——法兰克人的加洛林帝国，而且加洛林帝国的皇帝，尤其是一代雄主查理曼在政治、经济、文化等诸多领域都有所建树，其成就超越了中世纪早期的所有蛮族国王。加洛林时代的人们对于自己君主和自己所生活时代的成就非常骄傲自豪，因而这一时期的史家有对法兰克人自己族群的历史和自己生活的当代史"着重叙述"的诉求。这对于此前基督教史学从上帝创世开始写起的末世

①　Anonymous and Nithard, *Carolingian Chronicles: Royal Frankish Annals and Nithard's Histories*, Bernhard Walter Scholz, *trans.*, Michigan: The University of Michigan Press, 1970, pp. 94-95.

②　L. von Ranke, "Zur Kritik fränkisch-deutscher Reichsannalisten," *Abhandlungen der Preussischen Akademie*, Berlin: Gedruckt in der Druckerei der Königl, 1854, S. 415.

③　Anonymous and Nithard, *Carolingian Chronicles: Royal Frankish Annals and Nithard's Histories*, Bernhard Walter Scholz trans., Michigan: The University of Michigan Press, 1970, pp. 94-95.

启示论写作模式有所突破，在某种程度上忽略了自上帝创世开始的古代犹太人历史和亚述、波斯、马其顿-希腊、罗马"四大帝国"的历史。

一　继承世界编年史的经典写作模式

自阿非利加纳、尤西比乌斯开创世界编年史体裁以来，古代晚期和中世纪早期的编年史家继承了他们从上帝创世起笔的写作模式，以《圣经》故事为叙述主线，作为基督教圣史加以强调，同时辅助叙述同时代异教王国的历史，之后是罗马帝国的历史、编纂者同时代的历史，构成了长时段的世界通史。加洛林时代的编年史家也继承了世界编年史体裁的此种经典写作模式。如《741 年编年史》的叙述上起亚当，下至法兰克宫相查理·马特驾薨。维埃纳大主教阿多的《阿多编年史》上起创世，下迄加洛林时代的 870 年。利雪主教弗莱库尔夫的《弗莱库尔夫编年史》上起创世，下迄 6 世纪末，虽距离作者弗莱库尔夫同时代尚且有 200 余年的历史，但形式上依然遵循了基督教编年史体裁包含基督教前事圣史的模式。人类历史将经历"六个时代"的理论思想及其历史写作模式经奥古斯丁、伊西多尔、比德等人创立完善为中世纪的许多史家所沿袭，加洛林时代的一些史家也继承了这一写作模式。如维埃纳大主教阿多的《阿多编年史》和利雪主教弗莱库尔夫的《弗莱库尔夫编年史》。维埃纳大主教阿多的世界历史分为"六个时代"的思想源自伊西多尔的《辞源》，这一点从《阿多编年史》的文本内容中可以看出。他首先在自己的史作中简要地介绍了人类历史"六个时代"的起讫点以及人类始祖从亚当至诺亚的世系，他写道："上帝在六个时代里塑造了一切创造物，在第一时代里荣耀即已开启……"（Sex diebus rerum creaturam Deus formavit Primo die condidit lucem……）① 阿多如以往的编年史家一样秉持了末日启示论的思想，认为世界将最终走向尽头，届时基督将复临人间，而在这一进程中尘世帝王的一切业绩皆是承蒙神恩的结果："可以确定，一切事情都可以被确定，

---

① Adonis, "Ex Adonis Archiepiscopi Viennensis Chronico," in G. H. Pertz ed., *MGH, Scriptorvm*, Tomvs II, Hannoverae: Impensis Bibliopolii Avlici Hahniani, 1829, p. 317.

皇帝们（恺撒）统治时期的一切都是凭依神恩为了基督的到来而准备的。"①《弗莱库尔夫编年史》也受到了"六个时代"理论思想的影响，但弗莱库尔夫在谋篇布局时并没有受限于"六个时代"的窠臼。他将自己撰写的编年史分为上、下两卷。上卷由七篇组成：第一篇从创世持续至亚伯拉罕时代，是"六个时代"的前两个时代；第二篇从亚伯兰罕时代叙述至犹太王大卫，是"六个时代"的第三个时代；第三篇主要叙述的是米底波斯的历史，直至耶路撒冷神殿重建，是"六个时代"的第四个时代；第四篇叙述的是罗马的兴起；第五篇叙述的是"希腊化时代"的历史，埃及托勒密王朝建立持续至耶路撒冷神殿被塞琉古国王安条克四世摧毁；第六篇叙述的是犹太人马加比王朝建立至罗马庞培时期；第七篇叙述的是庞培时期至耶稣诞生。第四、五、六、七篇属于"六个时代"的第五个时代。而下卷五篇叙述的是罗马、拜占庭皇帝的历史和教皇的历史，从耶稣诞生开始一直叙述至教皇大格雷戈里时代，属于"六个时代"的第六个时代。弗莱库尔夫没有严格按照"六个时代"谋篇布局，而是简化作为基督教史前史的古代犹太人的历史，相反却给予了古代异教王国的历史和罗马、拜占庭帝国的历史以更多的篇幅。弗莱库尔夫创作这部编年史的目的在于教育西法兰克国王秃头查理，希望他能够把古代帝王的功绩、圣徒业绩作为历史借鉴，用于治国理政。②

二　注重当代史的写作模式

在拉丁文化的西欧，自古代晚期以来的各种编年史，如普罗斯珀的《编年史》、伊达提乌斯的《编年史》、阿旺什的马里奥斯的《编年史》，以及《452年的高卢编年史》（The Gallic Chronicle of 452）、《511年的高卢编年史》（Gallic Chronicle of 511）等都包含了一个从亚当开始的《圣经》人物的谱系，以这些人物谱系标注年份。编年史家对于这一谱系的构造大多是摘抄、反复插入、篡改以前的谱系形成的，直至摘抄至哲罗姆的搁笔

① Ado Viennensis Archiepiscopus, "Chronicon In Aetatis Sex Divisum," in J. P. Migne ed., *PL* Vol. 123, Paris, 1952, col. 74.
② Paul Edward Dutton ed., *Carolingian Civilization: A Reader, Second Edition*, North York: University of Toronto Press, 2009, pp. 255–256.

处。在 9 世纪晚期保存的一份《阿旺什的马里奥斯编年史》的手稿中，《阿旺什的马里奥斯编年史》是一系列编年史的汇编，开始是《哲罗姆编年史》，接下来是《452 年的高卢编年史》和普罗斯珀的《编年史》的内容。① 这些编年史家以《圣经》人物作为序列编排历史故事，继而根据罗马皇帝和执政官的序列编排之后的故事。在中世纪早期史学修撰的历史上，伊西多尔和比德都是极具创意，影响极为深远的史学编纂家。他们对奥古斯丁世界历史"六个时代"的说法进行了史学化的改写，将自亚当开始的编年历史放置在奥古斯丁"六个时代"的框架内，成为中世纪世界编年史体裁创作的权威性模式。然而，随着法兰克人在西北欧的发展壮大，法兰克人逐渐上升为凌驾于其他诸多族群之上的统治族群，他们萌生了一种基于自身族群的自豪感和优越感，认为自身的成功是自己深受上帝青睐和眷顾的结果，法兰克人的历史是神意安排人类历史的重要一环。因此，在 7 世纪早期，法兰克的历史编纂者开始将法兰克人的历史纳入上帝神圣安排历史的进程中，以此彰显法兰克人是深受上帝眷顾的人民和帝国的守护者。

赫尔穆特·雷米茨（Helmut Reimitz）对 850 年之前的法兰克历史编纂学进行了研究，他发现法兰克时代一些重要的历史文献，如《弗莱德伽编年史》《法兰克人史纪》《〈弗莱德伽编年史〉续编》《王室法兰克年代记》都是建立在哲罗姆开创的编年史传统以及相应的基督教计算时间的基础之上的，这些文献均将法兰克人的历史作为上帝编排人类历史的神圣计划的最新一部分内容予以叙述，这种叙述肇始于旧约时代。例如，加洛林时代最为重要的一部编年体史书是加洛林王朝王家礼拜堂教士汇编、纂修的《王室法兰克年代记》，这部年代记上起 741 年，下迄 829 年，M. L. W. 莱斯特内尔（M. L. W. Laistner）曾指出："《王室法兰克年代记》一书必须被作为一部查理曼统治时期最为重要的唯一来源来看待，对欧洲历史这一关键时代的任何重构都必须以此为基础。"②

---

① Hans Hummer, *Visions of Kinship in Medieval Europe*, Oxford: Oxford University Press, 2018, p. 283.

② Anonymous and Nithard, *Carolingian Chronicles: Royal Frankish Annals and Nithard's Histories*, Bernhard Walter Scholz trans. , Michigan: The University of Michigan Press, 1970, pp. 2–3.

《王室法兰克年代记》正文从 741 年开始叙述："741 年，查理，宫相（mayor of the palace），薨。"① 742 年记叙为："742 年，卡洛曼和丕平两位宫相，率领大军与阿基坦公爵修纳尔德（Hunald）作战，攻占了洛奇（Loches）要塞。在此役中，他们二人于普瓦提埃（Vieux Poitiers）将整个王国分割。同年，卡洛曼还将阿拉曼（Alamannia）夷为平地。"② 《王室法兰克年代记》从 741 年加洛林王朝第一位国王矮子丕平的父亲查理·马特驾薨，矮子丕平上位开始记叙，预示着加洛林王朝是一个崭新的时代，摒弃了基督教史学惯于从创世开始写起，以《圣经》中的历史故事为叙述主线，长篇叙述基督教圣史的做法。赫尔穆特·雷米茨曾评价《王室法兰克年代记》的编年体形式脱离了以往基督教史学著作重视基督教圣史人物的谱系网络。但这种修史新现象并不意味着加洛林时代的历史纂修者呈现历史的用意完全有别于以往的基督教史家。加洛林时代的历史纂修者同样把人类历史的演绎看作上帝安排的结果，是一个奔向世界末日宿命的过程，而加洛林时代是其中的一个阶段，法兰克人及其君王在尘世中的辉煌功业皆是上帝意志的体现，故而《王室法兰克年代记》自 759 年起每则年度词条的结尾处，纂修者总是不厌其烦地写道："矮子丕平或查理曼在某某地庆贺圣诞节或复活节。"圣诞节和复活节均为基督教纪念救世主耶稣基督的宗教节日，《王室法兰克年代记》的纂修者采用这种写作形式，或许是为了直观地呈现加洛林君主与救世主同在一处的景象，故而，加洛林君主的种种作为也皆能为救主所庇佑。

加洛林时代的人们通过多篇历史文献连缀的方式将法兰克人的历史根植于《圣经》历史的谱系网络中。现存《王室法兰克年代记》的手稿显示该书常常和都尔主教格雷戈里的《法兰克人史》以及《弗莱德伽编年史》《法兰克人史纪》联系在一起。都尔主教格雷戈里的《法兰克人史》从创世开始记叙，在第一卷中叙述了上帝创世、古犹太人的历史和异教诸王国的历史、基督的诞生等基督教圣史。这种方式变相地将法兰克人的历

---

① Anonymous and Nithard, *Carolingian Chronicles: Royal Frankish Annals and Nithard's Histories*, Bernhard Walter Scholz trans., Michigan: The University of Michigan Press, 1970, p. 37.

② Anonymous and Nithard, *Carolingian Chronicles: Royal Frankish Annals and Nithard's Histories*, Bernhard Walter Scholz trans., Michigan: The University of Michigan Press, 1970, p. 37.

史根植于《圣经》历史的谱系网络中，与此前的世界编年体史书一样构建了一个从创世开始直至当代的连贯的世界通史。随着历史的推移，在加洛林时代晚期及随后的中世纪鼎盛时期，法兰克人的历史已被西欧人普遍认定为上帝神圣安排的一部分，是不断迈向世界末日终点进程的一部分。这一认知已不再需要史家通过赘述《圣经》中基督教圣史前事的形式予以强调，所以越来越多的史家开始着重强调其所生活的时代的历史。

普鲁姆修道院的院长勒斋诺撰写的《勒斋诺编年史》摒弃了比德的"六个时代"的模式，开始以耶稣"道成肉身"为起点，以查理·马特驾薨为中点撰写历史——将法兰克时代界定为历史必须经历的一个阶段。法兰克时代的历史已经被假定为自上帝创世以来不断迈向世界末日进程的最新事迹，因此随后的编年史家仅仅从那些更早的著作停顿的地方开始起笔书写历史。结果，弗洛达尔德、里歇尔、鲁道夫格莱伯、科尔比的韦杜金德、梅泽堡的蒂特马尔（Thietmar of Merseburg）等都省去了《旧约》中的基督教圣史前事，从法兰克时代开始写起。①

三　对耶稣"道成肉身"事件的注重

基督教信仰认为耶稣，即圣子，是基督教神学"三位一体"中的第二个位格。他与上帝完全同具一个本体，先于创世便与圣父同在，即上帝的"道"（Logos，逻各斯）。因世人犯罪无法自救，上帝乃差遣他来到世间，即以"道"通过童贞女玛利亚由圣灵感孕，取肉身下世为人，宣传救世福音，故称"道成肉身"。鉴于基督教"道成肉身"这一事件对于人类救赎的重要意义，加洛林时代的某些编年史家开始注重这一标志性事件并将这一注重融入编年史的撰写，如维埃纳大主教阿多在其 866～869 年撰写的编年史中效仿比德，强调基督"道成肉身"这一事件，但省略了一般性的年份标记，只从 708 年开始使用基督"道成肉身"标记年份，与 9 世纪的其他编年史一致。② 学者如海因茨·洛威认为利雪主教弗莱库

---

① Hans Hummer, *Visions of Kinship in Medieval Europe*, Oxford：Oxford University Press, 2018, p. 285.

② Anna-Dorothee von den Brincken, "Abendländischer Chiliasmus um 1000? Zur Rezeption Unserer Christlichen Ära," in Jan A. Aertsen, Martin Pickavé Hrsg., *Ende und Vollendung Eschatologische Perspektiven im Mittelalter*, Berlin：Walter de Gruyter, 2002, S. 186.

尔夫和维埃纳大主教阿多重视耶稣"道成肉身"事件在编年史撰写中的意义在某种程度上与他们二人的教权主义倾向有关，但他也认为利雪主教弗莱库尔夫和维埃纳大主教阿多并没有被西罗马帝国的衰亡和中世纪发展的独立性遮蔽视野。塞维利亚的伊西多尔和托莱多的朱利安等人鉴于西罗马帝国早已衰落，将但以理的预言解释为："基督以其道成肉身，宣布自己对人类的统治并取代了罗马帝国，耶稣现在正通过教会行使其统治权，而各个基督教民族都是教会的平等成员。"[①]

　　普鲁姆的勒斋诺试图在 10 世纪开启一个新的篇章，他是第一位将世界编年史限制在"第六个时代"之内并从"道成肉身"元年开始记载历史的编年史家。《勒斋诺编年史》分为上下两卷：上卷从公元元年起笔，一直叙述至 741 年法兰克宫相查理·马特驾薨，标题为"自基督道成肉身后的历史"；下卷从法兰克宫相查理·马特驾薨一直叙述至 906 年，标题为"法兰克历代国王的事迹"。《勒斋诺编年史》分为上下两卷，破坏了"第六个时代"的统一性。事实上，勒斋诺对于"六个时代"的理论思想似乎是明了的，因为"六个时代"的叙述模式也确实在普鲁姆修道院流行过："汪达尔伯特（Wandalbert）于 848～849 年在普鲁姆修道院编撰的，后来呈献给皇帝罗退尔一世的殉道圣人录显然采用了'六个时代'的叙述模式，阿多的编年史也采用了'六个时代'的叙述模式，而阿多在成为维埃纳大主教之前在普鲁姆修道院停留过一段时间。"[②] 勒斋诺从耶稣基督"道成肉身"而不是从上帝创世开始编撰他的编年史，与之遥相呼应的是勒斋诺尝试在文本中使用基督纪年法标示所有的事件。就形式而论，勒斋诺的这一做法赋予了编年史一种混合的形态，也就是将所叙述的历史压缩到所生活的时代年代记的格式中。[③] 勒斋诺选择从耶稣基督

---

① Heinz Löwe, *Von Cassiodor zu Dante: Ausgewählte Aufsätze zur Geschichtschreibung und Politischen Ideenwelt des Mittelalters*, Berlin: Walter de Gruyter, 2011, S. 170.

② Simon Maclean, *History and Politics in Late Carolingian and Ottonian Europe: The Chronicle of Regino of Prüm and Adalbert of Magdeburg*, Manchester: Manchester University Press, 2009, p. 14.

③ Simon Maclean, *History and Politics in Late Carolingian and Ottonian Europe: The Chronicle of Regino of Prüm and Adalbert of Magdeburg*, Manchester: Manchester University Press, 2009, p. 12.

"道成肉身"而不是从上帝创世开始编撰编年史或许是由他的创作用意决定的，勒斋诺创作编年史的目的是供东法兰克王国的重臣奥格斯堡的主教阿代尔贝罗教导国王孩童路易之用。鉴于当时经过"加洛林文艺复兴"运动的促进，法兰克王室、贵族的宗教文化知识已经甚为普及了，《圣经》故事已经被这些上层人士所熟知，所以勒斋诺再像早先的编年史家那样，把依据《圣经》故事作为叙述主线的前"五个时代"的历史再次赘述，就有唠叨絮烦君王的嫌疑了。而"第六个时代"为罗马帝国、拜占庭帝国和法兰克-加洛林帝国统治的历史时期，其间从君士坦丁大帝开始的罗马皇帝、拜占庭皇帝和法兰克墨洛温君王，加洛林先王先帝皆为基督教君主，他们的举止言行、胜败功过皆堪为同为基督教君主的孩童路易鉴戒，也符合阿代尔贝罗将孩童路易培养成一位"合格"的基督教君主的期许和需要。相比之下，亚述、米底波斯、马其顿等异教君主的业绩历史皆对教导基督教君主无太大的用处，所以勒斋诺对于上帝创世以来，以《旧约》中的故事为叙述主线的古代犹太人的历史、异教王国的历史弃之不录，而选择从基督教开始写起。这样既保证了一个完整的基督教会史，又能将罗马皇帝、拜占庭皇帝和法兰克墨洛温君王，加洛林先王先帝的历史覆盖其中，而且从耶稣基督"道成肉身"开始写起，在形式上也颇具基督教编年史的"神圣"色彩。

勒斋诺将法兰克人的历史作为单独的一部分分离出来是为了凸显和强调母族——法兰克人的历史。勒斋诺目睹了希腊人、罗马人、拜占庭人本族史料之繁盛，而法兰克人的史料相形见绌，甚为寥落凋零，为了凸显法兰克人的历史，在编年史中设置了单独一部分予以浓墨重彩地强调，因而形成了《勒斋诺编年史》较为独特的结构模式：从耶稣基督"道成肉身"开始起笔，分为上下两卷，下卷为法兰克人的历史。

四　犹太人—罗马人—法兰克人的神圣族群谱系

《741年编年史》的佚名作者、阿多、弗莱库尔夫等加洛林时代的编年史家偏爱在他们的编年史中构筑犹太人—罗马人（拜占庭人）—法兰克人这一受上帝眷顾、青睐的族群的神圣谱系。据国际著名加洛林王朝史研究者、英国剑桥大学女教授罗塞蒙德·麦基特里克特的研究，《741年编年史》的佚名作者、阿多、弗莱库尔夫在他们撰写的编年史中着重突出古代犹太人和罗马人的历史，把犹太人和罗马人描写成深受上帝眷顾的"选民"，而法兰克人是继犹太人和罗马人之后又一个蒙受上帝眷顾的"选民"族群。这些编年史家的史学观皆建立在人类历史是由上帝安排决定的这一神本史观的基础上，而犹太人、罗马人、法兰克人先后成为上帝选定，实现其意志的"选民"族群。① 犹太人自摩西于西奈山受"十诫"后成了上帝的"选民"，之后因不信耶稣为"弥赛亚"而遭上帝厌弃，由"选民"沦为了"弃民"。维埃纳大主教阿多以该隐和亚伯预示"犹太人和基督徒这两个群体"，认为后者是选民和注定要进入真正永恒的人，前者则是"杀人犯的儿子"，他们败坏了自己的秩序，将按照上帝的公正审判被清除。② 罗马人包括中世纪的拜占庭人因信奉基督，是当时世界上最大的基督教帝国的臣民，而备受上帝的眷顾，但法兰克人在西欧崛起后，上帝眷顾、青睐的对象发生了转移——由拜占庭人转向法兰克人，拜占庭人因失去上帝的眷顾而在信奉伊斯兰教的阿拉伯人的进攻下节节败退，疆土日削、国势日蹙。法兰克人则在上帝的眷顾、青睐下，于西欧大陆鲸吞诸国列邦列族，成了凌驾于各个族群之上的统治族群并在此基础上实现了政教结合，形成了加洛林帝国。

事实上，不仅加洛林时代的编年史家热衷于构建法兰克人与古代犹太人之间的神圣联系，连加洛林帝国的帝王也同样乐于此道。加洛林家族对于古代犹太人的君主非常感兴趣，他们通过与大卫家族后裔联姻的方式，使其家族与"神王"家族的血脉相联系，以此向世人显示他们是《圣经》故事中"神王"的后继者，他们的权力同样来自上帝的授予。查理·马特的一个女儿奥尔塔（Alda）嫁给了那尔徬的犹太人纳西纳特罗内-麦奇尔（Natronai-Makhir），纳西纳特罗内-麦奇尔与奥尔塔的一个女儿朱迪斯（Judith）嫁给了虔诚者路易。查理曼本人也迎娶了犹太人纳西的女儿，查理曼至少有四位妻子、七个姘妇，可能他的妻子希尔德伽德就是纳西的

① McKitterick Rosamond, *Perceptions of the Past in the Early Middle Ages*, Indiana: Notre Dame University Press, 2006, p. 29.

② McKitterick Rosamond, *Perceptions of the Past in the Early Middle Ages*, Indiana: Notre Dame University Press, 2006, p. 29.

女儿。希尔德伽德是贝尔莎的母亲，贝尔莎嫁给了著名的宫廷诗人安吉尔伯特。安吉尔伯特以加洛林时代的"荷马"而闻名于世，他撰写了许多诗歌，称颂查理曼是"大卫"，他的妻子是"大卫"的女儿。贝尔莎有一个犹太名字叫以斯帖（Esther）。

《741 年编年史》的佚名作者还热衷于强调法兰克人与罗马人之间的血缘关系，法兰克人统治的地域基本上与西罗马帝国在西欧部分的疆域重叠，西罗马帝国虽然灭亡了，但"罗马帝国"某种统一和强大的思想观念并没有随着西罗马皇帝的被废黜而在中世纪西欧人的思想意识中泯灭。《741 年编年史》的佚名作者、阿多、弗莱库尔夫等加洛林时代的编年史家构建法兰克人与罗马人之间的神圣联系或许是为了巩固法兰克人统治西欧地区的合法性。《法兰克人史》为了强调法兰克人与罗马人之间固有的血缘关系，编造了法兰克人的"特洛伊人起源说"，而罗马人也同样起源于特洛伊人，这样一来法兰克人与罗马人就成了同血缘的兄弟族群。有关法兰克人的"特洛伊人起源说"的第一文本出现于《弗莱德加编年史》第 2 卷①："特洛伊陷落之后的第三年，也有人说是在特洛伊陷落八年之后，埃涅阿斯（Aeneas）统治了拉丁人，历时三年；这些拉丁人后来被称为罗马人。"在这段文字的前后，作者开始了其"法兰克人起源于特洛伊人"这一族源的铺陈，其中，最具文本价值的说法主要集中在第 4~6 节和第 8 节。②《弗莱德加编年史》之后半个多世纪的另一部重要的法兰克人的史学著作——《法兰克人史纪》的第 1~4 章对法兰克人的"特洛伊起源说"进行了追溯。③《741 年编年史》的佚名纂修者也是如此，在其笔下，法兰克人是特洛伊人的后裔，罗马人的兄弟。特洛伊城在被希腊联军攻陷之后，特洛伊人的英雄埃涅阿斯（Aeneas）和弗里加斯（Frigas）各自逃亡，埃涅阿斯逃至意大利半岛的台伯河畔并成了日后罗马人的祖先。弗里加斯则逃至东南欧繁衍生息，法兰克人是其众多后裔中的一支。在罗马皇帝瓦伦蒂尼安（Valentinian）统治时期，法兰克人逐渐向西方迁移并最终定居于莱茵河与多瑙河两河之间

①　陈文海：《法兰克族源叙事及其社会文化情境》，《学术研究》2014 年第 10 期。
②　陈文海：《法兰克族源叙事及其社会文化情境》，《学术研究》2014 年第 10 期。
③　陈文海：《法兰克族源叙事及其社会文化情境》，《学术研究》2014 年第 10 期。

的地区。①

在《勒斋诺编年史》中，罗马-拜占庭皇帝统治时期的年代序列与法兰克君王统治时期的年代序列之间并无断裂。勒斋诺并未像《早期梅斯年代记》和艾因哈德的《查理大帝传》那样毁谤墨洛温王室，相反，勒斋诺反而时常掩饰墨洛温王室的失败。如在517~537年的条目中，由于国王希尔德贝特（Childebert）的失误造成了法兰克人的军事挫败，而勒斋诺却巧妙地将其归罪于拜占庭皇帝莫里斯（Maurice）。② 勒斋诺还在他的编年史中对墨洛温君王达戈伯特大加美化。勒斋诺通过把墨洛温家族的一个特别分支和某些加洛林国王结合起来叙述，将达戈伯特和加洛林王室的祖先梅斯的阿尔努夫联系了起来，凸显他的儿子与丕平二世、查理·马特的父亲相匹配，由此将墨洛温王室的世系与加洛林王室祖先的世系融合到一起，以显示加洛林王室统治的合法性。关于勒斋诺与此种叙述的关系，参见《勒斋诺编年史》546~571年条目：

　　阿尔努夫在克洛塔尔国王的宫殿中担任宫相。正如日后所表明的，此人，蒙受神的爱戴，在享受世俗世界的荣耀后投身于对基督的效力，作为一个优秀的主教而闻名。克洛塔尔的儿子达戈伯特在幼年时被其父托付给阿尔努夫抚养，阿尔努夫使达戈伯特像其一样聪慧，阿尔努夫向达戈伯特指明通往基督徒信仰的道路。达戈伯特成人后，对阿基坦公爵这个深受其父宠爱的谋臣桑德拉吉修很鄙视，因为桑德拉吉修的某些行为很顽固，达戈伯特对桑德拉吉修施以鞭刑并剪掉他的胡须以使他变丑。当达戈伯特的父亲阿尔努夫知悉此事后，传召了达戈伯特，准备惩罚他。达戈伯特对其父的愤怒畏惧不已，躲避在圣德尼及其亲属的教堂中，他谦卑地祈求他们能够对其予以庇护。幸亏有他们的庇佑，达戈伯特没有被任何人从教堂中拖拽出来，直至他的父亲克洛塔尔宽恕

---

① McKitterick Rosamond, *Perceptions of the Past in the Early Middle Ages*, Indiana: Notre Dame University Press, 2006, pp. 23-28.

② Simon Maclean, *History and Politics in Late Carolingian and Ottonian Europe: The Chronicle of Regino of Prüm and Adalbert of Magdeburg*, Manchester: Manchester University Press, 2009, p. 27.

他的罪行。因此之故，达戈伯特对圣德尼教堂这一最有影响力的圣地极为热爱，其爱意超出了他人，日后他向圣德尼教堂赐予了重礼并赏赐了许多地产。此后，达戈伯特和丕平公爵被其父派往奥斯达拉西亚实行统治，梅斯主教圣阿尔努夫给予了达戈伯特许多建议。①

　　加洛林时代的各种编年史虽然在写作模式上多种多样，有的编年史（如《741年编年史》《阿多编年史》《弗莱库尔夫编年史》）遵循了"六个时代"的写作模式，有的编年史，（如《王室法兰克年代记》等）注重当代史的撰写，而有的编年史（如《勒斋诺编年史》）采用了从耶稣基督开始写起的写作模式。然而值得注意的是，这些编年史都没有超脱基督教末日启示的神学哲学理论范畴，继续沿用"六个时代"写作模式。这种写作模式的叙述犹如一条驶向世界终点的直线——"敌基督"和末日审判的降临。由于法兰克人的历史已被西欧人普遍认定为上帝神圣安排的一部分，是不断迈向世界末日终点进程的一部分，这一认知已不再需要史家通过赘述《圣经》中基督教圣史前事的形式予以强调，所以包括《王室法兰克年代记》的纂修者、勒斋诺在内的史家开始着重强调其所生活时代的历史，而对《圣经》中的基督教圣史前事不再赘述。

第四节　竖立起"塑像金头"的查理曼

　　在加洛林时代，一共诞生了两部以查理曼为传主的帝王传记，其中一部是由圣高尔修道院的修士结巴诺特克创作的《查理大帝事迹》。结巴诺特克在这部传记的篇头以《但以理书》中的"大像"梦为背景，创造了一则"查理曼竖立了一尊新塑像金头"的神谕，表明了由查理曼创立的加洛林帝国在历史神学中的地位并预示了它的未来走向，而《查理大帝事迹》的内容则围绕这则神谕启示铺陈展开。本节将对"查理曼竖立了一尊新塑像金头"的神谕所指展开剖析论述。

---

① Simon Maclean, *History and Politics in Late Carolingian and Ottonian Europe: The Chronicle of Regino of Prüm and Adalbert of Magdeburg*, Manchester: Manchester University Press, 2009, p. 101.

一　结巴诺特克的 "塑像金头" 神学隐喻

查理曼是加洛林王朝史上最伟大的帝王，公元 800 年他在罗马圣彼得教堂被教宗利奥三世加冕，使自 476 年消失的皇帝称号重新出现在拉丁文化的西欧。这一重大事件对当时的政治影响巨大，在神学意识形态领域引起了争议。查理曼统御的加洛林帝国究竟是古罗马帝国的延续，还是一个新生的帝国，9 世纪的神学家结合《圣经》、教父著作中的神学知识给出了不同的神学解答。在 9 世纪 80 年代，圣高尔修道院的一位修士，称自己 "结巴无牙" 的诺特克也参与到这种神学阐释中，不过，他并没有直接探讨这一问题，而是以为皇帝查理曼立传的形式展现自己对于加洛林帝国神学历史地位的认知。结巴诺特克是一位修士，不像同样为查理曼立传的艾因哈德那样是一位俗人修道院院长，所以他比艾因哈德更具神学思想，也更为看重《圣经》中的神学启示。结巴诺特克在《查理大帝事迹》中首先以一则带有预言性质的神谕开篇："当同时掌管各国命运和更序的全能的世界主宰把一座华贵的塑像——罗马人——的半铁半泥的脚砸碎之后，他凭借卓越的查理的双手在法兰克人中间竖立起另外一座毫不逊色的塑像的精金头颅……"[1] 如果想要理解结巴诺特克 "塑像金头" 神谕的神学含义，必须首先对基督教 "四大帝国" 的历史神学有所了解，因为结巴诺特克 "塑像金头" 的神谕是依据 "四大帝国" 更迭的 "大像"隐喻创作出来的，"塑像金头" 的竖立是在另一尊塑像的半铁半泥的脚被砸碎之后方才发生的。据《圣经·但以理书》的记载，新巴比伦王尼布甲尼撒二世梦见了一尊 "大像"："这像甚高，极其光耀，站在你面前，形状甚是可怕。这像的头是精金的，胸膛和膀臂是银的，肚腹和腰是铜的。腿是铁的，脚是半铁半泥的。你观看，见有一块非人手凿出来的石头打在这像半铁半泥的脚上，把脚砸碎，于是金、银、铜、铁、泥都一同砸得粉碎。诚如夏天禾场上的糠秕被风吹散，无处可寻，打碎这像的石头，变成一座大山，充满天下。"[2] 犹太掳民中的一位哲士但以

---

[1] 〔法兰克〕艾因哈德、圣高尔修道院僧侣：《查理大帝传》，A.J. 格兰特英译，戚国淦汉译，商务印书馆，1979，第 38 页。

[2] 《圣经·但以理书》2：31-35。

理对尼布甲尼撒二世阐释了此梦，认为此梦预示着人世间将先后出现四大世界性帝国，尼布甲尼撒二世的新巴比伦王国是"大像"的金头，银胸是第二国、铜腹是第三国、铁腿和半铁半泥的脚是第四国，打碎金、银、铜、铁、泥塑像的石头被但以理解释成天上的神必另立一国，永不败坏，也不归别国的人，却要打碎灭绝那一切国，这国必存到永远。① 后世基督教会的神学注疏家将《但以理书》中的"大像"梦和"四巨兽"梦结合在一起阐释，认为在"四大帝国"之后，耶稣基督将再次降临人间，届时一切世俗政权将被摧毁湮灭，耶稣为王的"上帝之国"将会成为永恒，正如打碎大像的石头，变成一座大山，充满天下。哲罗姆在注疏《但以理书》的时候，将金头认定为新巴比伦王国、银胸认定为波斯帝国、铜腹认定为亚历山大的希腊王国、铁腿和半铁半泥的脚认定为罗马帝国，"半铁半泥"意味着罗马帝国需要蛮族人的帮助。②

　　"大像"梦构成了结巴诺特克"塑像金头"神谕的叙事前提和背景，但其历史神学的意涵却被他突破和改写，"大像"梦隐喻了新巴比伦、波斯、希腊、罗马四大帝国前后相继并最后被基督为王的"上帝之国"所取代的历史轨迹。结巴诺特克的神谕强调在"四大帝国"的塑像被砸碎后，耶稣基督并未马上复临人间，而是出现了一尊新的塑像，新塑像的金头是由查理曼创立的，也就是说第二尊塑像的金头指代的是查理曼的加洛林帝国。从这则神谕的内容可以看出结巴诺特克认为古代的罗马帝国已经彻底灭亡了，因为"世界的主宰已经把一座华贵塑像的半铁半泥的脚（指代罗马人）砸碎了"。③ 查理曼创立的加洛林帝国是一个与古代罗马帝国毫无关系的全新帝国，因为"世界主宰凭借查理曼的双手又在法兰克人的中间竖立起一座新的毫不逊色的塑像的精金头颅"。④

　　结巴诺特克的《查理曼事迹》虽然以加洛林帝国巅峰盛世的缔造

---

① 此处是但以理原话的主旨大意，原文参见《圣经·但以理书》2：36-44。
② Jerome, *Jerome's Commentary on Daniel*, Gleason L. Archer trans., Michigan：Baker Book House, 1958, pp. 31-32.
③ 〔法兰克〕艾因哈德、圣高尔修道院僧侣：《查理大帝传》，A. J. 格兰特英译，戚国淦汉译，商务印书馆，1979，第38页。
④ 〔法兰克〕艾因哈德、圣高尔修道院僧侣：《查理大帝传》，A. J. 格兰特英译，戚国淦汉译，商务印书馆，1979，第38页。

者——查理曼为传主，但却隐含了它必然走向衰落和灭亡的寓意。结巴诺特克生活在 9 世纪中后期的加洛林世界，对于加洛林帝国由盛而衰的历史轨迹已经有所感悟。当时，一代雄主查理曼已然亡故了半个多世纪之久，其子虔诚者路易嗣位后帝国由盛世的顶点开始向下滑落，在虔诚者路易统治的晚年因领土分割继承纠纷而引发了虔诚者路易与其几位儿子之间旷日持久的纷争和混战。虔诚者路易逝后，其三个儿子——罗退尔、日耳曼路易和秃头查理继续内战并在 843 年签订了《凡尔登条约》将加洛林帝国"一分为三"。但三四十年之后，加洛林王族中一个多病无能的胖子查理却不费刀兵之力幸运地将多个分裂的加洛林同宗王国统合了起来。876 年，胖子查理继承了从东法兰克王国分离出来的阿勒曼尼亚，他的兄长巴伐利亚的卡洛曼中风后，胖子查理又继承了意大利的领土。881 年，教皇约翰八世册封他为皇帝，次年他又继承了其兄弟小路易（Louis the Younger）的萨克森和巴伐利亚，实现了整个东法兰克王国的统一。884 年，他的堂侄卡洛曼二世崩逝，胖子查理又继承了西法兰克王国，这是加洛林世界继 843 年分崩离析后的又一次统一。胖子查理虽然幸运地统一了加洛林帝国，但他庸懦无能，根本无力弹压麾下强势的贵族和野心勃勃的王族亲属，因此也就无力再现查理曼时代的盛世，甚至连保住皇位和维持帝国统一都力不从心。在这样一个灰暗的时代里，人们目睹查理曼的子孙在不到半个世纪的时间里一代不如一代，感到加洛林帝国的末日可能不久将至。这一时期流行的"查理曼幻梦"的传说就反映了人们看衰帝国国势的悲观思想：一天晚上查理曼正在睡眠，他发现某人正在向他走近并交给他一把剑，剑上有用古高地德语（Old High German）写成的四个词：RAHT/RADOLEIBA/NASG/ENTL。查理曼清醒后向他人请教如何解释这一梦，但艾因哈德却说只有皇帝本人才能够解释这一幻梦。查理曼尝试着解梦，他认为 RAHT 表明他统治时期的长久，而 RADOLEIBA 表明长久统治的终结，他的几个儿子之间出现了政治的裂隙。NASG 表明其儿子的儿子们最为糟糕的时代，而 ENTL 则可以从两方面来解释，它可能预示着世界的末日，也可能预示着加洛林家族的末日，加洛林家族中将不会再有人统治法兰克。[1] 结

---

① Paul Edward Dutton, *Carolingian Civilization: A reader*, Peterborough: Broadview, 1999, p. 424.

巴诺特克也深受此种看衰帝国国运的悲观思想的影响，他的"塑像金头"的神谕虽未直接明言，但隐约表明加洛林帝国也不是一个永恒的世俗政权，它必将随着时光的流逝被新的世俗帝国政权所取代，因为它只是新塑像的金头，继其后必然会出现银胸、铜腹、铁腿和半铁半泥的脚所预示的世俗政权，这样才能构成一尊完整的新塑像，形成一个新的完整的"四大帝国"的更迭轨迹。结巴诺特克神谕中的新塑像预示着人类历史将经历一个新的"四大帝国"的更迭轨迹，加洛林帝国只是其中的第一个帝国，随后还将陆续出现第二个帝国、第三个帝国和第四个帝国，这种预示是比照但以理预言得出的符合神学逻辑的结论。有的史家并不认同这种看法，如保罗·爱德华·达顿（Paul Edward Dutton）就认为结巴诺特克新塑像的四个部分——金头、银胸、铜腹和铁腿，每一部分并不预示着一个新的帝国，也就是说，新塑像并不象征着新的"四大帝国"的更迭轨迹。整座新塑像仅仅象征着一个加洛林帝国，金头、银胸、铜腹和铁腿四个部分分别象征着逐渐没落衰颓的四代加洛林帝王（查理曼、虔诚者路易、日耳曼路易和胖子查理），① "新塑像如同那位《格列弗游记》中身处小人国之中的格列弗一样，其存续的时间完全被局限于9世纪，预示着四代国王。半铁半泥的脚象征着诺特克自己身处的那个衰落且支离破碎时代里的国王"。② 这种观点只是保罗·爱德华·达顿的一家之言，至于是不是结巴诺特克本人的原意尚且有待进一步探究。无论结巴诺特克神谕中的新塑像是否预示着尘世将开启一个新的"四大帝国"的更迭轨迹，毋庸置疑的是，结巴诺特克接受了但以理的"四大帝国"理论，认为作为"金头"的查理曼所竖立的新塑像强调的是加洛林帝国与此前罗马帝国的断裂而非延续性。③ 结巴诺特克在《查理大帝事迹》篇头抛出

---

① Paul Edward Dutton, *The Politics of Dreaming in the Carolingian Empire*, Lincoln: The University of Nebraska Press, 1994, p. 200.

② Paul Edward Dutton, *The Politics of Dreaming in the Carolingian Empire*, Lincoln: The University of Nebraska Press, 1994, p. 200.

③ 汉斯-维尔纳·戈茨秉持此种观点，认为结巴诺特克的神谕强调加洛林帝国与此前罗马帝国的断裂，而非延续，是一个全新的帝国。参见 Hans-Werner Goetz, "Unsichtbares oder sichtbares Imperium Romanum? Die Römische Kaiserzeit in der Fränkischen Historiographie," in Jürgen Strothmann Hrsg., *Civitates, regna und Eliten. Einführende Bemerkungen zum Konzept eines Unsichtbaren Römischen Reiches*, https://books.google.com.sg。

的这则神谕提纲挈领地阐述了正文意图铺陈的核心思想——查理曼是新的世界性帝国的创造者，其国势如黄金一样坚固耐用，无法打碎。与曾祖查理曼同名的胖子查理承接了这一帝国，但结巴诺特克对他能否如其曾祖一样坚守黄金般的国运深表怀疑和忧虑。

二　加洛林帝国的世界性

如前所述，结巴诺特克在《查理大帝事迹》的篇首写道："世界主宰凭借卓越的查理的双手在法兰克人中间竖立起另外一座毫不逊色的塑像的精金头颅"①，其寓意在于强调上帝属意的查理曼又开创了一个世俗的帝国政权，而且这个新帝国如黄金一样既辉煌璀璨又坚固硬气。结巴诺特克在《查理大帝事迹》的第二部分首先陈述了古罗马帝国的没落——皇帝朱利安在与波斯人的战争中遭受了天诛，海外各省脱离了罗马帝国，而且临近各省——潘诺尼亚、诺里库姆、里提亚，换言之，即日耳曼人和法兰克人或高卢人，也脱离了罗马帝国。② 结巴诺特克继而通过描写查理曼接见拜占庭帝国和阿拉伯帝国使者的场面，强调了加洛林帝国高踞万邦之上的世界帝国属性，渲染了查理曼威严赫赫的万邦之主的仪态和气度，以与开篇的"塑像金头"隐喻相呼应。如描写拜占庭使臣觐见查理曼的场景，"希腊"③ 使者在引导员的带领下进入了皇宫，途中，因查理曼驾前臣属礼仪的威严气派，"希腊"使者多次将查理曼的臣属误认为查理曼本人，待见到查理曼时，"这位最为仁厚的国王正倚着海托主教，站在一扇窗口的旁边，皇帝周身都是金珠宝石，光辉四射，有如初升朝日"④，在介绍完查理曼本人后，结巴诺特克又简单赞美了查理曼的近亲、教俗贵族、军队，他通过第三方之口（大卫）夸赞了查理曼，认为他是神所属意的尘世统治者，以致"希腊"使者被查理曼的气势所摄，精神涣散、勇气消

---

① 〔法兰克〕艾因哈德、圣高尔修道院僧侣：《查理大帝传》，A. J. 格兰特英译，戚国淦汉译，商务印书馆，1979，第 38 页。

② 〔法兰克〕艾因哈德、圣高尔修道院僧侣：《查理大帝传》，A. J. 格兰特英译，戚国淦汉译，商务印书馆，1979，第 38 页。

③ "希腊"是法兰克人贬低拜占庭帝国的称呼。

④ 〔法兰克〕艾因哈德、圣高尔修道院僧侣：《查理大帝传》，A. J. 格兰特英译，戚国淦汉译，商务印书馆，1979，第 75 页。

失、无声无息地晕倒在地。① 查理曼崩逝以后，有关他的传说先是在西法兰克，后来在东法兰克广为流传，一些虚构的武功和捏造的神话也都归到他的身上，如查理曼远征圣地耶路撒冷。在公元 12 世纪的时候查理曼已完全变成了一位圣徒。② 结巴诺特克修撰这部传记的时候，这类神化查理曼的传说方兴未艾，结巴诺特克可能受其影响，对查理曼进行了宗教神话式的虚构。在他的笔下，查理曼对于西欧大地的统治是上帝所属意的，法兰克人则是继犹太人和罗马人之后上帝新的选民。结巴诺特克有关拜占庭使者对查理曼卑躬屈膝的场面描写可能属于此种虚构，但 800 年查理曼加冕后，拜占庭皇帝确曾派出使节前赴亚琛觐见查理曼。据《王室法兰克年代记》的记载，812 年拜占庭皇帝米凯尔（Michael）在君士坦丁堡接见了查理曼派来的使团，然后派遣了一支使团前赴亚琛。③ 不过，拜占庭皇帝和拜占庭人非常看重自己古罗马帝国继承者的历史身份，在与他国交往时，拜占庭皇帝和拜占庭人往往拥有一种高人一等的历史优越感，直至帝国灭亡前夕，君士坦丁堡大牧首还不顾现实地狂妄宣称拜占庭帝国及其教会是古罗马帝国的继承者，西方诸国本为帝国和教会的成员，后因自身的愚蠢而出走，因此拜占庭帝国和教会不应本末倒置地屈从于西方。④ 查理曼称帝后，拜占庭皇帝尼基弗鲁斯非常恼怒，认为查理曼此举是对自己尊严的冒犯并派兵与查理曼兵戎相见。812 年，尼基弗鲁斯在同保加尔人的战斗中阵亡，他的女婿米凯尔登上了皇位并派使节前赴亚琛与法兰克人签订了和约，查理曼放弃了对威尼斯和达尔马提亚沿海城市的统治权以换取拜占庭皇帝承认他的皇帝头衔。

结巴诺特克在描写查理曼接见阿拉伯帝国使臣的情景时也凸显了加洛林帝国世界性帝国的属性以及该帝国犹如黄金般辉煌璀璨而又坚固硬气的

---

① 〔法兰克〕艾因哈德、圣高尔修道院僧侣：《查理大帝传》，A. J. 格兰特英译，戚国淦汉译，商务印书馆，1979，第 76 页。

② 〔法兰克〕艾因哈德、圣高尔修道院僧侣：《查理大帝传》，A. J. 格兰特英译，戚国淦汉译，商务印书馆，1979，第 5 页。

③ Anonymous and Nithard, *Carolingian Chronicles: Royal Frankish Annals and Nithard's Histories*, Bernhard Walter Scholz trans., Michigan: The University of Michigan Press, 1970, pp. 94-95.

④ J. H. Burns ed., *The Cambridge History of Medieval Political Thought*, Cambridge: Cambridge University Press, 2008, p. 60.

特性。他写道："波斯国也派来使臣，他们不知道法兰克国家在哪里；但是由于罗马的声名远扬，而他们又知道罗马归查理统辖，因此当他们得以到达意大利海岸的时候，他们就认为这是一件大事。"① 此处叙述将加洛林帝国与历史上的罗马帝国联系在一起，无非是在强调加洛林帝国具有与古罗马帝国同样的世界性帝国的历史地位。结巴诺特克接着写道："查理一直延迟至复活节前夕方才接见波斯使臣，为了庆祝这个头等重要的节日，无与伦比的君主（查理曼）装饰得无与伦比的富丽堂皇。他命令把那个一度威震全球的种族的使臣们引进来。可是当他们一见到最庄严的查理时，他们竟然如此惊恐，以致人们认为他们似乎从未看见过国王或皇帝。"② 在结巴诺特克的笔下，阿拉伯使臣同拜占庭使者一样，对查理曼卑躬屈膝且佩服得五体投地，而且强调这些使臣均来自一个一度威震全球的种族，具有如此地位的种族尚且匍匐在查理曼的御前，查理曼统御整个世界的历史地位也就不言而喻了。值得注意的是，结巴诺特克笔下的"波斯"实际指代的是信奉伊斯兰教的阿拉伯帝国，真正的波斯帝国早在642年就已经被阿拉伯帝国征服，结巴诺特克在此处以"波斯"代指"阿拉伯"似乎并非出自他本人的无知和谬误，因为在9世纪中后期，法兰克人已经与包括阿拉伯人在内的穆斯林长期接触，能够分清他们隶属于哪一个伊斯兰政权的统治之下，如巴格达的阿巴斯王朝、西班牙的后倭马亚王朝，北非的埃米尔地方政权，并赋予了伊斯兰政权下的人们"摩尔人""萨拉森人"的称呼。结巴诺特克在此处以"波斯"代指"阿拉伯"是有意为之，因为萨珊波斯帝国在历史上曾长期与罗马帝国和拜占庭帝国对峙，其间既有军事对抗，也有和平谈判，对于这段历史，法兰克人也是知晓的，"弗莱德伽"在他的编年史中就有所记载。③ 因此，"波斯"在法兰克人的心目中成了一个与上帝属意的与基督教帝国相对抗的异教政权。结巴诺特克用"波斯"代指"阿拉伯"，无非是在宣示加洛林帝国具有与古罗

---

① 〔法兰克〕艾因哈德、圣高尔修道院僧侣：《查理大帝传》，A.J. 格兰特英译，戚国淦汉译，商务印书馆，1979，第77页。

② 〔法兰克〕艾因哈德、圣高尔修道院僧侣：《查理大帝传》，A.J. 格兰特英译，戚国淦汉译，商务印书馆，1979，第77页。

③ J. M. Wallace-Hadrill, *The Long-Haired Kings and other Studies in Frankish History*, New York: Barnes, 1962, pp. 52–53.

马帝国同样的世界性帝国的历史地位，承担了与最强大的异教政权相交往、对抗的神圣使命。只是查理曼统治下的加洛林帝国比古罗马帝国更为强大，结巴诺特克借"波斯"使臣之口说出了自己的这一心里话，他写道："波斯使臣们走上了环绕大教堂正厅的回廊……由于高兴，他们情不自禁地大笑起来，拍着手说：'从前我们只见过泥人，这里的人是金人。'"① "泥人"似乎指的是他们此前长期交往的罗马人、拜占庭人，而且此处的"泥人"也与《查理大帝事迹》篇头"世界主宰把一座华贵的塑像——罗马人——的半铁半泥的脚砸碎"相呼应，说明罗马人、拜占庭人如泥人一般不堪一击，一击就碎。"金人"似乎指的是查理曼统治下的法兰克人，与篇头"世界主宰凭借查理曼竖立了另外一座塑像的精金头颅"相呼应，说明查理曼统治下的法兰克人如黄金一样既辉煌璀璨又坚固硬气，故能压倒列国，构成新的世界性帝国。依照基督教末日启示的神学理论，加洛林帝国的统治者既然被赋予了世界性帝国君主的地位，自然对于拯救治下臣民的灵魂负有不可推卸的责任。在基督教神学世界中，撒旦是诱惑人类背弃上帝和救世主的罪魁祸首，也是阻挡人类接近救世主和灵魂救赎的最大障碍，因此叙述加洛林君主与魔鬼战斗也就成了末日启示神学史学运用的主题内容之一。结巴诺特克将加洛林君主奉为神学启示中的世界君主，在他的《查理大帝事迹》中叙述了查理曼之父、胖子查理的高祖父矮子丕平在亚琛的温泉浴室以十字符号增强胆力，拔出宝剑，与魔鬼战斗的场面。②

三　胖子查理是加洛林帝国事业的承接者

《查理大帝事迹》虽以查理曼为传主，但由于它是结巴诺特克秉持胖子查理的旨意奉诏而作的"官方"史书，因此结巴诺特克在文中不时提起胖子查理并对胖子查理的历代先人予以了简略的叙述，这方面的叙述内容反映了结巴诺特克对于查理曼至胖子查理这一时期王朝史走向的看法，也反

---

① 〔法兰克〕艾因哈德、圣高尔修道院僧侣：《查理大帝传》，A. J. 格兰特英译，戚国淦汉译，商务印书馆，1979，第78页。

② 〔法兰克〕艾因哈德、圣高尔修道院僧侣：《查理大帝传》，A. J. 格兰特英译，戚国淦汉译，商务印书馆，1979，第94页。

映了结巴诺特克对于胖子查理帝国历史地位的认知。无论是圣高尔修道院
还是结巴诺特克都与胖子查理有着深厚的渊源，胖子查理曾赐予圣高尔修
道院土地，条件是圣高尔修道院纪念他的父亲日耳曼路易，倘若圣高尔修
道院不履行此项职责，其土地就将被收回国库。① 883 年，胖子查理曾莅
临圣高尔修道院并在此短暂停留了三天，其间胖子查理嘱咐结巴诺特克为
其曾祖父查理曼修撰一部传记，结巴诺特克秉承王命修撰了这部《查理
大帝事迹》。不过，结巴诺特克并没有按照自己原定的写作计划完成这部
传记，因而《查理大帝事迹》在形式上欠完整。结巴诺特克在完成第一
章及第二章大部分内容的时候，突然在第 22 段的一句话中间停顿了下来
并就此搁笔不述。美国学者托马斯·F. X. 诺贝尔（Thomas F. X. Noble）
认为结巴诺特克搁笔不述是因为他担心以言获罪，由于利乌特伯特
（Liutbert）升任为宫廷大教长，而结巴诺特克在叙述中对利乌特伯特秉持
批评的态度，结巴诺特克担心这些叙述被宫廷人士看到后可能会为自己招
来灾祸，所以尽管他是奉诏修史，但并未将其呈送宫廷，而且也没有按照
原计划完成这部传记。②

　　纵观《查理大帝事迹》，结巴诺特克对胖子查理的评判以称颂为主并
认为胖子查理是加洛林帝国事业的承接者，胖子查理统御的庞大帝国与加
洛林帝国属于同一个世俗的帝国政权，是查理曼竖立的塑像的 "精金头
颅"。胖子查理以继承的方式幸运地将多个加洛林同宗王国统合在一起，
实现了自 843 年分裂以来的又一次统一，但从帝国权威和国势强弱的角度
来衡量，胖子查理的帝国与查理曼的帝国相去甚远，克莱顿·阿莫斯·提
琴（Klayton Amos Tietjen）认为结巴诺特克撰写的《查理大帝事迹》是一
部帝王镜鉴录，他以某些相较于自己时代远为古早的圣徒传记为摹本，为
胖子查理提供了一个帝王的样板范例，在一个理想的帝国中，一位理想的

①　Janet L. Nelson, "Kingship and Royal Government," in Rosamond McKitterick ed., *The New Cambridge Medieval History*, Volume Ⅱ, *c. 700 – c. 900*, Cambridge: Cambridge University Press, 1995, p. 390.

②　Thomas F. X. Noble trans., *Charlemagne and Louis the Pious: The Lives by Einhard, Notker, Ermoldus Thegan and the Astronomer*, Philadelphia: Pennsylvania State University Press, 2009, pp. 53–54.

统治者应如何与邪恶的魔鬼战斗。① 结巴诺特克在《查理大帝事迹》中将谋叛查理曼的人称为像遭到雷击一样，四处逃散的魔鬼集团。② 他希望胖子查理也能够像其曾祖父查理曼那样粉碎一切阴谋叛乱，但胖子查理对内无法降伏贵族和王室显贵，对外则以贿赂的形式缓和维京人的侵扰，而且他的统一为时甚短，在未对历史产生重大影响的情况下就被自己的侄子卡林西亚的阿尔努夫和麾下贵族废黜了。或许是由于留恋加洛林帝国往昔辉煌③，9 世纪的历史著述者都不约而同地将查理曼的曾孙胖子查理统御的帝国看成是加洛林帝国的延续并对胖子查理重现其曾祖父的辉煌抱有很大的期待，如《阿尔弗雷德大王传》提及："胖子查理继承了西部王国（指西法兰克王国）和地中海沿岸及外围的一切国家，他所控制的疆域与其曾祖父一样，除了布列塔尼。"④ 勒斋诺也对胖子查理称颂备至，在他的编年史中称颂："胖子查理为一位真正的基督教统治者，他敬畏上帝并诚心遵守上帝的诫命。他专心地服从教会法、慷慨救济、不断祈祷并吟诵圣歌的曲调并不知疲倦地颂扬上帝……在某种程度上他懂得如何轻松、迅速并没有冲突或反对地控制法兰克人的各个王国。"⑤ 结巴诺特克也秉持同样的思想，他在《查理大帝事迹》第二卷第十二章提及查理皇帝（指查理曼）曾以刀剑对付北方蛮族侵略者，并且命令所有侵略者的童稚都要"用刀剑来量过"，谁要是超过了尺寸，就把头颅截去。⑥ 既然威名远扬的查理皇帝曾经用刀

① Klayton Amos Tietjen, *Notker's Demons: Entertaining and Edifying Charles the Fat through the Gesta Karoli Magni*, Master's Thesis, University of Tennessee, 2017, p. 18.

② 〔法兰克〕艾因哈德、圣高尔修道院僧侣:《查理大帝传》，A. J. 格兰特英译，戚国淦汉译，商务印书馆，1979，第 87 页。

③ 9 世纪的法兰克史家非常看重和推崇查理曼时代，如尼特哈德在《历史四书》中写道："无论是智慧还是美德，查理曼都卓尔超群，对于世上任何人来讲，他都令人既诚惶诚恐又深深爱戴敬仰。因而，他使自己的帝国统治在各个领域都光辉荣耀，充满幸福安详，正如众所周知的那样。"参见 Anonymous and Nithard, *Carolingian Chronicles: Royal Frankish Annals and Nithard's Histories*, Bernhard Walter Scholz trans., Michigan: The University of Michigan Press, 1970, p. 129。

④ A. Smyth Asser trans. *The Medieval Life of King Alfred the Great*, New York: Palgrave Macmillan, 2002, p. 192.

⑤ Simon Maclean, *History and Politics in Late Carolingian and Ottonian Europe: The Chronicle of Regino of Prüm and Adalbert of Magdeburg*, Manchester: Manchester University Press, 2009, p. 198.

⑥ 〔法兰克〕艾因哈德、圣高尔修道院僧侣:《查理大帝传》，A. J. 格兰特英译，戚国淦汉译，商务印书馆，1979，第 86 页。

剑量过基督的敌人，因此只要他的任何一个子孙能够长到刀剑那样高的话，他就应当统治法兰克人，也治理整个日耳曼。① 结巴诺特克还提到了查理曼的服装穿戴，接着话锋一转，说他自己在圣高尔修道院看到皇帝胖子查理也曾身穿那种服装，光彩夺目。② 这是以皇帝服装作为两位皇帝联系和比拟的线索，说明胖子查理继承了其曾祖的帝国事业。强调和突出两位皇帝的联系还表现在结巴诺特克在文中突出胖子查理和其曾祖查理曼同名，他写道："最尊贵的皇帝……我必须像天鹅游水似的回到您光辉的同名者查理的本题上来。"③ 值得注意的是，结巴诺特克在文中提及了加洛林家族的世系——从矮子丕平至查理曼、虔诚者路易、日耳曼路易、胖子查理，他称日耳曼路易为您（指胖子查理）最光荣的被称作"光辉者"的父亲路易，称虔诚者路易为您（指胖子查理）最诚笃的被称作"虔诚者"的祖父路易，称矮子丕平为您（指胖子查理）最尚武的高祖父丕平并认为倘若略过他们的功业而不置一词的话，那会是错误的。④ 结巴诺特克没有提及罗退尔一世和秃头查理，他将此二人从加洛林家族的世系中排除，仿佛日耳曼路易是虔诚者路易的唯一继承人并忽略了加洛林家族内战和分裂的历史。结巴诺特克生于840年前后，他虽然称自己懒惰，像乌龟一样迟钝，从未去过法兰克腹地，但对于加洛林家族内战和分裂的历史不可能一无所知。他为了强调胖子查理对加洛林帝国事业的直系承袭，强调胖子查理统御的帝国与加洛林帝国属于同一个世俗的帝国政权，可能有意回避了加洛林帝国曾经一分为三，胖子查理的帝国是建立在统合多个加洛林同宗王国基础上的事实。

四　结巴诺特克的忧虑

《查理大帝事迹》是结巴诺特克秉承胖子查理的旨意撰写的，他期盼

---

① 〔法兰克〕艾因哈德、圣高尔修道院僧侣：《查理大帝传》，A. J. 格兰特英译，戚国淦汉译，商务印书馆，1979，第86~87页。
② 〔法兰克〕艾因哈德、圣高尔修道院僧侣：《查理大帝传》，A. J. 格兰特英译，戚国淦汉译，商务印书馆，1979，第68页。
③ 〔法兰克〕艾因哈德、圣高尔修道院僧侣：《查理大帝传》，A. J. 格兰特英译，戚国淦汉译，商务印书馆，1979，第94~95页。
④ 〔法兰克〕艾因哈德、圣高尔修道院僧侣：《查理大帝传》，A. J. 格兰特英译，戚国淦汉译，商务印书馆，1979，第95页。

胖子查理的帝国能够长久稳固，不要过早地为上帝所厌弃而被新的帝国政权所取代，但现实却是无情和残酷的。胖子查理本人体形胖硕①，而且身染多种疾病，时常饱受癫痫疾病的折磨，他统治下的帝国正如他的身体一样衰弱，可谓败象频出。爱德华·吉本曾这样形容加洛林晚期历代统治者的衰颓，尤其是胖子查理的无能："加洛林王室家族的后裔不再展现出任何才能和权力，他们被加上了各种愚蠢可笑的绰号，如秃头、结巴、胖子和憨傻。这伙国王们表现出温顺一致的特征，实在不值得一提。因旁系家支的失败，整个家族的继承权转移给了胖子查理，加洛林家族的最后一位皇帝，他的疯癫导致了日耳曼尼亚、意大利和法兰西脱离了帝国……"②结巴诺特克的良好期盼与帝国现实状况之间的巨大落差引发了结巴诺特克的忧虑并在他的传记中有所体现。胖子查理的帝国主要面临三大危机。

第一，帝国缺乏合法的继承人。胖子查理的皇后里切尔加德无嗣，为传承王位，胖子查理希望将自己与姘妇所生的私生子伯纳德立为合法继承人，此举遭到了某些主教的反对，为此他邀请教皇哈德利安三世在沃尔姆斯召开会议，废黜那些持反对意见的主教，但教皇哈德利安三世在渡过波河时亡故。③ 麦克莱恩认为胖子查理召集教皇和主教开会可能是为了册立伯纳德为洛林吉亚国王，为他日后接掌帝位铺平道路。④ 新教皇斯蒂芬五世登位后，胖子查理又策划于 887 年 4、5 月在魏布林根召开一次大会以解决他的继承人问题，但斯蒂芬五世拒绝与会，胖子查理使伯纳德成为合法子嗣的希望落空。结巴诺特克似乎希望伯纳德能够成为胖子查理的合法继承人，他说在看到胖子查理的小伯纳德腰间悬起佩剑之前，不准备述说那座被维京人毁坏的普鲁姆修道院的衰落情况。⑤ 这说明结巴诺特克对小伯纳德日后重振帝国雄风抱有极大的希望。结巴诺特克还鼓励加洛林皇帝

---

① 胖子查理的称呼并非源自同时代，这一称呼最早是由 12 世纪匿名的编年史家提出的。

② Edward Gibbon, *The Decline and Fall of the Roman Empire (Edited and Abridged): Abridged Edition*, New York: Random House, 2003, p. 888.

③ Rudolf of Fulda and Liutbert, *The Annals of Fulda*, Timothy Reuter trans., Manchester: Manchester University Press, 1992, pp. 98-99.

④ Simon MacLean, *Kingship and Politics in the Late Ninth Century: Charles the Fat and the End of the Carolingian Empire*, Cambridge: Cambridge University Press: 2003, p. 131.

⑤ 〔法兰克〕艾因哈德、圣高尔修道院僧侣：《查理大帝传》，A. J. 格兰特英译，戚国淦汉译，商务印书馆，1979，第 89 页。

胖子查理多生育，以便多子多孙，支脉繁庶。① "在您大力扶持之下，家族会欣欣向荣地成长起来。"② 但历史的发展并未像结巴诺特克所预期的那样，胖子查理帝国的终结在很大程度上是由于合法继承人缺失。编年史家勒斋诺曾这样描述胖子查理帝国的衰亡："查理崩殂后，各个王国背叛了他的权威，正是由于一个合法子嗣的缺失，帝国分崩离析成多个独立的部分，它们并不盼望它们天生的主人，每一个部分都决定以自己的勇气拥戴一位国王。爆发许多大规模战争，并不是因为法兰克人缺乏有能力、勇气和智慧、能够统治各个王国的领导人，而是因为血统出身、权威和权力方面的平等增加了他们之间的不睦，没有人比其他人更为出色，使得其余的人能够屈尊服从他的统治。"③

第二，胖子查理统治时期面临着维京人的严重侵扰。在 9 世纪期间，来自丹麦和斯堪的纳维亚半岛的维京人集团向塞纳河、卢瓦尔河、莱茵河上游航行，大肆毁坏并劫掠沿海、沿河地区。882 年，胖子查理在沃尔姆斯召集东法兰克的贵族集会，商讨对付维京人的办法，整个东法兰克的军队在卡林西亚公爵阿尔努夫、萨克森伯爵亨利的率领下围攻维京人在阿塞尔特的营地。但胖子查理寻求以贿赂维京人的办法换取和平，他派人与维京人首领戈德弗里德和西格弗莱德谈判。戈德弗里德接受了基督教并迎娶了洛林吉亚国王罗退尔二世的女儿吉塞拉，他由此成了胖子查理的附庸并得到了大笔贿赂。④ 维京人的侵扰引发了结巴诺特克的深深忧虑，这种忧虑也反映在他的传记创作中，他在描写查理曼遭遇维京人海盗的场面时，表现了查理曼的先见之明，认为维京人将是后代子孙的心腹大患："查理出巡在纳尔榜高卢的某一个沿海城市，当他正在这个城市的港口从容进餐的时候，诺曼底人发动了海盗式的侵袭，查理曼率领随从击败了诺曼底人

---

① 李隆国：《从结巴诺特克的〈查理大帝传〉看"金属"中的人类历史》，陈恒、洪庆明主编《世界历史评论第 3 辑：叙述事实与历史事实》，上海人民出版社，2015。

② 〔法兰克〕艾因哈德、圣高尔修道院僧侣：《查理大帝传》，A. J. 格兰特英译，戚国淦汉译，商务印书馆，1979，第 93 页。

③ Simon Maclean, *History and Politics in Late Carolingian and Ottonian Europe: The Chronicle of Regino of Prüm and Adalbert of Magdeburg*, Manchester: Manchester University Press, 2009, p. 199.

④ Rudolf of Fulda and Liutbert, *The Annals of Fulda*, Timothy Reuter trans., Manchester: Manchester University Press, 1992, p. 91.

的船队，但却悲伤流泪，我的忠实的臣仆们，你们知道我为什么会这样悲伤地哭泣吗？我并不害怕这些微不足道的恶棍会对我有所伤害，但是一想到甚至我还活在世上，他们就敢触犯这片海岸的时候，真使我凄然于怀；而在预计他们对我的子孙及其臣民会造成何等灾害的时候，就更使我忧伤欲绝了。"①

第三，帝国统一的根基极其脆弱。胖子查理的帝国是通过继承的方式统合在一起的，此前加洛林世界已分裂了数十年，各地区已然走上了独立发展的轨道，统一后各地贵族从未诚心顺服过胖子查理的统治。在西法兰克地区，由于胖子查理在抵御维京人入侵方面很不得力，他主张以缴纳贡金的方式向围攻巴黎的维京侵略者妥协求和，使他的威望在西法兰克地区大为降低。而巴黎伯爵奥多因为防守巴黎卓有成效而威望大增，被巴黎军民拥戴为西法兰克王国的国王。在东法兰克和意大利，贵族们也对体弱多病、庸懦无能的胖子查理非常不满。胖子查理最终被废黜就是出于东法兰克贵族们的策划。结巴诺特克对于谋叛君主的贵族是极为痛恨的，如他谴责那些谋叛查理曼的人是魔鬼组成的集团，像遭到雷击一样，四散奔逃了。② 他借查理曼庶长子驼背丕平的话（掘出无用的野生物，好使有价值的植物得以更自由地成长）③ 主张对叛乱者无情而严厉地镇压，但由于胖子查理本人的多病和庸懦，根本无力弹压麾下众多桀骜不驯的贵族，也无力将分离倾向严重的各个领地整合成一个有机的整体。887 年，在帝国显贵们的策划和邀请下，胖子查理的侄子卡林西亚的阿尔努夫在特雷布尔会议上废黜了胖子查理并取代了他的帝位。887 年，胖子查理被废黜后，弗留利的贝伦格（Berengar of Friuli）继任为意大利国王并于 915 年被教皇约翰十世加冕为皇帝。924 年，在意大利贵族的邀请下，勃艮第国王鲁道夫二世出兵意大利并推翻了贝伦格的统治。法兰克帝国分裂后，自查理曼开始的皇帝谱系一直在法兰克帝国分裂后的多个继承国内部延续，但在贝

---

① 〔法兰克〕艾因哈德、圣高尔修道院僧侣：《查理大帝传》，A. J. 格兰特英译，戚国淦汉译，商务印书馆，1979，第 92 页。

② 〔法兰克〕艾因哈德、圣高尔修道院僧侣：《查理大帝传》，A. J. 格兰特英译，戚国淦汉译，商务印书馆，1979，第 87 页。

③ 〔法兰克〕艾因哈德、圣高尔修道院僧侣：《查理大帝传》，A. J. 格兰特英译，戚国淦汉译，商务印书馆，1979，第 89 页。

伦格之后，这一谱系断裂了。① 结巴诺特克在神谕中提到的由查理曼竖立起来的"塑像的精金头颅"也和此前象征罗马人的"半铁半泥的脚"一样被世界主宰所厌弃和砸碎，结巴诺特克对于加洛林帝国命运的忧虑和悲观看法最终成了历史的真实。

《查理大帝事迹》诞生于查理曼崩逝的六七十年后，作者结巴诺特克长期在位于今天瑞士境内的圣高尔修道院生活，从未到过亚琛等法兰克的核心地区，不像艾因哈德那样接触过查理曼本人，而且在查理曼崩逝后关于查理曼的传说越发离奇，结巴诺特克也受此种离奇传说的影响，故其撰述的有关查理曼的种种故事可能并非历史的真实。作为一位活动空间和视域都很有限（他称自己懒惰，像乌龟一样迟钝，可能一生的大部分时间都在圣高尔修道院生活）的修道士，结巴诺特克不自觉地使用了带有启示性的历史神学思想解释历史。9~10 世纪的修士们普遍存在着一种延迟世界末日到来的诉求，蒙蒂埃朗代的阿德松（Adso of Montierender）在继续尊重"四大帝国"解说模式的前提下，利用了《旧约》中有关"敌基督"拖延者的说法，认为查理曼等法兰克君主就是这一拖延者，他们正努力地拖延"敌基督"的来临。② 结巴诺特克则表现出突破"四大帝国"解说模式的倾向，而 800 年查理曼的加冕为他的这一诉求提供了合理解释的契机。他在"四大帝国"之后，耶稣基督为王的"上帝之国"到来之前又增加了一个新的"四大帝国"的更迭，将查理曼开创的加洛林帝国置于新的"四大帝国"中的第一位置——"塑像的精金头颅"。他将自己对于加洛林帝国神学历史地位的这一认知充分融入《查理大帝事迹》的撰写，既充分强调了它的世界性和一度强盛的国势，又对它的暂时性和最终覆灭的宿命抱有深深的忧虑。

① 朱君杙、王晋新：《长存多变的"巨兽"——论中古西欧史家"四大帝国"结构原则的运用》，《历史教学》（下半月刊）2016 年第 2 期。
② Janet L. Nelson, "Kingship and Empire in the Carolingian World," in J. H. Burns ed., *The Cambridge History of Medieval Political Thought c. 350 – c. 1450*, Cambridge：Cambridege University Press, 1988, p. 234.

第三章

中世纪鼎盛时期加洛林后继诸国末日
启示神学的史学运用

第一节 "四大帝国"理论新依托的神圣罗马帝国

查理大帝开创的加洛林帝国是罗马帝国传统、基督教"世界主义"理论与日耳曼蛮族武力的一种结合，这一帝国的诞生使"四大帝国"理论在9、10世纪拥有了可以凭依的现实存在，许多信奉这一理论的编年史家把加洛林帝国看作但以理梦幻启示中的第四大帝国——"罗马帝国"。然而，"月盈则亏、水满则溢"，加洛林帝国在经历了查理曼统治时期的巅峰鼎盛阶段后，也同世界历史上出现的众多大帝国一样在历经强盛的顶点后就不可避免地走向了衰落的宿命，只是这一衰落的历程比世界历史上许多昙花一现的大帝国要更漫长。在查理曼之子虔诚者路易统治末年，加洛林帝国内战频仍，"大一统"的格局在内讧、外患交加的作用下不复存在。尽管虔诚者路易的两位皇子秃头查理和日耳曼路易都有重新统一加洛林世界的雄心壮志并为之付出了不懈的努力，而且日耳曼路易的儿子胖子查理还凭借时运的眷顾，在多位同宗诸王断后无嗣的状况下，依靠合法继承的方式重新统一了加洛林世界，但其实际的地位，无论是对于基督教会的保护，还是对于全体基督教臣民的引领，抑或是对于基督教诸国的统摄以及异教诸国的统御等都与"四大帝国"理论所规定的基督教世界性帝国的理论地位相去甚远，也与参与扶立他的基督教会的期待落差很大。另外，查理曼的"罗马皇帝"的头衔称号在加洛林王朝晚期一直在中法兰克王国、意大利王国、西法兰克王国和东法兰克王国的国王们之间传递，维系着一种名义上的统一和延续，直到 924 年，在意大利贵族的邀请下，勃艮第国王鲁道夫二世出兵意大利推翻了皇帝贝伦格的统治。贝伦格原为弗留利藩侯、意大利国王，915 年被教皇约翰十世加冕为皇帝。贝伦格被推翻后，自查理曼开始延续的皇帝谱系出现了暂时的断裂。对于罗马教皇而言，无论是为了寻找一位新的保护自己及基督教会的世俗英雄，还是为了为基督教末日启示的"四大帝国"理论寻找现实的依托借以使这一理论能够自圆其说，从而使教徒对于基督教的信仰深信不疑，他都需要仿照查理曼加冕的模式，重新扶立一位强有力的蛮族首领作为基督教世界的世俗领袖。此时的东法兰克王国和西法兰克王国，加洛林王室家族已经丧失了统治家族的地位，新的封建王朝萨克森王朝和卡佩王朝先后取而代之，两国已不再是由同一家族成员统治的拥有同宗情谊的同宗王国，恢复两国乃至加洛林帝国旧有疆界的统一不再是两国君主的政治目标，两国之间的外交事务也不再像以往那样以同宗诸王间"兄弟协作"的模式予以处理，两国彻底走向了自行发展的道路并分别完成了向中世纪封建国家德意志王国和法兰西王国过渡的历史进程。

　　相较于德意志王国，卡佩王朝的法兰西王国，无论是王国领地封建割据和碎化的程度还是王权的衰弱程度都要远甚于前者①，因而卡佩王朝之初的国王们并无染指意大利、进军罗马的雄心壮志，而萨克森王朝的国王们屡次兴兵意大利，兵抵罗马城。罗马教皇秉持"择强汰弱"的原则也自然将德意志萨克森王朝的国王们作为自己扶立的对象，于是，德意志国王与罗马教皇之间的复杂关系就成了中世纪鼎盛时期政教关系的主旨内容之一。这一政教关系发展到顶点的一个标志性事件是 962 年教皇约翰十二

---

① 德意志萨克森王朝建立前后，德意志世界存在萨克森、法兰克尼亚、士瓦本、巴伐利亚和图林根五大公爵国，它们是从五大日耳曼部落的母体发展而来的，德意志国王不再像东法兰克王国时期由加洛林家族长期世袭，而是由大公爵选举产生。萨克森王朝建立之初的三位奥托王（奥托一世、奥托二世和奥托三世）采取联合中小地主和教会的策略抑制国内大公爵的势力，奥托一世一度成为西欧大陆最有实力的封建君王。而同时期的法兰西卡佩王朝仅能龟缩于塞纳河和卢瓦尔河之间的"法兰西岛"，国内存在诺曼底、安茹、勃艮第、布列塔尼、香槟、阿基坦、缅因、普瓦图等众多的封建公国、伯国，法兰西王国的国王对于国家的控制力较弱。

世为德意志国王奥托一世加冕，创立了"神圣罗马帝国"，自贝伦格一世被废黜，中断了38年之久的"罗马皇帝"的谱系序列重新得到了赓续并一直延续至1806年，法兰西第一帝国的皇帝拿破仑一世迫使神圣罗马帝国的皇帝弗朗茨二世放弃皇帝的头衔，这一帝国方才寿终正寝。神圣罗马帝国的立国理念与查理曼的加洛林帝国大致相同，是罗马帝国传统、基督教"世界主义"理论与日耳曼蛮族武力的一种结合，其皇帝既拥有世俗统治权，又享有教会的认可，被教会认定为上帝钦命的基督教世界的领导者，享有统辖基督教诸国乃至领导整个世界的天然权力，同时也负有保护教会、拯救全体基督徒灵魂的不可推卸的责任，其宗教地位和意义充满了正统而又神圣的色彩。后来，由于选王制度以及出兵意大利分散国力影响国内集权等因素的作用，神圣罗马帝国以皇帝为代表的中央权力极端涣散，国内存在着数百个乃至上千个公国、侯国、伯国、教会领、骑士领和自治城市等自治分裂的政治单位，神圣罗马帝国的皇帝对于国内这些林林总总的政治单位的统治权在很大程度上是一种流于形式的传统与名义。然而，这种形式上的传统与名义毕竟对于神圣罗马帝国内部政治邦国主权的形成构成了一种障碍，直至1618~1648年三十年战争结束，《威斯特伐利亚和约》签订后，神圣罗马帝国内部的政治邦国才彻底突破了神圣罗马帝国皇帝的"世界主权"，取得了主权国的地位。神圣罗马帝国在中世纪中后期乃至近代早期的长期存在，使德意志世界许多信奉"四大帝国"理论的神学家、史学家找到了理论依托的对象。神圣罗马帝国与古罗马帝国、拜占庭帝国的国号一样都拥有"罗马"的名号，而且在它建立的早期，神圣罗马帝国的三位奥托皇帝（奥托一世、奥托二世、奥托三世），尤其是奥托三世以在政治文化各领域继承古罗马帝国的风尚和传统为自己努力的方向，出现了所谓"罗马复兴"（Renovatio Imperii Romanorum）的思想和运动。"四大帝国"理论在萨克森王朝的继续发展既得益于这一思想和运动的熏陶与启蒙，同时也助推了这一思想和运动的深入发展。

"罗马复兴"的思想和运动并非萨克森王朝新生的历史现象。纵观中世纪西欧早期的历史，这一思想和运动不止一次出现过。笔者认为古罗马帝国享国长久，而且在诸多领域达到了人类上古时代文明发展的巅峰阶段，所以对于中世纪早期进入原罗马统治疆域内，经济文化相对较为滞后的各路蛮族而言，罗马是文明的图腾与象征，模仿和效法古代罗马是本族群摆脱落后状态从而步入文明阶段的必由之路。当然，此种以模仿和效法古罗马为特征的文明化在文明的表现形式上与古罗马文明有着些许的相似之处，但二者建立的基础却截然不同。前者建立在西欧封建制度的经济基础上，因而此种"复兴罗马"的思想和运动表面呈现"复古"的趋向，实质上却是推进前者实现基督教化和封建化的重要途径。东哥特王狄奥多里克在他的敕令诏书中多次表示"复兴罗马"的政治诉求，而东哥特人的罗马化是这一时期蛮族国家中最高的，马锋专门研究了东哥特人的罗马化问题，撰有《东哥特王国的罗马化》一文，认为东哥特人的罗马化进程以王国建立为界分为两个阶段。其罗马化十分全面，表现在文化教育、生活方式、思维方式、政治理念等诸多方面。[1] 拜占庭帝国在查士丁尼大帝统治时期开始了攻打汪达尔王国、东哥特王国和西哥特王国的收复失地运动，"复兴罗马"的思想与查士丁尼大帝收复失地的运动紧密地联系在一起。在查士丁尼及其后继者查士丁二世统治时期，拜占庭帝国的知识分子们在他们的各种撰著中表达了"复兴罗马"的政治诉求。如约翰·吕杜斯（John Lydus）在《罗马人的统治》（*De Magistratibus Populi Romani*）中强调查士丁尼复兴了属于罗马的一切。[2] 诗人科鲁皮斯在他的诗作《赞美小查士丁尼皇帝》（*In Laudem Iustini Augusti Minoris*）中以查士丁二世统治下的帝国复兴为主题。在加洛林王朝，查理曼、虔诚者路易和秃头查理三代帝王皆有"复兴罗马"的思想。875 年，秃头查理接受加冕成为皇帝，在他的御玺上刻有"罗马人和法兰克人的帝国复兴"（Renovatio Imperii Romanorum et Francorum）的题铭。[3] 在萨克森王朝，神圣罗马帝国的皇帝奥托三世的御玺刻有"罗马帝国的复兴"（Renovatio Imperii Romanorum）的题铭。据记载，奥托三世第一次使用这一御玺印于文书是在 998 年 4 月 28 日，他对爱因斯德恩修道院颁布了一道敕令，该

---

[1]　马锋：《东哥特王国的罗马化》，《世界历史》2020 年第 2 期。
[2]　Michael Maas, *John Lydus and the Roman Past: Antiquarianism and Politics in the Age of Justinian*, London and New York: Routledge, 1992, p.94.
[3]　Joseph Canning, *A History of Medieval Political Thought: 300-1450*, London and New York: Routledge, 1996, p.72.

敕令提到了克雷斯蒂乌斯被斩首和悬吊示众一事。①

提及萨克森王朝"复兴罗马"的运动不得不提该王朝与拜占庭帝国马其顿王朝的联姻。奥托大帝称帝如加洛林王朝查理曼称帝一样，对拜占庭帝国所一贯强调的自己是古罗马帝国的唯一继承者、基督教世界正统皇帝的主张构成了一种挑战和冲击，因而拜占庭帝国对于奥托大帝称帝的事实也经历了从抵触到被迫接受的过程。奥托大帝派赴拜占庭首都君士坦丁堡的使者曾向其禀报，拜占庭帝国的大臣并没有称呼奥托为皇帝，而是称呼他为国王。② 拜占庭帝国与神圣罗马帝国在有关意大利部分区域的归属问题上也发生了争执。967 年，奥托大帝向南扩展其领土版图，降服了意大利南部的几个公国——贝内文托、斯波莱托和卡梅里诺，贝内文托亲王铁头伦巴德的潘多夫被迫承认奥托作为他的霸主。但这一决定引起了拜占庭皇帝的不满，后者宣称自己对意大利南部的几个公国拥有统治权，拜占庭帝国也反对奥托使用"皇帝"这一称号，认为只有拜占庭皇帝尼基弗鲁斯二世·福卡斯才是古代罗马帝国的真正继承者。直至 972 年，拜占庭帝国皇帝约翰一世·齐米斯西斯在对外政策上为了集中力量对付保加尔人和基辅罗斯人，方才改变了其前任尼基弗鲁斯二世·福卡斯强硬不承认奥托一世皇帝头衔的政策。奥托一世为了加强萨克森王朝的正统性，采取与拜占庭帝国马其顿王朝结盟联姻的政策，他曾派遣克雷莫纳主教利乌特普兰德出使君士坦丁堡，拜占庭皇帝约翰一世·齐米斯西斯将斯科莱鲁家族的狄奥凡诺以公主的名义嫁给了奥托一世的儿子奥托二世。狄奥凡诺对于神圣罗马帝国宫廷文化艺术的"拜占庭化"有着深刻的影响，她在丈夫奥托二世崩逝，儿子奥托三世年幼之际，曾与奥托一世的王后阿德莱德联合摄政，狄奥凡诺不仅将拜占庭的威望带给了德意志，还带去了拜占庭的文化和艺术。萨克森王朝的宫廷效仿君士坦丁堡宫廷的辉煌和富丽堂皇，大量进口拜占庭式的奢侈品。一幅迄今尚存的象牙镶板体现了这一时期萨克森王朝宫廷艺术的拜占庭风格。这一象牙镶板可能是在西方雕刻而成的，但具有鲜明的拜占庭风格并用希腊语标记，展现了基督同时祝福奥托

① Gerd Althoff, *Otto III*, Phyllis G. Jestice trans., Philadelphia: Pennsylvania State University Press, 2010, p. 83.

② Jonathan Harris, *Byzantium and the Crusades*, London: Bloomsbury, 2014, p. 28.

二世和狄奥凡诺二人的场景。①

狄奥凡诺拜占庭公主的身份也对他的儿子奥托三世"复兴罗马"的思想产生了影响。"复兴罗马"的观念被史学家珀西·恩斯特·施拉姆（Percy Ernst Schramm）认定为奥托三世政策的核心和灵魂，他在自己撰著的《皇帝、罗马和复兴》（*Kaiser, Rom und Renovatio*）一书中表达了自己的这一观点。② 奥托三世父系和母系的血统分别源自基督教世界西方和东方的皇室家族，这一事实使奥托三世及其身边的近臣更加坚定地认定奥托三世拥有成为基督教世界最高统治者的合法性。因为母亲是源自拜占庭帝国的希腊人，奥托三世年轻时醉心于希腊文明。在与导师修道僧热尔贝的著名通信中，奥托三世祈求导师帮他学习希腊文化，为登皇帝位做准备。热尔贝复信说："我们所继承的是罗马帝国……你属于我们。你是罗马人的皇帝和奥古斯都，有希腊皇室的血统，但你拥有的帝国权势压过了希腊人，凭继承权你要统治罗马人。你的与生俱来以及后天的文化素质使你既超过罗马人，又超过希腊人。"③ 998 年早期，奥里亚克的吉尔伯特（Gerbert of Aurillac）在他谨致奥托三世的著作《理性和理性运用之书》（*Libellus de Rationali et Ratione Uti*）的序言中，赞扬了奥托三世的统治，将奥托三世与拜占庭皇帝的统治诉求进行了对比。他认为意大利的丰饶赐予了神圣罗马帝国力量，高卢和日耳曼尼亚人丁兴旺，类似斯基泰人那样彪悍民风的土地，我们并不缺乏。您是我们罗马人的皇帝，奥古斯都或恺撒。您源自希腊人最高贵的血脉，这一血脉有着凌驾于希腊人之上的权威。您是通过合法继承统辖罗马人的，在精神和口才方面皆超越了他们。④ 吉尔伯特在谨致奥托三世的一封信中，写有著名的欢呼之词"我们的国家是

---

① Fred S. Kleiner, *Gardner's Art through the Ages: The Western Perspective*, Australia: Wadsworth Cengage Learning, 2001, p. 306.

② Percy Ernst Schramm, *Kaiser, Rom und Renovatio: Studien zur Geschichte des Römischen Erneuersgedankens vom Ende des Karolingischen Reiches bis zum Investiturstreit*, Darmstadt: Wissenschaftliche Buchgesellschaft, 1962, S. 116–118.

③ 〔奥地利〕弗里德里希·希尔：《欧洲思想史》，赵复三译，广西师范大学出版社，2007，第 69 页。

④ Gerd Althoff, *Otto III*, Phyllis G. Jestice trans., Philadelphia: Pennsylvania State University Press, 2010, p. 83.

罗马帝国"①。

　　萨克森王朝的皇帝们在政治领域也不断践行"复兴罗马"的政策，突出表现为多次出兵意大利，进军罗马，弭平意大利地区的反叛势力，将古代罗马帝国的核心地区意大利半岛中北部纳入神圣罗马帝国的版图内。961 年，罗马教皇约翰十二世为了对付意大利国王贝伦加尔二世的威胁，向德意志国王奥托一世求救，奥托率军弭平了罗马的叛乱，吞并了伦巴底国家，扶正了教皇的位子。为了感激奥托一世的救助之恩，962 年 2 月 2 日，约翰十二世在罗马圣彼得大教堂为奥托一世加冕。但不久之后，约翰十二世因不肯俯首听命于奥托一世而与后者闹翻，转而投靠昔日的敌人意大利国王贝伦加尔二世，将皇位转赠给了贝伦加尔二世。奥托一世召集宗教会议废黜了反复无常的约翰十二世，另立新教皇利奥三世。奥托一世与教皇签订了《奥托特权协定》，该协定确定了教皇绝对效忠皇帝，教皇继承人选由皇帝决定的原则。奥托一世之子奥托二世也继承了父亲的意大利政策，于 981 年率领大军入侵意大利。盘踞西西里岛的阿拉伯埃米尔阿布·阿尔·卡西姆打着"圣战"的旗号渡海向意大利发动进攻，拜占庭帝国与阿拉伯结成了对抗奥托二世的联盟，在卡拉布里亚战役中击败了奥托二世。奥托二世之子奥托三世同样试图建立控制意大利并掌控罗马教皇的罗马帝国霸权。罗马教皇克雷森蒂乌斯二世发动了反对奥托三世的叛乱，奥托三世两次进军意大利，两次废黜了克雷森蒂乌斯二世并将两位顺从自己的教皇格雷戈里五世和希尔维斯特二世扶上了教皇的宝座。其中，格雷戈里五世是奥托三世的堂兄弟，也是第一位德国籍的罗马教皇。神圣罗马帝国的皇帝进军意大利和控制罗马教廷的政策是他们为自己的罗马皇帝名号寻求合法性的必然举措，因此他们为盛名所累，几乎每位神圣罗马帝国的皇帝在继位之初都会率军进军罗马，兵临罗马城并在罗马圣彼得大教堂由罗马教皇加冕，唯有在罗马城加冕的德意志国王才是名副其实的神圣罗马帝国皇帝。这一政策在短时间内使得神圣罗马帝国获得了相较于其他西欧封建国家更

---

① Gerd Althoff, *Otto III*, Phyllis G. Jestice trans., Philadelphia: Pennsylvania State University Press, 2010, p. 84.

高的国际地位，但从长远来看，这一政策对于神圣罗马帝国的内部整合极为不利。神圣罗马帝国的皇帝将更多的精力用于征服意大利以及同罗马教皇之间展开控制与反控制的博弈，因而无力对国内诸侯显贵进行整合。神圣罗马帝国在中世纪晚期没有像英、法、西班牙等西欧国家那样走上加强王权和中央集权之路，而是以皇权徒具虚名、帝国领地极端碎化、国内诸侯强横的政治形态出现在中古晚期和近代早期西欧的政治舞台上。依照基督教神学理论，神圣罗马帝国是基督教世界性帝国，其皇帝负有排除民族之间的藩篱、使各民族共同服侍万王之王基督的神圣使命，因而萨克森王朝初期的三位奥托皇帝都大力向东方斯拉夫人居住的异教文明区传播基督教，这与德意志封建主不断向东部斯拉夫人居住区扩展土地、掠夺奴隶和财富的"东进运动"相呼应，一同扩展了神圣罗马帝国的版图和基督教文明的区域。在"东进运动"中，奥托一世重用帝国主教，使他们成为帝国的高层贵族。在这些主教中，列日的诺特克可以算作最好的代表，他有一大批管家、侍从、武士和僧俗贵族簇拥前后，"这位列日的主教坐在他的座椅中，掌握着世俗与灵性的两把宝剑，既是王侯又是大祭司"①。这些帝国主教们执行帝国对东方斯拉夫人传教的政策。

　　"复兴罗马"的思想主要表现在神圣罗马帝国皇帝恢复罗马霸权的政策以及模仿罗马、拜占庭的建筑和礼仪等方面的尝试。当时的一些知识分子在文化传播领域以书信、诗歌、著作等多种文化形式表达这一思想。"复兴罗马"的思想进一步印证了"四大帝国"理论所强调的神圣罗马帝国是古罗马帝国延续的神学观点，而"四大帝国"理论所强调的神圣罗马帝国是古罗马帝国延续的神学观点又赋予了神圣罗马帝国的皇帝、显贵和臣民一种自信，使他们以古罗马帝国为效仿和学习的榜样，二者互为表里。普特尔（Pütter）就曾提及"四大帝国""帝国权力转移"理论对于推动神圣罗马帝国"复兴罗马"思想和运动的作用，他认为接受"帝国权力转移"理论是日耳曼人接受罗马法的必要条件："查士丁尼的法典进

---

　　① 〔奥地利〕弗里德里希·希尔：《欧洲思想史》，赵复三译，广西师范大学出版社，2007，第 69 页。

入了德意志，因为人们认为日耳曼人属于罗马帝国，而德意志皇帝是查士丁尼大帝的继任者。皇帝是世界的统治者，帝国法规则是整个基督教世界的法则。"① 萨克森王朝"奥托文艺复兴"中的女诗人霍洛兹维斯（Hrotsvith）也是一位深受"帝国权力转移"理论熏陶的知识分子。对她来说，神圣罗马帝国的皇帝既是神与世人的中介，又是教会的保护之主，她称其为"我们的所罗门""大卫"，以表明人们对于神圣罗马皇帝的虔诚信仰超过了以前对于国王的信仰。她歌颂奥托大帝为基督战胜了在神圣罗马帝国境外的异教民族，实践了他在加冕实践中的许诺，建立了唯一真正的和平秩序：基督教会的和平。② 各种手稿证据显示，奥托三世本人对于"四大帝国"理论颇为熟知。奥托三世私人图书馆收藏的两份手稿抄本（Bamberg Staatsbibliothek MSS 22 and 76）都是在赖歇瑙修道院被创作的。这两份手稿最初是被作为一个单独的抄本连缀在一起的，其中包含《但以理书》、《以赛亚书》和《雅歌》的著名抄本，以及摘抄自哲罗姆的注疏。③ 奥托三世"四大帝国"的思想可能也受到了维切里主教兼奥托三世宫廷中书令利奥的触动和影响。维切里主教利奥 998 年撰有《教皇格雷戈里和奥古斯都奥托之歌》（*Versus de Gregorio et Ottone Augtisto*），这首诗歌将巴比伦（当时的阿拉伯）和希腊（当时的拜占庭）都罗列到臣属于奥托三世的属国行列中。维切里主教利奥如此安排，也是受到了但以理所解的"大像"梦的影响，认为人类历史将会经历前后相继的巴比伦、波斯、希腊和罗马四大帝国。神圣罗马帝国是古罗马帝国的继续，维切里主教利奥寄希望于奥托三世，希望他能够复兴罗马帝国："主啊，请理解我们这些祈祷者。注视着您的罗马，虔诚地使罗马人获得新生；激发罗马的力量；让罗马在奥托三世的统治下崛起为帝国。"④ 除此之外，维切里

---

① Peter Hanns Reill, *The German Enlightenment and the Rise of Historicism*, Berkeley: University of California Press, 1975, p. 183.
② 〔奥地利〕弗里德里希·希尔：《欧洲思想史》，赵复三译，广西师范大学出版社，2007，第 67 页。
③ Royal Historical Society, *Transactions of the Royal Historical Society*, Cambridge: The Cambridge University Press, p. 85.
④ Leo von Vercelli, "Versus de Ottone et Heinrico," in karl Strecker ed., *MGH*, *Poetae Latini Aevi Carolini*, Tomvs V., Lipsiae: Karl W. Hiersemann, 1937, p. 477.

主教利奥 1002 年还撰有《奥托和亨利之歌》（*Versus de Ottone et Heinrico*），这首诗歌哀悼了奥托三世的早逝并庆贺 1002 年亨利二世的登基。在描述奥托三世崩逝悲怆的场面时，这首诗歌描摹了天地发生的诸种变化，并认为此种天候征兆的出现可能是基督预言的一种暗示，即太阳和月亮在人子降临之前会变黑，也就是世界末日将要降临。这种认知恰好与当时的人们对于世界末日将于公元 1000 年降临的恐慌心理相呼应。在神圣罗马帝国皇帝和罗马教皇之间的关系问题上，维切里主教利奥是一个坚定的拥皇派。他在《奥托和亨利之歌》中写道："教皇啊，要喜乐。恺撒要欢喜！教会啊，要高兴！让罗马充满欢乐！让宫廷开展庆贺！在恺撒大帝的统治下，罗马教廷净化了整个世界。"①

"四大帝国"理论在萨克森王朝的宫廷和知识分子圈子内流行。这一理论对这一时期神圣罗马帝国的史学编纂有着重要的影响，史家在他们的历史编纂中融入了这一理论，普特尔对此有过较为深刻的评论："'四大帝国'理论构成了 11 世纪历史意识的核心，它奠定了人们编排过往、目前和未来的框架。它的力量源自宗教基础。在一个宗教融入了社会生活各个方面的时代里，人们不得不转向圣经权威，寻求圣经权威支持的历史观念。"② 基于这一理论，神圣罗马帝国处于人类历史的第四大帝国——罗马帝国阶段，神圣罗马帝国皇帝的谱系能够一直追溯到查理曼、查士丁尼大帝和君士坦丁大帝。正如普特尔所论述的那样："按照但以理的预言，罗马是第四大帝国，注定要持续至世界的尽头，那么，人们自然不可避免地相信君士坦丁大帝和查士丁尼大帝是查理大帝、奥托大帝的前身，以及所有后来的皇帝们的地位是相同的。"③

在从东法兰克王国向中世纪德意志封建王国过渡过程中，第一部重要的历史著作是考伏依的维杜金德的《萨克森事迹》。在查理曼征服萨克森地区的历史中也曾有一位与之同名的萨克森人公爵。维杜金德公爵为了维

---

① Leo von Vercelli, "Versus de Ottone et Heinrico," in karl Strecker ed. , *MGH*, *Poetae Latini Aevi Carolini*, Tomvs V. , Lipsiae: Karl W. Hiersemann, 1937, p. 480.

② Peter H. Reill, *The German Enlightenment and the Rise of Historicism*, Berkeley: University of California Press, 1975, p. 182.

③ Peter H. Reill, *The German Enlightenment and the Rise of Historicism*, Berkeley: University of California Press, 1975, p. 182.

护萨克森人的独立地位曾与法兰克人的大军英勇拼杀，但这位与之同名的史家对于法兰克人及其领导者查理曼的态度迥异。关于维杜金德的生平，后人所知甚少。他可能是考伏依修道院的隐修士，他的《萨克森事迹》是献给德意志萨克森王朝首任国王，也是神圣罗马帝国首任皇帝奥托一世的女儿玛蒂尔达公主的，以求献媚于后者求托后者能够荫庇考伏依修道院。他的这部著作特别强调萨克森人的民族自豪感，而神圣罗马帝国首个王朝的王室家族又出身于萨克森地区，与历史上萨克森人的民族英雄维杜金德有着亲缘关系，所以考伏依的维杜金德的《萨克森事迹》渲染萨克森历史上的英雄有讨好王室的嫌疑。对于奥托一世创立的神圣罗马帝国的神学历史地位，维杜金德没有直接描写"帝国权力转移"，但确以一种间接的形式呈现这一主旨。海因里希·霍夫曼认为萨克森王朝的史家热衷于描写查理曼皈依萨克森人的事迹，通过渲染查理曼扩张基督教帝国的王者形象，为王权或帝权延续的历史合法性提供一种支持性的依据，由此将查理曼跟君士坦丁联系到一起，标志着帝权从君士坦丁转移至查理曼再转移至萨克森王朝皇帝们的合法性。[1] 考伏依的维杜金德就是如此处理神圣罗马帝国与历史上加洛林帝国之间关系的。这样处理的一个结果就是萨克森王朝的史家对于查理曼和法兰克人的态度由历史上的仇恨转变为亲善。查理曼征服萨克森杀人无数，屠戮甚重，引起了萨克森人的仇恨和多次反抗，但考伏依的维杜金德把查理曼描写成向萨克森人传播基督福音的使徒，而法兰克人与萨克森人之间的关系也不再是征服与被征服、统治奴役与被统治奴役的关系，而是朋友加兄弟的关系，二者因为共同信仰基督教已经融为一个民族：

> 查理曼不仅跻身于最伟大君王的行列，他的权力与他的智慧是相称的。在他的时代无人能超越查理曼的智识，他认为放任一个邻近和高贵的民族被一个徒劳无益的错谬所蒙蔽是不合时宜的。他使用一切手段迫使他们回到正确的道路。他有时使用诱导的手段，有

---

[1]　Heinrich Hoffmann, *Karl der Grosse im Bilde der Geschichtschreibung des Frühen Mittelalters (800-1250)*, Berlin: E. Ebering, 1919, S. 69-70.

时通过发动战争。最终，在他统治的第 30 年——他从一位国王跃升为一位皇帝——他最后达到了他多年奋斗从未停歇的目标。结果，法兰克人曾经的那些同伴和朋友如今成了他们的兄弟。正如我们今天所看到的，仿佛这些法兰克人通过基督教信仰都被转变成了一个民族。①

　　学术界普遍认为编年史家维杜金德通过"友谊"将萨克森人与法兰克人永久结合在一起的想法——查理大帝出于一种责任感，迫使他照顾一个"拥有友谊"的族群，经过近 30 年的血腥战斗，征服了萨克森人，使他们不至于停留在异教的谬误中，在编年史家维杜金德构建萨克森人历史的框架结构中发挥了基本的作用。对维杜金德来说，这种"友谊"思想是柳多芬（Liudolfing）的亨利一世对东法兰克人国家进行统治的"帝国权力转移"概念的思想基础。②

　　这样一来，奥托一世创立的神圣罗马帝国就因为帝权的转移成了加洛林帝国的继承者。奥托王朝最重要的一部编年体史书是《蒂特玛尔编年史》。梅泽堡主教蒂特玛尔是萨克森伯爵西格弗里德一世的儿子，是神圣罗马帝国皇权的坚定拥护者，他的编年史遵循了中世纪编年史叙事的形式路径，没有再赘述那些已经广为人知的《圣经》前事，而是"当朝人写当朝事"，从萨克森王朝第一位国王捕鸟者亨利开始写起，一直写到 1018 年。这样他在形式上就舍弃了"四大帝国"前后相继的完整时间线索，但"形弃神不弃"，但以理的神学理念被他融入了编年史的撰写中。第一，蒂特玛尔在时间观方面跟那一时期大多数的知识分子一样是暗淡的灰色，认为自查理曼之后，世俗统治者"一代不如一代"，是世界走向末日的征兆，"……人们见证了某位智者写下的那个预言的实现，先是黄金时

①　Widukind of Corvey, *Deeds of the Saxons*, Bernard S. Bachrach trans., Washington, D. C.: The Catholic University of America Press, 2014, p.26.
②　秉持这一观点的学者有汉斯·W. 戈茨、雷因哈德·克拉茨、沃尔夫冈-冯仑、沃尔夫冈-埃格特、芭芭拉-佩措尔德，参见 Andrzej Pleszczynski, *The Birth of a Stereotype: Polish Rulers and Their Country in German*, Leiden: Brill, 2011, pp.56-57。

代，然后是白银，然后是铁……"① 第二，蒂特玛尔对于奥托大帝的评价很高，认为 962 年奥托被教皇加冕称帝是暗淡无光时代中的一抹阳光，他把这一事件比作奥托一生中的黄金时代。加洛林王朝晚期和奥托王朝早期的编年史家习惯于使用金、银、铜、铁等硬度、强度各有不同的金属指示国事的好坏强弱、时代气运的盛衰。结巴诺特克在《查理大帝事迹》中最为全面地使用了金属的隐喻，蒂特玛尔在他的编年史中也使用了金属的隐喻。他用黄金比拟奥托一世的加冕称帝，随后话锋一转，提到"在我们中间，第一次，银矿的矿脉被发现。"② 这一银矿矿脉通常被学者们认定为位于戈斯拉尔（Goslar）附近的拉穆尔斯贝格（Ramelsberge），但现在的考古发掘显示这一地区在历史上并不存在银矿矿脉，所以蒂特玛尔在黄金描述之后的白银叙述并非历史事实的真实记载，也不是他无意为之的一处随笔，而是与黄金描述联结起来起到起承转合作用的一个隐喻。结巴诺特克、蒂特玛尔等史家都认为查理曼时代是一个黄金的时代，随后国势时运日下，处于一种历史不断后退的状态，但萨克森王朝的奥托一世"逆天改命"，是查理曼之后最伟大的统治者，"自查理大帝以来，再也未有过如此伟大的统治者和祖国的捍卫者拥有皇位"③。因此蒂特玛尔认为奥托一世统治时期又是一个新的黄金时代，他所生活的时代稍晚于奥托时代自然是白银时代，故而才会出现首次发现银矿这样的祥瑞之兆。麦克杨森认为蒂特玛尔参考《但以理书》中尼布甲尼撒梦幻启示的故事，在《蒂特玛尔编年史》中宣布，奥托一世统治时期的黄金时代将被金属和铁的时代所取

---

① "但我也将这样结束这本书，自查理大帝以来，再也未有过如此伟大的统治者和祖国的捍卫者拥有皇位。正如我所提到的，许多最优秀的人都在他之前去世了，但所有幸存的人都记得那个愉快的时代，不喜欢也不追随现在出现的新方式。相反，他们心甘情愿地坚持古代真理和正义的正确道路，直到生命的最后一刻。因为那时他们见证了一位智者写下的预言的实现。首先是黄金时代。然后是银，然后是铁。" Thietmar, *Ottonian Germany: The Chronicon of Thietmar of Merseburg*, David A. Warner trans., Manchester: Manchester University Press, 2001, p. 124.

② Thietmar, *Ottonian Germany: The Chronicon of Thietmar of Merseburg*, David A. Warner trans., Manchester: Manchester University Press, 2001, p. 101.

③ Thietmar, *Ottonian Germany: The Chronicon of Thietmar of Merseburg*, David A. Warner trans., Manchester: Manchester University Press, 2001, p. 124.

代。① 蒂特玛尔还在编年史中刻意凸显奥托与查理曼之间神学意义上的权力继承关系，如他描写奥托希望延续罗马人的古老习俗，模仿查理曼端坐在圆桌前高高在上的御座上独自用膳。由于他对查理曼骸骨安放的位置有疑虑，他秘密将假定的骸骨安放之地的路面铲掉，并进行挖掘，直到骸骨在王座上被发现。他取走了查理曼脖颈上的金十字架和部分衣物……②

萨克森王朝奥托大帝统治时期适逢千禧年，即公元 1000 元即将到来之际，而基督教素有世界末日将会于千禧年来临的说法，某些教派领袖因恐惧末日的到来开始在下属中煽动恐惧千禧年的绝望情绪。蒂特玛尔对这种煽风点火的行为予以强烈的抵制，他有一种推迟世界末日来临的情结。他认为："没有人……可以宣布最后的审判日即将来临，只要最后的决裂（discessio）还没有到来，'敌基督'还没有到来，就不应该宣扬，也不应该在基督徒中造成动荡。""没有人应当质疑最后的审判会到来，人们也不应当希望它会迅速到来，因为对于义人和罪人那都将是可怕的。"③ 与《蒂特玛尔编年史》不同，《奎德林堡年代记》的女性作者似乎对于世界末日的来临有着较为迫切的心情。《奎德林堡年代记》可能是由奎德林堡修道院中的一位修女于 1008~1030 年所编纂的。该年代记从亚当一直叙述至 1030 年，分为多个部分，其中从亚当至 680~681 年第三次君士坦丁堡公会议这部分内容借鉴自哲罗姆、伊西多尔、比德的编年史，行文采用的是世界编年史的结构形式，如遵循"六个时代"的结构。852 年之后开始出现原始记载，993 年起有关奎德林堡及其周边事件的细节描写开始增多。《奎德林堡年代记》主要致力于神圣罗马帝国萨克森王朝历史和奎德林堡修道院历史的记载，她从末日启示的视角记载某些历史，如将 996~997 年操控罗马教会，发动叛乱反对奥托大帝的克雷森提乌斯（Crescentius）称为

---

① Mike Janßen, *Wie das Leben so der Tod Sterbedarstellungen von Kaisern und Königen in der Historiographie des Früheren Mittelalters*, Göttingen：V&R Unipress, 2021, S. 288.

② Thietmar, *Ottonian Germany: The Chronicon of Thietmar of Merseburg*, David A. Warner trans., Manchester：Manchester University Press, 2001, p. 185.

③ Thietmar, *Ottonian Germany: The Chronicon of Thietmar of Merseburg*, David A. Warner trans., Manchester：Manchester University Press, 2001, p. 365.

"撒旦之臣"。①《奎德林堡年代记》倾向于奥托大帝的政治立场与其所引用的史料的立场有关。《奎德林堡年代记》是在已经散佚的《希尔德斯海姆大年代记》的基础上撰写而成的，希尔德斯海姆主教是伯恩沃德，他与奥托王室之间有着密切的联系。②

第二节　弗莱辛主教奥托《编年史》蕴含的神学历史哲学

一　弗莱辛主教奥托其人和他的《编年史》

弗莱辛主教奥托是 12 世纪神圣罗马帝国著名的编年史家、西多会修士、莫利蒙顿修道院的院长、弗莱辛主教区的主教，著有《编年史》（又名《双城编年史》）和《弗里德里希大帝传》。弗莱辛主教奥托出生于神圣罗马帝国皇亲贵族家庭，父亲是奥地利侯爵利奥伯德三世，妻子埃戈斯是神圣罗马帝国皇帝亨利四世的女儿，与神圣罗马帝国境内多个强势人物如蒙福拉侯爵威廉五世、霍亨斯陶芬王朝的腓特烈一世都存在着姻亲关系。弗莱辛主教奥托本人与神圣罗马帝国的皇室家族的这种姻亲关系可能影响到他的撰史。他在运用神学历史哲学撰写王朝史时把神圣罗马帝国的皇帝描绘成"受命于天"，最终将完成上帝赐予的神定使命，引领人类走向世界末日。奥托的生平事迹不详，从各种不完整的历史记载来看，他曾任事实上掌管整个巴伐利亚地区的弗莱辛主教区的主教。该主教区被霍亨斯陶芬家族和伍尔夫家族争夺，处于政治斗争夹缝中，各种事务荒疏，教会萧条，但奥托上任后排除万难，使弗莱辛主教区的教俗事务都得到很好的管理。为了改善弗莱辛主教区发展的地缘环境，奥托还积极插手世俗政治事务，可能在 1156 年巴伐利亚公爵领地争端的解决中起到了一定的作用。弗莱辛主教奥托生活在十字军东征最为活跃的历史时期，他本人也曾作为东征的十字军远赴耶路撒冷征战，但在第二次十字军东征的过程中，

---

① Tsvetelin Stepanov, *Waiting for the End of the World: European Dimensions, 950 – 1200*, Leiden: Koninklijke Brill NV. , 2019, p. 53.

② Tsvetelin Stepanov, *Waiting for the End of the World: European Dimensions, 950 – 1200*, Leiden: Koninklijke Brill NV. , 2019, p. 53.

弗莱辛主教奥托率领的部队遭受了重挫并被迫撤回巴伐利亚。弗莱辛主教奥托是个颇具才干的通才，他在巴黎读书时对哲学很感兴趣，据称他是最早将亚里士多德的哲学引入德意志的人。他还通晓文学、农学，曾将拉丁文字和制酒等技术引入奥地利某些发展滞后的地区。弗莱辛主教奥托于1158年9月22日在莫里蒙顿去世。

弗莱辛主教奥托的《双城编年史》中的"双城"指的是耶路撒冷和巴别，也就是"上帝之城"和"尘世之城"——天国和地国。这本编年史从人类始祖亚当开始写起直至1146年。弗莱辛主教奥托撰写《双城编年史》的时间大概在德意志爆发内战期间（1143～1146），弗莱辛主教奥托收笔后，圣布拉西修道院院长奥托又对《双城编年史》进行了续写，从1146年写到1209年。弗莱辛主教奥托的《双城编年史》在某种程度上遵循了奥古斯丁和奥罗修斯所设定的神学历史哲学模式，展现长时段的世界历史，同时又增添了某些带有时代特征的要素，在中世纪西欧编年史的发展历程中占有重要的地位。

二　"四大帝国"的结构原则

弗莱辛主教奥托在《双城编年史》中延续了"四大帝国"的结构原则。他以但以理梦幻启示中所见到的四只巨兽为依据，依次撰写亚述或巴比伦、波斯、马其顿、罗马四大帝国的历史。弗莱辛主教奥托对传统的"四大帝国"模式做出了修改，认为法兰克帝国是一个全新的帝国。弗莱辛主教奥托严格遵循"四大帝国"的结构模式，认为但以理在梦幻启示中仅仅见到了四只巨兽，因此在中世纪先后建立起来的拜占庭帝国、法兰克帝国、神圣罗马帝国均为古代罗马帝国的继续，而非一个个新的帝国，也就是说，弗莱辛主教奥托认为自己仍旧生活在罗马帝国的时代。经过这种理论的解释，但以理梦到的那只象征着罗马帝国的十角巨兽就存在了千年之久并经历了多次变幻而不灭，成了弗莱辛主教奥托以经解史的一个重要例证。

然而，拜占庭帝国、法兰克帝国、神圣罗马帝国又在地域范围、民众族属、首都所在地等方面与古代罗马帝国存在着显而易见的不同，弗莱辛主教奥托沿用中世纪流行的"帝国权力转移"理论加以解释，以求既能迎合但以理"四大帝国"的梦幻启示，又能合理地解释这些显而易见的不同。他认为罗马帝国的统治权在不断地转移，先从罗马转移到君士坦丁堡，继而又转移到法兰克，最后转移到德意志，并把希腊人、法兰克人、德意志人统统认定为罗马帝国的承载者。在叙述君士坦丁大帝迁都时，弗莱辛主教奥托写道："从那时（指君士坦丁迁都拜占庭）起，我们发现罗马人的统治权转移给了希腊人。由于君士坦丁堡独一无二的崇高地位，对于世界的统治权与该城的名字连在了一起，尽管在事实上这一权力转入了希腊人之手。"① 弗莱辛主教奥托对于法兰克帝国的叙述并不太长，因为正如他所言："上帝不愿意法兰克人的王国——像古罗马帝国那样在经历了无数变幻之后才走向灭亡……上帝允许王国可悲地自我解体，自行走向衰朽和灭亡。"② 但他认为 800 年查理曼加冕标志着罗马帝国统治权的再次转移："罗马人的政府自从君士坦丁大帝开始一直到现在始终以皇帝的城市——君士坦丁堡作为驻地——然而现今却转移至法兰克人那里。"③ 弗莱辛主教奥托在《双城编年史》中阐释了罗马帝统延续的线索，这条线索从奥古斯都一直延续至神圣罗马帝国霍亨斯陶芬王朝的皇帝腓特烈一世。从屋大维·奥古斯都开始至狄奥多西大帝为止，罗马帝系分离为东罗马和西罗马。从东罗马（拜占庭）皇帝芝诺开始，罗马的帝系又复合了，直至伊琳娜统治时期，罗马的帝统又由法兰克人的查理大帝承袭。据弗莱辛主教奥托《双城编年史》的记载，查理大帝是第 69 位罗马皇帝。④ 9 世纪中叶，法兰克帝国爆发了长期的内战并于 843 年《凡尔登条约》签订后一分为三。尽管法兰克世界曾在胖子查理时代获得了短暂的统一，但由于卡林西亚的阿尔努夫的叛乱，帝国又一次陷入了分裂。962 年，德意志国王、萨克森公爵奥托一世在罗马城被教皇约翰十二世加冕为罗

---

① Otto, Bishop of Freising, *The Two Cities: A Chronicle of Universal History to the Year 1146 A. D.*, Charles Christopher Mierow trans., New York: Columbia University Press, 2002, p. 283.

② Otto, Bishop of Freising, *The Two Cities: A Chronicle of Universal History to the Year 1146 A. D.*, Charles Christopher Mierow trans., New York: Columbia University Press, 2002, p. 357.

③ Otto, Bishop of Freising, *The Two Cities: A Chronicle of Universal History to the Year 1146 A. D.*, Charles Christopher Mierow trans., New York: Columbia University Press, 2002, p. 353.

④ Otto, Bishop of Freising, *The Two Cities: A Chronicle of Universal History to the Year 1146 A. D.*, Charles Christopher Mierow trans., New York: Columbia University Press, 2002, p. 31.

马皇帝，一个以操"条顿语"的日耳曼人为主体的"罗马帝国"建立起来了，自此开启了800余年的神圣罗马帝国的历史。弗莱辛主教奥托也如实记载了罗马帝统的这些转移和变化，查理之后是路易、罗退尔直至阿尔努夫。随后，罗马帝统由伦巴德人（意大利人）承袭，最初是路易直至阿尔伯特。随后，罗马帝统由德意志人承袭，从奥托直至腓特烈。[①] 与法兰克史家所不同的是弗莱辛主教奥托认为962年奥托大帝的加冕意味着"继法兰克人及伦巴德人的统治后，罗马人的统治主权转移至德意志人那里"[②]，而德意志人将最终完成上帝赐予的神定使命并迎来世界的末日。

三 悲观灰色的认知

弗莱辛主教奥托对"罗马帝国"的认知基本上是灰色的，写作的旨趣仍是向往天国，准备迎接末日审判的到来。弗莱辛主教奥托全盘接受了奥古斯丁的"世界末日"以及"上帝之城"和"尘世之城"的"双城论"思想，认为神圣罗马帝国是人类历史发展的最后一个阶段，霍亨斯陶芬治下的种种乱象是"敌基督"肆意妄为的结果。弗莱辛主教奥托在《双城编年史》中描述了"敌基督"的生活和行为。弗莱辛主教奥托描述的"敌基督"基本上是一个抽象的人物，只有较为模糊的人类特征，其出生和成长环境均被忽略，关于其到来前的迹象几乎完全抄袭了圣保罗写给帖撒罗尼迦人的第二封信。[③] 弗莱辛主教奥托认为"敌基督"的到来将会有三种表征：人们在信仰上没落、罗马帝国的正义性倒退、教会的信仰者背离。[④] "倒退、没落"是"敌基督"在基督为王

---

① Otto, Bishop of Freising, *The Two Cities: A Chronicle of Universal History to the Year 1146 A. D.*, Charles Christopher Mierow trans., New York: Columbia University Press, 2002, pp. 450-451.

② Otto, Bishop of Freising, *The Two Cities: A Chronicle of Universal History to the Year 1146 A. D.*, Charles Christopher Mierow trans., New York: Columbia University Press, 2002, p. 383.

③ Hiram Kümpe, "Apocalyptic Thought in Medieval German Historiography: Otto of Freising and Beyond," in Michael A. Ryan ed., *A Companion to the Premodern Apocalypse*, Boston: Brill, 2016, p. 236.

④ Hiram Kümpe, "Apocalyptic Thought in Medieval German Historiography: Otto of Freising and Beyond," in Michael A. Ryan ed., *A Companion to the Premodern Apocalypse*, Boston: Brill, 2016, pp. 236-237.

的千年王国到来之前，迫害基督教徒和压迫世界的途径与形式。根据弗莱辛主教奥托的说法，"敌基督"的压迫将通过三个人来实现，与基督教"圣三一"的说法恰好匹配，而他自己仅通过说教和制造虚幻神迹的方式蛊惑人心却不亲自施加压迫。一位受其蛊惑的世俗统治者会亲自压迫人们，而魔鬼会伪装成龙恐吓这个世界。①

　　弗莱辛主教奥托认为"敌基督"将会对全人类施以强烈的迫害，其中聪慧的人和忠贞的人会受到压抑，而迟钝的人则会被"敌基督"轻易诱惑，沦为他的积极帮手。②"敌基督"的恐怖统治结束后就身亡了，他的死呼应了世界不断走向末日的神定宿命。不过，在耶稣基督最后审判前，尘世并没有立即终结，而是会经历一段明显的恢复期。弗莱辛主教奥托强调，这仅仅是神给予人们的一个悔改的时期，而不是一个和平与安宁的时代。随后，世界将会灭亡，不过此种灭亡与大洪水时代的灭亡不同，因为一个全新的基督为王的新世界将会从尘世灭亡的灰烬中诞生。弗莱辛主教奥托认为他所处的时代是"最后一位世界皇帝"的势力走向没落的时代，教皇格雷戈里对于亨利四世的绝罚意味着"尘世之城"的力量正在走向衰竭，也是"敌基督"势力崛起的时代，"上帝之国"曙光初现的时代。在这个新旧转轨的时代里，善恶并存是其基本的特征。第二次十字军东征的失败和德意志世界内战的爆发标志着邪恶的"敌基督"的力量在逐渐滋长，但善的力量也在萌生，诸如人们狂热参加十字军，教会的理念在某些领域得以落实。总之，弗莱辛主教奥托的《双城编年史》把作者所处的时代描述成世界末日即将临近的一个时代，神圣罗马帝国皇帝腓特烈一世为了了解上帝复临人间"末日审判"之时世界会变成什么样子，曾致信弗莱辛主教奥托，命他将《双城编年史》的一份抄本呈献给他。③

---

① Otto, Bishop of Freising, *The Two Cities: A Chronicle of Universal History to the Year 1146 A. D.*, Charles Christopher Mierow trans., New York: Columbia University Press, 2002, pp. 458-459.

② Hiram Kümpe, "Apocalyptic Thought in Medieval German Historiography: Otto of Freising and Beyond," in Michael A. Ryan ed., *A Companion to the Premodern Apocalypse*, Boston: Brill, 2016, p. 237.

③ Joachim Bumke, *Courtly Culture: Literature and Society in the High Middle Ages*, Thomas Dunlap trans., Oxford: University of California Press, 1991, p. 462.

四　德意志民族主义和民族自豪感

　　弗莱辛主教奥托在撰史的过程中赋予了四大帝国更替理论以"民族性"的内涵，基督教会认为一切民族的人都是上帝的子民，在上帝面前无任何的差别可言。奥古斯丁在《上帝之城》中指出，世界的历史是光明的世界取代黑暗的世界的历史。在这一过程中，人类是一个整体，整个人类朝着上帝规定的目标行进。故而，基督教会反对狭隘的民族和国家观念并积极实践"天下一家"的世界主义宗旨，信奉这一宗旨的基督教史家依照整体的世界史观撰写历史。事实上，四大帝国更替的理论本身就是建构在整体世界史观的基础之上的，这一理论构拟了四个前后相继的世界性帝国，它们受上帝之命统辖整个人类世界。弗莱辛主教奥托一方面努力实践整体的世界史观，另一方面在此过程中有意识地赋予其"民族性"内涵，如"弗莱辛主教奥托将基督教神学和国家民族的现实利益密切联系起来。他在奥古斯丁双城理论的基础上，把当时流行的上帝目的论和帝国史观精致地加以调和。他满怀信心地认为德意志人主导下的神圣罗马帝国与上帝之城已经开始趋于融合，而他所处的时代——霍亨斯陶芬王朝将至世界历史发展的终点。"[1] 斯塔夫里阿诺斯把弗莱辛主教奥托看作19世纪西欧民族史家的先导："在他看来，德意志民族是伟大的民族，只有它才能担负起最终解放全人类的任务。他的世界史成为以后19世纪西欧一些历史学家站在民族主义立场上撰写世界史的先导。"[2]

　　弗莱辛主教奥托撰史的"民族性"还表现在他在《双城编年史》中把有关古希腊和拜占庭帝国的历史写得极为简略，他认为查理曼加冕意味着罗马帝国的统治权从希腊人那里转移到法兰克人之手，这一观点与法兰克、德意志帝国同拜占庭帝国之间的政治外交斗争遥相呼应。在与拜占庭皇帝的外交往来中，西方的帝王一般使用表示地域性的限定名词"希腊"，而不是表示世界性的限定名词"罗马"称呼拜占庭皇帝，如12世

　　① 张宏忠：《弗莱辛主教奥托〈双城编年史〉中的基督教世界帝国思想》，硕士学位论文，北京师范大学，2007，第1页。
　　② 〔美〕斯塔夫里阿诺斯：《全球通史：1500年以前的世界》，吴象婴、梁赤民译，上海社会科学院出版社，1999，第12页。

纪德国霍亨斯陶芬王朝的皇帝腓特烈二世把拜占庭尼西亚帝国时期的皇帝约翰三世·杜卡斯·瓦塔特泽斯（John III Vatatzes）称为"希腊人最杰出的皇帝约翰"（John，the most illustrious Emperor of the Greeks）。言外之意，腓特烈二世认为他自己是古罗马皇帝的唯一后嗣，否认拜占庭方面任何有关罗马后嗣的宣称。① 中古时期的国家民族情感与近代的民族主义有着本质的区别，因为前者以中古封建国家为情感依托的载体，而后者以具有主权属性的近代民族国家为情感依托的载体。中古西欧的封建国家与近代民族国家不同，不似后者那样完全建立在否定罗马天主教会所主张的"世界主权"的基础上，而是建立在政教二元化的社会权力体系的基础上。在法兰克时代和弗莱辛主教奥托时代的早期，大多数教士、修士史家出身于世俗贵胄，他们以宫廷牧师和文书誊录者的身份为世俗君王效命并时常承担王命钦差和朝廷官员的职责。在政教二元化的社会权力体系中，他们首先是世俗皇帝的属臣，他们对罗马教皇的忠诚要受到对世俗皇帝忠诚的约束和检验，如弗莱辛主教奥托就是腓特烈一世的属臣，《腓特烈皇帝传》（*Deeds of Emperor Frederick*）就是弗莱辛主教奥托应腓特烈一世的请求撰写的，这位皇帝还通过书信的形式为这部传记作了序。

五　上帝的嘱意自东向西位移

弗莱辛主教奥托在《双城编年史》中延续了但以理"四大帝国"的结构原则，他对于这一神学结构原则的运用结合了当时流行的上帝的嘱意自东向西位移的神学观点。这种神学观点认为在上帝神圣意志的操弄下，对于整个世界的统辖权一直经历着自东向西的位移，文化学术的中心也是如此，经历着自东方的埃及向西方的西班牙迁移，而这种自东向西地理空间的迁移过程也是纵向的时间流逝的过程，预示着整个世界在逐渐走向终结。这种神学观点的形成有着深刻的历史背景。一方面，处于中世纪鼎盛时期的西欧，封建制度及其文明已经臻于完善，而且西欧人在与东方穆斯林直接的军事对抗中一度处于上风，十字军一度击败了盘踞圣地的穆斯林

① Dimitri Korobeinibov，*Byzantium and the Turks in the Thirteenth Century*，Oxford：Oxford University Press，2014，p. 44.

并成功地收复了圣地，西欧人由此形成了某种相较于东方伊斯兰文明的优越感，他们认为上帝已经厌弃了东方人，将统辖世界的权柄和对先进文化的保有权都交给了他们。另一方面，受世界末日迫在眉睫思想的影响，圣维克多的休在撰著中提及"在时间开始之际，一切重要的事情都发生于东方，但随着时间的推移并接近尾声，那些重要的事情如今正在西方上演，表明世界正在走向终结"①。神圣的上帝已经决定将统辖世界的权力向西移动，以此警示世界在走向末日，"尘世中事情的进展已经接近世界末日的程度"②。根据弗莱辛主教奥托的说法，他是在圣-维克多的休的直接影响下接受了上帝的嘱意自东向西位移的神学观点。弗莱辛主教奥托提及"所有人类的力量或智慧"起源于"东方"，但在他生活的那个时代，这种力量或智慧"开始在西方达到了极限"。③就像圣-维克多的休一样，弗莱辛主教奥托在末世论的框架内解释人类历史自东向西位移这一过程："受神的启发，人们能够预见这些事情并且能够对这些事情富有远见。但我们应秉持这样的立场，不仅要相信，而且实际上也要看到那些已经得到预见的事情，因为我们注视的这个世界……已经衰朽了，也就是到了晚年要咽下最后一口气的阶段。"④

弗莱辛主教奥托把上帝的嘱意自东向西位移这一神学观点与《旧约·但以理书》"四巨兽"说结合起来阐述世界历史的演进：

> 人类的权力起源于东方，在西方达到它的极限，这一权力从巴比伦尼亚人那里转移至米底人和波斯人那里，再从他们那里转移至马其顿人那里，继而再次转移至罗马人那里，继而转移至顶着罗马人名义

①　Hugh of Saint-Victor, *Hugh of Saint-Victor: Selected Spiritual Writings*, Aelred Squire trans., Eugene: Wipf and Stock Publishers, 2009, p. 182.

②　Hugh of Saint-Victor, *Hugh of Saint-Victor: Selected Spiritual Writings*, Aelred Squire trans., Eugene: Wipf and Stock Publishers, 2009, p. 182.

③　Otto, Bishop of Freising, *The Two Cities: A Chronicle of Universal History to the Year 1146 A. D.*, Charles Christopher Mierow trans., New York: Columbia University Press, 2002, pp. 59-60.

④　Otto, Bishop of Freising, *The Two Cities: A Chronicle of Universal History to the Year 1146 A. D.*, Charles Christopher Mierow trans., New York: Columbia University Press, 2002, p. 323.

的希腊人那里，又从希腊人那里转移至生活在西部的法兰克人那里。①

六　祭司王约翰

12～17世纪的欧洲，流行着祭司王约翰（Prester John）的传说，这一传说认为在伊斯兰世界的东部存在着一位信奉景教的祭司王约翰，他身为国王又兼任最高祭司，笃信基督，勇敢地与穆斯林征战。这一传说因东西方往来商旅、朝圣者的传播而广泛流传于中东、近东和欧洲各地，对中世纪中后期的欧洲人影响极大，许多欧洲人幻想能够联合这位祭司王约翰，东西夹击穆斯林，重新夺回圣地耶路撒冷。根据传说所描述的这位国王的特征来审视，他的历史原型极有可能是西辽皇帝耶律大石，因为耶律大石有"菊儿汗"的称号，转译成希伯来文、叙利亚文和拉丁文后与"约翰"谐音。此外，这位西辽皇帝曾击败塞尔柱帝国的苏丹桑贾尔。在宗教问题上，他虽信奉佛教，但对基督教、伊斯兰教等其他宗教兼容并蓄。弗莱辛主教奥托撰写的《双城编年史》是欧洲第一部记载了祭司王约翰这一传说的史作，对祭司王约翰的传说在欧洲的传播影响极大。弗莱辛主教奥托可能在参与第二次十字军东征期间，在中东地区听闻了这一传说，随后将其记载到自己的《双城编年史》中。弗莱辛主教奥托亲历了第二次十字军东征的惨败，但侥幸逃脱，保住了性命。

他还报告说，几年前，某一位叫作约翰的教士国王，生活在波斯和亚美尼亚以外最东边的地方，他和他的人民都是基督徒，尽管信奉的是景教。约翰与波斯人和米底人的兄弟诸王发生了战争，约翰攻打波斯和米底王国的所在地依巴卡塔纳。这些国王率领着许多波斯人、米底人和亚述人抵抗他，战斗持续三日，双方皆宁死不退。最后，波斯人转身逃遁，在一

---

① Otto, Bishop of Freising, *The Two Cities: A Chronicle of Universal History to the Year 1146 A. D.*, Charles Christopher Mierow trans., New York: Columbia University Press, 2002, pp. 322-323.

场极为血腥的屠杀中赢得了胜利。①

据说，在这场争胜利之前，约翰准备前往耶路撒冷援助教会，但当他来到底格里斯河时，他无论以何种方式都无法率领他的军队横穿这条大河，于是他只好向北走另外一条路，在北边他照样得穿过这条河，只是在北边，这条河已经被冰封。由于天气恶劣，他无法穿越这条河，只能把他的大军丢弃在糟糕的气候里，自己被迫折返回故乡。此人据称是《圣经·福音书》中提及的东方三博士的古老族群，享有很高的荣誉和大量的财富，但无法统辖他的人民，仅仅有一柄翡翠权杖。② 或许弗莱辛主教奥托对于祭司王约翰是否真实存在持怀疑的态度。

七　在教权与皇权斗争中倾向于皇帝的立场

弗莱辛主教奥托所处的时代是教权与皇权斗争较为激烈的时代，在加洛林帝国的早期，罗马教皇以查理大帝依附者的姿态出现在历史舞台上。《基督教会史》的作者沃尔克曾这样形容二者的关系："罗马教皇在查理曼的柔情拥抱下达到了近乎窒息的状态。"③ 查理曼兵临罗马城下，亲自拯救了被罗马贵族迫害的教皇，包括"主教叙任权"在内的基督教会的各项事务皆操于查理曼之手，而教皇的地位近似于皇帝治下的首席主教和宗教顾问，仅在宗教问题上为皇帝提供咨询建议。843 年，加洛林帝国分裂解体，加洛林王室之间内讧不断，而教皇势力乘机抬头，甚至插手和干扰加洛林王室和国王私人的事务，如教皇尼古拉一世曾插手洛林吉亚国王罗退尔二世的离婚案，将离婚再娶的罗退尔二世革除教籍。加洛林王朝灭亡后，962 年罗马教皇又将德意志国王奥托一世加冕为罗马皇帝，成立了中世纪的神圣罗马帝国。神圣罗马帝国的皇帝与加洛林帝国的皇帝一样力图控制罗马教会，但与此同时，罗马教皇的势力已经大为提升，不再甘心对皇帝唯命是从，双方龃龉不断，终于在神圣

---

① Otto, Bishop of Freising, *The Two Cities: A Chronicle of Universal History to the Year 1146 A. D.*, Charles Christopher Mierow trans., New York: Columbia University Press, 2002, p. 443.

② Otto, Bishop of Freising, *The Two Cities: A chronicle of Universal History to the Year 1146 A. D.*, Charles Christopher Mierow trans., New York: Columbia University Press, 2002, pp. 443-444.

③ 〔美〕威利斯顿·沃尔克：《基督教会史》，孙善玲等译，中国社会科学出版社，1991，第 248 页。

罗马帝国皇帝亨利四世和罗马教皇格雷戈里七世之间爆发了激烈的"主教叙任权"之争。

《双城编年史》存在一条线索,它的作者弗莱辛主教奥托自始至终都在维护国王和皇帝的至高权威和荣誉。《双城编年史》对德意志国王和神圣罗马帝国皇帝们的丰功伟绩大加歌颂。弗莱辛主教奥托清醒地认识到德意志世界的稳定和强大有赖于一个强大的王权,因而必须维持王权的权威和力量,不能容忍任何势力妨碍王权权威的实施,即使教皇也不行。出于自己的现实政治立场和宗教信念,弗莱辛主教奥托在《双城编年史》中表达了他对皇权与教会关系的认知。这一认知表现在他对有关帝国皇帝与教会关系的历史材料的精选与评论上。针对有教会人士提出的教会是上帝意志在尘世中的执行者,要实现上帝的意志必须在提升基督教会地位的同时贬低皇权的地位,使世俗皇权屈尊于教权的权威之下,弗莱辛主教奥托认为教会绝不应该过分地诋毁和损害世俗政权,这样做会造成国家力量的削弱,"以至于国家不仅被教会之剑(即精神武器),而且被自己的武器,即物质之剑刺穿和伤害"①。他对那些不切实际、愚蠢自大的教士总是拿上帝的名义和《圣经》的依据来吹嘘强调教会和教皇权威至高无上、凌驾于世俗政权的议论进行了抨击和讽刺:"那些教士似乎总是无耻地企图用自己的剑打击国家,而他们手中的剑还是依靠国王的恩惠才存在——除非他们可能想模仿大卫的行为,大卫正是依着上帝的恩典先是打倒了菲利斯丁,然后用菲利斯丁自己的剑杀死了他。"②

弗莱辛主教奥托在教权和皇权的斗争中没有纠结暧昧,而是明确地"选边站队",选择站在皇权一边。他出身于皇亲贵胄之家,是皇帝腓特烈一世的叔父,皇室家庭的原始出身使他对皇帝抱有极强的认同感。巴伐利亚的弗莱辛主教区一直处于霍亨斯陶芬家族和伍尔夫家族的争斗中,现实境况使弗莱辛主教奥托意识到,那些近在眼前的世俗皇帝和大贵族能够决定和影响奥托本人的命运以及弗莱辛主教区教会宗教事务的

---

① Otto, Bishop of Freising, *The Two Cities: A Chronicle of Universal History to the Year 1146 A. D.*, Charles Christopher Mierow trans., New York: Columbia University Press, 2002, p. 74.

② Otto, Bishop of Freising, *The Two Cities: A Chronicle of Universal History to the Year 1146 A. D.*, Charles Christopher Mierow trans., New York: Columbia University Press, 2002, p. 74.

发展境况，而不是那位远在意大利罗马城的教皇。无论是个人情感还是政治现实都促使这位主教认识到真正能够在尘世实现上帝意志的是神圣罗马帝国的皇帝，而不是罗马教皇。弗莱辛主教奥托的这种想法在中世纪的西欧并非个例，而是许多史家所共有的，他们皆同世俗宫廷保持密切关联，对世俗帝国的梦想持坚定支持立场的同时，却对罗马教廷保持着一定的距离。他们对罗马教皇的忠诚则要受他们对世俗皇帝忠诚的约束检验。他们与那些世俗封臣毫无二致。他们首先是国君的属臣，他们最珍惜的是一种关系纽带，即存在于领主与忠贞不贰扈从之间的那种个人忠诚。作为奥古斯丁神学历史观的信奉者，弗莱辛主教奥托坚定不移地认为人类的历史演进是在不断呈现上帝的意志。上帝是人类社会命运的真正主宰者，但其倾向世俗皇帝的情结使弗莱辛主教奥托认为只有神圣罗马帝国的皇帝才是上帝意志的真正承载者。这种情结使他在运用神学历史观撰写历史时对一些沿袭已久的神学撰史模式进行了重新解释，如将神圣罗马帝国的皇帝解释成最后实现上帝使命，迎接基督复临人间的最后的皇帝。神圣罗马帝国是最后一个承接不断变幻转移的罗马帝国权力的帝国，而且弗莱辛主教奥托对于世俗君主的认同感进一步延伸扩大至整个德意志族群。尽管在中世纪鼎盛时期，罗马教皇不断强调世界主权以及封建割据的发展使得中世纪的西欧人很难形成类似于近代人才有的民族意识，但不能因此就否认这一事实：在他们的思想意识中存在着一种对于自身族群的认同感。弗莱辛主教奥托就认为罗马人的统治主权已经转移至德意志人那里，他们是最终完成上帝赐予的神圣使命并迎来世界末日的人类族群。也就是说，在弗莱辛主教奥托神学历史观的外衣下包裹着认同世俗君主和自身族群的思想内核，并在修史过程中为了维护这种思想内核而调整神学历史观的外在形式，对那些沿袭已久的神学撰史模式予以符合时代的重新调整和解释。这也是中世纪西欧许多神学史家在运用神学历史哲学撰写历史时的一个突出特征。

第三节　拦阻"敌基督"的查理曼

在中世纪的西欧，公元800年加洛林帝国的建立是一件具有重大意义

的历史事件。自 476 年起,源自西欧本土的"罗马皇帝"在消失了近 324
年后重现,这一事件不仅在政治领域具有重大的意义,对于神学哲学领域
以及由神学哲学所主导和影响的王朝史修撰也有着重大的意义,因为尘世
中又出现了一个最高统治者享有"罗马皇帝"称号的大帝国,人们热议
这一帝国在"四大帝国"理论模式中的地位,是仍旧属于第四大帝
国——罗马帝国的阶段,还是属于一个全新的帝国。此外,因为查理曼加
冕事件发生的时间恰好与中世纪早期那些预测年表所给出的世界末日的时
间非常接近,神学家将查理曼加冕事件与世界末日何时来临的问题联系了
起来。神学家需要在纵向的、一维的、末世论的基督教时间数轴上确定查
理曼加冕的时间坐标并对其加以符合神学哲学逻辑的解释。为了合理地解
释查理曼加冕并说明查理曼及其帝国在基督教末世论中的地位及意义,神
学家借用了《旧约》中有关"敌基督"及其"拦阻者"的神学启示,把
查理曼解释成拦阻"敌基督"的人,他延迟了"敌基督"的到来,进而
推迟了世界末日的来临。

一 "敌基督"的拦阻者

末世论是基督教神学历史哲学的一个重要理论,依照这种末世理论,
人类历史有其起点(上帝创世)、中点(耶稣基督"道成肉身")和终
点(末日)。奥古斯丁在他的神学著作《上帝之城》中全面阐述了基督教
的末世理论。他在第 19~22 卷中交代了"地上之城"和"上帝之城"的
最终命运,认为"地上之城"仅仅是暂时的,历史上出现的各个帝国亦
是如此,在起过它们所应起的作用之后,便会灰飞烟灭,永远消失,罗马
帝国同样摆脱不了这一宿命,但"上帝之城"却是永恒不灭的,当耶稣
基督复临人间,举行末日审判时,上帝的选民和教会将会一道进入天堂与
上帝永世共存。奥古斯丁叙述、对比了两城从起源到结局的发展历程,对
人类的群体生活进行了深入的讨论,在对比、讨论的过程中,奥古斯丁将
原本零散的基督教神学理论,如神本史观、原罪说、目的论、末世论串联
成一个完整的神学历史体系,从而建构了基督教的历史哲学观。在罗马
帝国晚期,因为基督教会刚刚摆脱了遭受罗马帝国迫害的悲惨境地,基
督徒们对于尘世的罗马帝国无甚好感,盼望它早日灭亡,基督为王的

"上帝之国"早日建立，所以把世界末日设定为迫在眉睫的事情。早期基督教编年史家在自己的著作中预言，尘世中的世俗政权不久即会灭亡，届时基督为王的"千年王国"将会建立。如阿非利加纳认为"千年王国"将会在耶稣诞生后的第 500 年建立。及至加洛林时代，神学家设定的世界末日迟迟未能到来，尘世中一个又一个世俗王国交替呈现。加洛林时代的神学家、史学家与早期的基督教徒不同，他们并不像后者那样热切地期盼世界末日的早日到来。早期的基督徒备受世俗政权——罗马帝国的残酷迫害，因而期盼世俗的罗马帝国能够早日灭亡，基督为王的"上帝之国"能够及早建立从而解救他们脱离苦海，而中世纪的神学家、史学家大多数属于高踞社会金字塔顶端的既得利益阶层，对他们而言，世界末日的来临不仅意味着世俗权力的终结，也意味着他们无法继续享受幸福的世俗生活，因而他们希望能够延迟世界末日的来临。尽管奥古斯丁反对人们推测世界末日来临的时间，但许多神学家还是在好奇、恐惧等各种心理状态的支配下不断推测世界将会存在多久，宛如推测一个人的寿命一样。中世纪早期的人们在公元 500 年世界末日未曾来临的情况下，又预测世界末日将于公元 6000 年来临以与世界寿命 6000 年的极限契合。①

　　查理曼于公元 800 年被罗马教皇加冕为帝，这一时间点恰好与世界 6000 年寿命极限的时间临界点耦合。然而，一年过去了，耶稣基督迟迟未能复临人间，尘世仍旧延续着而并未走向终结。如何从神学上解释这一现象呢？一些神学家试图从《圣经》中找到答案，圣保罗在《圣经·帖撒罗尼迦后书》中说过，在尘世即将结束，耶稣复临人间之前将会出现冒充主的假先知，他是"敌基督"，在"敌基督"出现之前会有人拦阻他，待拦阻"敌基督"的人一离开，"敌基督"就会出现，但耶稣会用自

---

① 这则皇家敕令是 789 年《大劝谕书》的第 78 条，内容为："致所有人，伪书、可疑的叙述，完全违背天主教信仰的东西以及极为糟糕的、伪造严重的书信，在过去一年有些误入歧途并引导他人犯错的人宣称书信从天而降，对于它们既不应该相信，也不应该阅读，而是马上焚毁，以免人们被这些著述导入歧途。" Alfredvs Boretivs ed. , "Admonitio Generalis. 789," in G. H. Pertz. ed. , *MGH, Legvm Sectio II, Capitvlaria Regvm Francorvm, Tomvs I,* Hannoverae：Impensis Bibliopolii Avlici Hahniani, 1883, p. 60.

己口中的气毁灭他，用从天降临的荣光废掉他。① 一些神学家根据圣保罗的这一箴言，认定正是由于"敌基督"拖延者的存在，延迟了"敌基督"的到来，进而延迟了世界末日来临的时间。那么，在查理曼统治时期，"敌基督"的拖延者又是谁呢？800 年前后，查理曼已经统一了欧洲的大部分地区，俨然已经成了欧洲的主人，人们认为他有责任在人类历史最后的危险阶段里，统治和保护基督徒。于是，加洛林时代的某些神学家援引圣保罗《圣经·帖撒罗尼迦后书》中有关"世界末日"的预测，把查理曼及其建立的法兰克帝国幻想成拖延"敌基督"到来，推迟世界末日来临的力量。蒙蒂埃朗代的阿德松（Adso of Montierender）就曾断言，罗马帝国在法兰克君主们的治理下得到了延续，他们正努力地拖延"敌基督"的来临。② 950 年前后，蒙蒂埃朗代的阿德松撰写了一部政治偏向保守的关于"敌基督"的著作《论敌基督到来的时间》 （De Ortu et Tempore Antichristi），谨致西法兰克王国的王后格尔赫尔佳（Gerherga）。关于同时代出现的末世迹象，他给出了三点带有预见性的总结。首先，敌基督出生于希伯来人十二支派中的但支派，在他之前就存在许多"敌基督"，他们不满于自己在社会秩序中的位置而奋起反抗。其次，"敌基督"直至罗马帝国没落时才会再出现③，只要法兰克诸王仍然在位，罗马帝国就会稳如磐石。在阿德松生活的时代，东法兰克王国的加洛林王朝已经因为绝嗣而灭亡，西法兰克王国的加洛林王朝也衰弱不堪，苟延残喘地存在着，无论

---

① 此处是《圣经·帖撒罗尼迦后书》部分原文大意的概括，原文参见《圣经·帖撒罗尼迦后书》2∶1-8。

② Janet L. Nelson, "Kingship and Empire in the Carolingian World," in J. H. Burns ed., *The Cambridge History of Medieval Political Thought c. 350 - c. 1450*, Cambridge: Cambridege University Press, 1988, p. 234.

③ 阿德松和伪美多德等强调查理曼是最后一位世界皇帝的神学家都认为加洛林帝国仍旧是"四大帝国"理论中的第四大帝国——罗马帝国，只是其帝国的权力发生了转移，由古罗马人转移至拜占庭人（希腊人）再转移至法兰克人，而不是像结巴诺特克所认为的那样，加洛林帝国是一个全新的帝国，即第五大帝国。"四大帝国"理论认为，人类历史在末日来临之前要经历巴比伦、波斯、马其顿、罗马四个帝国，罗马是尘世最后一个帝国，届时，罗马帝国也将消亡，代之而起的是基督为王的永恒王国。"四大帝国"理论的依据是《圣经·但以理书》尼布甲尼撒二世梦幻中所见的四只巨兽，被犹太人但以理解释成人类历史将经历"四大帝国"，之后耶稣才能复临人间，建立基督为王的上帝之国。关于"四大帝国"理论，参见刘林海《早期基督教的历史分期理论及其特点》，《史学史研究》2011 年第 2 期。

从哪个层面来看，此时的加洛林王朝都已然不成帝国的样子，与但以理梦幻启示中强大的"罗马帝国"的形象更是相去甚远，但是阿德松认为只要尘世中还有一个加洛林王族成员在位，上帝属意加洛林王室的帝国权力就没有发生转移，没有转入他人之手。"使徒保罗说过，倘若此前降临世间的（大帝国）没有消亡的话，'敌基督'就不会降临世间……'敌基督'来临的时间仍旧没有到来，因为我们尽管看到罗马帝国已经大部遭到了破坏，但只要加洛林诸王有权占据帝国的情形持续下去的话，罗马帝国的荣耀将不会完全消亡，因为这一荣耀将会在诸王的治下持续。"① 最后，在我们的时代博学睿智的人中会有一个异常的人，预知一位伟大的皇帝将给予整个世界以基督教的和平，其时间长达一个世纪之久甚至更长，然后这位皇帝前赴耶路撒冷朝圣，在耶路撒冷放下王冠，心甘情愿地结束罗马帝国并开启了最后的世界末日的进程方案（Scenario）。阿德松的论著对后世产生了巨大的影响，在两个世纪里对之后西方的末世幻想有着巨大的影响，在社会上层和底层广泛相传。阿德松的著作极受欢迎，曾作为一份礼物被誊抄和派送给了科隆大主教赫里伯特（Heribert），阿德松还为这部著作添加了一则新的序言，建议赫里伯特认真阅读它并将其作为当下的指导。《论敌基督到来的时间》还有一篇附属论文《恶习和美德》（*Vices and the Virtues*），它建议用那些古老的方法进行一种深刻和持久的忏悔和抵御。随着阿德松《论敌基督到来的时间》的传播，查理曼是拦阻"敌基督"的最后一位世界皇帝的说法广泛流传。11世纪晚期，伪阿尔昆重新编纂了阿德松的著作，更加明确表明查理曼本人就是最后的皇帝，此人为了打败基督的所有敌人，复兴了基督教帝国。

二　伪美多德《启示录》和"最后一位世界皇帝"

"最后一位世界皇帝"拦阻"敌基督"的神学阐释对中世纪鼎盛时期的王朝史修撰产生了重大的影响。在这一神学阐释的影响下，查理曼被塑造成尘世中"最后一位世界皇帝"，他拦阻和延迟了"敌基督"的

---

① Janet Nelson, "Rulers and Government," in Timothy Reuter ed., *The New Cambridge Medieval History*, Volume Ⅲ, *c. 900 - c. 1024*, Cambridge：Cambridge University Press, 1999, pp. 95 - 96.

到来，进而推迟了世界末日的来临。为了凸显查理曼皇帝"头衔"的基督教"神圣性"和"世界性"，一些史家虚构了查理曼东征圣地耶路撒冷的故事情节，这样一来，查理曼成了一个具有宗教传奇色彩的人物，有关查理曼的史学形象越来越脱离历史的真实。查理曼作为"敌基督"的拦阻者，同时也是"最后一位世界皇帝"的这种观念在西欧大地的广泛流传离不开伪美多德《启示录》这一东方神学文献的影响，"最后一位世界皇帝"东征圣地的故事情节最初也是受伪美多德《启示录》的启发。伪美多德的《启示录》撰写于 690 年前后的叙利亚。当时原属拜占庭帝国的叙利亚陷落于阿拉伯人之手，刚刚被并入阿拉伯帝国版图的叙利亚人心未附，对征服者阿拉伯人及其信仰的伊斯兰教有很强的敌意，伪美多德的《启示录》就是一部反伊斯兰教的宣传品，它在《启示录》的框架内描述伊斯兰教的恐怖，令基督徒震撼不已。许多意志动摇的基督徒在阿拉伯人的威逼利诱下，背弃了上帝改宗伊斯兰教，伪美多德对此愤慨不已。他的《启示录》关注伊斯兰教入侵对基督徒士气的影响，对这些叛教者给予了严厉的指责："所有在信仰上软弱动摇的人都会暴露出来，他们将自愿脱离神圣的教会。"伪美多德《启示录》的作者是7 世纪的叙利亚人，但假托自己是 3 世纪的一位殉道的主教——帕塔拉主教美多德，有的手稿记载美多德是奥林匹斯的主教或是罗马的主教。[1]这部文献最初以叙利亚文写成，伪美多德以预测未来的形式，拟定了一份伊斯兰教崛起的历史规划（a schema for history）——伊斯兰教将会在基督教的土地上享有霸权但最终走向崩溃。以实玛利人在复活的基督手中无法挽回地迎来失败，继而整个世界将会走向终结。[2] 伪美多德的《启示录》分为历史和启示两部分内容：历史部分叙述了古罗马帝国和拜占庭帝国的历史。启示部分以预测的形式叙述了阿拉伯人的入侵。伪美多德认为信奉伊斯兰教的阿拉伯人之所以能够连战连捷、所向披靡并不是因为他们深得上帝的宠爱，而是因为基督徒的罪恶触怒了上帝，上帝需要借

---

① Bernard McGinn, John J. Collins, John Janes Collins and Stephen Stein, *The Continuum History of Apocalypticism*, New York: Continuum, 2003, p. 263.

② Nicholas Morton, *Encountering Islam on the First Crusade*, Cambridge: Cambridge University Press, 2016, p. 223.

阿拉伯人之手促使基督徒们忏悔。因而，阿拉伯人的胜利只是暂时的，他们的辉煌会在一夕间冰消雪释。伪美多德认为"罗马帝国"是与世界同存的，他言道："尘世中每一个王国和每一个权力都会被毁灭，除了罗马帝国，因为它将会发动战争，而无法被征服。"① 伪美多德的《启示录》预测了阿拉伯人的征服发生后人类历史的走向，上帝会派遣一位天使摧毁阿拉伯人，随后，罗马人的皇帝会前赴耶路撒冷，将皇权交予上帝："他来到耶稣受难竖立木十字架的地方，这位罗马人的皇帝取下他的王冠，将其放在十字架上，向天伸手，把他的帝国交给上帝。十字架和王冠飞升起来进入天堂，尘世中的最后一位皇帝崩殂了，'敌基督'脱颖而出并最终坐在了耶路撒冷的圣殿里。然而，耶稣基督随后出现，摧毁了'敌基督'并将世界引入了尽头。"②

伪美多德的《启示录》反映了阿拉伯人征服下的基督徒盼望异教统治政权迅速垮台的良好愿望。另外，他对信奉基督教的罗马皇帝抱有很大的期待，期待他能够战无不胜，铲除异教徒并虔敬地侍奉主，之后心甘情愿地将皇权交予上帝。圣地耶路撒冷是耶稣受难升天之地，而在耶稣受难之处向上帝交权颇具神圣的宗教象征意涵，所以伪美多德编造了罗马皇帝前赴耶路撒冷的故事情节。而西欧的史家根据伪美多德编造的这一故事情节，把他们认定的"最后一位世界皇帝"查理曼与这一故事情节中的罗马皇帝联系起来。为了构造这种联系，查理曼就必须到过圣地耶路撒冷，于是"查理曼东征巴勒斯坦"的虚构故事产生了。事实上查理曼从未到过耶路撒冷，他到过的最为偏远的西南之地是意大利半岛。伪美多德的《启示录》在西欧传播得非常广泛，它在 700~710 年被翻译成希腊文，732 年又被翻译成拉丁文，今天我们能够找到的希腊文和拉丁文版本种类很多，仅 8~15 世纪，整个西欧和东欧就有 30 多个希腊语手稿和大约 200个拉丁语手稿。截至中世纪末，有 4 个希腊语版本和 2 个拉丁语修订本（henceforth R1 and R2），外加无数从拉丁语翻译成包括英语在内的口语的

---

① Bernard McGinn, John J. Collins, John Janes Collins and Stephen Stein, *The Continuum History of Apocalypticism*, New York：Continuum, 2003, p. 265.

② Bernard McGinn, John J. Collins, John Janes Collins and Stephen Stein, *The Continuum History of Apocalypticism*, New York：Continuum, 2003, p. 265.

翻译文本。① 蒙蒂埃朗代的阿德松的《论敌基督到来的时间》就受到了伪美多德《启示录》的影响，他认为"最后一位世界皇帝"不是希腊人和罗马人，而是法兰克人的国王查理曼，他率领法兰克军队东征巴勒斯坦并击退了以实玛利人，实现了和平。但随后来自北方的其他蛮族部落蜂拥而至罗马的领土，查理曼再次团结他的军队，"在某一时刻将他们击溃"②。之后，查理曼前赴耶路撒冷在橄榄山上或者在戈尔戈塔山顶紧挨着圣墓的地方，放下他的王冠，结束了罗马帝国的统治。查理曼退位后，"敌基督"坐在一条名叫利维坦的绿龙身上从海上而来，耶稣基督复临人间，摧毁了"敌基督"。③ 在 11、12 世纪，"查理曼东征巴勒斯坦"的传奇故事随着这一时期西欧人对于查理曼崇拜的持续而广为流传，法兰西加佩王朝、德意志诸王朝掀起了追忆、崇拜查理曼的热潮，遍及整个欧洲的主教区和修道院把查理曼载入他们的"历史"，将他作为自己的创立者和最为慷慨的恩主予以纪念。年代记的纂修者、编年史家和圣徒传记的作者对《王室法兰克年代记》予以重新改编，以美饰查理曼的种种成就。这种现象的出现主要是出于增强王室合法性的需要。无论是法兰西加佩王朝还是德意志诸王朝都是从加洛林帝国分裂后的继承国发展而来的，尽管他们并非出自加洛林家族的直系血脉，但他们也竭力寻找自身与查理曼之间的血亲渊源以增强自身权力的合法性。另外，中世纪鼎盛时期是西欧封建文明制度臻于成熟的一个时代，西欧人在结束了 9、10 世纪不断遭受外族侵袭的境况下，经济和军事实力都有所复苏，于是他们转守为攻，从四面八方向异教徒发起进攻以扩张基督教文明世界的疆域范围，如德意志封建主对斯拉夫人发起的"东进运动"，伊比利亚半岛上的基督徒对穆斯林发起的"再征服运动"，当然规模和影响最大的还属西欧封建主对近东及地中海

---

① Michael W. Twomey, "The Revelationes of Pseudo-Methodius and Scriptural Study at Salisbury in the Eleventh Century," in Charles D. Wright, Frederick M. Biggs and Thomas N. Hall eds, *Source of Wisdom: Old Englsih and Early Medieval Latin Studies in Honour of Thomas D. Hill*, Toronto, Buffalo, London: University of Toronto Press, 2007, p. 370.

② Jay Rubenstein, *Nebuchadnezzar's Dream: The Crusades, Apocalyptic Prophecy, and the End of History*, Oxford: Oxford University Press, 2019, p. 43.

③ Jay Rubenstein, *Nebuchadnezzar's Dream: The Crusades, Apocalyptic Prophecy, and the End of History*, Oxford: Oxford University Press, 2019, pp. 43-44.

沿岸发起的"十字军东征运动"。由于四处与异教徒开战，西欧人需要从历史上找到一个勇斗异教徒的榜样而且还要把这些战斗解释成符合上帝神意的必胜之战。纵观中世纪早期西欧的历史，在信奉基督教的封建帝王中唯有查理曼符合这种帝王形象。查理曼一生在位 44 年，对外发动了大大小小 50 余次战争，统一了欧洲的大部分地区，在辖域内推广基督教，极大地扩展了基督教文明的版图，于是有的神学家、史学家就把查理曼幻想成在全世界征战异教徒的基督教皇帝。例如，马斯特里赫特的约昆都司（Jocundus of Maastricht）在 11 世纪 80 年代撰写道："虔敬的查理……在整个世界周游旅行与上帝的敌人战斗；他没有用基督的话语征服，而是用宝剑征服。"① 与这种帝王形象的差异是他从未到过圣地耶路撒冷，也没有与近东的穆斯林战斗过，这种差异只能通过虚构来弥补，于是"查理曼东行耶路撒冷"的传奇故事应运而生。

三 描述查理曼东行的历史著作

在10~12 世纪，一些史家秉持查理曼是"敌基督"拦阻者和最后一位世界皇帝的神学观点，在他们的史作中描述了查理曼东行的故事情节，这些史作有蒙特索拉克特的本尼迪克特（Benedict of Mount Soracte）的《编年史》、匿名作者的《叙述》、维特比的戈德弗雷（Godfrey of Viterbo）的《世界历史》。蒙特索拉克特的本尼迪克特的《编年史》是第一部记载这一故事情节的历史著作。它的作者是 10 世纪下半叶一位叫作本尼迪克特的修士，他在蒙特索拉克特的圣安德鲁修道院修行。这部《编年史》从君士坦丁大帝开始记叙一直记叙至德意志奥托王朝奥托二世统治时期（967~983）。本尼迪克特有关查理曼远行至圣地的描写可能改编自艾因哈德《查理大帝传》的第 16 章。② 那不勒斯大学的保罗·格雷科对这部编年史的拉丁语文风进行了研究，

① William J. Purkis, Matthew Gabriele eds., "Frankish Kingship, Political Exegesis and the Ghost of Charlemagne in the Diplomas of King Philip I of Francia," in *Charlemagne Legend in Medieval Latin Text*, Cambridge: D. S. Brewer, 2016, p. 12.

② Matthew Gabriele, *An Empire of Memory: The Legend of Charlemagne, the Franks and Jerusalem*, Oxford: Oxford University Press, 2011, p. 42.

认为这部作品是用一种非常特殊的语言创作的：一种大大偏离了古典规范的拉丁文。它的拉丁语结构背后隐藏着种种错误、混乱和不一致，使文本本身变得神秘。①

　　根据本尼迪克特的描写，查理曼远行至耶路撒冷，"查理曼以黄金、宝石和一面旗帜向我们的主和救世主耶稣基督最为神圣的墓穴致敬。……哈伦（Aáron）国王②把耶稣基督的马槽和坟墓让渡给查理曼，并给予他华服、香水和东方其他的财富，这位最为睿智的国王（指查理曼）同哈伦国王一道拜访了亚历山大里亚。……哈伦从查理曼那里获释，返国归位，（查理曼）这位最为虔诚英勇的国王返回西方的途中经过君士坦丁堡，知悉拜占庭皇帝尼基弗鲁斯、米凯尔和利奥对他非常恐惧时，查理曼同他们达成了最为坚定的协议和保证，没有为他们彼此之间的不和留下任何机会。"③

　　11 世纪 80 年代早期，法兰西加佩王朝出现了一部叙述查理曼东行的拉丁文历史著作，这部历史文献被设定为证实圣德尼修道院保存的圣骨是真实的。这部历史著作简化的名称是《叙述》（Descriptio），全名是《这里开始讲述查理大帝是如何将主的指甲和王冠从君士坦丁堡带至亚琛以及秃头查理是如何把这些东西带至圣德尼修道院的》（Incipit Descriptio Qualiter Karolus Magnus Clavum et Coronam Domini a Constantinopoli Aquisgrani Detulerit Qualiterque Karolus Calvus Hec ad Sanctum Dionysium Retulerit）。人们对《叙述》作者的情况知之甚少，马修·加布里埃尔（Matthew Gabriele）在国王腓力一世的宫廷内就其缘起问题进行过讨论。他猜测这部著作可能是腓力一世的随从于 1080 年创作的。加布里埃尔认为腓力一世的随从创作这部描述查理曼东行圣地，基督圣物从耶路撒冷和君士坦丁堡迁移至亚琛和圣德尼的传奇故事，其用意有二：一是使加佩王朝的统治合法化……将法兰西国王与查理曼和君士坦丁联系起来，从而为

---

① Paolo Greco, "Observations sur la Langue du Chronicon de Benoît Moine de Saint-André du Soracte," Collection de la Maison de l'Orient Méditerranéen Ancien. Série Philologique, 2012, pp. 1003-1012.

② 文中称哈伦为波斯王，实际为阿拉伯哈里发。

③ Benedicti Sancti Andreae Monachi, "Benedicti Sancti Andreae Monachi Chronicon," in G. H. Pertz ed., MGH, Scriptorvm, Tomvs Ⅲ, Hannoverae: Impensis Bibliopolii Avlici Hahniani, 1839, pp. 710-711.

法兰西国王建立统治绵延的"家谱"；二是 1080 年加佩王朝十字军东征的计划即将成为现实，显示加佩王朝的君王无愧于他们的祖先查理曼和虔诚者路易，他们积极回应教皇乌尔班二世解放圣地的号召……解放圣地耶路撒冷的梦想萦绕在腓力一世及其随从的脑海中。①

在《叙述》中，希腊皇帝君士坦丁因天使梦境而央求查理曼将耶路撒冷从穆斯林的手中夺回来。这位神圣罗马皇帝显然比他的东方同侪更为优秀，因为希腊皇帝无法帮助耶路撒冷的牧首，而查理曼却解放了圣地。之后，他在拜占庭首都君士坦丁堡逗留了一段时间，他不愿意接受拜占庭皇帝的礼物，因为担心他的部下可能会被拜占庭的奢华所诱惑。尽管查理曼的男爵们建议他拒绝拜占庭皇帝的礼物，但最终他还是接受了这些礼物，以此见证上帝的仁慈。他把这些礼物带回了亚琛并在那里设立了一个纪念它们的节日。这些珍贵的物品后来被秃头查理捐赠给圣德尼修道院并在那里建立了一个伦迪特（宴会厅，同时办了一个赚钱的展览会）。②

12 世纪下半叶，法国出现了一首古法语的诗——《查理大帝到耶路撒冷和君士坦丁堡朝圣》，描写查理曼东行耶路撒冷和君士坦丁堡的故事，但这首诗的侧重点并不是查理曼前往耶路撒冷朝圣，而是查理曼在君士坦丁堡与拜占庭皇帝的温和较量。诗从查理曼和他的妻子争吵开始，这位王后暗示拜占庭皇帝比查理曼拥有更高的地位。查理曼怒不可遏，决定率领他的显贵们前往耶路撒冷朝圣并在返程中途经君士坦丁堡。他们按时到达耶路撒冷，进入大教堂，坐在耶稣和门徒们最后晚餐用的椅子上——查理曼坐在耶稣的椅子上，显贵们坐在门徒们的椅子上。耶路撒冷的牧首被一个路过的本地人召唤，他要求改信基督教，因为他看到了查理曼和他的显贵们，认为耶稣和门徒们已经返回了。查理曼和他的显贵们在君士坦丁堡受到了拜占庭皇帝的款待，但查理曼的属下在君士坦丁堡的住处肆意

---

① Barbara Franzé, " Croisades et Légitimité Dynastique: le Motif de la Chute des Idoles," in N. Bock, I. Foletti, M. Tomasi eds., *Survivals, Revivals, Rinascenze, Studi in Onore di Serena Romano*, Rome: Viella, 2017, pp. 8-9.

② Anne A. Latowsky, *Emperor of the World: Charlemagne and the Consturction of Imperial Authority, 800-1229*, London: Cornell University Press, 2013, p. 75.

放荡。拜占庭皇帝愤懑不平，但天使长加百列出现了，声称法兰克人的行径得到了神意的支持，拜占庭皇帝心甘情愿地顺服，承认查理曼的地位高于自己。①

12世纪80年代，一位意大利或德意志的编年史家维特比的戈德弗雷撰写了《世界历史》（*Pantheon*），记载了从上帝创世至神圣罗马帝国皇帝亨利六世的历史。戈德弗雷曾将《世界历史》的修订本献给教皇乌尔班三世和教皇格雷戈里八世。② 戈德弗雷的《世界历史》以匿名作者的《叙述》为底本记叙了查理曼东行的故事，但他把这个故事压缩得较为简短，与《叙述》的记载有所不同的是他把查理曼的东行写成了一次"和平之旅"，查理曼此行纯粹是为了到耶路撒冷朝圣，而不是应拜占庭皇帝所请用武力驱逐穆斯林，把圣地从穆斯林的手中夺回来。他途经拜占庭首都君士坦丁堡，与拜占庭皇帝建立了一种兄弟般的友谊。戈德弗雷强调查理曼东行耶路撒冷是和平性质的朝圣。他还着重叙述了查理曼返程中途经西西里、卡拉布里亚和阿普利亚并在西西里岛短暂驻跸的历史。③ 查理曼迅捷地跨海攻占了巴勒莫，迫使西西里仅向他本人进贡，他在西西里复立了国王并为之洗礼，命令国王接受罗马教会法，天主教徒们则接受上帝的训诫。④ 意大利南部的领土由此被并入了加洛林帝国，作为帝国的东方边陲，戈德弗雷强调这些东方诸国的投诚不是查理曼武力征服的结果，而是它们根据罗马法和上帝的意愿，在查理曼加冕后慑于他的威望自愿投诚效命的。⑤

在12世纪和13世纪，法国的编年史家，阿尔贝里克·德·特鲁伊

---

① Julia Cresswell, *Charlemagne and the Paladins*, Oxford：Osprey Publishing，2014，p. 12.

② Thomas Foerster ed.，*Godfrey of Viterbo and His Readers: Imperial Tradition and Universal History*，London：Routledge，2015，p. 156.

③ "利奥，显贵巴尔迪之子，在希腊统治。查理曼再次与他们安排了一个永久的和平，以这种方式，一个将永远被称为另一个的兄弟，一个将永远得到另一个的帮助，而希腊皇帝将拥有东方，查理曼和他的继承人将拥有罗马和整个西方。在所有这些事情都和平解决后，查理曼为了在耶路撒冷祈祷而经过君士坦丁堡。在那里完成了他的祈祷后，他通过西里里岛返回，正如所说的，然后通过卡拉布里亚和阿普利亚返回罗马。"Gotifredi，"Gotifredi Viterbiensis Pantheon，" in G. H. Pertz ed.，*MGH，Scriptorvm*，Tomvs XXI1，Hannoverae：Impensis Bibliopolii Avlici Hahniani，1872，p. 219.

④ Gotifredi，"Gotifredi Viterbiensis Pantheon，" in G. H. Pertz ed.，*MGH，Scriptorvm*，Tomvs XXI1，Hannoverae：Impensis Bibliopolii Avlici Hahniani，1872，p. 222.

⑤ Anne A. Latowsky，*Emperor of the World：Charlemagne and the Construction of Imperial Authority，800-1229*，London：Cornell University Press，2013，p. 210.

斯·方丹（Alberic des Trois Fontaines）、赫利南德（Helinand）、古·德·巴佐什（Gui de Bazoches）、皮埃尔·芒吉尔德（Pierre Mangeard）和伪特平（Pseudo-Turpin）都把查理曼远行至东方的故事作为历史事实加以记载。14 世纪的佐凡尼·维拉尼（Giovanni Villani）也描述了这一传奇的东行故事："查理曼率领着十二男爵和法兰西的圣骑士们，应君士坦丁皇帝米海尔和君士坦丁堡大牧首的请求，跨海征服了萨拉森人盘踞的圣地，将萨拉森人和奥斯曼土耳其人占据的所有黎凡特地区并入，返回君士坦丁堡，皇帝米凯尔想要给予查理曼许多珍贵的宝藏，但查理曼拒绝接受它们，仅仅接受了圣十字架上的木料和耶稣受难的指甲……"①直至近代文艺复兴时期，随着基督教神本史观渐渐遭到人文主义者的批判和否定，"查理曼东行耶路撒冷"的传奇故事才在西欧史家的历史著作中消失。这些史家与中世纪的前辈相比更具治史的"求真"精神，他们对"查理曼东行"的传奇故事是否真实持怀疑的态度，因而未在自己记叙查理曼和十字军东征的历史著作中提及这一传奇。这些史家有莱昂纳多·布鲁尼（Leonardo Bruni）、弗拉维奥·比昂多（Flavio Biondo）等②

时间是史学的一个重要维度，奥古斯丁的末世论是基督教神学历史哲学的一个重要理论，纵向的、一维的时间观是这一理论的典型特征。依照这种末世理论，人类历史有其起点（上帝创世）、中点（耶稣基督"道成肉身"）和终点（末日），这三个阶段性时刻的到来皆为上帝的设定，任凭何人都无法更改和悖逆，体现了基督教神学历史哲学是一种宿命论、目的论哲学。然而，基督教神学家对于人类历史终点的时间设定在中世纪的历史现实中迟迟未能如期实现，导致了预设理论与现实历史之间出现了偏差，神学家不得不从《圣经》中寻找依据，把这种偏差解释得更为符合神学逻辑，"敌基督"拦阻者的神学观点应运而生的。神学家把世界末日延迟来临的原因解释成有人拦阻、妨碍、延迟了"敌基督"的到来，进

①　Nancy Bisaha, *Creating East and West: Renaissance Humanists and the Ottoman Turks*, Philadelphia: University of Pennsylvania Press, 2004, p. 35.

②　Nancy Bisaha, *Creating East and West: Renaissance Humanists and the Ottoman Turks*, Philadelphia: University of Pennsylvania Press, 2004, p. 36.

而延迟了世界末日的来临。这种神学观点运用到王朝史修撰中就是把人世间的帝王查理曼解释成神学阐释中的"敌基督"拦阻者。

中世纪鼎盛时期西欧的神学家、史学家对于神学历史哲学的信奉并未降低他们对于世俗帝王的偏爱和忠诚度,而且他们还把自己对于神学历史哲学的信奉与自己对于世俗帝王的偏爱和忠诚度结合起来。具体做法就是将尘世间的世俗帝王解释成对于实现上帝设定的人类历史进程有着重大影响和作用的人物,而这种影响和作用既符合上帝的意志,又是上帝青睐和嘱意他的结果,以此体现世俗帝王统治的神圣化及合法性。在中世纪鼎盛时期的王朝史修撰中,查理曼成了人类历史进程中"敌基督"的拦阻者,也是人类历史中最后一位世界皇帝。

为了构拟查理曼身为最后一位世界皇帝的"神圣性""世界性",在中世纪鼎盛时期,西欧的史家罔顾历史事实,虚构了"查理曼东行"的传奇故事,这一传奇故事与历史真实相背离,导致人们对其神学设定的逻辑性产生疑惑。依照查理曼是最后一位世界皇帝的神学设定,查理曼东行圣地耶路撒冷将皇权交予了上帝,之后"敌基督"到来,随后耶稣基督复临人间毁灭"敌基督",开始末日审判,结束尘世,建立上帝为王的永恒王国。但问题是,在查理曼统治结束后,这一神学设定的预期在历史现实中迟迟未能一一兑现,相反,尘世中产生了一个又一个皇帝和王朝,尤其是 962 年德意志世界的奥托一世被教皇加冕,尘世中产生了一个与加洛林帝国类似的基督教帝国——神圣罗马帝国,以致有的史家对查理曼是最后一位世界皇帝的说法从神学的角度提出了质疑。如阿尔巴的本索(Benzo of Alba)在 11 世纪 80 年代谨致亨利四世一封长信,在信中,他把亨利四世称为新的查理曼,亨利四世成了潜在的最后一位世界皇帝,前赴主的坟墓之地耶路撒冷加冕。① 在中世纪鼎盛时期的西欧,尽管存在查理曼是最后一位世界皇帝的声音,但由于法兰西加佩王朝和德意志诸王朝

---

① "正如'西卜神谕'所证明的那样,在他(指亨利四世)面前还有一条漫长的道路。因为当阿普利亚和卡拉布里亚被命令并恢复到以前的状态时,拜占庭人将看到他在自己的土地上加冕。之后,他将行至耶路撒冷,迎接耶和华的坟墓和其他圣所,并为永生者的赞美和荣耀加冕。" Benzo, "Ad Heinricum Ⅳ. Imperatorem libri Ⅶ," in Hans Seyffert ed., *MGH, Scriptores Rerum Germanicarum in Usum Scholarum Separatim Editi LXV*, Hannover: Hahnsche Buchhandlung, 1996, pp. 144-145.

强调自身合法性的需要以及迎合十字军东征、鼓舞东征十字军士气的需要，"查理曼东行耶路撒冷"的传奇故事被编年史家一而再、再而三地载入他们的史册，直至文艺复兴时期，人本主义史观取代神本史观后，这一传奇故事才被人文主义史家弃用。

第四节 10~11世纪西欧的千年恐慌情绪

公元10世纪与11世纪之交，西欧正处于中世纪封建制度及其社会形态完善、成熟的历史时期，亦即中世纪封建社会的鼎盛时期，农业和手工业生产技术有了长足的进步和发展，在此基础上中世纪西欧的城市开始复兴。北欧的诺曼底人、东欧的马扎尔人，以及信奉伊斯兰教的萨拉森人对于西欧的侵扰也不及9、10世纪那么强烈了。然而，这一时期无论是西欧的法兰西人、英格兰人，神圣罗马帝国统治下的德意志人，还是远在东南欧的拜占庭人都没有从容不迫、心神安定地享受生活，相反许多人心怀恐惧地过日子，他们担心基督教《启示录》中所描述的世界末日即将来临，耶稣基督即将降临人间对他们展开末日的审判。这种恐慌事实上源于基督教的"千禧年"的神学传说。"千禧年"又名"千福年"，其概念源于基督教教义。最早的含义可延伸至犹太人对来世的期待。千禧年的教义载于《启示录》的第20章，"千禧年"是基督再度降临，撒旦被捆绑，死去的圣徒复活与还活着的圣徒一起被接升天，在天国与基督共同作王一千年。"千禧年"结束之后，基督和所有的圣徒以及圣城新耶路撒冷重返地球，那些失丧者会复活，撒旦会被暂时释放，被释放后的撒旦将招集所有的恶人进攻圣城新耶路撒冷，但是会失败，最后撒旦及其党羽和那些恶人被丢入硫磺火湖中。[1] 根据基督教的传统，《启示录》是使徒约翰被罗马皇帝图密善放逐至拔摩海岛后，将自己接获的异象书录下来形成的，当时罗马皇帝图密善疯狂迫害基督徒，许多基督徒因恐惧而灵性动摇，约翰长老将主传递给他的奥秘启示书录下来以此告诫基督徒要至死忠诚地效忠教会，

---

[1] 此处为《圣经·启示录》第20章"千禧年"的主旨大意，原文参见《圣经·启示录》20：1-10。

最终必将取得胜利。《启示录》中有关"千禧年"的原文记载如下：

> 我（约翰长老）又看见一位天使从天降下，手里拿着无底坑的钥匙和一条大链子。他捉住那龙，就是古蛇，又叫魔鬼，也叫撒旦，把它捆绑一千年，丢在无底坑里，将无底坑关闭，用印封上，使它不再迷惑列国。等那一千年完了，以后必须暂时释放它。
>
> 我又看见几个宝座，也有坐在上面的，并有审判的权柄赐给他们。我又看见那些因为给耶稣作见证的、并为神之道被斩者的灵魂，和那没有拜过兽与兽像，也没有在额上和手上受过它印记之人的灵魂，他们都复活了，与基督一同作王一千年。这是头一次的复活。其余的死人还没有复活，直等那一千年完了。在头一次复活有份的有福了、圣洁了，第二次的死在他们身上没有权柄。他们必作神和基督的祭司，并要与基督一同作王一千年。那一千年完了，撒旦必从监牢里被释放……①

当西罗马帝国灭亡，日耳曼蛮族统治欧洲大陆时，许多人相信公元 1000 年便是千禧年的开始。到了中世纪，千禧年的概念开始广为流行，到 15 世纪，一些教派团体提出千禧年主义，以此来对抗教会的权威。

一　关于千禧年的计算

"千禧年"的神学传说虽然设定耶稣基督将在公元 1000 年复临人间，但中世纪早期公元纪年法的诞生是跟斯基泰修士狄奥尼修斯·埃格西乌斯编订的复活节年表联系在一起的。"公元 532 年，狄奥尼修斯·埃格西乌斯奉教皇约翰一世之命编制了复活节年表，他测算了公元 532 年至 625 年的复活节节期并撰写了一部名为《复活节大周期》（*Libellus de Cyclo Magno Paschae*）的小册子。在这部小册子中，狄奥尼修斯明确提出以耶稣基督'道成肉身'之年为纪元的定点之年并在年表中予以实行。"② 然

---

① 《圣经·但以理书》20：1-7。
② 朱君杙：《加洛林时代史学成就研究》，辽宁人民出版社，2015，第 171 页。

而，依照狄奥尼修斯的复活节年表设定的公元元年与耶稣基督实际诞生的年份之间存在着误差，现代一些学者认为耶稣基督实际上是在公元前4年诞生的。因为中世纪的人们依照各种流行的复活节年表确定公元元年的年份，所以实际上设定的公元元年的年份存在着偏差，这就导致人们对于公元1000年的推算实际上是不一致的。依照中世纪西欧人推算的结果，"千禧年"到来的具体年份在数十年之间波动，形成了"千禧年"到来的时间区。詹姆斯·T.帕默在他的《中世纪早期的末日启示论》中，梳理总结了10、11世纪西欧人对于"千禧年"到来年份的各种推算结果，他发现耶稣"道成肉身"或"耶稣蒙难"的千年纪念日在979年至1042年之间，狄奥尼修斯年表中的数据与《启示录》中的记载不相契合。① 弗勒里的阿博（Abbo of Fleury）从982年至辞世前尝试了各种解决之道，他发现耶稣"道成肉身"是在公元前3年，所以"千禧年"应该落在公元997年。后来他又经过修改，发现耶稣"道成肉身"是在公元前21年，那么"千禧年"就应该落在公元979年。洛布斯的赫里加尔（Herigar of Lobbes）1007年推算"千禧年"应该落在公元1009年，他认为耶稣"道成肉身"是在公元9年。② 在拜占庭帝国，一位抄书员提到"敌基督"将在995年出现。在英格兰，一位抄书员宣称"敌基督"将在999年出现，不久之后，弗勒里的阿博的英格兰学生拉姆齐的伯特弗斯（Byrhtferth of Ramsey）提及1000年已过，所以时间何时结束取决于救世主的决断。③

二　千年之交人心惶惶的西欧人

在960~970年，洛林吉亚王国的一些天文演算家测算世界末日到来的时间。他们四处传播世界末日即将到来的传言，即耶稣受难日的纪念日和天使报喜日④的纪念日3月25日相逢，都是星期五的话，世界就会走

---

① James T. Palmer, *The Apocalypse in the Early Middle Ages*, Cambridge：Cambridge University Press, 2014, p.191.

② James T. Palmer, *The Apocalypse in the Early Middle Ages*, Cambridge：Cambridge University Press, 2014, p.191.

③ James T. Palmer, *The Apocalypse in the Early Middle Ages*, Cambridge：Cambridge University Press, 2014, p.192.

④ 天使长加百列奉告圣母玛利亚她将诞下圣子耶稣。

向终结。《圣经》中有很多事件发生在 3 月 25 日星期五这一天，亚当是在这一天出生的，以撒也是在这一天被献祭的，以色列人在这一天跨越了红海，基督也是在这一天受架刑的，天使长在这一天杀死了怪兽。① 970年恰好在这一日期上契合，于是，世界末日的传言充满了整个法兰克世界。不久之后，西法兰克王国北部的天空中出现了异象，据《圣经·路加福音》的记载，世界末日前将会有天候异象显现，"日月星辰要显出异兆，地上邦国也有困苦，因海中波浪的响声，就慌慌不定。天势都要震动……"② "989 年 8 月，哈雷彗星显现于天际长达两个多星期，在信众中引发了惊慌和敬畏。1006 年 5 月，史上最为耀眼的超级新星（supernova）SN 1006 出现在天空中长达两个多星期引发了恐慌。在 1009年和 1028 年，公爵威廉、罗伯特国王、弗勒里的苟兹林和沙特尔的富尔伯特都在信件中提到阿基坦海岸下起了血雨，太阳变红并在 3 年的时间里失去了光芒。1014 年夏季，彗星在天际显现了数夜，再次引发了恐慌。"③ 传言和天候异象相互交织，使巴黎的教士们人心浮动，惶恐不已，弗勒里的阿博尽力安抚他们的情绪并驳斥洛林吉亚王国天文演算家的测算结果。鉴于严重的恐慌心理，弗勒里的阿博恳请卡佩王朝国王罗贝尔二世专门召开一次特别的宗教会议处理千年之交的恐慌问题。④ 996 年，在弗勒里的阿博谨致罗伯特国王的这封信中，阿博提及他年轻时遇到的一件事，时间大致是 975 年：

> 　　关于世界末日，鄙人作为一位青年人听闻在巴黎教堂信众前宣讲的一次布道："敌基督"马上到来，随着一千年已过，世界大审判会在那不久后展开。我尽我所能地否定这一预言，从《福音书》、《启示录》和《但以理书》中寻找证据。然而，我的院长，被神圣记忆的理查德，一个拥有敏锐头脑的人却秉持维护着这个有关世界末日的

---

① Catalin Negru, *A History of the Apocalypse*, Raleigh: Lulu Press, 2018, p. 97.

② 《圣经·路加福音》21：25-26。

③ Catalin Negru, *A History of the Apocalypse*, Raleigh: Lulu Press, 2018, p. 98.

④ Richard Allen Landes, Richard Landes, Andrew Colin Gow, David C. Van Meter, *The Apocalyptic Year 1000: Religious Expectation and Social Changes 950–1050*, Oxford: The Oxford University Press, 2003, p. 37.

错误。此后，他命令我回信。他从洛林吉亚人那里收到了一封信，谣言充斥着整个世界：天使报喜日与耶稣受难日相逢在一起，毫无疑问世界末日将会到来。①

1065 年，耶稣受难日的纪念日和天使报喜日再次重合，又引发了世界末日的恐慌，班贝格的主教甚至号召人们提前赶往耶路撒冷朝圣，以接受和迎合复临人间的耶稣基督，接受他的末日审判。②《启示录》中有"歌革和玛各"的故事，"歌革和玛各"是两个臣服于撒旦、在世界末日时分召集各种邪恶力量对神的王国作战的恶势力。10 世纪原先来自顿河流域的马扎尔人入侵了中欧平原，对德意志地区大肆劫掠，受到"千禧年"情结影响的西欧人把入侵的马扎尔人设想成了《启示录》中在世界末日前善恶对决战中的恶势力"歌革和玛各"，以此认定耶稣复临人间开始末日审判的日子已经不远了。980 年，欧塞尔的主教在信件中将马扎尔人称为"歌革和玛各"，他们之前是闻所未闻的，现在则被关注，在现实中具体出现了，预示着世界末日已经不远了。③ 不仅欧洲大陆的人存在千年恐慌的心理，因英吉利海峡而与欧陆隔离的英格兰人也抱有同样的心理。虽然公元 1000 年的时间已经过去了，但许多英格兰人仍然坚信"千年末日"的说法。如修士伍尔夫斯坦认为自基督开始的千年虽然已过，如今撒旦的镣铐已经松弛了，"敌基督"迫近，它在世界存在的时间越长，它的力量就越弱。弗勒里的阿博的弟子修士伯特费斯认为千年过后撒旦已被释放，虽然依照人类的计算千年已过，但何时将世界带入终结那是主的权力。④

西欧人的千年恐慌心理使他们展开了更为热烈、虔敬的朝圣活动，而且他们对于朝圣活动的认知也发生了根本性的变化。夏巴纳的阿德马尔（Ademar of Chabannes, 988-1034）描述了这一时期蜂拥而入巴勒斯坦地区的朝圣者，而且朝圣者面对困难时的心态也发生了变化，他们变得更为

① Catalin Negru, *A History of the Apocalypse*, Raleigh: Lulu Press, 2018, p.97.
② Catalin Negru, *A History of the Apocalypse*, Raleigh: Lulu Press, 2018, p.97.
③ Catalin Negru, *A History of the Apocalypse*, Raleigh: Lulu Press, 2018, p.97.
④ Catalin Negru, *A History of the Apocalypse*, Raleigh: Lulu Press, 2018, p.98.

勇敢无畏。之前在朝圣的途中倘若遇到急难险阻,朝圣者会认为是上帝的意志使他们受困,很多情况下他们会选择中途折返,但如今他们会认为是撒旦在设置障碍,阻止人们灵魂得到救赎,所以他们会千方百计地克服困难,争取在耶稣复临人间的时候赶赴耶路撒冷,出现在主的面前接受审判。[1]

三　千年恐慌与上帝的和平休战运动

在千年之交的法兰西出现了禁止封建主私战的"上帝的和平休战"运动,理查德·兰德斯认为"上帝的和平休战"与公元 1000 年"世界末日"的传说存在着某种关联。千年之交的法兰西正处于加洛林王朝向加佩王朝过渡的历史时期。9 世纪,加洛林帝国崩溃后,法兰西分裂成许多小的边区和伯爵领,地方上的伯爵和骑士们为了控制权彼此间展开频繁的战斗。而与此同时,王室在抵御维京人袭扰的战斗中无能为力,迫使各种地方势力加强武力,进一步助长了法兰西王国分裂割据的状态。加佩王朝国王的权力很小,社会的公共权力为地方封建主所侵夺,出现了社会公共权力碎化的局面,用勒马里涅埃尔的话来说就是:"公众权力被肢解而且经常减小到不能再小的地步。"[2] 王室直辖领地仅仅局限于从塞纳河至卢瓦尔河中游之间的狭小区域内,被称为"法兰西岛","岛"外,不乏实力比王室还要强大的诸侯,如诺曼底公国、勃艮第公国、阿基坦公国等。即使在"岛"内,也有着众多不服管制的城堡主。由于没有强大公权的管辖,各级封建主之间为了争夺领地和权力时常开展私战,这种私战对教会和普通百姓都产生了负面的影响。因此,某些教会人士发起了"上帝的和平休战"的倡议,给予某些非战斗人员免受战斗波及的保护权。989 年,查鲁厄斯的宗教会议颁布了一项限制性的和平条约,给予教士和农民免受战斗波及的保护权,这项条约在西欧的大部分地区实施并一直延续至 13 世纪。[3]在阿基坦边界拉马尔凯的本尼迪克特派的查鲁厄斯修道院,许多人(平

---

① Catalin Negru, *A History of the Apocalypse*, Raleigh: Lulu Press, 2018, p. 101.

② 朱君杙:《尼特哈德〈历史四书〉"公共利益"观探析》,《贵州社会科学》2016 年第 7 期。

③ Thomas Head, "The Development of the Peace of God in Aquitaine (970–1005)," *Speculum* Vol. 74, No. 3, 1999, pp. 656–686.

民）从波托、利木赞和邻近地区聚集于此，许多圣徒团体也带着"奇迹"前来。在波尔多和加斯科尼的戈姆巴德大主教的领导下，在查鲁厄斯修道院颁布了三则神圣的条款，均由普瓦提埃、利穆赞、昂古莱姆主教签署。这三则神圣的条款将在法国西部实施。凡是袭击或抢劫教堂、抢劫农民或农场动物的人，抢劫、殴打或抓捕教士及任何"不带武器"的教职人士的人都将受到革除教籍的惩罚。补偿或赔偿损失有可能会规避教会的诅咒。① 兰德斯等历史学家认为在公元 1000 年之前，法兰西人，尤其是教会人士认为世界末日即将来临，主即将从天国复临人间展开审判，世人应该弃恶从善并集结力量参与到世界末日前善恶对决的战斗中，因而应该提前实施"上帝的和平休战"。②

四　千年恐慌心理影响下的史著

（一）阿德马尔的主要著作是三卷本的《阿基坦和法兰克编年史》

阿德马尔出生于夏巴纳，在利摩日的圣马尔蒂修道院接受教育并成为该院的一名修士，他生前可能曾赴耶路撒冷朝圣。阿德马尔的主要著作是三卷本的《阿基坦和法兰克编年史》，记叙从法拉蒙德至 1028 年的法兰克历史。前两卷不过是对早期法兰克诸王历史的誊抄，如《法兰克人史纪》、《〈弗莱德加编年史〉续编》和《王室法兰克年代记》。第三卷涉及814～1028 年的历史，具有相当重要的历史意义。③

《阿基坦和法兰克编年史》虽然以法兰克人的历史为主线开始叙述且未从上帝创世开篇，对于亚述、波斯、马其顿、古罗马、拜占庭的历史也未曾详述，但其理论仍旧建立在"四大帝国"理论基础上。阿德马尔认为加洛林帝国的皇帝们延续了君士坦丁和希拉克略的帝系，他在编年史的第二卷强调了加洛林帝国的"罗马化"因素，以此表明这一帝国是古代

---

① Letaldus of Micy, "The Journey of the Body of St. Junianus to the Council of Charroux, c. 990s CE," *Archived*, July 12, 2006, http://urban. hunter. cuny. edu/~thead/charroux. htm.

② Thomas F. Head, Richard Allen Landes, *The Peace of God: Social Violence and Religious Response in France Around the Year 1000*, London: Cornell University Press, 1992, p. 201.

③ Hugh Chisholm ed., "Adhemar de Chabannes," *Encyclopædia Britannica: A Dictionary of Arts, Sciences, Literature and General Information*, Vol. 1, Cambridge: Cambridge University Press, 1910, pp. 191–192.

罗马帝国名副其实的继承者。在高卢圣咏和罗马圣咏之间的分歧产生后，问题被提交给了查理曼处理。查理曼的裁决倾向于罗马派，让圣咏的形式回归至大格雷戈里时代且未加任何改变。此外，查理曼还向教皇哈德里安请教罗马圣咏并以此教导法兰克人，他还在高卢建立了学习罗马圣咏的学校并从罗马延聘了语法和计算的教师以建立学校。阿德马尔认为查理曼学习罗马的一切事情给他的帝国带来了整齐划一性以及一致顺从性。① 阿德马尔是第一位将千年恐慌与巴勒斯坦发生的事情联系在一起的史家。在一天夜晚，阿德马尔仿佛看到了一副血迹斑斑的十字架上钉着受难的耶稣，他在不断地叹息着。他在目睹这一幻象后动笔编纂了世界编年史并将自己目睹的这幅幻象插入了著作中。阿德马尔认为自己产生的这一幻象是救世主耶稣的预示，其时，绿衣大食埃及法蒂玛王朝的第六任哈里法阿尔-哈基姆（Khalif al-Hakim）正在巴勒斯坦地区迫害基督徒和犹太人，圣墓教堂已遭到破坏，耶稣正在哭泣。阿德马尔从朝圣者那里听闻此事后，意识到这一信息表明世界末日来临前善恶对决的大战即将开始了。②

（二）拉乌尔·格莱伯的《从 900 年至 1044 年历史五卷》

拉乌尔·格莱伯（Raoul Glaber）是法国加佩王朝的史家，他出生于勃艮第，大约 12 岁时进入了欧塞尔的圣日耳曼德佩修道院。他生性急躁，不守纪律，经常从一个修道院到另一个修道院。1015~1031 年，他与第戎的圣贝宁修道院院长、修道院改革家伏尔皮亚诺的威廉交好，认后者为师，时常结伴旅行。在威廉的授意下，他开始以 1000 年为叙事中心撰写了一部世界历史——《从 900 年至 1044 年历史五卷》（*Historiarum Libri Quinque ab Anno Incarnationis DCCCC Usque ad Annum MXLIV*，以下简称《历史五卷》），这部史作日后稍加修改献给了克吕尼的奥迪略（Odilo of Cluny）。这部史作是从 900 年开始叙述的，叙述了德意志神圣罗马帝国的皇帝和法兰西国王的历史直至拉乌尔·格莱伯自己生活的时代，对于当时

---

① Daniel F. Callahan, *Jerusalem and the Cross in the Life and Writings of Ademar of Chabannes*, Boston: Brill, 2016, p. 56.

② Harald Kleinschmidt, *Understanding the Middle Ages: The Transformation of Ideas and Attitudes in the Medieval World*, Woodbridge: The Boydell Press, 2003, p. 24.

已知世界的历史也有所记载，还包括了一些匿名者的简短传记和轶事。① 拉乌尔·格莱伯的《历史五卷》把 1000 年作为叙事的中心，他本人对于"千禧年"世界末日的说法深信不疑，最初相信公元 1000 年世界末日将会来临，但公元 1000 年已过，拉乌尔·格莱伯转而认为千年末日的计算点应该从耶稣受难之日开始算起，而不是从耶稣"道成肉身"之日开始算起。但 1033 年也过去了，世界末日仍未来临，拉乌尔·格莱伯仍不死心，依然坚信世界末日即将来临。他把一些异常的自然现象，如瘟疫视为世界末日即将来临的象征。"人们相信季节和统治世界的自然法则有序排列着，如今却再度陷入了永恒的混乱中，他们害怕人类会灭亡。"② 他把千年末日的传说同信徒因恐慌而采取的种种应对措施联系在一起，叙述了这一时期法兰西人掀起的修建教堂、朝圣，尤其是到耶路撒冷朝圣的运动以及"上帝的和平休战"运动。他写道："撒旦不久将被释放，因为千年已过。尽管没有文献和考古证据能够证明世界末日即将到来，但新建教堂的浪潮在 1000 年不久后开始了，人们意识到在哈米吉多顿③善恶对决的日子已经被推迟了：在 1003 年左右，整个世界被披上了教堂的纯白色长袍。"④ 拉乌尔·格莱伯的著作对于支持教会改革的统治者亨利二世、亨利三世、罗伯特二世特别亲善，而对康拉德二世、教皇本尼迪克特九世则抱有敌意。因为拉乌尔·格莱伯坚信世界末日即将来临，所以《历史五卷》通篇是一种灰暗的基调。拉乌尔·格莱伯对于未来无从知晓，在未知迷茫的情况下，心怀震颤恐惧地书写着历史，仅仅盼望着一切事情

① Andrew Mac Erlean, "Raoul Glaber," *The Catholic Encyclopedia*, Vol. 6. New York：Robert Appleton Company, 1909, June 25, 2019.

② Stephen Jay Gould, *Dinosaru in a Haystack: Reflctions in Natural History*, New York：Three Rivers Press, 1995, p. 20.

③ 《圣经·启示录》的预言中所使用的"哈米吉多顿"一词来源就是米吉多。《启示录》记载，全能者会在此击败魔鬼和"天下众王"。"哈米吉多顿"可能并非指某个地区，而是代表最后一场总决战的象征名词。现在，"哈米吉多顿"已被引申为"哈米吉多顿大战"，并引申出"伤亡惨重的战役""毁灭世界的大灾难""世界末日"等含义。这个词来自希伯来语中一座名为"米吉多"的山（Megiddo，位于现今的以色列）。"哈米吉多顿"的发音来自希腊语 ρμαγεδν（音 harmagedōn），然而在英语中省略了词首的气音而变成 Armaggedon。

④ Stephen Jay Gould, *Dinosaru in a Haystack: Reflctions in Natural History*, New York：Three Rivers Press, 1995, p. 20.

将会尽快走向结束。①

(三) 蒙蒂埃朗代的阿德松的《论敌基督的到来及时间》

阿德松是法国蒙蒂埃朗代本尼迪克特修道院的修士,他曾前往耶路撒冷朝圣并在途中逝世。从一些文献的记载来看,阿德松是修道院的院长,曾实施过重要的修道院改革计划。他最为著名的著作是一部有关"敌基督"的传记——《论敌基督到来的时间》。②

《论敌基督到来的时间》是蒙蒂埃朗代的阿德松应西法兰克王国的王后格尔赫尔佳的请求创作的。因公元 1000 年还有几十年就要来临,世界末日前"敌基督"将会在耶稣复临人间之前出现,格尔赫尔佳对于"敌基督"的到来较为恐惧和好奇,她请求熟知《启示录》的阿德松撰写一部有关"敌基督"的神学著作供自己参详,蒙蒂埃朗代的阿德松奉王后懿旨撰写了这部神学著作。阿德松认为"敌基督"与先知但以理出于同一部落,而且"敌基督"远远不止一人,他们对于自己所处的境遇不满而作恶。不过,阿德松认为加洛林帝国的皇帝将会拖延"敌基督"的出现,也就是说阿德松认为加洛林帝国是罗马帝国的延续,属于"四大帝国"的罗马帝国阶段,直至加洛林帝国衰落,无力阻拦"敌基督"时,他才能现身。阿德松同时也信奉"最后一位世界皇帝"的传说,认为这位世界皇帝将给予整个世界以基督教式的和平,然后前赴耶路撒冷朝圣,在耶路撒冷放下王冠,心甘情愿地结束罗马帝国并开启了最后的世界末日的进程方案。

(四) "西卜神谕"与利乌特普兰德的《出使君士坦丁堡》

968 年,克雷莫纳的利乌特普兰德 (Liudprand of Cremona) 奉奥托之命出使拜占庭帝国,归国后撰写了报告《出使君士坦丁堡》(*De legatione Constantinopolitanan*, *The Embassy to Constantinople*)。在这部著作中,利乌特普兰德对拜占庭帝国的首都和皇帝予以了诸多贬损性的描述。据其所言,君士坦丁堡是一个"曾经如此富饶和繁荣的城市,而现在却如此贫

---

① Rodulfus Glaber, *Historiarvm Libri Qvinqve*, John France ed. and trans., Oxford: Clarendon Press, 1989, p. lxiv.

② Henri Omont, "Catalogue de la Bibliothèque de L'Abbé Adson de Montier - en - Der," *Bibliothèque de L'École des Chartes*, Vol. 42, No. 1, 1881, pp. 157–160.

穷，成了一座充满谎言、欺骗、伪誓、贪婪、掠夺、虚荣的城市"①。利乌特普兰德还把拜占庭皇帝尼基弗鲁斯二世·福卡斯与奥托进行了对比，认为"前者说谎、狡猾、残忍、狡诈、自负、伪饰的谦逊、吝啬和贪婪"；"后者诚实、厚道、适时仁慈、适时严厉，一贯真诚的谦逊，从不吝啬"。② 利乌特普兰德也受到了拜占庭帝国千年末日启示的影响，他在这部著作中，把拜占庭帝国有关千年末日启示的传说汇总在一起介绍给西欧人，只是他改换了一下名称，拜占庭帝国将千年末日启示说成"但以理神谕"，利乌特普兰德将它称为"西卜神谕"。事实上，"西卜神谕"古已有之，它流行于纪元前后数百年的犹太教和基督教世界中，也出现于希腊、罗马、巴比伦、波斯和埃及等文化中。"西卜神谕"是一种颇为奇特的文学现象。它不仅指单篇作品，也是一类预言性诗歌的统称，但有关"Sibyl"（西卜，或西卜林）的语源学研究迄今尚无令人满意的结论，故无法对这一现象的起源做出合理解释。在悲剧时代（公元前 5 世纪左右）的希腊语言中，"西卜"是一个人物，最初可能是一个女先知的名字。她被描绘成一位年迈的妇人，在迷醉状态中滔滔不绝地论述令人着迷的预言，她被视为神与人之间的媒介。

第五节　教会改革与末日启示神学历史哲学的新变化

11 世纪中叶，西欧基督教世界的末日启示神学历史哲学又发生了新的变化，这种新的变化与新时期西欧新的政治格局息息相关。公元 1000 年和公元 1033 年，两个在基督教神学历史哲学中预示着"千年末日"的时间节点已经过去了，而且随着时间的流逝，耶稣基督迟迟未曾复临人间开启结束世界的最后程序。基督教会的神学家需要从神学的角度对此做出解释，原先流传的查理曼是拖延"敌基督"到来的"拦阻者"的神学设定也因世界末日到来时间的遥遥无期而说服力逐渐减弱。此外，西欧的政

---

① Liudprand of Cremona, *The Complete of Works of Liudprand of Cremona*, Paolo Squatriti trans., Washington, D. C. : The Catholic University of America Press, 2007, p. 238.

② Liudprand of Cremona, *The Complete of Works of Liudprand of Cremona*, Paolo Squatriti trans., Washington, D. C. : The Catholic University of America Press, 2007, p. 240.

治格局也出现了新的变化，一个颇为突出的现象就是罗马教皇的权力陡然增强，它与神圣罗马帝国皇帝代表的皇权展开了争夺西欧基督教社会领导权的剧烈博弈，甚至在一定时期内明显占据了的上风。另外教会权力增长，世俗政权的软弱涣散，都促使教阶中的人强调教皇的至高无上，一些地方修道院中具有改革思想的修士将此前在地方教会中实行的教会改革（包括严禁教士的腐化生活、禁止买卖圣职）措施向更高的教会层级和更广阔的教会领域推广。11 世纪中叶，一批激进的克吕尼派修士强调教皇的至高无上地位，在全西欧范围内向世俗政权、向国王进攻，这就是所谓的"格雷戈里七世改革"。为了适应教会改革和教皇权陡然增长的现实，一些基督教神学家和历史学家开始质疑世俗政权的皇帝们在世界末日到来前的神学地位和作用，在自己的神学历史著作中不再强调传统的"最后一位世界皇帝"的说法，转而开始强调教皇在世界末日到来前的神学地位和作用并将这种新的神学设定引入他们的神学历史著作中。

一　克吕尼运动和格雷戈里七世的教会改革

加洛林帝国自 843 年"一分为三"后，兵连祸结，许多人被迫投靠修道院谋生，壮大了修道院的经济实力，但随着修道院经济实力的日益雄厚，修道院上层开始腐化堕落，纵欲不端、贪墨不法、买卖圣职等不守修道院规程的事端层出不穷，下层修士也"上行下效"，不守修道院清规戒律的行为层出不穷，本尼迪克特修道院纪律涣散的行为尤为严重。面对修道院腐败堕落的现实状况，教界中的一些有识之士开始强调修道院制度的改革，通过改革强化隐修戒律并进而扩张教皇的权威以左右整个西欧的政教形势。克吕尼运动的最初发起人是"虔敬者"威廉。910 年他在法国东部的克吕尼修建了一座修道院，该修道院宣称自己不受包括国王在内的任何世俗统治者的管辖，包括大主教、主教在内的居于俗界的教士系统的教职人士也无权干涉克吕尼修道院的内部事务，该修道院仅听从罗马教皇的指示和命令。克吕尼修道院的改革运动迅速在西欧教会引起了强烈的反响。到 10 世纪中叶，克吕尼运动已由法国一国发展到意大利、德国、英国、西班牙等地，这些国家建立了许多以克吕尼修道院为样板的"子修道院"，它们奉法国的克吕尼修道院为"母院"，听从克吕尼修道院院长的命令，形成了一个以克吕尼修道院为首的克吕尼修道院系统，发展成欧洲一种强大的宗教势力和政治势力。罗马教皇格雷戈里七世也是位坚定的"克吕尼主义者"，他召开宗教会议并连续发布教皇通谕，禁止教士结婚、买卖圣职等行为。1075 年，格雷戈里七世发布了《教皇敕令》（二十七条），内容包括：教皇永无谬误，唯有教皇有权任免主教、制定法律、解除臣民对皇帝的效忠誓约并废黜皇帝等。教皇格雷戈里七世试图把天主教会建立成一个超越国家权威的国际组织，教皇作为教会的首领是上帝在人间的统治者，是整个基督教世界的统治者，世俗统治者应吻他的靴子，为他牵马坠镫。因此任何对他的不服从也是对上帝的不服从。格雷戈里七世在整个西欧扩张教皇的权势并与世俗统治者争权夺利导致了中世纪欧洲最为著名的一次政教纷争——"卡诺沙觐见"。

二　"卡诺沙觐见"与《沃姆斯协定》

法兰克墨洛温王朝以来，法兰克教会一直被法兰克国王、加洛林皇帝控制，许多教会主教、修道院的院长都服从世俗统治者的领导，接受世俗统治者的封土和赏赐，查理曼等加洛林君主甚至还将修道院的院长职位赏赐给俗人，形成了一批俗人院长。《历史四书》的作者尼特哈德就是此类俗人院长。法兰克教会的大主教、主教都是由加洛林君主任命的。主教任免权一直都是加洛林君主控制教会的"禁脔"，不容许包括罗马教皇在内的其他人染指。加洛帝国"一分为三"后，由于内战的缘故，加洛林君主的权势有所松动，教皇势力开始抬头，但"主教叙任权"一直是由加洛林君主掌握的，直至德意志民族神圣罗马帝国建立后，这种状况仍未改变。1075 年，教皇格雷戈里七世召开宗教会议，指责德皇亨利四世属下的几位贵族和主教犯有买卖圣职罪并规定世俗国王不得掌握主教授职权。次年 2 月，教皇又下诏将拒不退位并蓄谋废黜教皇的亨利四世开除教籍，废止其"统治德意志王国和意大利"的权力，解除其臣属对亨利四世的效忠誓约。德意志诸侯听闻教皇废黜亨利四世的消息后发动了反对他的叛乱。亨利四世迫于压力，于 1077 年 1 月风尘仆仆地赶赴意大利教皇居住的卡诺沙城堡，在城堡前跣足冒雪，苦苦哀求了三天才得以觐见，向格雷戈里教皇忏悔并吻了教皇的靴子，教皇方才表示同意恢复亨利四世的教籍和统治权力。亨利四世复位回国后，立即发动了对反对派诸侯的战争，在平定国内诸侯叛乱后开始对格雷戈里七世反攻倒算。格雷戈里七世被迫随同前来援救的诺曼底人一同离开罗马，最后客死他乡。但后继的教皇继续同亨利四世斗争，亨利四世再次被开除教籍，德国的教俗封建主继续反对他，结果在他死时已经无力驾驭国内的诸侯，也丧失了对意大利的控制。几经斗争，1122年神圣罗马帝国的皇帝与罗马教皇暂时达成了妥协，订立了削弱皇帝"主教叙任权"的《沃姆斯协定》。该协定规定神圣罗马帝国境内的主教一律由高级教士会议选举产生，皇帝或者他的代表出席会议见证选举，新主教由教皇授予象征宗教权力的牧杖和指环，由皇帝授予象征世俗权力的权节。"主教叙任权"是皇帝控制教会的重要途径，原本由皇帝独掌的"主教叙任权"遭到了教皇的分割和侵蚀，教皇权威以此为基础开始膨胀，至英诺森三世任职时，教皇权发展至巅峰。英诺森三世当选教皇后承袭了格雷戈里七世的"教皇主义至上"的观点，他认为教皇是上帝在人间的代理人，尘世的皇帝和国王应该臣属于教皇并由教皇授予世俗权力。他致力于建立教皇领导的欧洲基督教封建神权的大一统帝国。他利用神圣罗马帝国霍亨斯陶芬家族和韦尔夫家族争夺皇位之机，在德意志世界挑起了内战，排斥了德意志在意大利的势力，收复了过去为德意志和意大利封建主所占的教皇辖地，巩固了教皇在辖地内的统治。西西里王霍亨斯陶芬家族腓特烈二世年幼，他以监护人的身份统治西西里王国。他干预英法间的关系，乘英格兰诸侯反对国王约翰之机，迫使约翰向教皇称臣，并缴纳年贡。英诺森三世又是多次十字军运动的发起者。1207年他组织十字军镇压阿尔比派，开教廷用武力镇压异端之先河。在教会事务方面，他制定了教皇大权独揽的神职人员任免制度。1215年，他主持召开第四次拉特兰公会议，颁布了圣餐变体说教义和一系列教会改革条规。在英诺森三世的扶植下，天主教内出现标榜清贫的托钵僧团，主要派别有方济各会和多明我会。他还加强异端裁判所，并命多明我会士主持。英诺森三世统治时期是教皇权势的鼎盛时期，教廷势力在当时的欧洲有着举足轻重的作用。

三　拥护教皇的神学史著作

固然，基督教末日启示的神学历史哲学强调上帝是人类历史的决定者，"上帝决定和安排一切"是基督教神学历史哲学的主旨和基调，不过，它并没有否定和排斥历史中的"大人物"在末日启示中的地位和作用，只是把这种地位和作用纳入上帝属意的神学解释的框架之内。而且此种神学解释对于"大人物"存在着积极肯定和消极否定两种情况，这两种情况反映了运用者的政治立场以及对于"大人物"的爱憎情感。例如，格雷戈里七世把政敌比作"敌基督"，称拉文纳大主教和皇帝拥立的伪教皇吉伯特为"敌基督和敌基督的使者"，称其他的政敌为迫害者、"敌基督"的使者及伙伴和手足。[①]"最后一位世界皇帝"的传说则是把查理曼作为阻碍"敌基督"到来的拖延者，认为他不仅统一了西方的基督教世界，而且还远征巴勒斯坦地区，从异教徒的手中解放了圣城耶路撒冷并亲自在圣墓前将象征着王权的王冠移交给了主，以迎接基督为王的"上帝之国"的到来。11 世纪中叶，教皇权势陡然增长并开始与世俗帝王展开激烈的政教斗争，一些拥护罗马教皇的神学家、史学家开始强调教皇在世界末日到来前的神学地位和作用并将这种新的神学设定引入他们的神学历史著作。

（一）格尔霍荷的《敌基督探究》

赖歇尔斯贝格的格尔霍荷（Gerhoh of Reichersberg）是 12 世纪德国最著名的一位神学家。他是赖歇尔斯贝格修道院的座堂主任和受教规约束的教职人员。他曾在弗莱辛、莫斯堡和希尔德谢姆学习。1119 年，奥格斯堡的赫尔曼主教任命他为该市大教堂学校的"学者"。严守教规的格尔霍荷因赫尔曼主教买卖圣职而于 1121 年离开了奥格斯堡前往弗莱辛教区的赖滕布赫修道院避难。1122 年《沃姆斯协定》签署之后，赫尔曼主教与合法的教皇卡利斯图斯二世达成和解，随后格尔霍荷陪同这位主教参加1123 年在罗马召开的拉特兰公会议。罗马教皇尤金三世给予了格尔霍荷很高的礼遇和尊重，不过，他与教皇继任者的关系较为糟糕。在 1159 年教皇选举的争议中，格尔霍荷站在了亚历山大三世一边（另一边是维克托四世），他的这一行为引起了皇帝党的怨恨。由于拒绝支持伪教皇，大主教康拉德于 1166 年被判放逐，赖歇尔斯贝格修道院也屡遭袭击。格尔

---

① Bernard McGinn, *Visions of the End Apocalyptic Traditions in the Middle Ages*, New York: Columbia University Press, 1979, p. 95.

霍荷本人被迫逃亡并在返回赖歇尔斯贝格不久后死亡。格尔霍荷是一位具有格雷戈里思想的教会改革者。他对于神职人员的改革特别热心；在他看来，除非采用修道院集体生活的方式，否则这个目标是不可能实现的。①

格尔霍荷在《敌基督探究》（*The Investigation of the Antichrist*）中以神学象征和比附的形式谴责了半个多世纪之前那场著名的政教之争的主角——神圣罗马帝国法兰克尼亚王朝的皇帝亨利四世，他把亨利四世设定成末日启示进程中释放"敌基督"的角色，他写道："许多虔诚谨慎的人相信，在《启示录》中所预言的自那时就应验了，或已开始应验了。'千年已过，撒旦从他的监牢里被释放出来，在诸国四散游荡……正如我们先前所说的，撒旦被大天使捆绑在极恶之心的深渊里，被他深恶痛绝的巨链所捆绑。他被封印了千年之久……''他必须被释放片刻（《启示录》20：1-3）。'就在魔鬼通过亨利国王（我们已经说过并将要再说一次）获得自由的那一刻，自基督受难已过了千年，那时魔鬼被关进监狱并被封死了。魔鬼真正自由后，开始以暴君的身份实行统治。从那时起，教廷开始分裂，教权和王权之间的冲突必然导致撒旦的灭亡。"②

格尔霍荷在政教冲突中坚定地站在教皇一边，反对皇帝冒犯教会的行径。他认为皇权唯有与教权合作才能保持强大。他认为撒旦脱离上帝的束缚现身于尘世作恶是教权与皇权之间不和的结果："撒旦、邪恶的人像野兽一样，远离了上帝。自此之后，这两位显赫的人互相攻击，无力虔敬宗教，撒旦就被释放了。"③ 格尔霍荷亲历了 12 世纪中叶两教皇并立的事件。教皇亚历山大三世在位期间与德皇腓特烈一世发生了冲突，亚历山大三世将腓特烈一世开除教籍，腓特烈一世出于报复的目的，另立自己宠信的枢机主教为新教皇，同时出兵意大利，攻入了罗马城，并将亚历山大三世逐出了意大利。亚历山大三世被迫于 1162 年流亡到法国。他另选维克托四世为敌对教皇。维克托四世得到了德皇腓特烈一世的支持，亚历山大

① Jakob Leitner, *Deutschland in Seinen Heiligen: Geschichten und Bilder zur Erhebung und Aufklärung*, Regensburg: Druck und Verlag von Georg, 1874, S. 90-93.

② Bernard McGinn, *Visions of the End Apocalyptic Traditions in the Middle Ages*, New York: Columbia University Press, 1979, p. 100.

③ Bernard McGinn, *Visions of the End Apocalyptic Traditions in the Middle Ages*, New York: Columbia University Press, 1979, p. 100.

三世得到了法国国王路易七世和英国国王亨利二世的支持和承认，双方之间互相攻讦、拆台。格尔霍荷在《敌基督探究》中对此也有阐述："从那时起，一位教皇反对另一位教皇，一位教皇试图将另一位教皇束缚的东西解放出来，反之亦然。"①

（二）弗莱辛主教奥托的《编年史》

弗莱辛主教奥托的《编年史》也记载了教皇格雷戈里七世与神圣罗马帝国的皇帝亨利四世之间的政教冲突。弗莱辛主教奥托与神圣罗马帝国法兰克尼亚王朝的皇帝亨利四世、霍亨斯陶芬王朝的皇帝腓特烈一世都存在着姻亲关系，尽管他的立场与倾向偏重亨利四世，但他也不得不承认教皇在这一时期的政教较量中处于强势和上风地位的现实。奥托引用《但以理书》中"大像"梦的启示，认为教皇是砸碎象征着"罗马帝国"半铁半泥脚的非人手凿出来的石头。

奥托认为除了罗马教会，再也没有其他势力能够拥有这样的力量，也没有其他势力能够有此殊荣获得上帝如此的属意，充当那一块非人手凿出来的石头。对于罗马教会的神圣性，奥托是这样形容的："它的头脑，被设想成一个无肉体的圣灵，源自一个贞女，因灵魂和水而重生，没有凡人参与这一重生……"② "教会重击了王国，将半铁半泥的脚砸成了碎片，教会打击王国的弱点，决定不把这位'城市之王'作为尘世之主加以尊崇，而是以泥土制成的绝罚之剑打击他。"③ 弗莱辛主教奥托认为神圣罗马帝国霍亨斯陶芬王朝统治时期是"最后一位世界皇帝"的势力走向没落的时代，教皇与神圣罗马帝国皇帝之间的冲突及其结果标志着世俗皇帝所代表的"尘世之城"的力量正在走向衰落，"敌基督"乘势崛起，"上帝之国"的到来已经为期不远了："现在所有人都能看到，曾经如此渺小

---

① Bernard McGinn, *Visions of the End Apocalyptic Traditions in the Middle Ages*, New York: Columbia University Press, 1979, p. 100.

② Bernard McGinn, *Visions of the End Apocalyptic Traditions in the Middle Ages*, New York: Columbia University Press, 1979, p. 99.

③ Bernard McGinn, *Visions of the End Apocalyptic Traditions in the Middle Ages*, New York: Columbia University Press, 1979, p. 99.

低矮的教会如今已发展成高山。伴随着帝国衰落的结果是诸多大灾难，诸多战争……"①

(三) 多伊茨的鲁珀特的《列日教会的灾难》

多伊茨的鲁珀特（Rupert）是邻近科隆的多伊茨修道院的院长，鲁珀特是位坚定的格雷戈里派，被迫撤离了列日的圣劳伦斯修道院。诗歌《列日教会的灾难》就是他早期的作品。值得注意的是，他全面且具体地将末日启示的幻想运用到圣职授予诸种事件的争议中。他是一位高产的神学著作家，著有《论上帝的意志》（De Voluntate Dei）、《论万能的上帝》（De Omnipotentia Dei）、《上帝之言的胜利》（De Victoria Verbi Dei）、《人子的光荣和荣耀》（De Gloria et Honore Filii Hominis super Mattheum）。

鲁珀特将《启示录》中"大红龙"的神学隐喻融入罗马教皇格雷戈里七世与德皇亨利四世之间的政教斗争中，以诗歌的形式隐含着神学象征的寓意表达自己在政教斗争中敌对皇帝、拥护教皇的立场。

他在诗歌中写道："满载着众多战利品的龙尾拖曳着附着的点点繁星。"② "大红龙"的尾巴象征着德皇亨利四世，"点点繁星"象征着"敌基督"，以此表明亨利四世不再虔敬上帝，与教会为敌造成了"敌基督"接踵而至的后果。鲁珀特还把亨利四世比作《启示录》中"两个兽"中的第一个兽。③ 他把亨利四世扶立的伪教皇克莱蒙特三世比作《启示录》中"两个兽"中的第二个兽。④ 他写道："如今古代的敌人（象征着亨利四世和克莱蒙特三世的两个兽）从海中和地中上来。"⑤ 他也以诗歌的形式描述了格雷戈里七世最后的命运，以隐喻的形式鞭挞了

---

① Bernard McGinn, *Visions of the End Apocalyptic Traditions in the Middle Ages*, New York: Columbia University Press, 1979, p. 99.

② Bernard McGinn, *Visions of the End Apocalyptic Traditions in the Middle Ages*, New York: Columbia University Press, 1979, p. 97.

③ "我又看见一个兽从海中上来，有十角七头，在十角上戴着十个冠冕，七头上有亵渎的名号。我所看见的兽，形状像豹，脚像熊的脚，口像狮子的口。"参见《圣经·启示录》13：1-2。

④ 我又看见"另有一个兽从地中上来，有两脚如同羊羔，说话好像龙。它在头一个兽面前，说话好像龙。它在头一个兽面前，施行头一个兽所有的权柄，并且叫地和住在地上的人拜那死伤医好的头一个兽。"参见《圣经·启示录》13：11-12。

⑤ Bernard McGinn, *Visions of the End Apocalyptic Traditions in the Middle Ages*, New York: Columbia University Press, 1979, p. 97.

亨利四世背弃上帝、迫害教皇的行径："教皇制裁犯罪，敢于攻击国王的弊病，埋骨于流亡地……阿提拉焚烧法国的城市，火焰翻腾着。"① 这部分诗歌指代的是亨利四世在"卡诺莎觐见"获得教皇赦免后反攻倒算，进军意大利迫使教皇出逃的历史事件，教皇埋骨于流亡地指的是1085 年教皇格雷戈里七世亡于萨勒摩。鲁珀特把亨利四世比作公元 5 世纪危害欧洲的匈人首领阿提拉，以此形容亨利四世进军意大利之后烧杀劫掠的恶行。

（四）宾根的希尔德加德的《认识主道》

宾根的希尔德加德（Hildegard，1098－1179）是中世纪德国的神学家、作曲家及作家、天主教圣人、教会圣师。她担任女修道院院长，同时也是哲学家、科学家、医师、语言学家、社会活动家及博物学家。希尔德加德出身贵族家庭，属斯庞海姆（Sponheim）伯爵家族领下，年幼时父母将她送给教会以抵替什一税（tithe）。希尔德加德进入德国迪希邦登堡（Disibodenberg）女修道院后跟随当时一位非常受欢迎的修女优塔修行。优塔死后，希尔德加德成了女修道院的院长并率领修女们移居鲁伯斯堡（Rupertsberg）成立了一所新的修道院。她在宗教立场上反对教派分立，在文学思想上也颇有成就。

《认识主道》被分成篇幅相当的三部分。第一部分包含了古老的"上帝创世"的故事：亚当和夏娃的创造和堕落、世界的结构、肉与灵的关系、上帝通过教会与其民众联系、天使团。第二部分描述了古老的救赎的故事：救世主基督的到来、"三位一体"、作为基督新娘和信徒母亲的教会、洗礼、坚信礼、教会的品级、基督受难、圣餐、与魔鬼战斗。第三部分重述灵魂得救的历史，其历史象征是一座装饰有各种寓意人物和美德的建筑物。② 《认识主道》作为一部系统翔实的神学著作在教会内部引起了强烈的反响。教皇尤根尼乌斯三世非常喜爱这部神学著作，1148 年他曾发布教皇通谕至迪希邦登堡寻求她的这部著作。尤根尼乌斯三世对它很满

---

① Bernard McGinn, *Visions of the End Apocalyptic Traditions in the Middle Ages*, New York: Columbia University Press, 1979, p. 98.

② Hildegard, *Scivias*, Columba Hart and Jane Bishop trans., New York: Paulist Press, 1990, pp. 60–61.

意，为此还专门致信褒扬希尔德加德。

她预言基督教世界的普世权力，无论是帝国还是教皇制度都将随着危机时代的到来而走向腐朽没落。她认为 11 世纪末期开始的各种"时代困扰"（tempus muliebre）皆源于亨利四世对教会的攻击。尽管与其他同时代的著作家相比，希尔德加德对于历史事件的细枝末节不太注重，但毋庸置疑，希尔德加德同样在"教会大改革运动"的时代背景下理解同时代的历史并将之与基督教末日启示的神学理论相融合。[①]

四　保皇立场的编年史家及其著作

末日启示神学是基督教神学历史哲学的重要内容之一。依据基督教经典《圣经》的记载，基督教把人类历史看作一个拥有起点、中点和终点的一维性时间数轴，起点是上帝创世，中点是耶稣基督"道成肉身"，终点是耶稣基督复临人间展开末日审判、创立耶稣为王的"上帝之国"，而这一过程都是上帝早已预先设定好的，非人力所能改变的。《圣经》是反映上帝启示的基督教典籍，其中的《但以理书》《启示录》等篇章时常被教会史家作为末日启示神学理论的来源和依据。这种历史哲学所依托的最为常见的史学体裁形式是长时段的世界编年史，在 11～12 世纪罗马教皇格雷戈里七世与神圣罗马帝国皇帝亨利四世展开主教叙任权斗争期间，德意志世界某些秉持保皇立场的编年史家把撰写世界编年史当作斗争的武器，在自己的世界编年史著作中表现了对教皇的憎恶，实际参与了这次斗争。他们的世界编年史著作也实践了末日启示神学历史哲学的理论，这些世界编年史著作包括米歇尔斯堡的弗卢托夫的《世界编年史》、奥拉克的埃克哈德的《世界编年史》、西吉伯特的《总体编年史》（*Universal Chronicle*）。

（一）米歇尔斯堡的弗卢托夫的《世界编年史》及其续编

米歇尔斯堡的弗卢托夫是德国班贝格米歇尔斯堡修道院的修士，修道院院长。他可能出生于巴伐利亚，曾在该修道院教授"四艺"，从事图书

---

① Bernard McGinn, *Visions of the End Apocalyptic Traditions in the Middle Ages*, New York: Columbia University Press, 1979, p. 97.

馆管理员和抄写员的工作。他撰写的《世界编年史》是中世纪早期最为完整，编写时组织工作最为完备的编年史作之一。这部编年史从上帝创世一直延续至 1099 年，弗卢托夫辞世后，又由奥拉克的埃克哈德编辑和补写。"弗卢托夫的历史著述是克制的，他在很大程度上汇编了外国资料，而没有把他自己对历史事件的立场清晰地展现出来，再加上关于他本人和他生活的信息很少，因此很难直接了解其《世界编年史》的意图。更为重要的是，弗卢托夫从《哲罗姆编年史》中摘取了序言，仅有一些小的偏差和一些他自己插入的内容。法比安-施瓦茨鲍尔等学者们认定弗卢托夫是第一个试图按照时间上的精确顺序安排所有历史知识的中世纪编年史家。"①

米歇尔斯堡的弗卢托夫在形式上仍然遵循传统的年代记风格，一年一年地提供历史事实，从上帝创世开始叙述，填补年代框架，但他通过从各种史料中获取素材，试图使他的编年史更加清晰易懂。弗卢托夫仍然信奉"四大帝国"及"帝国权力转移"的观念，他把加洛林帝国看作古罗马帝国的继续，而不是已"死"的罗马帝国的复活。弗卢托夫编辑了从奥古斯都开始的 87 位皇帝的名录，以此表明查理曼 800 年创立的帝国是继承自古罗马帝国的，罗马帝国的帝王统绪一直未曾中断，查理曼并没有使一个已经亡故的帝国"复活"。② 弗卢托夫也信奉"六个时代"的观念："在其《世界编年史》的前五个时代，弗卢托夫描述了无数王国并存的历史，这些王国相继消失了，又被新的王国所取代。这些故事中唯一持久的东西是犹太民族的历史，弗卢托夫对此进行了详细描述。在亚历山大大帝死后，罗马历史变得更加重要。随着基督的到来，世界的第六个时代开始了，即罗马帝国的时代，最后的世界帝国。虽然日耳曼部落作为历史上的一个新元素出现在古代晚期，但他们并没有建立一个新的帝国，甚至没有建立一个新的王国，他们仍然是罗马帝国的一个组成部分。西罗马帝国灭

---

① Fabian Schwarzbauer, *Geschichtszeit: Über Zeitvorstellungen in Den Universalchroniken Frutolfs Von Michelsberg, Honorius Augustodunensis Und Ottos Von Freising*, Berlin: Akademie Verlag Gmbh, 2005, S. 52.

② Peter H. Wilson, *Heart of Europe*, Cambridge: The Belknap Press of Harvard University Press, 2016, p. 38.

亡后，东罗马的皇帝们延续着自奥古斯都开始的帝系，直至查理曼成为第
七十三位皇帝。"① 他的这种理念也被他融入对查理曼 800 年加冕事件的
记载和描述中："罗马帝国一直停留在了君士坦丁堡并且由希腊人的皇帝
们盘踞；通过查理曼，罗马帝国的权力被转移至法兰克人国王或皇帝们的
手中。"② 米歇尔斯堡的弗卢托夫在立场上拥护皇帝，他将政教斗争看成
是政治事件而不是宗教事件，他着重叙述的不是政教斗争，而是第一次十
字军东征，他也很高兴能够将叙述集中于基督教世界统一的大事件——第
一次十字军东征。③

　　米歇尔斯堡的弗卢托夫的《世界编年史》被奥拉克的埃克哈德续编
和改写。奥拉克的埃克哈德是奥拉克的修道院院长、本尼迪克特派修士和
编年史家。他将德意志民族神圣罗马帝国的历史，也就是 1098 ~ 1125 年
的历史补入米歇尔斯堡的弗卢托夫的《世界编年史》中。在主教叙任权
斗争中，他强烈地支持皇帝并亲自参与了 1101 年的十字军东征。他将十
字军在莱茵河畔对犹太人的屠杀和第一字十字军东征的历史载入了编年
史中。

　　奥拉克的埃克哈德将新编的《世界编年史》分为五个单元，把耶稣
"道成肉身"、查理曼的帝国、神圣罗马帝国皇帝亨利五世继位作为划分
《世界编年史》五部分的界标。④ 而且新编的《世界编年史》继承了哲罗
姆的传统，将之前众多的编年史，诸如哲罗姆、奥罗西乌斯、比德、伊西
多尔、赖谢瑙的赫尔曼等的编年史，《王室法兰克年代记》，统治者的传
记材料，《法兰克人史纪》等融合到一起。奥拉克的埃克哈德第一次在
《世界编年史》中称呼法兰克尼亚王朝（萨利安王朝）的国王为"萨利安
国王"（Reges Salici）。有学者认为"萨利安国王"这一称呼并非统治王

① Jean-Marie Moeglin, "Von Hermann von Niederaltaich zu Aventin. Die Entwicklung der Bayerischen Landesgeschichtsschreibung im Gesamtdeutschen und Europäischen Kontext und Vergleich," in Alois Schmid, Ludwig Holzfurtner, Hrsg., *Studien zur Bayerischen Landesgeschichtsschreibung in Mittelalter und Neuzeit*, Müchen: Verlag C. H. Beck, 2012, S. 123.

② Gerd Althoff, Johannes Fried, and Patrick J. Geary, *Medieval Concepts of the Past: Ritual, Memory, Historiography*, Cambridge: Cambridge University Press, 2002, p. 154.

③ 赵立行：《西方史学通史第三卷：中世纪时期》，复旦大学出版社，2011，第 228 页。

④ Michele Campopiano and Henry Bainton, *Universal Chronicles in the High Middle Ages*, 2017, York: York University Press, p. 8.

朝法兰克尼亚王朝的自我定义，而只是一个宫廷编年史家奥拉克的埃克哈德后来创造的一个词，以此方便区分法兰克尼亚王朝统治者和奥托萨克森王朝统治者。[1] 奥拉克的埃克哈德延续了世界分为"六个时代"的末日启示论叙史结构，从古代教父叙述的人类始祖谱系（从亚当至亚伯拉罕）开始写起，随之延续的是巴比伦、波斯、亚历山大和罗马四大帝国。[2]《启示录》中有哥革和玛各的故事，哥革和玛各是两个臣服于撒旦、在世界末日时分召集各种邪恶力量对神的王国作战的恶势力，中世纪西欧的某些神学家（如 980 年，匿名的欧塞尔主教）将马扎尔人视为哥革和玛各，奥拉克的埃克哈德在他改写的《世界编年史》中虽然未曾明确提及哥革和玛各，但也有意识地将同时代的游牧民族视为世界末日来临前对神的王国作战的恶势力。例如，他所生活的时代正值西欧人狂热参与十字军东征的历史时期，盘踞在地中海东岸西亚一带的塞尔柱突厥人是十字军东征的最大对手，也因此被奥拉克的埃克哈德视为世界末日来临前善恶对决战中的恶势力。他在《世界编年史》中描述了塞尔柱突厥人的崛起，他们从北方突然出现，在四位苏丹的率领下人数众多。[3] 他认为塞尔柱突厥人由四位领袖率领暗合了《启示录》中"羔羊"揭印见到的四位骑士，第一位骑士是骑白马持弓、第二位骑士是骑红马持大刀、第三位骑士是骑黑马持天平、第四位骑士是骑灰马。[4]

（二）盖姆布修道院的西吉伯特的《总体编年史》

盖姆布修道院的西吉伯特是一位亲皇帝的世界编年史家，他是本尼迪克特修道院的修士，在梅斯圣文森特修道院担任过修士们的教师。在主教叙任权斗争中，西吉伯特竭力反对格雷戈里七世和帕斯卡二世扩张教皇权的斗争。他曾撰写反教皇的政论文章，对格雷戈里七世伸张教皇权的诉求提出了批驳，如格雷戈里七世声称教皇有权开除国王的教籍并解除臣民对于国王的效忠誓约。西吉伯特谴责教皇的行动是非基督教的，是与《圣

---

[1] Johannes Laudage, *Die Salier: das Erste Deutsche Königshaus*, Müchen：Verlag C. H. Beck，2006，S. 12.

[2] Hans Hummer, *Visions of Kingship in Medieval*, Oxford：Oxford University Press, 2018, p. 221.

[3] Nicholas Morton, *Encountering Islam on the First Crusade*, Cambridge：Cambridge University Press, 2016, p. 221.

[4] 此处是对《启示录》部分原文大意的概括，原文参见《圣经·启示录》6：1—8。

经》相悖的。①

　　西吉伯特的《总体编年史》延续了《哲罗姆编年史》，从381年起笔一直写至他自己生活的时代。西吉伯特使用了大量的世界编年史、年代记和传记（gesta），甚至还包括一些拜占庭帝国的历史文献。他在《总体编年史》中再次论证了人类的历史将会经历"四大帝国"的阶段。他热衷于计算各个王国或帝国的统治年限：匈人帝国被计算至520年；汪达尔王国被计算至533年；东哥特王国被计算至548年；西哥特王国被计算至720年；盎格鲁-撒克逊王国被计算至735年，并从1066年诺曼底征服后开始再次被计算；波斯帝国自632年被萨拉森人所取代，然后继续被计算至820年；保加利亚王国从680年被计算至820年；拜占庭帝国从801年被计算至977年；西法兰克王国从844年开始被计算；耶路撒冷王国从1100年开始被计算……罗马帝国和法兰克帝国的统治年限则被合到一起计算。②

　　可见，西吉伯特信奉加洛林帝国属于第四大帝国——"罗马帝国"阶段的思想。随着查理大帝的加冕，西吉伯特将罗马帝国（从此与法兰克帝国重合）的历史置于希腊人（拜占庭人）的历史之前，因为这意味着世界统治权从拜占庭帝国转移到了西方帝国（尽管从那时起实际上存在东、西两个皇帝，但这一点并没有得到任何一方的真正承认）……③在此种思想的支配下，《总体编年史》9世纪的历史记载将查理曼、虔诚者路易统治下的臣民称为"罗马人"，而将西法兰克王国的臣民称为"法兰克人"，将东法兰克王国的臣民（日耳曼人）称为"罗马人"。除了记载"罗马人"和"法兰克人"的历史信息，西吉伯特还记载了君士坦丁堡人（拜占庭人）、萨拉森人和保加利亚人的历史信息，但977年之后有关拜占庭人、萨拉森人和保加利亚人的历史记载统统消失了。《总体编年史》

---

① James Strong and John McClintock eds., "Sigebert of Gembloux," *in The Cyclopedia of Biblical, Theological, and Ecclesiastical Literature*, New York：Harper and Brothers, 1880.

② Roman Deutinger, "Lateinische Weltchronistik des Hochmittelalters," Gerhard Wolf, in Norbert H. Ottp, Hrsg., *Handbuch Chroniken des Mittelalters*, Berlin：Walter de Gruyter GmbH, 2016, S. 97.

③ Hans-Werner Goetz, "Der Umgang mit der Geschichte in der Lateinischen Weltchronistik des Hohen Mittelalters," in Martin Wallraff Hrsg., *Julius Africanus und die Christliche Weltchronistik*, Berlin：Walter de Gruyter GmbH, 2012, S. 187.

空有"总体"的虚名，事实上它只记载了"罗马人"（东法兰克王国和神圣罗马帝国的臣民）和"法兰克人"（西法兰克王国和法兰西王国的臣民）的历史。[1] 西吉伯特将加洛林帝国视为末日启示论中的第四大帝国——"罗马帝国"的思想认知，还可以从他对于史料的处理手法中看出。他在 800 年查理曼加冕事件发生后，将有关拜占庭人的史料置于"罗马人"（查理曼、虔诚者路易统治下的臣民）史料的后面，可以看出他信奉"帝国权力转移"的观念，"罗马帝国"的权柄已从拜占庭人的手中转移至查理曼统治下的法兰克人的手中，法兰克人才是真正的"罗马人"。[2] 至于世界末日的来临，从《总体编年史》的记载来看，西吉伯特似乎相信它已经为时不远了，因为他本人似乎相信"千年末日"的说法。在公元 1000 年前后，西吉伯特记载了许多末日来临前的异常天象："根据狄奥尼修斯的计算，在耶稣'道成肉身'的第 1000 年，许多神迹被目睹。发生了极大规模的地震、彗星显现……"[3] 但西吉伯特生活的时代距公元 1000 年已有百年之久，至于世界末日为何未曾如期而至，西吉伯特并未给出明确的答案。

11~12 世纪，教皇权力陡然增长引发了罗马教皇与神圣罗马帝国皇帝之间长期的政教博弈，与此种政治形势相适应，一些立场倾向于罗马教皇的神学家将教皇与皇帝争斗的历史融入基督教神学末日启示的理论中，摒弃了此前基督教末日启示神学只注重皇帝地位和作用的传统惯例，开始强调教皇在世界末日到来前的神学地位和作用。这种"以史附经"的做法虽然反映了历史的新变化，但毕竟偏离了客观的轨道，记载历史的立场也很难保持公正。而一些立场倾向于神圣罗马帝国皇帝的编年史家仍旧沿袭了前辈的末日启示理论，如"四大帝国""帝国权力转移"等，把神圣罗马帝国视为加洛林帝国的继承者并同属于上帝属意的世界末日来临前的"第四大帝国"。

---

[1]　Robert L. Benson, Giles Constable and Carol Dana Lanham, *Renaissance and Renewal in the Twelfth Century*, Toronto: University of Toronto Press, 1991, p. 399.

[2]　Gerd Althoff, Johannes Fried and Patrick J. Geary, *Medieval Concepts of the Past: Ritual, Memory, Historiography*, Cambridge: Cambridge University Press, 2002, p. 153.

[3]　Catalin Negru, *History of the Apocalypse*, Raleigh: Lulu Press, 2016, p. 102.

第四章

9~13世纪英格兰末日启示神学的史学运用

第一节　盎格鲁-撒克逊时代末日启示神学的史学运用

"四大帝国"理论是基督教末日启示神学理论在中世纪欧洲基督教史学运用中的一种重要表现形式。这种理论以中世纪历史现实中出现的以"罗马"为名的帝国作为依托，如查理曼的加洛林帝国、奥托大帝的神圣罗马帝国，勾连中世纪的"罗马帝国"与古典的罗马帝国、古典晚期拜占庭帝国之间的帝国权力承接关系，构拟古典罗马帝国、古典晚期拜占庭帝国、加洛林帝国以至神圣罗马帝国皇帝谱系的连贯性、延续性。这种理论通过讲述帝国皇帝之间一脉相承的关系，把这些不同阶段、不同地域的"罗马帝国"解释成神学启示中的第四大帝国，以求历史现实与神学理论的契合，以达到自圆其说，令信徒信服的目的。但中世纪历史现实发展的复杂性、多样性和特殊性超越了神学家费尽心力的"合理化"解释，西罗马帝国灭亡后，原罗马统治下的各个区域因为历史遭遇的不同，在政治发展道路的选择上、国家政权形态的构建上、王权观念的形成上、对待古典罗马帝国政治遗产的态度和立场上都是不尽相同的。所以他们对于各自所属帝国的王权的定位以及其在历史上与古典罗马帝权之间关系的认知也是不尽相同的，造成了他们对于末日启示神学的史学运用存在差异。

从西罗马帝国灭亡后，政治发展道路选择的视角审视，原罗马统治下的欧洲西部基督教文明圈存在三大板块。领土版图最为辽阔，堪为主体的板块是法兰克-加洛林板块。这一板块以法兰克人创建的法兰克王国为最初的核心区域，几经扩张，在加洛林王朝时期几乎囊括了原西罗马帝国在欧洲西部地区的绝大部分疆域，后来虽然分裂为法兰西、德意志、意大利等国，但在对待古典罗马帝国政治遗产和政治道路选择的问题上大体坚持了重建"神圣罗马帝国"的政治建构模式。这种模式在政治形式上自觉模仿古典罗马帝国和东方拜占庭帝国的帝权概念及形式，在政治精神内核上借用罗马教皇的神权辅助，以教权推动政治建构的基督教神圣化。此种与古典罗马帝国、古典晚期拜占庭帝国在帝权和帝国形式上的相似之处为神学家借用"四大帝国"理论解释"罗马帝国"的"不灭"、延续以及"权力转移"提供了依托和现实的可能。第二大板块是不列颠板块。自公元 1 世纪上半叶罗马克劳狄皇帝入侵不列颠将其纳入罗马帝国的版图开始，不列颠群岛一直作为罗马帝国一个偏居边远的行省而存在。3 世纪开始罗马帝国陷入了危机，各支日耳曼蛮族开始入侵帝国，驻守不列颠的罗马兵团于 409 年撤离以回防欧洲大陆。罗马人撤离后，从 5 世纪开始，盎格鲁人、撒克逊人、朱特人开始进入不列颠，原居民不列吞人被赶入爱尔兰岛、法国大陆布列塔尼地区和大不列颠岛的北部、西部，在大不列颠岛气候、土壤相对较好的东南部形成了七个盎格鲁-撒克逊人的基督教小王国，史称"七国时代"。在政治道路选择和国家政权建构上，盎格鲁-撒克逊人从未像法兰克人、德意志人那样选择重建"神圣罗马帝国"的政治建构模式。第三大板块是伊比利亚半岛板块。公元前 19 年，罗马帝国征服了整个伊比利亚半岛，自此之后 400 多年的时间里，伊比利亚半岛都作为罗马帝国的一个行省而存在，直至日耳曼民族大迁徙，汪达尔人、西哥特人先后闯入半岛。409年，西哥特人在伊比利亚半岛建立了西哥特王国。711 年，北非的摩尔人征服了西哥特王国，开启了穆斯林对半岛长达 700 年的统治，原先的基督徒逃入了北部山区，建立了一系列基督教小王国。查理曼等加洛林王朝的统治者也多次入侵半岛，发动了"西班牙远征"①，试图将这一基督教与伊斯兰教接壤的文明边境地区纳入帝国的版图。处于加洛林帝国和摩尔人夹缝中的基督教小王国在政治道路选择和国家政权建构上根本就不存在重建

---

① 参见田安欣《查理曼时代加洛林帝国远征西班牙研究 778~814》，硕士学位论文，东北师范大学，2020。

"神圣罗马帝国"政治建构模式的条件，也不可能有此类诉求及政治实践。神学家自然也不可能借用"四大帝国"理论构造本国王权与罗马帝国皇权之间的联结，他们对于末日启示神学的史学运用有着自己的特点。

在盎格鲁-撒克逊时代，英格兰在政治道路的选择上跟法兰克-加洛林板块的选择大为不同。英格兰的史家无法像加洛林的史家那样把自己的王国政权看作罗马帝国在同时代的延续，但这并不意味着英格兰的史家不知晓"四大帝国""六个时代"等末日启示神学的撰史模式。由于历史的殊遇，英格兰史家对于此类神学知识的了解可能比西欧大陆的同侪更早、更为丰富，甚至对于法兰克-加洛林史家的此类史学成就还有不小的贡献。公元 5 世纪前后，欧洲西部经历了各支日耳曼蛮族的入侵，史称"民族大迁徙"。随着日耳曼蛮族的入侵，古典文化遭到了不同程度的破坏，最为严重的一起破坏古典文化的标志性事件是 455 年汪达尔首领盖撒里克洗劫罗马城，破坏古典文化成就的"汪达尔主义"。在欧洲大陆蒙受文化灾难之际，原先偏居欧洲西北一隅，原本处于古典文化边缘地带的爱尔兰岛反倒成了古典文化的"避风港"，许多大陆学者为了躲避灾难，携带了大量手稿和文献跨海逃到了孤悬海外的爱尔兰岛。随着古典学者的到来，许多基督教传教士也来到了爱尔兰并结合当时爱尔兰氏族制的特点，创立了不设教区，以修道院为中心的教会体制。因为古典文化和基督教修道士的汇集，爱尔兰形成了对待古典文化等异教文化较为包容的文化观，并进而影响到邻近的大不列颠岛，所以不列颠群岛地区成了中世纪早期欧洲西部文化传播的一个阵地。结巴诺特克在他的《查理大帝事迹》的开篇即向读者表明了不列颠文化对于加洛林文化的"输出—输入型"影响："有两个苏格兰人随同一些不列颠商贾从爱尔兰来到高卢的海岸。这些苏格兰人对于宗教和世俗之学的精通是鲜有匹敌的。日复一日，当群众聚集在他们周围进行交易的时候，他们并没有陈列出什么代售的货物，而是高喊着说：'嗨！谁要需求知识，请靠近来，从我们的手上领取，因为我们出售的就是知识。'"① 包括《圣经》在内的基督教经典著作在盎格鲁-

---

① 〔法兰克〕艾因哈德、圣高尔修道院僧侣：《查理大帝传》，A. J. 格兰特英译，戚国淦汉译，商务印书馆，1979，第 38 页。

撒克逊时代经以比德为代表的神学家、史学家的注疏，对后世欧洲大陆西部的神学界产生了重大的影响。比德是这一时期最为伟大的注经家，他应阿加（Acca）主教之请，在709~716年对《路加福音》进行了注疏，725~730年又对《马可福音》进行了注疏。比德在其注疏的序言中表示自己独创了在页边注释的方法，以清楚地表明自己是以四大教父的著作为注释这两大经典的材料来源。比德还撰著了《〈启示录〉疏证》（Commentary on the Apocalypse），沿袭了奥古斯丁对于《启示录》中"四巨兽"的认定，即马太代表狮子、马可代表人、路加代表牛、约翰代表鹰，而英格兰传统对于"四巨兽"的认定是遵循哲罗姆的观点，马可代表狮子、马太代表人。圣经学造诣很深的比德对于"四大帝国"和"六个时代"两个末日启示的撰史理论也是非常熟知的。不仅如此，他还在前人的基础上做出了承前启后的重大贡献。比德以《但以理书》和《启示录》作为世界史年代顺序革新的依据，依照"四大帝国"和"六个时代"的模式将世界历史划分为四个阶段或六个阶段。他的划分方法为后世的神学家、史学家所效仿。比德以伊西多尔的《大编年史》为底本，在他的著作中运用了"六个时代"的理论。比德撰写《大编年史》所依据的直接史料是伊西多尔《辞源》中的大事年表，他与伊西多尔一样，十分精确地在时间上呈现历史，认为世界将会经历六个时代，他生活在第六个时代，至于第六个时代何时结束，世界末日何时到来唯有上帝才能知晓。比德的这一观点与奥古斯丁、伊西多尔秉持的人类无法预知、计算世界末日到来的观点大同小异。① 比德以《旧约》中的神圣人物和事件为标志划分六个时代，第一至第六个时代分别以上帝创世、大洪水、亚伯拉罕、大卫、"巴比伦之囚"和基督"道成肉身"为分割的标志。

中世纪早期的英格兰人虽然在文化上一度领先于欧洲大陆的西部地区，但在封建政治制度建设方面却远比欧洲大陆更为滞后。这种滞后性主要表现在两个方面。

---

① Saint Bede（the Venerable），*Bede, The Reckoning of Time*, Faith Wallis trans. , Liverpool: The Liverpool University Press, 1999, p. 358.

　　第一，在封建政治制度的顶层设置方面，英格兰的王权观念比欧洲大陆形成得更晚。法兰克王国自克洛维建国以来就形成了较为完备、较有权威的王权。这种王权表现为国王既是军事首领，又是对整个国家实行行政管理的最高首脑，同时还得到了罗马高卢基督教会主教团的襄助，享有对罗马高卢基督教会的领导权。此外，法兰克王权的合法性既有蛮族海怪神族血统论的支持，又有基督教上帝神授王权理论的加持，王位的家族世袭继承被认为是合乎情理的事情。查理曼时期，法兰克的王权观念又进一步复杂化，法兰克国王同时又是罗马皇帝，承载了蛮族王权因素、罗马帝国的历史传统、基督教会的神圣灵光等多重内涵。相比之下，在盎格鲁-撒克逊人入侵后，英格兰的王权在很长的一段时间里都只是军事首领、"武士国王"，而不具备对全国实行稳定行政管理的最高首脑的意涵，而且没有实现王室家族继承王位的当然合法性，也没有实现王位交接的平稳有序。这种现象的根源可以追溯至5、6世纪盎格鲁-撒克逊人对于大不列颠岛的征服："与西欧大陆不同的是，不列颠不是被国王领导的部落所征服，而是被部落首领领导的亲兵队所征服。征服不列颠的日耳曼部落中，盎格鲁人有国王，但朱特人和撒克逊人没有国王。"[1] 盎格鲁-撒克逊人在不列颠立足之初就没有确立较为完善的王制，国王在更大程度上仅仅是一名一流的军事指挥官，其王权的合法性取决于他统帅军队的能力和在战场上能否赢得胜利。到7世纪初，英格兰出现了七个以此种"武士国王"为王的小王国，分别是苏塞克斯王国、威塞克斯王国、埃塞克斯王国、诺森伯利亚王国、东盎格利亚王国、麦西亚王国、肯特王国，它们之间展开了激烈的争霸战争，许多国王如麦西亚的奥法、苏塞克斯的爱格伯特、威塞克斯的阿尔弗雷德先后成为凌驾于其他诸国之上的"霸主"，最终威塞克斯王国胜出。直至埃德蒙国王统治时期（940~946年），王权的性质已经发生了变化，不再是部落的军事首领，而是转变为初具行政管理色彩和基督教色彩的王国国王，但还带有浓厚的蛮族性

---

[1]　Bryce Lyon, *A Constitutional and Legal History of Medieval England*, New York and London: W. W. Norton & Company, 1980. 转引自陈太宝《盎格鲁-撒克逊时期英国王权的兴起》（社会科学版），《廊坊师范学院学报》2009年第1期。

质，权力还比较原始，远未达到专制统治的程度。①

　　第二，英格兰国家形态在盎格鲁-撒克逊时代远远没有形成较为成熟的王国的形态，更遑论帝国形态。此种观点乃西方学术界的共识，米凯尔·多伊尔（Michael Doyle）对于帝国的概念给出了一个明确的定义：一个相互关联的、正式或非正式的政权，能够控制其他政治社会，且具有行之有效的政治主权。② 依照这一观点，盎格鲁-撒克逊时代的诸王国政权尚未形成帝国的形态。尽管比德在他的历史文献中，也声称6、7世纪英格兰的多位君王统御帝国（imperium），其中就包括了诺森伯利亚的国王埃德温（Edwin，616~633 年在位），他对于不列颠的权威堪比帝王。有的学者，如海厄姆（Higham），将比德的这一帝国指称仅仅看作这位诺森伯利亚史家的政治修辞术，认为他如此指称存在着明显过度拔高的嫌疑，其用意在于强调盎格鲁-撒克逊教会的正统性，助推诺森伯利亚的政治霸权。③ 至于英格兰何时形成类似于帝国形式的国家政治建构，学界也存有争议，以往学术界公认在威塞克斯国王埃塞尔斯坦（Æthelstan，924~939 年在位）统治时期，英格兰形成了一个帝国，因为在这位国王颁布的公文（diplomas）中对于这位国王的称呼为"全布列塔尼之王、皇帝和巴塞勒斯"（rex totius Britanniae，imperator，and even basileus）。秉持类似观点的学者还有米凯尔·伍德（Michael Wood），但有的学者并不认同这一观点，他们认为英格兰的帝国形态是在诺曼底王朝，尤其是在随后的安茹王朝统治时期形成的，无论在埃塞尔斯坦统治时期，还是在克努特大王统治时期，英格兰的国家政治建构都离帝国的形态相去甚远。马修·费斯（Matthew Firth）曾这样评述盎格鲁-撒克逊时代晚期的国家形态建构："埃塞尔斯坦和克努特大王都试图以王国中心区为核心对辐射的周边地区实行直接或间接的控制，但他们统治下的国家政权充其量只不过是多个公爵领地的联合体而已，勉强称其为帝国只是简单地套用了政治学的概念，

————————

①　陈太宝：《盎格鲁-撒克逊时期英国王权的兴起》，《廊坊师范学院学报》（社会科学版）2009 年第 1 期。

②　Michael W. Doyle, *Empires*, Ithaca: Cornell University Press, 1986, p. 45.

③　N. J. Higham, *An English Empire: Bede and the Early Anglo-Saxon Kings*, Manchester: The Manchester University Press, 1995, pp. 7-12.

而非历史学的帝国概念（独一而有凝聚力的政治体）。从历史学的角度而言，他们的强权是一种霸权，而非帝国。"①

　　在盎格鲁-撒克逊时代的英格兰，因为基督教王权和国家建构的帝国形态的形成时间相较于欧洲大陆西部地区要晚，而且在盎格鲁-撒克逊时代的整个历史时期里，终其一代，其国家建构只不过是一种霸权的形式，而非完备的帝国形态。更为重要的是，英格兰的威塞克斯王国所统辖的地域范围并不像法兰克-加洛林王朝和德意志的奥托王朝那样囊括了历史上古典罗马帝国的核心统治区——以罗马城为中心的意大利中北部地区。英格兰与罗马城直线距离相距甚远，且被海峡、山川和河流阻隔，威塞克斯国王无论如何英武，仅凭当时英格兰乃至整个不列颠岛的国力和交通、技术条件，不可能像查理曼和奥托大帝那样兵临罗马城，被罗马教皇加冕为"罗马人的皇帝"。关于查理曼被教皇加冕称罗马皇帝一事，西方学术界有"名""实"两派的学术争论。② "名"派强调查理曼称帝是追求名分的个人性质之举，当然这种追求也是建立在查理曼拥有实权的基础上的，而"实"派强调称帝是建立在查理曼军事扩张和政治治理基础上的水到渠成的必然历史结果。如果说法兰克-加洛林王朝和德意志奥托王朝的神学家、史学家将加洛林帝国、奥托帝国比作但以理梦幻启示中的第四大帝国——罗马帝国还是以一定现实条件作为基础的话，那么，盎格鲁-撒克逊时代的英格兰则根本欠缺此类现实条件。英格兰当时的王权、国家建构以及与古典罗马帝国之间缺乏历史、地理联系的现实，决定了英格兰的神学家、史学家不可能照搬法兰克和德意志神学家、史学家的做法，如果强行生搬硬套的话，也会因为现实与理论脱节而无法自圆其说，难以产生令人信服的效果。但这意味着盎格鲁-撒克逊时代的威塞克斯王室以及神学家、史学家会就此置末日启示的"四大帝国"理论于不顾吗？历史事实并不是这样的。这一时期无论是威塞克斯王室，还是神学家、史学家都颇

---

① Matthew Firth, "The Politics of Hegemony and the 'Empires' of Anglo-Saxon England," *An Australasian Journal of Medieval and Early Modern Studies*, 2018, Vol. 5, p. 59.

② 李隆国老师对这一学界前沿动态有翔实的总结梳理，参见李隆国《名实之间：学术棱镜中的查理曼称帝》，王晴佳、李隆国主编《断裂与延续：帝国之后的欧亚历史与历史学》，上海古籍出版社，2017，第307~321页。

为注重利用这一理论，强化威塞克斯王国国王的"皇帝名分"，只是与查理曼称帝存在"实""名"两种解释维度，威塞克斯诸王的称帝举动更多的是一种单纯追求名分的举动，而缺乏与这种名分相匹配的实力以及现实基础。为此，英格兰人对"四大帝国"理论的适用问题又做了进一步的变通，他们也信奉"帝国权力转移"理论，但既然古典罗马帝国、拜占庭帝国在时间和空间两个维度上遥不可及，高不可攀，那么他们就不可能像法兰克人那样"慕古"，即竭力强调自身王权与古典罗马帝国与拜占庭帝国皇权之间的历史联系，而是相应地变革为较为贴合实际的"慕邻"，即强调自身王权与仅邻一海峡之隔的加洛林帝国皇权之间的历史联系。10世纪，加洛林帝国分崩离析、王权衰微、封建割据盛行的现实以及这一时期盎格鲁-撒克逊人出现的王权集权化、国家集中化的初步因素恰好同步，为他们就此解释帝国权力已从加洛林帝国转移到英格兰威塞克斯王国提供了某种条件。

盎格鲁-撒克逊时代的诸位霸主热衷于跟加洛林王室联姻攀亲，通过联姻将自己的家族血脉与加洛林王室家族的血脉联系到一起。既然加洛林皇帝是上帝属意的基督教世界的最高统治者，那么，盎格鲁-撒克逊人的诸位霸主通过与加洛林"神皇"家族联姻带有了这一神圣血统，其地位自然高于盎格鲁-撒克逊人其他小王国的国王们，其称霸英格兰的霸主地位也因此具有了神圣的合法性。早在麦西亚国王奥法统治时期，不列颠岛上的王室就拉开了与大陆加洛林王室联姻的帷幕。查理曼准备为自己的儿子查理迎娶奥法的女儿埃斯弗莱德（Ælfflæd），但奥法却提出由自己的儿子埃格弗里斯（Ecgfrith）迎娶查理曼的女儿贝尔莎。这触怒了查理曼，不仅两国王室联姻的计划搁浅，而且查理曼还禁止任何英格兰船只在加洛林帝国港口停靠。威塞克斯王国在英格兰确立霸权地位后，继续与加洛林王室联姻并取得了成功，威塞克斯的埃塞沃尔夫（Æthelwulf）国王于855年前赴罗马朝圣，在返归途中迎娶了秃头查理的女儿朱迪斯。阿尔弗雷德大王将自己的女儿埃尔夫斯里斯（Ælfthryth）嫁给了弗兰德尔的鲍德温二世。

盎格鲁-撒克逊时代晚期的史家利用了威塞克斯王室与加洛林王室联姻的历史事实，在历史记述中以"帝国权力"转移的理论解释这一事实以及加洛林皇权不振，帝国割据碎化，而盎格鲁－撒克逊出现王权集权化初步趋向的历史现象，认为"罗马帝国的权力"已由加洛林皇室转移至与他们有着姻亲血缘联系的威塞克斯王室。这一时期开始编纂的最重要的一部编年史是用古英语写成的《盎格鲁－撒克逊编年史》。该书最初写作于阿尔弗雷德大王统治时期的威塞克斯王国，可能由阿尔弗雷德大王授意编纂，带有一定的官方色彩，后不同稿本流传到各个修道院，由各个修道院继续独立续编，形成了不同版本。编纂《盎格鲁－撒克逊编年史》的活动历经了英格兰多个朝代，包括威塞克斯王国、丹麦人克努特大王统治时期、诺曼底王朝、安茹王朝，编纂活动一直持续至1154年安茹王朝初建。《盎格鲁－撒克逊编年史》的编纂历程与加洛林王朝的《王室法兰克年代记》的编纂历程颇为类似，二者都是由王室宫廷最初编纂的，带有"官方史书"的色彩，后来扩散传播至地方上的修道院。《盎格鲁－撒克逊编年史》的编纂可能受到了《王室法兰克年代记》的影响。在秃头查理统治时期及随后，盎格鲁－撒克逊人的王室、教会与西法兰克王国之间有着紧密的联系，阿尔弗雷德大王的宫廷可能知晓《王室法兰克年代记》，《盎格鲁－撒克逊编年史》的编纂可能受到了《王室法兰克年代记》的启发，并且前者可能以后者为摹本。兰斯大主教弗尔考（Fulco）曾派遣圣伯丁修道院的格里莫巴尔德（Grimbald）前往阿尔弗雷德大王的宫廷，充当阿尔弗雷德大王的咨议大臣，所以阿尔弗雷德大王的宫廷一定知晓辛克马尔编纂的那部分年代记——作为《王室法兰克年代记》续编的《圣伯丁年代记》的一部分。这部编年史从罗马人征服不列颠开始记述，一直记述至1154年安茹王朝统治时期。《盎格鲁－撒克逊编年史》记载了885年西法兰克王国国王卡洛曼二世和路易三世的崩殂："同年，圣诞节前，法兰克人的国王查理（应为卡洛曼，编年史记载讹误）逝世。他是被一头野猪伤害致死的。他的兄弟也统治过西部王国，并已于头一年逝世。他们都是路易的儿子……"[1] 然后《盎格鲁－撒克逊编年史》的作者话锋一转，转入威塞克斯王国与加洛林王朝联姻一事："这个路易死于发生日食

① 匿名修士：《盎格鲁－撒克逊编年史》，怀特洛克和塔克英译，参照加蒙斯韦英译，寿纪瑜汉译，商务印书馆，2004，第84页。

的那一年，他是查理之子，西撒克逊人的埃塞沃尔夫国王就是娶查理之女为妻的。"① 然后又继续记述加洛林王朝的分裂与衰落："同年，查理（胖子查理）继承了西部王国，还继承了地中海这一边和大海那边的整个王国，就像他的曾祖父（查理曼）曾经统治的那样，只有布列塔尼除外。这个查理是路易（日耳曼人路易）的儿子，这个路易是查理的哥哥，而后一个查理是埃塞沃尔夫国王娶为妻子的朱迪斯之父。他们（日耳曼路易和秃头查理）是路易（虔诚者路易）的儿子，路易是老查理的儿子，而老查理是丕平的儿子。"② "同年，法兰克人的国王查理逝世。他逝世前6周，他兄弟的儿子阿尔努夫已将他的王国剥夺。然后这个王国一分为五，授予5个国王分掌。可是这种做法是经阿尔努夫同意的，他们说他们将作为他的下属掌有国家，因为他们当中没有一个人是生来的男系后裔，唯独他除外。此后阿尔努夫住在莱茵河以东的地区，鲁道夫继承中间的王国，奥多继承西边的王国，贝伦加尔和吉多继承伦巴第和阿尔卑斯山那边的土地；他们掌管其地，彼此十分不和，打了两次大仗，一次次地糟蹋那片土地，各方都一再把对方驱逐出去。"③ 不过，弗兰西斯·莱内汉（Francis Leneghan）研究《盎格鲁-撒克逊编年史》的文本后，认为《盎格鲁-撒克逊编年史》的作者并不像加洛林史家普鲁姆的勒斋诺那样，认为888年事件对于加洛林帝国的分裂是总体性、决定性的。他在年代记的891年记载了阿尔努夫击退了入侵的丹麦人，此后再没有提及加洛林王朝诸王的历史。9世纪90年代至10世纪30年代的年代记专注于讨论威塞克斯领导反对丹麦入侵者的战斗以及随后由阿尔弗雷德大王后继者爱德华、埃塞尔斯坦发起的对整个不列颠地区的征服。加洛林王朝的历史被作者置于"陈年往事"的地位，作者开始记叙威

---

① 匿名修士：《盎格鲁-撒克逊编年史》，怀特洛克和塔克英译，参照加蒙斯韦英译，寿纪瑜汉译，商务印书馆，2004，第84页。
② 匿名修士：《盎格鲁-撒克逊编年史》，怀特洛克和塔克英译，参照加蒙斯韦英译，寿纪瑜汉译，商务印书馆，2004，第85页。
③ 匿名修士：《盎格鲁-撒克逊编年史》，怀特洛克和塔克英译，参照加蒙斯韦英译，寿纪瑜汉译，商务印书馆，2004，第86页。

塞克斯王室发展自己皇帝特质的事迹。①《盎格鲁-撒克逊编年史》前后相继、对比式地描写加洛林帝国的衰落分裂，威塞克斯霸权在不列颠的初兴，两者之间以联姻相互衔接，意在突出"帝国权力"已由加洛林转移至威塞克斯，故而，威塞克斯统治不列颠是上帝所属意的。

值得注意的是，《盎格鲁-撒克逊编年史》的作者强调"帝国权力转移"与法兰克-加洛林史家和德意志神圣罗马帝国的史家有所不同。《盎格鲁-撒克逊编年史》的作者并没有把威塞克斯王国奉为世界性的帝国，没有像西欧大陆史家那样刻意渲染母国的世界性，但作者也在行文中强调这种帝国权力与罗马教会及其领导人罗马教皇之间存有渊源，如《盎格鲁-撒克逊编年史》第853年记载了教皇利奥四世为阿尔弗雷德的加冕："同年，埃塞沃尔夫国王将其子阿尔弗雷德送往罗马。利奥大人当时在罗马任教皇，他为阿尔弗雷德举行仪式，使他具有国王身份，并在举行坚信礼时担任他的教父。"② 作者的这种连接是为了强调威塞克斯王室在不列颠岛所具有的某种统治的神圣合法性，服务于威塞克斯王室对于不列颠岛其他政治势力的经略，无论是威塞克斯王室，还是包括《盎格鲁-撒克逊编年史》作者在内的神学家、史学家都没有不切实际、妄自尊大地在不列颠岛之外的西欧大陆谋取霸权的想法，更遑论谋取整个基督教世界的霸权了。这样一来，帝权虽然从罗马-拜占庭-加洛林-威塞克斯一路转移，但威塞克斯王国的皇权是地方性的而非世界性的。对此，爱丽丝·胡安妮塔·谢帕德（Alice Juanita Sheppard）有十分准确而到位的评述："《盎格鲁-撒克逊编年史》不像它所镜鉴的加洛林史书那样，它较为专注暂时性、地方性的事务，每则年代记开头都以今年此处，或此处作为开篇。《盎格鲁-撒克逊编年史》所记载的霸权实践，包括阿尔弗雷德、埃塞尔雷德（Æthelred）、克努特、威廉的霸权实践都不是世界性的、系统性的、指令性的（prescription），仅仅指向个别国王特定的时间和地点。"③《盎

① Francis Leneghan, "Translatio Imperii: The Old English Orosius and the Rise of Wessex," *Anglia-Zeitschrift für Englische Philologie*, Nov. 2015, Vol. 133, No, 4, pp. 668-669.
② 匿名修士：《盎格鲁-撒克逊编年史》，怀特洛克和塔克英译，参照加蒙斯韦英译，寿纪瑜汉译，商务印书馆，2004，第74页。
③ Alice Juanita Sheppard, *Families of the King: Writing Identity in the Anglo-Saxon Chronicle*, Toronto: Universtiy of Toronto Press, 2004, p. 23.

格鲁-撒克逊编年史》的作者对于此种"帝国权力转移"理论的运用在一定程度上偏离了"四大帝国"末日启示理论的常规路径,因为威塞克斯王国在基督教神学历史中的地位并不直接等同于"四大帝国"中的第四大帝国"罗马帝国",它只是"罗马帝国"(加洛林帝国)世界霸权周边的一个"次级霸权",它的权力转移自已经衰落的"罗马帝国"(加洛林帝国),但这种转移并不是罗马帝国权力中心地位的直接转移,而是因罗马帝国权力中心衰落而衍生出的一个地方性权力中心。如果说,在盎格鲁-撒克逊时代,不列颠岛因偏离西欧大陆,位于西方基督教文明外围地带的历史、地理而无法像加洛林帝国、神圣罗马帝国那样影响力辐射西方基督教世界的大部分地区,进而导致史家在"四大帝国"及"帝国权力转移"理论的适用性方面做出了不同于大陆史家的调整,那么1066年诺曼底征服,诺曼底公爵威廉入主英格兰开创了诺曼底王朝,诺曼底王朝和随后的安茹王朝的疆土都横跨了英吉利海峡两岸,不仅占据了英格兰,在海峡对岸的西欧大陆也拥有大片封建领地,面积之广甚至超过了当时的法国国王,英国的史家又会如何因应英格兰国王此种地位的变化,如何安排他们在神学历史哲学中的地位呢?

第二节 英格兰的千年末日恐慌、预测及其史学呈现

因为地理方位、历史传统与加洛林帝国的后继国法兰西、德意志存在差异,所以末日启示的神学理论及其"帝国权力转移"理论在英格兰史学中的呈现方式不同于西欧大陆的法、德两国。英格兰封建王权及其封建制度的成熟也要比西欧大陆晚得多。大约在公元10~11世纪,英格兰的封建王权及其封建制度方才走向完备,而此时恰好处于基督教纪元的千年之交。依照《启示录》的描述,在千年之交世界末日即将来临,耶稣基督即将降临人间对世人展开末日审判。而此时的英格兰正遭受来自北欧的丹麦人的入侵、劫掠以及大饥荒,加重了人们对于世界末日即将如约降临的恐慌,这种末日恐慌情绪也影响到这一时期的史学撰著活动,在史学撰著中有所呈现。

丹麦人位于北欧的日德兰半岛,和8~11世纪位于斯堪的纳维亚半岛

的挪威人、瑞典人一道被称为"诺曼底人"（北方人）、维京人。维京人是中世纪中期西欧著名的海盗民族，同时他们也是著名的航海家、探险家、商人和武士。从8世纪末开始，受到人口激增、气候变得更为寒冷引发饥荒等因素的影响，来自北欧的维京人对东至罗斯、西至不列颠群岛的欧洲北部地区进行了大规模袭扰。维京人分为三支：袭扰东欧罗斯的一支维京人被称为瓦良格人，即瑞典人；袭扰不列颠群岛的一支维京人被称为丹麦人；袭扰法兰西沿海、沿河各港口的维京人被称为维京人或诺曼底人。维京人亦商亦盗，驾驶着船头装饰成恐怖兽头式样的战船沿海或溯河而上；倘若所经过的港口戒备森严，他们自感无机可乘，便安守本分地进行和平的商品贸易活动；倘若所经过的港口戒备松弛，他们则摇身一变，成为打家劫舍、无恶不作的海盗，对沿海或沿河地区大肆劫掠。在他们劫掠的众多目标中，修道院是重点。这是因为在中世纪的西欧，修道院因为善男信女的虔敬捐献而异常富有，许多修道院都珍藏着大量的金银财宝和美酒美食，财富的汇聚吸引了维京人贪婪的目光。另外，修道院为了便于隐修一般建于人烟稀少的荒野之地，人少兵寡，防备薄弱给了维京人可乘之机。在英格兰，修道院同时又是历史撰著活动的盛行之地，《盎格鲁-撒克逊编年史》起初被纂修于阿尔弗雷德大王的王室宫廷，后来扩散至各个重要的修道院。记载编年史的修士饱受维京人劫掠之苦，在纂修编年史的时候便自然而然地将亲身遭受的种种苦楚记载了下来，所以《盎格鲁-撒克逊编年史》中充斥着维京人劫掠的历史记载，为人们留下了有关维京人的恐怖记忆。威塞克斯国王阿尔弗雷德曾领导盎格鲁-撒克逊人英勇抵抗丹麦人的入侵，整个871年被称为"阿尔弗雷德战争年（Alfred's year of battles）"。威塞克斯人在埃塞尔烈德和阿尔弗雷德的共同领导下与丹麦人发生了九次大大小小的战争，其中五次被著于《盎格鲁-撒克逊编年史》，其余四次没有留下相应的文字记载。878年，阿尔弗雷德大王率军在艾丁顿取得了击败丹麦入侵者的重大胜利。这次战役体现了阿尔弗雷德出色的军事指挥才能，但阿尔弗雷德的军事才能无法从根本上扭转丹麦人的不断袭扰且越战越强的事实，于是他转而向丹麦人谋求妥协。878年，威塞克斯国王阿尔弗雷德大王与入侵的丹麦人首领古特伦达成了妥协。阿尔弗雷德大王将英格兰东海岸的大部分地区割让给入侵的丹麦人，这一被割让的地区被称为丹麦法区。

入侵的丹麦人最初信仰异教，随着他们与盎格鲁-撒克逊人接触的增多，丹麦人开始皈依基督教，维京人的本土故乡斯堪的纳维亚半岛和日德兰半岛也在11世纪初开始了基督教化的进程。挪威国王奥拉夫-哈拉尔松（Olav Haraldsson）在其统治期间（1015~1028年）强迫臣民改宗基督教信仰，遭到了来自民间的强烈反抗，他本人因国内的强烈反对而被迫出走，后返国又惨遭杀害。几经辗转，100多年后，基督教信仰才在北欧地区扎下了根。因为丹麦人在英格兰拥有了长久的定居点，越来越多的丹麦人迁徙至英格兰。他们不再像过往那样在英格兰劫掠一通之后就不管不顾地扬长而去，而是把英格兰地区当作自己的长久家园加以经营，并且因为改信基督教，与当地土著盎格鲁-撒克逊人之间的隔阂越来越小，双方因通婚而血脉融合到一起。在这一族群融合的基础上，丹麦人的国王克努特还入主英格兰，成了英格兰的国王，并建立了横跨北海，越海占据丹麦、英格兰、挪威、瑞典多国多地的北海帝国——克努特帝国。

克努特是丹麦国王斯温之子。1012年，斯温击败了英格兰国王爱塞烈德二世。1016年他又和爱塞烈德二世之子埃德蒙二世签订条约，共治英格兰，但后者旋即亡故，斯温由此成了英格兰唯一的统治者。斯温死后，他的两个儿子哈拉尔和克努特瓜分了斯温遗留下的国土，哈拉尔继承了丹麦王位，克努特则继承了英格兰王位。1019年，哈拉尔辞世，克努特又因此而兼任了丹麦国王。克努特奉行积极对外扩张的政策。他受挪威贵族的邀请乘机入侵挪威，击败了挪威国王，自己成了挪威国王。此外，他还率军征服了瑞典。克努特帝国所辖疆土极为辽阔，包含了英格兰、苏格兰、丹麦、挪威和瑞典，是历史上第一个跨越北海的大帝国。克努特本人也是第一位受到英格兰普遍承认的丹麦人国王。克努特辞世后，他的庞大帝国被三个儿子瓜分继承而分崩离析，斯温、哈罗德一世、哈德克努特分别加冕为挪威国王、英格兰国王、丹麦国王。哈罗德一世崩逝后，哈德克努特又继承了英格兰的王位，成了英格兰最后一位丹麦人国王。哈德克努特死后无嗣，英格兰反对外族统治的呼声日渐高涨，威塞克斯王朝的后裔乘机得以复辟，原威塞克斯王朝的国王埃德蒙二世在面对丹麦人侵略夺位危机之时，曾事先将王后母子送往西欧大陆的诺曼底公国。哈德克努特死后，威塞克斯流亡王子忏悔者爱德华回国继位，威塞克斯王朝得以短暂复辟。忏悔者爱德华早年长期在法国诺曼底生活，回国执政后又重用随同他回国的诺曼底臣僚，导致法语和法国文化在英格兰宫廷盛行一时，法国诺曼底人也在英格兰王室宫廷中掌权用事，引起了英格兰本土贵族的强烈不满，其中为首的英格兰贵族威塞克斯伯爵戈德温与英王忏悔者爱德华爆发了激烈的冲突。1066 年，忏悔者爱德华死后无嗣，英格兰贤人会议选举威塞克斯伯爵之子哈罗德二世继承了王位。诺曼底公爵威廉声称忏悔者爱德华本人生前和戈德温都曾许诺要将英格兰王位让与自己，他以此为借口率军入侵了英格兰。10 月 14 日，威廉在黑斯廷斯战役中击败英军，英王哈罗德阵亡，威廉入主伦敦，开创了英国历史上的诺曼底王朝。从威塞克斯王朝，经丹麦人的统治，到威塞克斯王朝短暂复辟再到诺曼底王朝建立，英格兰地区战乱频仍，政局动荡不宁，异族野蛮残暴，掠夺杀戮不已。这一切灾难和乱象又恰好发生在千年之交，与世界末日在公元 1000 年来临前灾难不断的末日启示论相契合，更进一步引发了人们的恐慌。

　　这一时期的灾难除了人为的战乱、掠夺和杀戮外，还有天灾，其中最主要的天灾是大饥荒。《盎格鲁-撒克逊编年史》记载了 1005 年爆发的大饥荒："这年，英国全境出现大饥荒，灾情之惨重是人们记忆中不曾有过的。"①《英格兰天主教会史》第三卷这样描摹此次大饥荒："饥荒席卷了整个大地，仿佛它注定了在国王埃塞尔雷德的悲惨统治下任何苦难都不会缺席；饥荒在每个地区肆虐，从战争中逃脱的人又转而遭受了饥荒。丹麦人的国王八字胡斯温因饥荒重新返回丹麦，筹谋在不远的将来再次闯入英格兰（进行劫掠）。"②

　　千年之交，天灾人祸接踵而至使英格兰人猜测世界末日即将到来。早期的基督徒遵循犹太人的观念，认为世界末日将在世界形成后的 6000 年如期来临，3 世纪的罗马长老希波吕托斯（Hippolytus）将这一时间点界定在公元 500 年，提出基督将在世界形成后的第六个千年中期，也就是创

---

① 匿名修士：《盎格鲁-撒克逊编年史》，怀特洛克和塔克英译，参照加蒙斯韦英译，寿纪瑜汉译，商务印书馆，2004，第 140 页。

② W. Bern Mac Cabe, *A Catholic History of England*, Volume Ⅲ, London: Newby, 1854, p. 125.

世纪元的5500年复临人间。世界编年史体裁的创立者阿非利加纳以及拉坦提乌斯（Lactantius）、希拉里安努斯（Hilarianus）等一批教会学者都秉持这一观点，认为世界末日将在世界形成后的6000年，也就是公元500年如期而至，他们还将世界6000年划分为等值的六个阶段，每个阶段1000年，即"六个时代"思想和末日启示撰史模式的滥觞。不过，阿非利加纳的计算方法在罗马帝国晚期即遭到了部分教会学者的反对，如尤西比乌斯、奥古斯丁等人。尤西比乌斯认为世界形成后的6000年，也就是创世纪元的6000年并不是公元纪元的500年，公元纪元的500年是创世纪元的5699年，而创世纪元的6000年则是公元纪元的800年。依照尤西比乌斯的算法以及世界寿命为6000年的认知和世界末日并未在公元500年如期来临的现实促使中世纪早期的人们又开始相信世界末日将在公元800年来临，从而形成了800年前后西欧人有关世界末日的恐慌。公元800年，世界末日再次未能如期来临，中世纪早期的神学家、天文学家有关世界末日具体日期的计算和预测一而再、再而三的落空似乎并未动摇基督徒对于末日启示神学的信任，也未动摇教会神学思想的根基，因为早在基督教会取得合法地位的早期阶段，教父奥古斯丁为了在有关世界末日年龄等神学的根本性问题上实现教会的垄断性论述和凸显神意不可预知的神秘性就曾一再强调世界末日来临时间的"不可知性"，奥古斯丁的这一观点被中世纪的神学家伊西多尔、比德所沿袭。

尽管比德强调世界末日来临时间的"不可知性"，但《启示录》中有关"千禧年""世界末日"的说法仍旧使得英格兰的一些神学家相信世界末日将会在千年前后来临。他们虽然遵循教父教诲，没有精确预测它发生的具体时间，但对它的必然发生深信不疑。他们热衷于以布道集的方式向人们宣扬世界末日的到来，"捆绑撒旦敌基督的锁链松断了，世界末日不远了"，并乘机向人们指明应对世界末日降临的解决方法，以此兜售基督教会的宗教价值观，要求人们按照教会所规定的价值观行事，以此种方式加强教会对广大基督徒的精神控制，同时也以此加强英格兰王权统治人民的合法性，与当时英格兰王权走向强大及王权制度走向完备的政治建设相得益彰。其中最为知名的两位神学家是约克大主教沃尔夫斯坦（Wulfstan）和塞尔纳修道院修士埃尔夫里克（Ælfric）。沃尔夫斯坦是英国伦敦主教、伍斯特主教、约克大主教，本尼迪克派修道士，与艾恩舍姆的艾尔弗里克（Ælfric of Eynsham）一道被誉为 11 世纪早期英格兰两大神学家。沃尔夫斯坦在其任职期间积极在英格兰推行发端于西欧大陆加洛林帝国的本尼迪克特修道院改革运动。该运动倡导教士、修士神职人员的纪律，强调教会内部神职等级的科层化界限，尊重罗马教皇在整个基督教会的首要地位并尊重教会制定的成文法规和各种规范的权威性。为了推进本尼迪克特修道院改革运动各项目标在具体层面的落实，沃尔夫斯坦注重英格兰神职人员和教徒的宗教素养。为了使广大神职人员和教徒掌握基本的宗教知识（包括耶稣的生平、《圣经》和《使徒信经》、洗礼等各项宗教礼仪、复活节节期的正确计算方法），沃尔夫斯坦撰写了许多颂歌和布道集。沃尔夫斯坦注意到 1000 年世界末日来临的问题，在布道集中向人们预示了这一灾难："现在世道必然变得非常邪恶，因为'敌基督'到来的时间很快就到了。正如经上所记，早已预言的那样。千年之后，撒旦将被释放出来。……自从基督'道成肉身'以来，已经过去了 1000 多年，现在束缚撒旦的锁链非常松动，'敌基督'降临的时间已然就在眼前。"[1]

以拉姆齐的伯特弗斯为代表的英格兰神学家还受到西欧大陆历史时间计算术的影响。他们不仅继承了奥古斯丁和比德世界末日来临时间不可预知的思想，而且更进一步，认为千禧年世界末日一事根本不可能真实发生。伯特弗斯是洛林吉亚地区弗勒里的阿博的学生。986 年，弗勒里的阿博携带着他那些为数不少的关于历史时间计算的书来到了伯特弗斯修行的修道院。他在那里开办了一所学校并亲自向初学者授课，伯特弗斯就是其中的一名学生。[2] 伯特弗斯撰写了一部名为《指南》（Manual）的神学册子，这部《指南》是他攻击当时的人们违背圣哲教诲，妄自测算世界末日来临时间的舆论武器。伯特弗斯师法比德和阿博，反对"六个时代"每个时代全部等值的观点。他以古代希伯来人和古希腊人测算历史时间的

---

① Joyce Tally Lionarons, *The Homiletic Writings of Archbishop Wulfstan*, Woodbridge：D. S. Brewer, 2010, p. 47.

② Abbo of Fleury, A. M. Peden eds., *Abbo of Fleury and Ramsey: Commentary on the Calculus of Victorius of Aquitaine*, Oxford：Oxford University Press, 2003, p. xii.

数据结果划定前五个时代每个时代的时间长度，以此驳斥上述观点。他认为信奉千年末日说的千禧年派对于亚当以来6000年的历史时间的设定要么是遥远的过去，要么是遥远的未来，在千年之交世界末日并未如期来临就充分说明了这一说法的虚妄和谬误。①

有关世界末日来临时间的"不可知性"的思想影响了千年之交的神学家、史学家，促使他们中的一部分人在这一问题上缄默不言，如《盎格鲁-撒克逊编年史》的匿名作者们。《盎格鲁-撒克逊编年史》最初被编纂于阿尔弗雷德大王的王室宫廷，后扩散至英格兰各个地区的重要修道院，由隐修的修士们续编，这部编年史的作者在记叙1000年前后的历史时沿袭了奥古斯丁、比德所强调的世界末日来临时间的"不可知性"，没有触及这一问题。威廉·普利多-科林斯（William Prideaux-Collins）是这样解释《盎格鲁-撒克逊编年史》的这一文本现象的，他认为不仅《盎格鲁-撒克逊编年史》，这一时期英格兰其他一些文献有关世界末日时间的记载也颇为罕见，因为记录者的身份是一小撮富有学识的教士，他们知晓《圣经》中有关反对预测末日时间的规定，也熟悉奥古斯丁的观点。《圣经》和教父传统所宣扬的正统教义，禁止推测《圣经》预言或是特定年代所具有的世界末日的重大意义。结果，这些教职人士出于保持正统的渴望，对于千禧年末日的重大意义缄默不语。② 但威廉·普利多-科林斯认为《盎格鲁-撒克逊编年史》的作者对于千禧年末日来临一事心知肚明，只是囿于《圣经》和教父的传统规定而"欲言又止"，因为作者在973年的记述中刻意强调了公元1000年这一年份：

973年，英格兰人的统治者埃德加在古城阿切曼彻斯特——本岛上的居民又以另一个名称巴斯来称呼它——在大庭广众之中加冕正式

① Richard Allen Landes, Andrew Colin Gow, David C. Van Meter eds., *The Apocalyptic Year 1000: Religious Expectation and Social Change*, 950-1050, Oxford: The Oxford University Press, 2003, pp. 302-303.

② William Prideaux-Collins, " 'Satan's Bonds Are Extremely Loose': Apocalyptic Expectation in Anglo-Saxon England during the Millennial Era," in Richard Allen Landes, Andrew Colin Gow, David C. Van Meter eds., *The Apocalyptic Year 1000: Religious Expectation and Social Change*, 950-1050, Oxford: The Oxford University Press, 2003, pp. 291-292.

即位为王。在人类的子孙称其为圣灵降临节的这个幸福的日子里，巨大的欢乐降临到所有人的身上。我听说，那里聚集了一大群教士、一大群有学问的修道士。按数字算起来，自从光荣的王、光明的捍卫者诞生以来直到当时，根据文献记载，已经过去了差 27 年满 1000 年，因此这件事发生时，距离胜利之主诞生差不多有 1000 年了。这件事发生时，埃德蒙那勇于作战的儿子已经在世上经历了 29 年，他是在第 30 年涂油加冕为王的。①

《盎格鲁-撒克逊编年史》的作者仅对公元 1000 年这一特殊的年份表示关切，没有具体预测世界末日来临的时间，但他对于千年之交丹麦人杀戮劫掠所造成的灾难景象却有着细节的描述，笔者在此处仅以《盎格鲁-撒克逊编年史》记载的公元 1001 年为例。

A 版：

　　这年由于一支海军的缘故，英国发生了许多战事。丹麦人几乎到处破坏纵火，因此连续不断推进，进抵内地，直到迪恩。汉普郡人来到那里抵抗他们，同他们打了起来。国王的大管事埃塞尔沃德、惠特彻奇的利奥弗里克、国王的大管事利奥夫温、主教塞恩伍尔夫希尔、埃尔夫希耶主教的儿子沃西的戈德温阵亡，总共战死 81 人。丹麦人被杀的要多得多，虽然他们控制着战场。然后丹麦人从那里西进，一直来到德文。帕利格率领他所能集合的船到那里与丹麦人会合，尽管他曾向埃塞尔雷德国王立了种种誓约，却已经背弃了国王。国王曾经向他慷慨施赠，包括地产、金银。丹麦人烧毁泰恩顿，还烧毁了许多我们说不上名称的其他上等宅邸。后来国王同丹麦人达成了和议。然后丹麦人又从那里前往埃克斯河口，这样，他们整批连续转移，直抵平霍。在那里抵抗丹麦人的是国王的大管事科拉和国王的管事埃德西耶。科拉和埃德西耶把能够召集到的军队都带来了，可是他们在那里

---

① 匿名修士：《盎格鲁-撒克逊编年史》，怀特洛克和塔克英译，参照加蒙斯韦英译，寿纪瑜汉译，商务印书馆，2004，第 126 页。

被赶跑，丹麦人控制着战场。第二天早上，丹麦人烧毁了平霍和克利斯特的宅邸，还烧毁了许多我们说不出名称的宅邸。然后丹麦人向东返回，直到怀恩岛。第二天早上，丹麦人又烧毁沃尔瑟姆的宅邸和许多其他村庄。不久之后，国王同他们谈妥了条件，丹麦人接受和议。①

C（D，E）版：

这年丹麦军队来到埃克斯河口，然后进入内地，到达堡垒。他们进而猛攻堡垒，但是遭到顽强抵抗。然后他们越境而过，一路烧杀，恰如他们所习以为常的那样。于是当地一支包括德文人和萨默塞特的大军集合起来。双方在平霍相遇。刚一交锋，英军后退，丹麦人在那里大肆杀戮，继而横行于其地；而他们每次袭击都比头一次来得厉害。他们把许多战利品带到船上，从那里转往怀特岛。他们在岛上恣意乱窜，无所阻拦，不管他们深入内地多远，海上的船只和陆地上的部队都不敢抵抗他们。情况各方面都令人痛心，因为他们不停地干坏事。②

他们对于千年之交英格兰人苦难的描写加重了人们对于世界末日即将来临的恐惧。不过，历史事实的发展真的如奥古斯丁、比德、拉姆齐的伯特弗斯所预计的那样，真的是"神意难测"，世界末日何时来临唯有上帝方才知晓，凡俗之人是无法揣测神意的。千年末日的说法，与公元 500 年世界末日、公元 800 年世界末日的说法一样再次落了空，而英格兰的政治形势又发生了新的重大变化，英格兰先后建立的两个封建王朝——诺曼底王朝和安茹王朝都源于西欧大陆的法兰西王国，其国王都出身于法兰西王国的封建领主——诺曼底公爵和安茹伯爵。这种王室出身的渊源将英格兰

---

① 匿名修士：《盎格鲁-撒克逊编年史》，怀特洛克和塔克英译，参照加蒙斯韦英译，寿纪瑜汉译，商务印书馆，2004，第138~139页。
② 匿名修士：《盎格鲁-撒克逊编年史》，怀特洛克和塔克英译，参照加蒙斯韦英译，寿纪瑜汉译，商务印书馆，2004，第138~139页。

和西欧大陆更紧密地联系到一起。诺曼底王朝和安茹王朝的君主都不仅占据了不列颠岛的英格兰，还在西欧大陆的法兰西拥有众多的封建领地，安茹王朝国王的大陆领地包括了诺曼底、安茹、布列塔尼、土鲁斯、香槟、阿基坦、缅因、普瓦图等地，占法兰西总面积的 2/3，是法王直属领地的6 倍。此时的英格兰国王再也不是过往如盎格鲁-撒克逊时期的诸王那样偏居西欧政治版图一隅，远离西欧大陆政治舞台的核心位置，相反，他们的实力、影响力甚至超越了法兰西国王。此种相较于过往大为抬升的政治地位是否给予了英格兰的神学家、史学家以遐想，在他们的历史撰著中赋予这一时期的英王犹如查理曼一样的神学历史地位？诺曼底王朝和安茹王朝统治时期适逢西欧征讨近东伊斯兰国家的十字军运动方兴未艾之时，英格兰安茹王朝的第二位国王理查一世（狮心王理查）积极投身这一运动。1189 年，西欧组织了以德皇腓特烈一世、英王理查一世和法王腓力二世为中心的第三次十字军东征。理查一世率领英军东征，抵达了圣地耶路撒冷。"最后一位世界皇帝"的神学启示认为最后一位世界皇帝曾抵达圣地耶路撒冷，在圣地将皇权交予了上帝，之后"敌基督"到来，随后耶稣基督复临人间毁灭"敌基督"，开始末日审判，结束尘世，建立上帝为王的永恒王国。为迎合这一神学启示，相信查理曼就是最后一位世界皇帝的法国神学家、史学家甚至不惜伪造"查理曼东征巴勒斯坦"的虚假历史。英王领地广袤，在西欧政治舞台上占有举足轻重的地位，还确曾真实地参与了十字军东征并扬威东方，英格兰的神学家、史学家会如何利用这一真实的历史，建构历史与神学启示之间的联系以提升英格兰国王的地位呢？

第三节　诺曼底王朝和安茹王朝末日启示神学的史学运用

一　诺曼底王朝和安茹王朝的相继建立

1066 年，法国诺曼底公爵威廉入主英格兰开创了诺曼底王朝。威廉一世严厉镇压盎格鲁-撒克逊人的叛乱，没收盎格鲁-撒克逊贵族的土地并将没收的土地分配给追随他前往英格兰的诺曼底等西欧大陆的男爵，英格兰的统治阶层被重新"洗牌"。原盎格鲁-撒克逊封建主仅有两位保留,余者4000多位盎格鲁-撒克逊封建主被剥夺了土地。威廉一世将剥夺得来的土地转赐予追随他的200名来自法国的封建男爵,他们构成了英格兰新的统治阶级。由于统治阶级的更替,法语、法国文化、法国生活方式开始主导英格兰的宫廷生活,威廉一世还将法国的军事封建制度引入了英格兰,而他本人同时又是法国国王的封臣。英格兰政治从此成了法国政治的一部分。威廉一世前往英格兰时,任命他的长子罗贝尔二世为诺曼底的留守者。罗贝尔二世发动叛乱,威廉一世亲自返回诺曼底镇压叛乱,但不幸落马受伤,随后身亡。威廉一世辞世后,他的两个儿子威廉二世和亨利一世相继继承了英格兰王位。1135年亨利一世崩逝后,因为亨利一世没有合法的男性子嗣,他生前属意他的女儿玛蒂尔达继承英格兰王位,但"女性为王"在西欧尚不多见,玛蒂尔达和他的夫婿安茹伯爵杰弗里得不到英格兰贵族的普遍支持,亨利一世的外甥斯蒂芬乘机夺取了王位。玛蒂尔达和安茹伯爵与斯蒂芬争斗了20余年,英格兰人民饱受战乱之苦,后来双方达成了妥协性的协议,斯蒂芬死后,由玛蒂尔达的儿子亨利继承英格兰王位。1154年斯蒂芬辞世,亨利继承了英格兰王位,称亨利二世,开创了安茹王朝。因为亨利的父亲安茹伯爵杰弗里的帽子上喜欢插一朵金雀花,该王朝又被称为金雀花王朝。

　　诺曼底王朝和安茹王朝都是法裔封建主入主英格兰后建立的封建王朝。这两个封建王朝虽然源于法国,但在英格兰立国后并没有出现法国同时期出现的王权软弱、力量衰微、大封建主割地称雄的局面,相反,自征服者威廉开创诺曼底王朝后,英格兰就形成了较为强大的中央王权。首先,征服者威廉征服英格兰后,没收了土著盎格鲁-撒克逊封建贵族的土地,将全国最为肥沃的土地直接划归王室所有,而且这些良田沃土连成了一片,全国绝大部分森林也归王室所有。虽然征服者威廉也对麾下的男爵贵族展开了封建分封,但是这些封建贵族的封地被有意识地割裂开来,并没有连成一片,这样英格兰贵族很难将各块领地集合在一起,形成合力发起反对王权的叛乱。其次,征服者威廉出身于法国,有感于法国实行"我的附庸的附庸不是我的附庸"的封建传统不利于加强中央王权的历史事实,遂在英格兰大力强化王权对于地方基层封建主的控制,国王对全国各级领主,甚至男性臣民都拥有直接的权力,即

"我的附庸的附庸是我的附庸"。征服者威廉还对全国各郡的土地财产情况进行了调查，编成了《末日审判书》，使国王掌握了全国的土地财产情况，便利了国王对全国税款、兵役、徭役的征收。最后，西欧大陆封建王权加冕涂油这一神圣化王权的仪式以及加洛林王朝早期全国男性臣民向国王宣誓效忠的加强王权的举措也被诺曼底王朝、安茹王朝的英王所采用。封建领主需要向英王服各种封建义务，如兵役，英王长子晋封骑士、长女出嫁的费用等，同时英王承担保护教会、维持国内和平、造币和维护道路的责任。此外，诺曼底王朝和安茹王朝的封建领地横跨英吉利海峡的英、法两国，英王的影响力不再像威塞克斯国王那样仅仅局限于不列颠群岛的边陲之地，尤其是安茹王朝的国王亨利二世，在法国大陆和不列颠群岛都取得了富有成效的成就。在法国大陆，亨利二世粉碎了法王卷入其中的王子叛乱，不仅敉平了王子叛乱，而且还打败了法兰西和苏格兰的侵略军，使苏格兰臣服并扩大了安茹王室在法国大陆上的封建领地。亨利二世成了当时整个欧洲最有威望的君主，德意志皇帝巴巴罗萨、拜占庭皇帝、兰斯大主教、萨伏伊公爵、佛兰德伯爵等纷纷派遣使节和大使来英格兰，苏格兰国王狮子威廉也时常造访亨利二世，南欧大贵族之间的纠纷也需要亨利二世的裁决。①

　　面对诺曼底国王、安茹国王与西欧大陆的政治联结关系以及他们在西欧政治舞台上的实力、地位，这一时期的英格兰史家会如何运用末日启示神学撰写历史，使这些新的政治现实与神学历史哲学契合，神化并维护英格兰王权呢？倘若对这些史家的史著予以全面梳理，便会发现他们的处理方式较为多元化，有的史家运用"帝国权力转移"理论，认为英格兰王权转移自加洛林王朝；有的史家绕过罗马帝国，认为英格兰王权与罗马帝国的权力平行、平等，不列颠人和罗马人、法兰克人一样是特洛伊人的后代；还有的史家运用"最后一位世界皇帝"理论，认为参加第三次十字军东征的英王理查一世是"最后一位世界皇帝"。

---

① 〔英〕丹·琼斯：《金雀花王朝：缔造英格兰的武士国王和王后们》，陆大鹏译，社会科学文献出版社，2015，第72页。

二　王权转移自加洛林王朝

马尔默斯伯里的威廉（1095~1143），英格兰诺曼底王朝著名史学家，马尔默斯伯里修道院的修士，是自比德以来英格兰最为伟大的史学家之一。马尔默斯伯里的威廉不仅才华出众而且注重并致力于各类图书的收集和整理工作，曾协助马尔默斯伯里修道院的院长收集整理图书，创建了马尔默斯伯里修道院图书馆，掌握了 200 多位学者的 400 多部作品。马尔默斯伯里的威廉非常推崇比德，曾仿照比德的《英吉利教会史》撰写了《英格兰诸王记》（*Gesta Regum Anglorum*），记载了 449~1120 年英格兰诸王的历史以及《当代史》（*Historia Novella*），记载了 1128~1142 年的英格兰历史，尤其是斯蒂芬统治时期英格兰混乱状态的历史。

马尔默斯伯里的威廉有着英格兰人的民族自豪感。例如，他与中世纪许多英格兰史家不同，他没有把不列颠人的民族起源追溯至特洛伊人埃涅阿斯。这种观点把不列颠人的起源与特洛伊人联系起来，认为不列颠的第一位国王弗利克斯·布鲁图斯（Felix Brutus）是埃涅阿斯的曾孙。布鲁图斯用自己的名字命名他所占有的岛屿，称其为布鲁坦，后来慢慢演化成我们所熟知的不列颠。11 世纪撰写《忏悔者爱德华国王传》（*Vita Ædwardi Regis*）的匿名作者和 12 世纪来自蒙矛斯的英格兰史家杰弗里都秉持这种观点。马尔默斯伯里的威廉认为不列颠人是北欧神话中的神祇沃登（Woden）的后裔，对丹麦人、诺曼底人和威尔士人将自己的民族源起追溯至特洛伊人的行为进行了奚落嘲笑。马尔默斯伯里的威廉对于法兰克人，尤其是法兰克-加洛林王朝的君主却格外推崇，他跟《盎格鲁-撒克逊编年史》的作者们一样认为英格兰的王权转移自西欧大陆的加洛林王朝。在中世纪中后期，英格兰、西班牙、葡萄牙、丹麦、挪威、瑞典等新兴的基督教君主制国家和王朝崛起，这些国家如英格兰、西班牙、葡萄牙在历史上并不属于古代罗马帝国的核心区域，有的国家如北欧的丹麦、挪威、瑞典甚至不在古代罗马帝国的版图之内，它们自身的历史、地理条件与法兰克-加洛林帝国、神圣罗马帝国不同，实力也难以与基督教世界帝国的身份相匹配。这些现实条件使神学家、史学家很难在逻辑上构建出一条颇具信服力的政治权力联结、延续的线索。更为重要的是，古代四大帝国亚述、波斯、希腊–马其顿、罗马的历史早已成了遥远的过往，这些新兴基督教君主制国家的神学家、史学家如果再像加洛林时代的神学家、史学家那样强调帝王权力从上古至古罗马帝国再到自身王国国王的延续、传承会使读者"如堕云雾"，因为在他们看来，这些时间古早、地域遥远的异域古代帝王实在与自己国家的帝王不搭界。然而，自身国家君主权力的合法性、神圣性却需要神学家、史学家通过神学历史予以实现。所以，对于这些新兴基督教君主制国家的神学家、史学家而言，与其生搬硬套地利用那些"远在天边""相隔千年"的古代帝王，还不如利用"近在眼前""相隔并不古早"的邻国帝王。于是，末日启示的"四大帝国"理论便被一些神学家、史学家舍弃了，他们不再长时段地絮叨那些古早的异国历史，但是"四大帝国"理论的变体理论"帝国权力转移"理论却被他们继承了下来。英格兰的某些史学家，如马尔默斯伯里的威廉，非常推崇法兰克–加洛林王朝，认为英格兰王权的合法性来源于法兰克–加洛林王朝。他认为威塞克斯王国的国王埃格伯特（Ecgberht）8世纪曾流亡于加洛林宫廷，在查理曼宫廷学会了不少治国之道，这对于他在9世纪统治整个英格兰至为重要。[①]

三　不列颠王权转移自特洛伊且与罗马帝国平行

蒙矛斯的杰弗里（Geoffrey of Monmouth，1095-1155）是12世纪早期英格兰历史著作家，他可能出生于威尔士。杰弗里早年曾在蒙茅斯修道院修道，后任圣阿塞弗主教（St Asaph）和威斯特敏斯特教堂教士，撰有《不列颠诸王史》（*Historia Raegum Britanniae*）。蒙矛斯的杰弗里认为不列颠人起源于特洛伊人。在古代和中世纪，西欧多个族群都将自己的族源追溯至特洛伊人，这些族群包括罗马人和法兰克人，蒙矛斯的杰弗里认为不列颠人也起源于特洛伊人，言外之意，不列颠人跟罗马人和法兰克人是兄弟族群。蒙矛斯的杰弗里不像马尔默斯伯里的威廉那样将

① William of Malmesbury, GRA 2.106. Elizabeth M. Tyler, *England in Europe: English Royal Women and Literary Patronage, c. 1000 - c. 1150*, Toronto: The University of Toronto Press, 2017, p.335.

英格兰人的王权跟西欧大陆加洛林王朝的王权联系起来，通过强调王权转移自加洛林王朝的方式宣传自身王权的合法性。蒙矛斯的杰弗里认为弗利克斯·布鲁图斯是特洛伊人的英雄埃涅阿斯的曾孙，他前往遥远的北方岛屿，建立了新特洛伊："布鲁图斯在太阳落山之后，经过高卢王国，来到了大海中的一座岛屿，它曾经被巨人占据。如今它已被抛弃，准备接纳你的族群。找到它，它将成为你永远的居所，它将成为你子孙后代的第二个特洛伊，诸王将从你的子孙后代中出现，尘世的土地将臣服归属于他们。"① 蒙矛斯的杰弗里在《不列颠诸王史》中把布鲁图斯的不列颠记述为罗马帝国辉煌荣耀的竞争者；不列颠人击败了罗马将军卢修斯·希贝里乌斯（Lucius Hiberius）并差点儿占领了罗马本土。② 从横向的空间维度审视，蒙矛斯的杰弗里把英格兰看作一个与罗马帝国平行的权力中心，不列颠人与罗马人有同样平等的起源，二者的地位是相等的。既然英格兰君主王权的合法性不是从古罗马人、法兰克人-加洛林王朝一类西欧大陆的强权那里转移而来，那么，这种历史的合法性只能从不列颠自身纵向的历史维度中去寻找，而诺曼底王朝亨利一世统治时期的新趋向又为这种寻找提供了某种可能。及至征服者威廉之子亨利一世统治时期，外来的诺曼底人与本地的盎格鲁-撒克逊人之间的矛盾大为缓和，而且出现了二者融合的趋势，亨利一世是第一位使用英语的诺曼底国王。有鉴于此种事实，蒙矛斯的杰弗里在《不列颠诸王史》中将诺曼底人的王权与盎格鲁-撒克逊人的王权以及更为古早的凯尔特人的王权联系起来，以大不列颠岛为本位，强调不列颠王权从布鲁图斯至亚瑟王再至征服者威廉的延续。他的此种处理手法将不列颠王权视为又一个与罗马帝国平行的权力中心，这种处理手法是对"四大帝国"之"权力转移"论的一个突破。宗教改革期间，德国路德派史家将这种处理手法进一步归纳为"次要帝国权力"的理论观点。这种处理手法既解释了诺曼底王朝时期英格兰王权并不从属于西欧大陆神圣罗马帝国皇权的事实，又强调了不列颠王权从古

---

① Geoffrey of Monmouth, Michael A. Faletra eds. and trans. , *The History of the Kings of Britain*, Woodbridge: The Boydell Press, 2007, p. 51.

② Kellie Robertson, " Geoffrey of Monmouth and the Translation of Insular Historiography," *Arthuriana*, Vol. 8, No. 4, 1998, p. 44.

至今一直传承、延续且不逊色于西欧大陆帝国权力的历史特点，凸显了自己对于本族群的自豪感。

四 英王狮心王理查与菲奥勒的约阿希姆的会谈

1187 年埃及阿尤布王朝的苏丹萨拉丁进攻十字军国家耶路撒冷王国，7 月在太巴列湖畔的海廷全歼了十字军主力并迫使耶路撒冷城投降。圣城耶路撒冷被穆斯林军队攻占的消息传入西欧后，引起了西欧教俗封建主们的震动。教皇乌尔班三世因惊恐万状而心悸猝死，继任教皇格雷戈里八世呼吁西欧各国的世俗君主行动起来从异教徒穆斯林的手中重新收复圣地耶路撒冷，西欧十字军东征的热情再次被教皇点燃，德皇腓特烈一世、英王理查一世和法王腓力二世率军发动了第三次十字军东征。德皇腓特烈一世在小亚细亚以少胜多击败塞尔柱突厥军队后渡河时不幸溺水而亡，英法两国虽然组成了联军从海路出发进入了近东地区，围攻穆斯林的一个重要据点以色列的阿卡，但英王理查一世与法王腓力二世因英王在法国大陆封建领地等问题存在深刻的矛盾致使腓力二世率军返回了西欧。至此，由西欧三王发起的第三次十字军东征仅剩下了英王理查一世一王。理查一世骁勇善战，围攻阿卡城长达两年之久后攻克，之后在阿苏夫、雅法大战中屡次击败埃及苏丹萨拉丁。但不久后，理查一世和萨拉丁全都患病而无力再战，双方于 1192 年达成了为期五年的停战协定。协定规定，圣地耶路撒冷仍归穆斯林所有，但穆斯林允许基督徒自由进入圣地，十字军仅保留了近东圣地附近邻近地中海的若干军事据点。理查一世与萨拉丁达成协议后仓促返回西欧，途中被神圣罗马帝国奥地利公爵利奥波德五世俘虏。这次东征虽然对英王理查一世而言结果令人沮丧，但对于英格兰末日启示神学和历史学的发展却是一件好事，因为英王理查一世在前赴东方的途中途经了意大利，与当时意大利著名的神学家菲奥勒的约阿希姆展开了会谈。

菲奥勒的约阿希姆，出生在意大利南部卡拉勃利亚省（Calabria，当时属于西西里王国）靠近科森扎（Cosenza）的一个名叫塞利科（Celico）的小山村，其父从事公证人行业，算富裕之家。约阿希姆成年后，起初在位于巴勒莫的西西里法院（the Sicilian court）当书记员，后来又从事公证人行业。30岁出头时，约阿希姆先后做过巴勒莫教区主教的秘书和西西里摄政王马伽雷特（Margaret of Navarre）的"政治秘书"（counsellor）——套用现在的说法是，政治前景看好。然而，33岁那年（1168年），约阿希姆因为前往耶路撒冷朝圣灵修中得到异象而放弃自己的大好政治前程，进了当地一所本笃会修院（the Benedictine monastery of Corazzo）做修士。约阿希姆以《圣经》中的末篇《启示录》为基础理解包括《旧约》在内的整部《圣经》，撰写了《新约与旧约的谐致》。为了宣讲异象，约阿希姆曾求助于西西里国王和罗马教皇。[①] 英王理查一世（狮心王）在前往巴勒斯坦的途中拜访了菲奥勒的约阿希姆并与他讨论了《启示录》和"敌基督"何时到来的问题。约阿希姆认为"敌基督"已经在罗马教皇国诞生了，未来他还能够成为罗马教皇。对于约阿希姆的这一预言，英王理查一世不以为然且颇感困惑，因为按照传统的认知，"敌基督"将产生在巴比伦犹太人十二支派中的但（Dan.）支派中，约阿希姆与英王理查一世及其随行的神职人员展开了热烈的争论。约克郡教士豪登的罗杰在他的编年史中提到了这次会谈和争论并用一篇长篇论述阐释他对于这一问题的看法。[②]

英王理查一世与菲奥勒的约阿希姆的会谈对于英格兰神学历史哲学和史学编纂学的发展都产生了重大的影响。英格兰的神学家、史学家因为英王理查一世与约阿希姆的谈话而对"敌基督"的问题产生了浓厚的兴趣，豪登的罗杰和科格索尔的拉尔夫都在自己的编年史中提及了英王理查一世与约阿希姆的这次会谈，他们二人在约阿希姆"两约谐致"和"七封印"末日启示神学理论的基础上提出了自己的神学观点。约阿希姆在编撰神圣历史时，没有依循奥古斯丁七阶段的划分法，而是依据《启示录》第五至第九章中启示的"七封印"，将7这个数字作为范式用于他所划分的旧约时期和新约时期。按照约阿希姆的解释，旧约时期的犹太人先后遭受埃

---

① 刘小枫对于菲奥勒的约阿希姆的生平和神学历史观有着详细的研究论述，参见刘小枫《约阿希姆的"属灵理智"与"历史终结"论》，《海南大学学报》（人文社会科学版）2016年第1期，第13~14页。

② Robert Bartlett, *England under the Norman and Angevin Kings, 1075–1225*, Oxford: Clarendon Press, 2000, p.656.

及人、迦南人、叙利亚人、亚述人、卡尔顿人、墨得斯人和希腊人这 7 个阶段的迫害。按照'两约谐致'的观念，相应地，新的时期基督的教会也会经历 7 个阶段的迫害：首先遭受犹太人的迫害，随之遭受异教徒的迫害，接下来同时遭受波斯人、哥特人、汪达尔人的迫害，继而遭受伦巴第人的迫害，然后遭受萨拉森人的迫害。到了约阿希姆的时代，教会则遭受德意志神圣罗马帝国皇帝的迫害。教会遭受的迫害一次比一次严重，按约阿希姆的解释，最后将遭受'敌基督'的迫害最为严重——在《旧约》中与此对应的是希腊人安提阿的迫害。然而，正如犹太人在遭受最后的迫害时期基督来了，教会在遭受最后的迫害时期，基督会重临。①

豪登的罗杰

豪登的罗杰是英格兰安茹王室的廷臣，多次奉亨利二世之命出使西欧大陆。1171 年，他陪英王拜访罗马教皇亚历山大；1180 年和 1182~1183 年，他作为英格兰的代表，出使罗马教皇国，负责跟罗马教皇交涉苏格兰安德鲁主教选举争议；他还曾作为协调的中间人协调英王和英格兰某些修道院的关系，负责处理英格兰与苏格兰交界地区的教会事务，等等。1190 年，在第三次十字军东征期间，豪登的罗杰作为英王理查一世的随从前往意大利西西里岛和巴勒斯坦，在英军包围阿卡时，他参与了一份重要文件的起草，但他并没有善始善终地一直陪伴在英王理查一世的身边。1191 年末，他提前返回了国内。

豪登的罗杰在他的编年史中详细记载了英王理查一世与约阿希姆的会谈。据豪登的罗杰的编年史记载，约阿希姆解释了《启示录》中的以下两段经文。"天上现出大异象来：有一个妇人身披日头，脚踏月亮，头戴十二星的冠冕。她怀了孕，在生产的艰难中疼痛呼叫。天上又现出异象来：有一条大红龙，七头十角，七头上戴着七个冠冕。它的尾巴拖拉着天上星辰的三分之一，摔在地上。龙就站在那将要生产的妇人面前，等她生产之后，要吞吃她的孩子。妇人生了一个男孩子，是将来要用铁杖辖管万国的。他的孩子被提到神宝座那里去了。妇人就逃到旷野，在那里有神给

---

① 参见刘小枫：《约阿希姆的"属灵理智"与"历史终结"论》，《海南大学学报》（人文社会科学版）2016 年第 1 期，第 15~16 页。

她预备的地方，使她被养活一千二百六十天。"①"又是七位王；五位已经倾倒了，一位还在，一位还没有来到；他来的时候，必须暂时存留。"②"妇人身披日头，脚踏月亮"象征着神圣的教会，正义的太阳，是我们的上帝基督，以这个名字凸显和卓越，在他脚下的是尘世，尘世中的罪恶和情欲总会被他踩在脚下。"头戴十二星的冠冕"象征着十二使徒所宣讲的天主教信仰。③"大红龙，七头十角"象征着恶魔邪灵。据豪登的罗杰的记载，约阿希姆将七头解释为迫害教会的七个邪恶的统治者，分别是希律王、尼禄、康斯坦提乌斯、穆罕默德、莫尔塞穆特（Melsermut）、萨拉丁、"敌基督"。"五位已经倾倒了"指的是希律王、尼禄、康斯坦提乌斯、穆罕默德、莫尔塞穆特；"一位还在"指的是正在迫害上帝教会的萨拉丁，我们主的坟墓、圣城耶路撒冷和我们主脚下的土地都处于萨拉丁的掌握之中，但不久他就会失去这一切。④据豪登的罗杰的记载，英王理查一世前往拜会约阿希姆有问卜即将参与的第三次十字军东征吉凶的用意，故而颇为关切地询问七头中的第六头埃及阿尤布王朝苏丹萨拉丁何时被击败，丧失对圣地的控制权。约阿希姆回复将在耶路撒冷被攻占的七年之后。英王理查一世问，倘若果真如此，他如今是否过早地投入了战斗。约阿希姆回答，你此时参战很有必要，在某种程度上是上帝让你战胜他的敌人，将会拔擢你的英名超越尘世所有的君王。⑤"一位还没有来到的"指的是"敌基督"。

豪登的罗杰借蜚声遐迩的预言家约阿希姆之口说出了他想要说的维护英王理查一世的话，第三次十字军东征期间十字军所面临的主要对手萨拉丁被描述成末日启示中的恶魔邪灵。这种以《启示录》中的恶魔邪灵比拟那些与基督教王国相对立的异教统治者的做法是信奉末日启示神学的史

---

① 《圣经·启示录》2：1-6。

② 《圣经·启示录》17：10。

③ Roger of Hoveden, *The Annals of Roger de Hoveden*, Vol. Ⅱ, Henry Thomas Riley trans., London：H. G. Bohn, 1853, pp. 177-178.

④ Roger of Hoveden, *The Annals of Roger de Hoveden*, Vol. Ⅱ, Henry Thomas Riley trans., London：H. G. Bohn, 1853, p. 178.

⑤ Roger of Hoveden, *The Annals of Roger de Hoveden*, Vol. Ⅱ, Henry Thomas Riley trans., London：H. G. Bohn, 1853, p. 178.

家惯用的写作手法。后世西征欧洲的蒙古人和侵占东南欧的奥斯曼土耳其人都被比拟成恶魔邪灵，对于他们很快垮台的预测都与当时西欧国家仇恨穆斯林的宗教狂热情绪相关联。在预测中将英王理查一世称为上帝所属意的"众王之王"也是豪登的罗杰借约阿希姆之口为英王理查一世"贴金"、不恰当夸耀的行为。这种夸耀与后来的历史走向完全不符，英王理查一世并没有得到上帝的眷顾和基督教诸王的臣服。他回国途中先是被神圣罗马帝国奥地利公爵利奥波德五世俘虏，后来由英格兰贵族以高额赎金赎回。在他被俘期间，他的弟弟失地王约翰乘机发动叛乱，所幸被忠于理查一世的贵族和市民挫败。英王理查一世回国后虽然保住了英格兰王位，但是在法国的大片领地被法王腓力二世蚕食，在前赴法国大陆作战的过程中受箭伤身亡。

五　科格索尔的拉尔夫

　　科格索尔的拉尔夫是科格索尔修道院的院长，据记载曾因病辞去了修道院院长的职务，编写了《英吉利编年史》（*Chronicon Anglicanum*）。这部编年史从 1066 年一直叙述至 1223 年（或 1224 年），主要叙述了英王理查一世参与第三次十字军东征的历史以及他从圣地返程归国的波折经历。科格索尔的拉尔夫撰史时或许使用了理查一世身边的御前随行教士安瑟姆（Anselm）的口述材料。科格索尔的拉尔夫跟豪登的罗杰一样，叙述了英王理查一世在前往圣地途中拜访约阿希姆一事，认可约阿希姆"两约谐致"和"七封印"末日启示的神学理论。他对于埃及苏丹萨拉丁在基督教神学历史中的地位认知与约阿希姆大体相同，认为"基督教徒受到的第五次大迫害是由第五个异象和第五封印被开启导致的，我们生活时代中的萨拉丁及其继任者就是第五个封印，他们入侵了耶路撒冷并迫使圣母锡安（mother Syon，指属灵的神的王国，具体指十字军国家①）逃离了她的城市耶路撒冷——神圣十字架、城市、王国和基督徒的种种仪式、她在那些地方的一切荣耀都被劫夺了"。② 他根据"两约谐致"的理论，认为

---

① 十字军国家，指经由十字军东征而建立的拉丁国家。
② Ralph of Coggeshall, *Chronicon Anglicanum*, Joseph Stevenson ed., London: Longman, 1875, p. 68.

《旧约》中的帝国与君主同《新约》中的帝国与君主在神学历史地位方面是相似的，即耶路撒冷等同于罗马教会，巴比伦等同于罗马，撒玛利亚等同于君士坦丁堡，埃及等同于首都位于君士坦丁堡的拜占庭帝国。二者城市与城市、人民与人民、秩序与秩序、战争与战争，其发展趋势和命运都是大致相同的，罗马教会是新耶路撒冷，那么，《旧约》中新巴比伦王国国王尼布甲尼撒二世攻占耶路撒冷导致了"巴比伦之囚"，《新约》中由罗马教会收复的耶路撒冷被萨拉丁及其后继者攻占和占领也就是符合神意且顺理成章的必然宿命。科格索尔的拉尔夫使用约阿希姆的末日启示神学理论对于第三次十字军东征未能实现收复圣地的既定目标给予了看似"合理"的神学解释。关于"敌基督"的问题，拉尔夫认为它的崛起是基督徒所遭受的第六次大迫害，也是第六封印被开启的结果。拉尔夫没有把英格兰等西方国家的失败单纯看作伊斯兰国家强势崛起的产物，他从宗教灵性的角度追根溯源，提出无论是伊斯兰国家强势崛起攻占圣地还是"敌基督"崛起都是西方基督教国家犯有罪孽的必然结果。[①]

　　诺曼底王朝和安茹王朝英格兰末日启示神学的史学运用存在以下特点。第一，因为英格兰在历史、地理条件方面与西欧大陆存在很大的不同，所以，英格兰的神学家、史学家没有像神圣罗马帝国的神学家、史学家那样将同时代的母国帝（王）权作为罗马帝国权力转移的一个新阶段建构自己母国的帝王谱系与罗马帝国帝王谱系的联系。他们在叙史时回避了但以理梦幻启示，回避了"四大帝国"理论，没有絮叨罗马帝国、拜占庭帝国、加洛林帝国那些与英格兰王朝史并不相干的异域古史，但他们与西欧大陆的神学家、史学家一样秉持从神学历史的角度为母国王朝统治合法性提供论据。于是，有的史家如马尔默斯伯里的威廉强调英格兰王权转移自加洛林王朝；有的史家绕过罗马帝国；有的史家如蒙矛斯的杰弗里强调英格兰王权与罗马帝国的权力平行、平等，不列颠人和罗马人、法兰克人一样是特洛伊人的后代，英格兰是一个与罗马帝国平行的权力中心。他们的此种处理手法在理论的纵向时间上，理论适用的自洽性上观照不

---

①　Ralph of Coggeshall, *Chronicon Anglicanum*, Joseph Stevenson ed., London：Longman, 1875, pp. 68-70.

足，不如加洛林和神圣罗马帝国的神学家、史学家的"四大帝国"与"帝国权力转移"理论构建得那么完善、那么"自圆其说"。第二，由于英王狮心理查参与了第三次十字军东征并拜访了意大利末日启示神学家约阿希姆，由此，约阿希姆的末日启示论传入了英格兰，以豪登的罗杰、科格索尔的拉尔夫为代表的英格兰神学家、史学家受到约阿希姆末日启示神学观点的影响，在自己的史作中吸收了约阿希姆"两约谐致"和"七封印"的神学观点，把第三次十字军东征中英王狮心理查的主要对手埃及阿尤布王朝的苏丹萨拉丁解释成恶魔邪灵。

第五章

5~16世纪伊比利亚半岛末日启示神学的史学运用

第一节　西哥特王国末日启示神学的史学运用

3世纪以后，罗马帝国由鼎盛时期转入了危机阶段，内部统治腐败，统治阶级内部争权夺利的斗争持续不断，奴隶制也陷入了严重的危机，生产效率低下，反抗不断，部分奴隶主转而采用隶农制的生产方式。由于罗马人鄙视生产劳动和不愿参军，罗马帝国不得不借助北方蛮族日耳曼人的力量补充国家的劳动力和兵源，罗马军队进一步蛮族化，而北方日耳曼人因气候寒冷和人口增加的压力不断移入罗马帝国境内，这种移入随着罗马帝国的衰落，边境防卫空虚而变成了大规模的武装族群侵入，这就是西欧历史上著名的"日耳曼民族大迁徙"。"日耳曼民族大迁徙"波及了罗马帝国的各个行省，西部伊比利亚半岛的各个行省也未能例外。"日耳曼民族大迁徙"对于罗马帝国伊比利亚半岛各个行省的侵袭一共有两波。第一波是日耳曼族群中的阿兰人、汪达尔人和苏维汇人发动的。这三支日耳曼人对于伊比利亚半岛的侵袭发生在409~418年，他们翻越了比利牛斯山脉，摧毁了西罗马帝国在伊比利亚半岛大部分地区的统治机器并与西罗马反叛者皇帝马克西姆斯缔结了和约。他们对伊比利亚半岛实现了分割占领，阿兰人在今天葡萄牙中南部卢西塔尼亚行省建国，汪达尔人在今天西班牙南部的巴提尔行省建国，苏维汇人在今天西班牙的加利西亚地区建国。第二波侵袭是西哥特人发动的。西哥特人是哥特人的一支，据约尔达内斯《哥特史》的记载，他们原本定居于斯奇提亚靠近莫伊提斯大沼泽的地区，随后向东迁徙至莫伊西亚、色雷斯、达西亚一带，最终来到了本都北岸。在本都北岸地区生活的时候，哥特人的族群发生了分化，一支地理位置靠东，首领是奥斯特罗哥塔的哥特人被称作"东哥特人"，其余的哥特人则被相应地称为"西哥特人"。4 世纪时，在匈人西迁的压力下，东哥特人开始向西迁移，同时迫使西哥特人也向西迁移，最后西哥特人到达了多瑙河下游北岸地区的瓦拉几亚平原并请求南渡多瑙河进入罗马帝国的境内居住。罗马皇帝瓦伦斯为了解决帝国劳动力不足和征募蛮族士兵同意了西哥特人内附的请求，但内附后的西哥特人受到了罗马人残酷的统治和欺压。不堪忍受的西哥特人爆发了反罗马人的起义，并于 378 年在亚德里亚堡战役中重创了罗马军团，罗马皇帝瓦伦斯也在这次战役中毙命。接替瓦伦斯担任罗马皇帝的狄奥多西一改前任对待西哥特人的强硬政策，成功地招降了西哥特人并把他们与罗马士兵混编为同一支军队。然而，390年狄奥多西大帝崩逝，罗马帝国分裂为东罗马帝国和西罗马帝国。之后西哥特人与罗马人的关系再次恶化，双方兵戈再起，阿拉里克被推举为王。他之后率领西哥特人对东罗马帝国发动了侵袭，在接受了东罗马皇帝阿尔卡迪乌斯的贿赂后，转而把进攻的矛头对准了西罗马帝国，在多次进军意大利后终于在 410 年攻陷了"永恒之城"——罗马，但阿拉里克旋即于该年亡故。之后阿塔乌尔夫、塞格里克、瓦里亚相继被推举为王，瓦里亚与西罗马帝国缔结了同盟和约，协助西罗马帝国一同对付阿兰人和汪达尔人。416~417 年，瓦里亚率领西哥特人大举进攻伊比利亚半岛的阿兰人和汪达尔人，将他们驱逐出伊比利亚半岛。他们被迫跨海进入了北非，建立了汪达尔-阿兰王国。西哥特人在高卢南部和西班牙北部建立了西哥特王国。西哥特王国立国之初延续了与西罗马帝国同盟的关系并帮助西罗马帝国镇压奴隶、隶农起义。456 年，西哥特王国又对苏维汇王国发动了进攻，灭掉了苏维汇王国。476 年，西罗马帝国末代皇帝罗慕路斯·奥古斯都被日耳曼雇佣军首领奥多亚克废黜，西哥特王国彻底摆脱了罗马的影响，成了一个真正的独立王国，开启了西哥特王国对伊比利亚半岛长达两个半世纪的统治。从西哥特人闯入伊比利亚半岛到 711 年阿拉伯人征服西哥特王国，伊比利亚半岛的某些教会神学家把西哥特人对伊比利亚半岛的入侵和统治纳入基督教末日启示的理论框架，用神学理论解释这段历史。

一　伊达提乌斯的《编年史》

伊达提乌斯是西罗马帝国晚期、西哥特王国早期加利西亚行省阿奎弗莱维亚的主教，出生在公元400年前后的西罗马帝国伊比利亚地区，幼年曾随母亲赴圣地耶路撒冷朝圣，遇见过拉丁教父哲罗姆。417年，他加入了神职人员的行列，427年晋升为主教。伊达提乌斯生逢西罗马帝国晚期，当时苏维汇人等蛮族势力已经深入了伊比利亚半岛，西罗马帝国对伊比利亚半岛的控制已经似有似无，仅剩名义上的权力，苏维汇人与当地西班牙-罗马人之间矛盾尖锐，摩擦不断。当地的西班牙-罗马人缺乏有力的武力保护，于是遣派了一个代表团前赴意大利请求罗马将军埃提乌斯提供援助，伊达提乌斯是这个代表团的成员，是西罗马帝国在其西部伊比利亚诸行省的重要代表。关于伊达提乌斯的生平，载入史册的内容少之又少，仅知道他在主教任职期间曾联合其他主教发动了对基督教普利斯提安派异端的镇压并曾请求罗马教皇利奥一世在处理异端的问题上给予帮助和建议。460年伊达提乌斯因为卷入了当地的政治纷争，被敌人绑架并被监禁了一段时间。伊达提乌斯可能在468年或之后不久去世，因为他撰写的《编年史》在这一年突然中断了。

伊达提乌斯的《编年史》是一部续编，是对《哲罗姆编年史》的续写。编年史体裁是4世纪凯撒利亚的主教尤西比乌斯创立的，哲罗姆将尤西比乌斯的《编年史》由希腊文翻译成拉丁文后又将其续写至378年，伊达提乌斯在《哲罗姆编年史》的基础上继续写，从379年写至468年。伊达提乌斯的《编年史》是后世了解5世纪伊比利亚地区历史的重要史料。从伊达提乌斯的叙述情感来看，他的笔调充满了灰暗色彩，我们能够看出他信奉世界末日将会很快来临的末世论观念。不过，与这一时期的编年史家如塞维鲁（Severus）所认为的世界末日将在创世6000年到来的观点不同，伊达提乌斯认为世界末日将在482年5月到来，也就是在耶稣升天的450年后到来。他的依据是耶稣致使徒多马的信件，在这封信中耶稣向多马宣示了他复临人间的种种迹象和复临人间前七天的各种具体神迹。

伊达提乌斯晚年经历了西哥特人在伊比利亚半岛的扩张，如西哥特国王狄奥多里克二世在 456 年灭苏维汇王国，洗劫苏维汇人的首都布拉加这一历史事件，他的《编年史》也收录了这一事件。从立场上看，作为罗马人的伊达提乌斯站在了西罗马帝国的立场上，对于西哥特人的扩张采取了一种敌对的态度，他把西哥特人的入侵纳入末日启示论的框架中予以叙述，西哥特人的入侵和烧杀劫掠在他的《编年史》中被视为耶稣基督复临人间，世界末日来临前的一种征兆。伊达提乌斯身处末日启示论发展的早期，而且认为世界末日不久就会来临，因而他将外来入侵者纳入末日启示论框架中叙述的处理手法不像后世某些神学家、史学家那样概念化、理论化，但我们还是能够从他的某些描写中体会到这一点。基钦（Kitchen）认为伊达提乌斯的《编年史》的结构受到了《旧约·但以理书》第 11 章 "南方王和北方王" 的影响。① 西哥特国王阿索尔夫（Athaulf）迎娶了罗马皇帝狄奥多西一世的女儿安利亚·普莱西提阿（Aelia Placidia），伊达提乌斯认定罗马皇帝狄奥多西一世是《但以理书》第 11 章中的 "南方王"，西哥特国王阿索尔夫是 "北方王"，但以理曾经预示 "南方王的女儿必就了北方王来立约"②。伊达提乌斯在《编年史》中以圣经启示的论调叙述这件事："阿索尔夫在纳博讷迎娶了普莱西提阿，这件事应该被认定为但以理启示的应验，他说南方王的女儿与北方王联结在一起，他与她之间没有后裔子嗣留存下来。"③ 伊达提乌斯还将汪达尔国王盖萨里克认定为但以理启示中的 "北方王"，但以理曾经预示这位 "北方王" 兴兵亵渎圣地，除掉常献的燔祭……民间的智慧人必训诲多人，然而他们多日必倒在刀下，或被火烧，或被掳掠抢夺。④ 伊达提乌斯在《编年史》中将这则启示性的预示与汪达尔国王盖萨里克在北非迫害罗马派基督教教徒勾连在一起："傲慢自负而又不虔敬的国王盖萨里克（指汪达尔国王）将迦太基的

---

① T. E. Kitchen, "Apocalyptic Perceptions of the Roman Empire in the Fifth Century A. D," in V. Wieser et al., *Abendländische Apokalyptik. Kompeudium zur Genealogie der Endzeit, Kulturgeschichte der Apokalypse 1*, Berlin: Akademie, 2013, pp. 649-651.

② 《圣经·但以理书》11：60。

③ J. -P. Minge ed., *Patrologiae Cursus Completus: Sive Bibliotheca Universalis*, Vol. 51, Paris: Apud Editorem, 1846, vol. 877-878.

④ 《圣经·但以理书》11：33。

主教和教士从城市中驱逐了出去，根据但以理的启示，亵渎圣地的神职人员并将罗马派基督教会的教堂转交给阿里乌斯派。"① 从伊达提乌斯对于末日启示论的运用可以看出，他把西哥特人、汪达尔人这些侵入西罗马帝国伊比利亚地区的各路日耳曼蛮族人统统看作末日启示论中的"北方恶王"，究其原因是伊达提乌斯本人所秉持的宗教立场使然。当时侵入西罗马帝国伊比利亚半岛地区的西哥特人、汪达尔人都信奉阿里乌斯派，与伊达提乌斯本人信奉的罗马派基督教的宗教立场有所不同，所以他把西哥特人、汪达尔人看作宗教灵性世界中"恶势力"的象征和代表。随着西哥特人逐渐由阿里乌斯派宗教信仰转向罗马派基督教信仰，西哥特人与伊比利亚地区罗马人宗教方面的分歧和鸿沟渐次消弭。但是，西哥特王国神学家、史学家对于西哥特人宗教灵性上的这一看法并没有发生根本性的变化。

在西哥特王国统治的早期，教会神学家、史学家除了在编纂历史时运用到末日启示的神学理论外，还对饱含这一理论的《启示录》进行了注疏，其中最为著名的注疏作品是贝贾的阿普林吉乌斯的《〈启示录〉注疏》。《启示录》在古代晚期和中世纪早期的地中海西部地区，如伊比利亚半岛基督教会的礼仪中占有非常重要的地位。基督教传统认为《启示录》是使徒约翰被罗马皇帝图密善放逐至拔摩岛后将其所接获的异象书录而成的著述，《启示录》中的异象是上帝指示约翰并透过约翰指示基督徒们的"道"，它预示着未来历史发展的走势和趋向，因而在西哥特王国基督教会的礼仪中被吟诵。吟诵《启示录》的仪式通常在两个基督教宗教节日——复活节和五旬节之间的那段时间里所举行的莫萨拉布圣咏仪式中进行。由于宗教礼仪的需要，西哥特王国的基督徒更为深入、透彻地理解《启示录》，这可能是贝贾的阿普林吉乌斯对《启示录》进行注疏的原因之所在。关于贝贾的阿普林吉乌斯的生平，我们所知甚少，他的这部《〈启示录〉注疏》也仅有残篇留存至今。塞维利亚的伊西多尔曾在他的《论名人》中对贝贾的阿普林吉乌斯予以了简短的介绍：

---

① J. -P. Minge, *Patrologiae Cursus Completus: Sive Bibliotheca Universalis*, Vol. 51, Paris: Apud Editorem, 1846, vol. 881–882.

　　阿普林吉乌斯是帕克斯·朱利亚（Pax Iulia）教会的主教，他是一位善于言辞、富有学识的人。他阐释了使徒约翰的《启示录》，他的阐释含义清晰而简单，言辞清晰而平实，这一点他做得甚至比那些老一代的教会人士还要好。他还撰写了其他作品，但这些作品，我们无法通过自己的阅读而对它们有所了解。他在哥特人的国王狄乌蒂斯（Theudis）统治时期非常活跃。①

贝贾的阿普林吉乌斯的《〈启示录〉注疏》虽然仅有残篇存世，但它在基督教宗教典籍中的地位却颇为重要，费罗汀（Férotin）对于贝贾的阿普林吉乌斯的《〈启示录〉注疏》的重要地位曾经予以了简要的说明：

　　阿普林吉乌斯于6世纪上半叶注疏了约翰的《启示录》，在圣利安德（Leander）和圣伊西多尔生活的时代之前，随着蛮族的大举入侵，整个［伊比利亚］半岛的基督教文化作品特别稀少。因此，在某种程度上，他的作品有助于填补这一时期令人遗憾的空白。我们必须补充的是，这位贝贾的天主教会的主教生活在信奉阿里乌斯派的西哥特国王的统治之下，在我们看来，这一情况可以解释他为何选择这些神圣的经典作为其注疏的文书。②

贝贾的阿普林吉乌斯本人是信奉罗马正统教派的基督徒，而当时的西哥特国王狄乌蒂斯信奉阿里乌斯派，不过，这位西哥特国王并没有对罗马正统教派的基督徒进行过宗教迫害，贝贾的阿普林吉乌斯在他的《〈启示录〉注疏》中也没有对阿里乌斯派异端的观点进行批驳，这种现象反映了西哥特王国时期的宗教现实——尽管西哥特王国内部存在着信仰的歧见，但这种歧见并不是十分尖锐和激化。

西哥特人原本信奉基督教中的异端教派阿里乌斯派，但跟北非的汪达

---

① Michael A. Ryan, *A Companion to the Premodern Apocalypse*, Leiden: Brill, 2016, pp. 118–119.

② Thomas C. Oden and Gerald L. Bray eds., *Victorinus of Petovium, Apringius of Beja, Caesarius of Arles, Bede the Venerable*, Illinois: The Intervarsity Press, 2011, p. xxvii.

尔王国不同，西哥特王国的罗马派跟阿里乌斯派之间没有发生过大规模的宗教冲突，信奉阿里乌斯派的西哥特国王也没有长期迫害罗马派基督徒和教士。但是阿里乌斯派与罗马派基督徒之间的差异和分裂影响了西哥特教会的分裂，教会和世俗贵族是西哥特国王实行统治的两大支柱。西哥特国王也希望能够结束阿里乌斯派与罗马派基督徒之间的分裂，消弭西哥特人与罗马人之间的矛盾，通过教会组织的统一来加强中央集权化的世俗王权的权威。587年，西哥特国王雷卡里德改宗罗马派基督教，589年召开的第三次托莱多主教会议决定吸收阿里乌斯派主教教区及其教士进入罗马派教会中。590年，西哥特人的阿里乌斯派主教及其平民支持者的最后一次反叛也被镇压，自此之后，西哥特王国基督教分裂的局面结束了。西哥特王国基督教分裂局面的结束促使西哥特王国的罗马人和西哥特人进一步融合，不过，西哥特人在教会神学家、史学家作品中的形象并未随之大为改观。从宗教灵性的视角审视，西哥特人仍然是邪恶势力的代表和化身，西哥特人对于伊比利亚半岛的征服和占领是合乎上帝意志的事情。这种观念突出表现在塞维利亚主教伊西多尔的史学作品中。

二　塞维利亚的伊西多尔的《编年史》

伊西多尔是西哥特王国时期塞维利亚主教、圣徒，是一位百科全书式的学者，他出身于贵族家庭，其兄林德在担任塞维利亚主教期间对于西哥特国王皈依罗马派基督教会发挥了重要的作用，伊西多尔接替其兄长的职位后曾以主席的身份主持召开了著名的第四次托莱多主教会议。这次会议通过了一系列重要的决定，其中包括统一各地区的教仪；每个教区都必须设立一所学校，以培养神职人员；等等。伊西多尔著述颇丰，其中大部分是神学著作，影响最大的三部著作是《哥特人、汪达尔人和苏维汇人史》、《辞源》和《编年史》。

伊西多尔的《哥特人、汪达尔人和苏维汇人史》和他的《编年史》的共同特点是将西哥特王国的历史纳入了基督教会神定的历史，把蛮族的西哥特王国设定为在尘世中实现上帝意志，为上帝所选中的工具。他的《哥特人、汪达尔人和苏维埃人史》以比克拉尔的约翰的《编年史》为主要史料来源，但伊西多尔对于罗马与蛮族究竟何为正统的认知与比克拉尔的约翰有着本质的不同。比克拉尔的约翰虽然是西哥特人，但他长期在拜占庭帝国首都君士坦丁堡生活，后来比克拉尔的约翰返回了故乡西哥特王国，一度被指控充当了拜占庭帝国的间谍而被囚禁于巴塞罗那。比克拉尔的约翰的《编年史》从 565 年查士丁尼大帝崩逝开始叙述。在《编年史》的前半段，由于比克拉尔的约翰长期生活在君士坦丁堡，他的《编年史》的主旨线索也围绕拜占庭帝国的历史而展开。在罗马与蛮族究竟何为正统的认知方面，比克拉尔显然秉持传统的观点，把罗马帝国在东部地区的继承者拜占庭帝国视为了地中海世界的正统政权。他在《编年史》中采用拜占庭皇帝的年号标识历史事件的年代。伊西多尔虽然采用比克拉尔的约翰的《编年史》作为自己撰史的主要材料来源，但他在对待拜占庭帝国和西哥特王国的立场、态度上却有着非常大的差异。他的《哥特人、汪达尔人和苏维埃人史》在比克拉尔的约翰的《编年史》的基础上做了相应的改动，他以西哥特人君主制度的胜利、入侵西哥特王国的拜占庭人遭受失败并被驱逐、雷卡里德成为皈依基督教罗马派的新君主此类倾向于西哥特王国的内容结束了他的《哥特人、汪达尔人和苏维汇人史》。

塞维利亚的伊西多尔在他的《哥特人、汪达尔人和苏维汇人史》中援引末日启示神学中"歌革和玛各"的神学预示。"歌革和玛各"的神学预示源自《旧约·以西结书》。《旧约·以西结书》第 38、39 章中说，"歌革"是几个民族的王，将会在世界末日之时率领多国军兵自北方极处杀向以色列，而耶和华将显示力量打败"歌革"并埋葬他，在这里"玛各"被视为"歌革"的居住地。塞维利亚的伊西多尔从声韵学的角度，把哥特人视为"玛各"的化身，认为哥特人对于罗马帝国的入侵和征服之所以能够成功正是源于上帝的此种安排，在人类尘世中的最后一个帝国——罗马帝国灭亡前，一定会出现象征着"歌革和玛各"的邪恶力量，它会灭掉罗马帝国，但耶稣基督会将这一邪恶势力彻底摧毁，人类将会进入耶稣为王的"千年王国"。塞维利亚的伊西多尔的有关叙述如下：

可以肯定的是，哥特人是一个非常古老的民族。从最后一个音节的相似性推测，他们的民族起源于雅弗的儿子玛各，他们认为这一观点主要源于先知以西结的作品。然而，以前那些有学问的人习惯称呼他们为"盖塔"（Getae），而不是"歌革和玛各"。他们的名字在我们的语言中被解释为"被保护"（tecti），这意味着力量；确实是事实，因为世界上还没有任何一个民族能够对罗马政权造成如此大的折磨。因为他们是连亚历山大都曾宣称不得不躲避的民族。①

塞维利亚的伊西多尔此处援引和比附的引申之意在于表明西哥特人人侵罗马帝国统治下的伊比利亚地区并成功地取代了罗马人对于该地区的统治是神意安排的结果。也就是说，西哥特王国的统治具有神圣的合法性，西哥特人是神学设定中的"歌革和玛各"，所以勇猛无比，无人可敌，连尘世中最大的帝国罗马帝国也不是他们的对手，被他们所征服，但即使再强大的民族，也不是耶稣基督的对手，他们终将会被复临人间的耶稣基督所打败。这种阐释表明塞尔维亚的伊西多尔在某种程度上承认了西哥特政权统治伊比利亚地区的合法性。塞维利亚的伊西多尔的《哥特人、汪达尔人和苏维汇人史》虽然以比克拉尔的约翰的《编年史》为主要的史料来源，但在尘世中究竟哪一个世俗帝国是上帝所属意的问题上与之意见相左。比克拉尔的约翰仍旧未能彻底摆脱拜占庭帝国为正统帝国的传统观念，在记叙拜占庭帝国与西哥特王国的战争时，似乎并未明显地"选边站队"，他在《编年史》中对西哥特抑或拜占庭对于对手的军事胜利都予以了同等程度的描述。塞维利亚的伊西多尔彻底改变了比克拉尔的约翰的拜占庭帝国仍旧是尘世中的正统帝国的观念，庆贺帝国权力已经从罗马转移至伊比利亚半岛并将西哥特人作为一个通过征服了罗马帝国且继承这一帝国荣耀的，得以占据欧洲政治版图中心位置的民族加以介绍。伊西多尔是这样评论此种"帝国权力转移"的："被征服的罗马士兵是哥特人的仆人，在他看来，如此之多的民族，连同西班牙本身都在为哥特人服务。"②

① Isidore of Seville, *Isidore of Seville's History of the Goths, Vandals, and Suevi*, G. Donin - G. B. Ford trans., Leiden: Brill, 1966, p. 3.
② Isidore of Seville, *Isidore of Seville's History of the Goths, Vandals, and Suevi*, G. Donin - G. B. Ford trans., Leiden: Brill, 1966, p. 33.

伊西多尔把此前哥特人在军事上所取得的种种胜利归功于他们在宗教上所占有的优势，他们能够战胜汪达尔人、巴斯克人、罗马人、拜占庭人、高卢人和法兰克人是上帝神定安排的结果。与那些已经灭亡的异教国家相比，西哥特王国凭借其政治和宗教上的统一性，被伊西多尔认定为注定将会持续至世界的末日。亚述、波斯、马其顿-希腊和罗马构成了末日启示论中"四大帝国"前后相继的帝国序列，伊西多尔虽然没有明确提出西哥特王国是继"四大帝国"之后上帝所属意的"第五大帝国"，但隐含地表达了自己的这种观点和倾向——西哥特王国是继罗马帝国之后统治伊比利亚半岛的、上帝所属意的王国，也是世界末日来临前统治伊比利亚半岛地区的最后一个世俗政权。伊西多尔认为西哥特王国之所以能够取得如此的地位，是因为它在政治和宗教两方面取得了统一，尤其是结束了罗马派和阿里乌斯派之间的分裂。他从扩张（dilatare）和崇敬（sublimare）两个维度阐释西哥特王国上帝所属意的"神定王国"的特质，为此，他赞扬了西哥特王国父子两位国王莱奥维吉尔德和雷卡里德：

> 后者（莱奥维吉尔德）没有宗教信仰，非常热衷于战争，而雷卡里德则在信仰上非常虔诚，他因热爱和平而闻名；他的父亲通过战争的技艺扩大了国家的统治，而他则以更大的荣耀，即凭依信仰的胜利提升了这一国家。①

伊西多尔虽然认定西哥特王国是继罗马帝国之后统治伊比利亚半岛的、上帝所属意的王国，也是世界末日来临前统治伊比利亚半岛地区的最后一个世俗政权，但他并没有将西哥特王国认定为继罗马帝国之后接续"四大帝国"之后的统治世界的"第五大帝国"，或许是因为伊西多尔对于西哥特王国统治的"地方性"有着较为清醒的认知。西哥特王国所在的地域和统治范围就当时的西方世界而言，实在难以称得上是什么世界性

---

① Isidore of Seville, *Isidore of Seville's History of the Goths, Vandals, and Suevi*, G. Donin - G. B. Ford trans., Leiden: Brill, 1966, p. 25.

的大帝国,如果硬要强行拔高的话恐怕也无人相信。对于西哥特王国在西方世界中的偏狭地位,伊西多尔在他的《辞源》中指出"西班牙位于西方世界的边缘","它是最为外围的国家了,在它以外再无其他的土地了"。①

西哥特王国统治伊比利亚地区的这种合法性只是末日来临前上帝的一个安排,具有暂时性,终将被耶稣为王的"千年王国"所取代。塞维利亚的伊西多尔虽然曾主持第四次托莱多主教会议并为西哥特国王所倚重,但他对于西哥特政权的态度仍旧从属于"一切世俗政权皆为过眼云烟""耶稣为王的千年王国终将建立"等基督教神学理念。这也表明塞维利亚的伊西多尔等中世纪早期思想家秉持世界末日的来临已经为时不远了的观念。

托莱多主教朱利安与塞维利亚的伊西多尔秉持着类似的观念,即西哥特王国取代罗马帝国在伊比利亚地区的统治是合乎神意的事情。他在其所撰写的《瓦慕巴国王史》中把西哥特国王瓦慕巴奉为上帝拣选并遣派下界拯救伊比利亚地区,使之在政治和宗教方面统一的神命国王。朱利安对于瓦慕巴的叙述存在直接、间接两条线索,直接线索叙述瓦慕巴的政治事迹,间接线索叙述瓦慕巴统一伊比利亚地区政治和宗教方面属于上帝神定计划的一部分,即把对于历史事件的叙述作为了构建某种政治宗教框架的铺垫。② 不过,托莱多主教朱利安比塞维利亚的伊西多尔走得更远。伊西多尔虽然认定西哥特王国统治伊比利亚地区的神定合法性,但认为这种神定合法性仅具有"地方性"的特质,而不具备"世界性"的含义。相比之下,朱利安则加倍抬高了西哥特王国的这种神命霸权,认为托莱多是"新罗马",西哥特王国将取代罗马帝国并将帝国的轴心向西移动,彻底取代东方拜占庭帝国的地位。西哥特国王是整个基督教世界(包括拉丁语言区和希腊语言区)新的意识形态、政治及宗教领袖。③ 朱利安背弃了

---

① Isidorus(Hispalensis.), *Etimologie o Origini: Libri XⅢ-XX*, Turin: UTET, 2004, p. 94.

② Saint Julianus(Bishop of Toledo), *Ancient Christian Writers: The Works of the Fathers in Translation*, Tommaso Stancati eds. and trans., New York: Newman Press, 2010, p. 249.

③ Saint Julianus(Bishop of Toledo), *Ancient Christian Writers: The Works of the Fathers in Translation*, Tommaso Stancati eds. and trans., New York: Newman Press, 2010, p. 249.

伊西多尔所认为的——西哥特王国处于世界边缘、外围地带的地理学认知，认为西哥特王国位于世界之中，北方的法兰克-高卢地区是西哥特王国的外围，并称高卢为叛乱的省份，是"大地最后的角落"。[①]

塞维利亚的伊西多尔、托莱多主教朱利安想通过上述种种神学构建巩固西哥特国王在伊比利亚地区的统治，但由于长久以来，贵族、教会选王制的运行严重影响了西哥特王权的强大，他们的努力并未收获持久性的成效。7世纪晚期，西哥特王国大贵族势力横行，以托莱多大主教为首的教会贵族也掌握了很大的权力，在一定程度上影响了王权对于国内政治势力的整合和各种资源的统一调配，使西哥特王国的军事力量如同一盘散沙，无力抵御来自北非穆斯林的入侵。西哥特王国这个被伊比利亚地区教父们认定的无比强大的神命王国这次并未得到上帝的佑助，它被穆斯林亡了国。伊比利亚半岛由此进入了伊斯兰教和基督教两教势力南北对峙的新的历史时期，这种新变革又促使了伊比利亚半岛的教父们为适应新环境而相应地调整末日启示神学的史学运用，书写新的神学历史。

第二节　阿斯图里亚斯和安德鲁斯末日启示神学的史学运用

711年，北非的摩尔人征服了西哥特王国，开启了穆斯林对半岛长达700年的统治，原先的基督徒逃入了北部山区，建立了一系列基督教小王国。自此之后直至1492年，伊比利亚半岛一直处于南北文明分裂的状态。半岛北部是一系列基督教小王国，最初的基督教王国是阿斯图里亚斯王国和纳瓦拉王国。后来阿斯图里亚斯王国"一分为三"，分别是加利西亚王国、阿斯图里亚斯王国和卡斯蒂利亚-莱昂王国。卡斯蒂利亚-莱昂王国合并了加利西亚王国和阿斯图里亚斯王国，但分裂出葡萄牙王国。纳瓦拉王国演化成阿拉贡王国，构成了伊比利亚半岛葡萄牙王国、卡斯蒂利亚-莱昂王国和阿拉贡王国三个基督教王国长期分立的局面。1469年，卡斯

---

① Julian of Toledo, *The Story of Wamba: Julian of Toledo's Historia Wambae Regis*, Joaquín Martínez Pizarro trans., Washington, D. C.: The Catholic University of America Press, 2005, p. 127.

蒂利亚王国的公主伊莎贝拉与阿拉贡王国的王子斐迪南结婚，卡斯蒂利亚和阿拉贡两个王国走向了合并统一的道路，由此形成了西班牙王国。伊莎贝拉和斐迪南成了西班牙王国的"天主教双王"。1492年西班牙征服了伊比利亚半岛最后一个伊斯兰政权——格兰纳达王国的纳赛尔王朝，胜利结束了长达7个多世纪从穆斯林手中收复故土的"再征服运动"。在这700多年间，伊比利亚半岛南部地区是信奉伊斯兰教的穆斯林的统治区，进入伊比利亚半岛的穆斯林在与北部的基督徒不断争斗的同时，内部也时常发生分裂、政变、内讧等动乱事件。在宗教方面，伊斯兰政权对于整个社会伊斯兰教化的程度既不深入，也不广泛，它们的伊斯兰政策颇为温和，允许治下的基督徒和犹太人在缴纳特别税的前提下保留原有的宗教信仰，这为日后西班牙王国在胜利结束"再征服运动"后的"去伊斯兰化"运动的实施创造了条件。

阿斯图里亚斯王国是711年穆斯林入侵并征服西哥特王国后伊比利亚半岛建立的第一个基督教王国，它的创立者是西哥特贵族佩拉约。穆斯林入侵后，一部分西哥特贵族逃亡到半岛北部的山区，由于入侵的穆斯林人数有限和不久之后内部发生动乱而无力进一步向北拓展势力，逃亡的西哥特人得以依靠北部山区的有利地势站稳了脚跟并建立了自己的基督教王国。718年，逃亡的西哥特贵族在坎加斯·德奥尼斯召开了代表大会，推举佩拉约为阿斯图里亚斯王国的国王并定都于坎加斯·德奥尼斯，后迁都至奥维多。阿斯图里亚斯王国建国不久就开展了向穆斯林收复失地的"再征服运动"。718年佩拉约在科瓦东加战役中击败了穆斯林军队被认为是"再征服运动"的起点。然而，在阿斯图里亚斯王国立国的早期，无论国家体量还是军事实力，优势都在穆斯林一边，所以阿斯图里亚斯王国的历代国王虽然积极抵抗，但在与穆斯林的战斗中败多胜少，阿斯图里亚斯王国只能龟缩在北部山区的一隅。直至奥多尼奥一世及其子阿方索三世在位期间，由于穆斯林内讧以及治下的基督徒和犹太人不断造反，阿斯图里亚斯王国在与穆斯林对抗中的不利态势方才发生了根本性的逆转。阿方索三世先后发动两轮大规模南下的军事行动，取得了一连串的军事胜利，成功地把阿斯图里亚斯王国控制的疆域扩展到杜埃罗河，阿斯图里亚斯王国成了当时伊比利亚半岛上最强大的国家，阿方索三世的赫赫战功为他自己赢得了"大帝"的称号。① 阿斯图里亚斯王国与异教的穆斯林展开了长期的战争。在这种好战的基督教意识形态的作用下,阿斯图里亚斯王国的神学家、史学家充分地利用了基督教末日启示神学中的若干命题解释阿斯图里亚斯王国与穆斯林的战争。这种解释既观照了过往的历史,如穆罕默德在神学历史中的地位和西哥特王国为何被穆斯林所灭,又回答了现实中的历史——穆斯林象征着《启示录》中的何种神学比拟,最后也预示了未来的战争结局——阿斯图里亚斯国王们将最终战胜穆斯林,一定会代替穆斯林控制整个伊比利亚半岛并迎来一个和平、富足的新时代。这种解释是一个以阿斯图里亚斯王国为中心的基督教历史神学观念,其中充斥着《启示录》中的种种异象,同时又赋予了阿斯图里亚斯王国一项神圣的历史使命,赋予了阿斯图里亚斯国王一个符合神意的救世主的角色,而阿斯图里亚斯的基督徒则与《圣经》中的以色列人一样是上帝的选民。

一 《754 年编年史》

《754 年编年史》又被称为《莫拉扎比编年史》(*Mozarabic Chronicle*),作者为安德鲁斯地区的一位匿名的基督徒编年史家,这位匿名作者生活在阿拉伯穆斯林政权的统治下,记载了从 610 年至 754 年的历史。因记载时间截至 754 年,这部编年史得名为《754 年编年史》。尽管这位匿名的编年史家没有在篇章结构上以"四大帝国"或"六个时代"一类较为明显、程式化的方式表达自己按照末日启示神学理论建构这部编年史的用意,但如果我们仔细分析这部编年史的细微之处,尤其是最后结论部分有关年代换算的细微之处并稍加推理的话,便会得出这位匿名的编年史家仍旧奉行末日启示的神学理论并将这种神学理论运用到他所想要向读者们宣达的政治用意——伊比利亚半岛上的伊斯兰政权终将被上帝所抛弃。这位匿名的编年史家认为一切历史都是上帝的安排,包括阿拉伯人对伊比利亚半岛的征服都是神意安排的结果,他将穆斯林占据西班牙与《圣经》中五次重大陷落性的事件相提并论。这五次陷落性的事件是人类始祖亚当的堕落、特洛伊

---

① 关于阿斯图里亚斯王国立国后与穆斯林征战的情况,参见赵卓煜《西班牙史话》,中国书籍出版社,2015,第 58~60 页。

城的陷落、耶路撒冷城的陷落、巴比伦城的陷落、罗马城的陷落：

> 谁能描述这样的危险？谁能列举出这样的悲惨灾害？即使每一种肢体都变成了舌头（也形容不出来），描述西班牙的毁灭超出了人类能力所及的范围，其中有着太多巨大的邪恶。尽管是这样，还是允许我用一页纸的简短篇幅努力为读者总结这一切吧。先撇开这些数不清的灾难不谈，自亚当以来，不洁的世界造成了无数地区和城市的灾难——特洛伊城市的陷落，如先知所预知的耶路撒冷的蒙难，如《圣经》所述巴比伦所遭受的；最后罗马的殉难蒙受了使徒们高贵的恩典——诸如此类西班牙承受了更多，曾经是如此的令人愉悦，现在却变得如此悲惨，承受这一切既包括了荣耀也包括了耻辱。①

至于世界末日何时来临的问题，《754年编年史》的匿名史家虽然遵循了奥古斯丁世界末日来临的时间无法预知的观点，但是在这部编年史的结尾之处间接向读者们透露了世界末日将在基督纪元800年来临的信息：

> 自从世界初始至792年（基督纪元754年）已经5954年了，现在已经是君士坦丁皇帝的第10年，西班牙土地上的优素福、埃米尔阿卜杜拉、阿尔穆明尼姆的第4年，阿拉伯人的第136年。如果你愿意的话，你可以依照某些史家所不懈强调的纪元方法折算这4个年份，奥克塔维安统治的第56年是世界纪元的第5210年，基督出生在奥克塔维安统治的42年……如果我们想要确定从世界初始至基督诞生的年代，可以根据《旧约》七十士译本以及某些民族史著述，我们将会发现自亚当至基督已经过去了5200年；除此之外，根据某些撰写世界年表的史家的著述予以确定。②

---

① Kenneth Baxter Wolf, *Conquerors and Chroniclers of Early Medieval Spain*, Liverpool：The Liverpool University Press, 1990, p. 108.

② Kenneth Baxter Wolf, *Conquerors and Chroniclers of Early Medieval Spain*, Liverpool：The Liverpool University Press, 1990, pp. 127-128.

《754 年编年史》的匿名史家认为亚当至基督诞生已经过了 5200 年，那么根据世界年龄为 6000 年的观点计算，则世界末日将在基督纪元的 800 年出现。作者认为自己生活在世界第六个时代的末期，即将进入的是耶稣基督复临人间后基督为王的"千年王国"。依照基督教末世论的说法，主基督复临人间之前，尘世中将会出现冒充基督的假先知（敌基督）。《754 年编年史》的匿名史家记载了 759 年（基督纪元 721 年）一位犹太人假先知的故事，假先知的出现表明耶稣复临人间的日子已经不远了。《754 年编年史》的匿名史家于 754 年搁笔，依照他的末日启示论暗示，西班牙半岛上的伊斯兰政权的国祚将只能再持续 40 多年。

二　黎巴纳的比阿图斯的《〈启示录〉注疏》

黎巴纳的比阿图斯是阿斯图里亚斯坎塔布里亚公爵领的神学家。他出生在科尔多瓦不远处，是西班牙异端教派"嗣子说派"（Adoptionist）的坚定反对者，托莱多主教埃利潘都斯、乌戈尔主教费利克斯都是这一异端教派的代表人物。比阿图斯以泰哥尼乌斯已经散佚的《〈启示录〉注疏》、彼他的维克托里乌斯的《〈启示录〉注疏》、贝贾的阿普林吉乌斯的《〈启示录〉注疏》为底本，连同奥古斯丁、哲罗姆、大格雷戈里和伊西多尔的著作片段撰写了自己的《〈启示录〉注疏》。① 比阿图斯将自己的这部注疏称为"图书馆的钥匙"，涉及主题范围颇为广泛，包括上帝的本质、"三位一体"、基督、圣母玛利亚、教会学、罪的本质、悔过和救赎，他在处理这些主题时较为随意，缺乏系统的顺序排列而且絮叨重复颇多。路西·K. 皮克（Lucy K. Pick）认为比阿图斯以泰哥尼乌斯的《〈启示录〉注疏》为底本，故而他对于《启示录》的看法也受到了泰哥尼乌斯的影响，他延续了泰哥尼乌斯和奥古斯丁的传统，把《启示录》看作一部个人的著作，而不是一部普遍、宣讲人类灵魂救赎经验教训的著作，也不是一部影射未来即将发生的历史事件的政治书。皮克认为正是由于比阿图斯对于《启示录》性质的这一认定才使得他在对《启示录》予以注疏

---

① Simon Barton, Robert Portass, *Beyond the Reconquista: New Directions in the History of Medieval Iberia* (*711-1085*), Leiden: Brill, p. 263.

时没有过多地与穆斯林在西班牙存在的这一历史事实相联系。① 比阿图斯的《〈启示录〉注疏》虽然在很多方面取法于前人，但他对于世界年龄，也就是表示年代顺序的年表也有新的创意。他将所有年份都转化为西班牙纪元，在他的《〈启示录〉注疏》第四卷，他猜测了创世纪元第6000年的来临，这一年份是第六个时代结束和世界末日来临的先兆。比阿图斯认为创世纪之后的第6000年是西班牙纪元的838年，而这一年是世界末日来临的年份。如果按照西班牙纪元与基督纪元之间的换算方法是（838-38=800），基督纪元的800年是西班牙纪元的838年，比阿图斯的这种推测结果与法兰克-加洛林神学家、史学家的推测结果相互耦合。尽管比阿图斯对于世界末日来临的年份进行了猜测，但颇为吊诡的是，他又是奥古斯丁反对预测世界末日具体哪年来临这一观点的提倡者，他劝导基督教们不要预测世界末日何时来临，唯有上帝能够决定它会何时来临，他要求基督徒们把世界末日来临前剩余的时间当作仅剩一个小时来对待，终日早晚忏悔祷告。与奥古斯丁将世界分为"尘世之城"和"上帝之城"两部分的划分方法不同，比阿图斯遵从了泰哥尼乌斯的划分方法，将世界分为两部分——教会和尘世中的王国，教会本身又分裂为虔信者和邪神恶灵的追随者（包括假先知、异端和分裂教会分子）。比阿图斯的《〈启示录〉注疏》虽然没有直接通过文字的形式表达对西班牙伊斯兰政权的敌对，但它通过图像的形式表达了阿斯图里亚斯国王必将摧毁伊斯兰政权的神定宿命。在比阿图斯的《〈启示录〉注疏》中有一幅天国耶路撒冷图，上帝的羔羊（主耶稣）背负着等同于武器的十字架。

三　《先知编年史》

《先知编年史》是883年4月由一位与阿斯图里亚斯王国阿方索三世国王关系十分密切的匿名基督教史家撰写的编年史书。该书使用"西班牙纪元"，以先知以西结口谕的方式揭示了未来伊比利亚半岛历史的发展走向。该书共分为六部分：第一部分为"我们在《先知书》中找到的先

---

① Simon Barton, Robert Portass, *Beyond the Reconquista: New Directions in the History of Medieval Iberia (711-1085)*, Leiden: Brill, p.263.

知以西结语录"，第二部分为"萨拉森人谱系"，第三部分为"穆罕默德的历史"，第四部分为"萨拉森人入侵西班牙的缘由"，第五部分为"生活在西班牙城市中的哥特人"，第六部分为"以实玛利倭马亚王朝开始统治西班牙的历代诸王"。作者以先知以西结预言的形式表达了自己的政治愿景——阿斯图里亚斯王国的军队将很快把阿拉伯人驱逐出伊比利亚半岛，阿方索三世是世界末日前驱逐邪恶势力的世俗君王。《先知编年史》的匿名作者以一个世界末日启示的理论框架——"歌革和玛各"的理论来解释阿拉伯人对于西哥特王国的成功征服以及阿拉伯人的统治不会长久的未来启示，阿拉伯人的统治将在他们统治的第 170 年被阿斯图里亚斯王国所推翻。"歌革和玛各"的理论源于《以西结书》和《启示录》，不过《以西结书》和《启示录》中有关"歌革和玛各"的神学设定并不全然相同。在《旧约·以西结书》第 38、39 章中说"歌革"是几个民族的王，将会在世界末日之时率领多国军兵自北方极处杀向以色列，而耶和华将显示力量打败"歌革"并埋葬他，在这里"玛各"被视为歌革的居住地。《启示录》第 20 章则说"歌革和玛各"是两个臣服于撒旦、在世界末日时分召集各种邪恶力量争战的人，撒旦迷惑"歌革和玛各"掀起了战争，使天下不得安宁，他们人数众多，蜂拥而上，上帝于是降天火烧死了他们，而迷惑他们的撒旦也被上帝丢进了充满硫磺的火湖里昼夜受苦。《先知编年史》中有关先知以西结对于伊比利亚半岛历史的总结和预言显然兼顾了上述两方面的神学设定，他把哥特人理解成《圣经》中的歌革，"'歌革'代表了所有的哥特族群……他们来自'玛各'……雅弗的儿子被认为是最为古老的哥特族群，他们起源于'玛各'，他们的名字'歌革'（哥特）与他们的起源地'玛各'最后的音节类似"。先知对以实玛利（阿拉伯人的祖先）① 说："你将要踏足歌革的土地并用你的剑杀死歌革使他们成为奴隶并向你称藩纳贡（tributaries）。"② "'歌革'的土地指

---

① Anonymous, "Chronica Prophetica," in Kenneth Baxter Wolf trans., *Medieval Texts in Translation*, 2008, https://scholarship.claremont.edu/cgi/viewcontent.cgi? article = 1046&context = pomona_fac_pub.

② Anonymous, "Chronica Prophetica," in Kenneth Baxter Wolf trans., *Medieval Texts in Translation*, 2008, https://scholarship.claremont.edu/cgi/viewcontent.cgi? article = 1046&context = pomona_fac_pub.

的是哥特人统治下的西班牙，由于哥特人的罪孽，以实玛利人将进入他们的土地并用剑砍杀他们，使他们称藩纳贡，正如目前所展现的那样。"①《先知编年史》的匿名作者认为，阿拉伯人由于背弃了上帝，同样有罪，他们也不是上帝眷顾属意的族群，故而依照上帝的神意，阿拉伯人对于伊比利亚半岛的统治也不会长久。先知同样对以实玛利人说："因为你们也背弃了你们的主上帝，我将要抛弃你们并使你们在'歌革'的手中屈服，你们和你们的所有族群都将成为'歌革'剑下的牺牲品。你们使他们蒙受了170年的痛苦，他们也将还给你们170年的痛苦，亦如你们所施加给他们的那样。"②《先知编年史》的匿名作者通过时间的计算，认为阿拉伯人被"歌革"再征服的时间节点将会落在阿斯图里亚斯王国国王阿方索三世统治时期。这位匿名作者认为萨拉森人入侵西班牙的时间发生在西班牙纪元752年，170年之后正好是西班牙纪元的921年，也是阿方索三世在奥维多实行统治的第17年。③ 这一时间点刚好与《先知编年史》的匿名作者撰写这部编年史的时间相重合，这一时间上的重合表明这位匿名作者认为阿方索三世再征服的时间即将临近："基督是我们的希望，在不久的将来，170年已经过去了，敌人的勇敢不复存在并且和平将会被赐予基督的神圣教会。萨拉森人自身通过星象的奇迹和迹象已预感到他们的毁灭即将迫近，并且已言说哥特人的王国将会被我们现在的君主恢复。而且，我们的这位君主，光荣、伟大的阿方索，被种种启示和许多基督徒的证明所预示在不久的将来，几乎统治了整个西班牙。"④《先知编年史》的匿名作者把伊斯兰教的创始人穆罕默德称呼为"异教的头子"，把阿方

---

① Anonymous, "Chronica Prophetica," in Kenneth Baxter Wolf trans., *Medieval Texts in Translation*, 2008, https：//scholarship. claremont. edu/cgi/viewcontent. cgi? article = 1046&context = pomona_ fac_ pub.

② Anonymous, "Chronica Prophetica," in Kenneth Baxter Wolf trans., *Medieval Texts in Translation*, 2008, https：//scholarship. claremont. edu/cgi/viewcontent. cgi? article = 1046&context = pomona_ fac_ pub.

③ Anonymous, "Chronica Prophetica," in Kenneth Baxter Wolf trans., *Medieval Texts in Translation*, 2008, https：//scholarship. claremont. edu/cgi/viewcontent. cgi? article = 1046&context = pomona_ fac_ pub.

④ Anonymous, "Chronica Prophetica," in Kenneth Baxter Wolf trans., *Medieval Texts in Translation*, 2008, https：//scholarship. claremont. edu/cgi/viewcontent. cgi? article = 1046&context = pomona_ fac_ pub.

索三世与伊比利亚半岛南部伊斯兰政权之间的争斗看作世界末日来临之前的善恶对决，随着基督徒的胜利，耶稣也将复临人间实行永远的统治："万能的上帝授意了此种发展，正如不洁的尘世值得他拿他儿子的血从恶魔的权势中救赎出来那样，在未来的一年里，他将命令他的教会从以实玛利人的枷锁中挣脱出来。他将永生并一直统治到永远。阿门。"①

四 保卢斯·阿尔维鲁斯"穆罕默德乃敌基督先驱"的思想

711 年，穆斯林渡过直布罗陀海峡，灭亡西哥特王国，在伊比利亚半岛建立了信奉伊斯兰教的伊斯兰政权，直至 1031 年，伊比利亚半岛上的大部分地区都由统一的伊斯兰政权——后倭马亚王朝统治。1031 年之后，后倭马亚王朝分崩离析，分裂为众多被称为"泰法"的伊斯兰小国。穆斯林将其统治的伊比利亚半岛地区称为安德鲁斯。在穆斯林统治下的安德鲁斯，除了穆斯林统治者信奉的伊斯兰教外，还有原先土著信奉的基督教、犹太教多种教派。穆斯林对于统治下的基督徒实行某种程度的宗教信仰宽容和自由的政策，如允许基督徒在缴纳特别税的情况下保留自己原有的宗教信仰，保留自己原有的教堂、修道院的财产。不过，这种特别税的缴纳数额并不固定和具体，而是由穆斯林统治者的个人意愿来决定。此外，这种有限度的宽容和自由还有着严格的法律界限，如果基督徒超越了宽容和自由的边界的话，将会受到伊斯兰教法的严厉惩罚。如基督徒不能在穆斯林面前宣教讲经，不能对伊斯兰教创始人穆罕默德有任何亵渎及不敬的言语和行为，如果离弃基督教信仰，皈依伊斯兰教的话，不能背弃伊斯兰教，重归基督教信仰，否则就是犯了背教和渎神的重罪。另外，如果父亲是信仰伊斯兰教的穆斯林，他的子女自动成为穆斯林，如果穆斯林的子女信仰伊斯兰教以外的宗教的话，同样是背教和渎神的行径。由于基督教积极向不信教的人传教，扩大教会的势力范围和影响力是基督徒虔敬信主的表现形式，安德鲁斯政权统治下的基督徒经常突破穆斯林统治者设定

---

① Anonymous, "Chronica Prophetica," in Kenneth Baxter Wolf trans., *Medieval Texts in Translation*, 2008, https：//scholarship. claremont. edu/cgi/viewcontent. cgi? article = 1046&context = pomona_ fac_ pub.

的宽容和自由的边界，构成了冒犯伊斯兰教信仰和权威的渎神和背教行为，引发了安德鲁斯穆斯林统治者的血腥镇压，最典型的事例是851~859年的科尔多瓦殉教运动。这一时期先后有58人因公开侮辱先知穆罕默德、亵渎圣教，或者因公开宣布放弃伊斯兰教信仰而被处决，其中2/3是基督教的教士、修士和修女。穆斯林统治者的镇压引起了安德鲁斯政权统治下的基督教神学家的愤怒，他们把满腔怒火倾泻到伊斯兰教及其创始人穆罕默德的身上，借用基督教末日论中的"敌基督"来形容这位伊斯兰教的圣人。保卢斯·阿尔维鲁斯（Paulus Alvarus）是此类神学家中的代表人物，他为自己的好友、殉道者欧洛吉亚撰写了《欧洛吉亚传》。

保卢斯·阿尔维鲁斯是第一位将伊斯兰教创始人穆罕默德贬称为"敌基督"的拉丁文著作家。他在《光明录》（*Indiculus Luminosus*）中引用了《但以理书》中有关但以理解释异象时对于第四大帝国及随后历史的预言，用以解释西罗马帝国灭亡后伊斯兰教兴起攻灭西哥特王国，占领伊比利亚半岛大部分地区的神定宿命论。但以理是如此预言的：

> 第四兽就是世上必有的第四国，与一切国大不相同，必吞吃全地并且践踏嚼碎。至于那十角，就是从这国中必兴起的十王，后来又兴起一王，与先前的不同，他必制伏三王。他必向至高者说夸大的话，必折磨至高的圣民，必想改变节期和律法。圣民必交付他手一载、二载、半载。然而，审判者必坐着行审判，他的权柄必被夺去，毁坏，灭绝，一直到底。国度、权柄和天下诸国的大权，必赐给至高者的圣民，他的国是永远的，一切掌权的都必侍奉他、顺从他。①

保卢斯·阿尔维鲁斯认为"第四兽"，也就是第四大帝国为罗马帝国，而"十角"所象征的"十王"是西罗马帝国灭亡后兴起的诸王国的王，"后来又兴起一王"是伊斯兰教统治者，"他必制伏三王"。阿尔维鲁斯认为这"三王"是希腊人的统治者（可能是拜占庭皇帝）、西哥特国王、法兰克国王，"他必向至高者说夸大的话，必折磨至高的圣民，必想

---

① 《圣经·但以理书》7：23-27。

改变节期和律法。圣民必交付他一载、二载、半载"。阿尔维鲁斯认为这句文字预示着伊斯兰统治者征服伊比利亚半岛，迫害基督徒，废除原先实行的基督教节期和律法，实行伊斯兰教的节期和律法。"然而，审判者必坐着行审判，他的权柄必被夺去，毁坏，灭绝，一直到底。国度、权柄和天下诸国的大权，必赐给至高者的圣民，他的国是永远的，一切掌权的都必侍奉他、顺从他。"阿尔维鲁斯认为伊比利亚半岛上的安德鲁斯政权必然在世界末日来临前被复临人间的耶稣基督所摧毁，也就是伊斯兰政权是"敌基督"或假先知，而且阿尔维鲁斯还认为伊斯兰政权将在它实行统治245 年后灭亡。阿尔维鲁斯把穆罕默德建立伊斯兰政权的年代确定为基督纪元的 625 年，因而它的灭亡之年是基督纪元的 870 年，因为"一载、二载、三载、半载"，每一载为 70 年，70+70+70+35 = 245。①

五　殉道者欧洛吉亚的《圣徒名录》(*Memoriale sanctorum*)

欧洛吉亚是安德鲁斯政权阿布德·阿尔·拉赫曼二世和穆罕默德一世统治时期著名的基督教殉道者，他身世显赫，出生于科尔多瓦地区罗马帝国时期的元老家族，曾任科尔多瓦基督教教会学校的校长，与保卢斯·阿尔维鲁斯之间私交甚笃。在 850 年前后穆斯林迫害基督徒囚禁科尔多瓦地区的主教和教士期间，欧洛吉亚曾一度入狱，后获释出狱。

857 年，摩尔人贵族家庭中一个贞女背叛了伊斯兰教并皈依了基督教会。为了摆脱其父母的搜寻，贞女向欧洛吉亚寻求帮助，欧洛吉亚把她藏在了自己的朋友那里，但不幸被穆斯林发觉，贞女被处决，欧洛吉亚也被斩首，以身殉道。欧洛吉亚的基督教信仰异常坚定并亲身经历了伊斯兰政权发起的针对科尔多瓦地区教职人士的迫害，自己也身殁于此，故而，他在生前撰著的著作中对于伊斯兰教的创始人穆罕默德予以了大量的负面描述和尖锐的批评。

欧洛吉亚还把"敌基督先锋""假先知"之类的名号标签贴到了穆罕默德的身上。欧洛吉亚对于穆罕默德"敌基督先锋""假先知"的神学定

---

① Kennth Bazter Wolf, *Christian Martyrs in Muslim Spain*, Cambridge: The Cambridge University Press, 1988, p. 92.

性源于他在莱尔修道院图书馆的发现。欧洛吉亚在西班牙北部逗留期间发现了收藏在潘普洛纳附近莱尔修道院图书馆中的穆罕默德生平的简短记载。这位匿名的作者将穆罕默德描述为一个"贪婪的高利贷者",为"一个寡妇"工作,后来他"根据某种野蛮的法律"与这个寡妇结了婚。在他从事商业远行的过程中接受了基督教的知识并记住了他所听到的布道,成了"非理性的阿拉伯人中最聪明的人"。但在后来,"穆罕默德不幸被一只象征恶魔的金口秃鹰所迷惑,秃鹰命令穆罕默德把自己当作先知进而迷惑阿拉伯人,他命令阿拉伯人为他而战,成功击败拜占庭人后以大马士革为首都……"① 欧洛吉亚在莱尔修道院图书馆中见到的这份有关穆罕默德的简短记载,既有真实的成分,也有虚假的成分。伊斯兰教的创始人穆罕默德确实曾经受雇于麦加的一个富孀赫蒂彻,为她打理前往叙利亚的商队并与她结为夫妇,赫蒂彻是穆罕默德的原配夫人,是穆罕默德创立伊斯兰教后第一个入教的穆斯林妇女,为穆罕默德传播伊斯兰教事业提供了极大的物质和精神支持。穆罕默德在经商过程中也确实接触了不少基督教、犹太教和哈尼夫一神论的知识,在此基础上创作了《古兰经》,要求穆斯林尊奉诺亚(努哈)、亚伯拉罕(易卜拉欣)、摩西(穆萨)、耶稣(尔撒)与穆罕默德为五大先知并提出穆罕默德是真主在人间的最后一位先知。不过,关于穆罕默德执政时期穆斯林击败拜占庭帝国并定都大马士革的记载则与历史的真实并不相符。穆罕默德在631年统一阿拉伯半岛后的次年632年归真(病逝),他的继任者阿布·伯克尔为第一任哈里发(安拉使者的继任者)。阿布·伯克尔归真后欧麦尔为第二任哈里发。在阿布·伯克尔和欧麦尔执政期间,穆斯林大军击败了拜占庭帝国并完成了对叙利亚的征服。直至661年,穆阿威叶在耶路撒冷被叙利亚的阿拉伯战士拥立为哈里发开创了倭马亚王朝,这时阿拉伯帝国方才定都大马士革。

　　阿拉伯人占领伊比利亚半岛的大部分地区后,在安德鲁斯政权的统治下,基督教会和基督教徒们保有了一定程度开展宗教活动的自由,但这种自由是以不危害伊斯兰教作为整个社会占统治地位的主流意识形态为限度

---

① Kennth Bazter Wolf, *Christian Martyrs in Muslim Spain*, Cambridge: The Cambridge University Press, 1988, p. 91.

的，一旦基督教徒的宗教活动跨越了伊斯兰统治者"宽容"的边界就会受到伊斯兰统治者的严厉制裁。然而，基督教的宗教特点决定了它不可能仅仅安守在穆斯林统治者划定的界线内活动，"越线跨界"是它发展宗教活动的必然结果，因而在安德鲁斯政权的统治下，基督教徒与穆斯林统治者之间的矛盾在某种情况下仍然十分尖锐，有时会出现大规模镇压和大批的基督教殉道者。于是，末日启示的理论成了某些仇恨穆斯林统治者和伊斯兰教的基督教神学家煽动宗教对立的工具，他们利用末日启示理论构造安德鲁斯政权行将灭亡的神定启示，鼓舞基督徒坚定信仰。伊比利亚半岛北部的阿斯图里亚斯政权在与南部安德鲁斯政权激烈对峙的情况下，某些神学家同样利用末日启示理论构建阿斯图里亚斯国王必然打败穆斯林统治者并解放整个伊比利亚半岛的神定宿命。在他们的笔下，伊比利亚半岛未来的政治走向与世界末日的来临紧密联系在一起，而且这一时间点的到来在他们看来并不遥远，他们的预测与基督教"自由世界"，也就是西欧北部地区那些未受穆斯林势力影响的神学家的预测是一样的，都在基督纪元800年前后。但是后来历史发展的事实证明，世界末日并未如期到来，安德鲁斯政权也没有在这一时间点被阿斯图里亚斯政权打败，伊比利亚半岛的基督教政权和伊斯兰政权长期对峙，曾经作为北部基督教势力代表的阿斯图里亚斯王国也分裂了，直至1492年半岛的穆斯林势力才被基督教统治者彻底驱逐出去。中世纪西欧最早接触伊斯兰政权，最早生活在基督教和伊斯兰教对立大背景下的伊比利亚半岛上的神学家，通过末日启示理论构造半岛历史走向的预示虽然落了空，但这种做法却并没有绝迹，日后西欧某些神学家在面对威胁欧洲基督教文明的奥斯曼土耳其人的时候也采取了相似的做法。

第三节　卡斯蒂利亚-阿拉贡（西班牙）和葡萄牙末日启示神学的史学运用

中世纪晚期伊比利亚半岛基督徒们的"再征服运动"主要由三个基督教封建国家领导——葡萄牙、卡斯蒂利亚-阿拉贡。卡斯蒂利亚王国是从阿斯图里亚斯王国分裂出来的一个封建国家，9世纪阿斯图里亚斯王国国王奥多尼奥一世鉴于卡斯蒂利亚地区的重要性将它交给了自己的妹夫罗德里戈管理,形成了卡斯蒂利亚伯爵国。1230年,卡斯蒂利亚和莱昂合并成统一的卡斯蒂利亚王国,斐迪南三世成为卡斯蒂利亚王国的第一任国王。从这时起,卡斯蒂利亚王国成为促使西班牙从天主教诸王国分裂鼎立局面走向统一的主导力量。[①] 在卡斯蒂利亚王国的历代国王中,阿方索十世(1252～1284年在位)在反对摩尔人的"再征服运动"中贡献最大。1262年,他收复了直布罗陀海峡附近的战略要地加底斯。1264年他又借助阿拉贡王国的力量,击退了摩洛哥、格拉纳达和穆尔西亚对加底斯的联合进攻并吞并了穆尔西亚。至此,阿拉伯人在伊比利亚半岛上的残存力量只剩下一个小小的格拉纳达王朝。[②]

　　阿方索十世在文化艺术方面的贡献颇大,他本身就是一位博学多识的学者,被誉为"智者",而且他还试图获取整个基督教世界领袖的地位,谋取神圣罗马帝国皇帝的头衔。卡斯蒂利亚王国的国王阿方索十世成功抗击穆斯林的卓越功绩以及在文治武功诸多领域的成就促使他治下的神学家、史学家乃至贵族、普通教士和平民萌生了阿方索十世就是世界末日来临前彻底征服穆斯林,收复圣地耶路撒冷的"最后一位世界皇帝"的想法。"最后一位世界皇帝"的传奇故事在10世纪的意大利和十字军东征期间的法兰西王国广为传播。相比之下,这一传奇故事在伊比利亚半岛的流传稍晚,主人公迥然有别,意大利、法国的传奇故事认定查理曼为"最后一位世界皇帝",而卡斯蒂利亚王国的传奇故事却认定它的国王阿方索十世为"最后一位世界皇帝"。不过各地流传的传奇故事的情节大致雷同。卡斯蒂利亚王国的"最后一位世界皇帝"的传奇故事传播的一个重要方式是借助许多"西卜"预言家的神谕,其中最为知名的一个预言家被称为梅林。他以神谕的形式传播了"狮子王"的神谕,宣称卡斯蒂利亚王国的统治者是哥特国王的后代,他们受上帝之命,从东方来到伊比利亚半岛,这些国王中将会有一人是"狮子王",他就是费尔南·冈萨雷斯,他将成为整个西班牙的霸主和教会的旗手,他的儿子们将会跨越海

---

① 赵卓煜:《西班牙史话》,中国书籍出版社,2017,第72页。
② 赵卓煜:《西班牙史话》,中国书籍出版社,2017,第74页。

洋，拓展到整个世界。他们将征服非洲，统治亚洲并定居在耶路撒冷。1260 年前后，卡斯蒂利亚的一位匿名教士以梅林的神谕为来源，撰写了一首歌颂卡斯蒂利亚伯爵领创建者费尔南·冈萨雷斯伯爵的史诗。这首诗颂扬冈萨雷斯是一位戴着王冠的"狮子王"，他从海格力斯的洞穴中走出来与象征着恶龙的格拉纳达的摩尔人国王抗争。在这场"狮龙大战"中，西班牙的地位如古代的以色列，卡斯蒂利亚人是上帝的选民，他们的地位如古代的以色列人，卡斯蒂利亚王国如古代的耶路撒冷。①

阿方索十世享有"智者"的美誉，他积极支持宫廷的编年史家创作神化卡斯蒂利亚王权和宣示上帝赋予卡斯蒂利亚王室神定使命的编年史作。这些编年史作的主旨与卡斯蒂利亚王国当时流行的末日启示的预言、传说的内容不谋而合。这些预言和传说都不约而同地认为，上帝属意卡斯蒂利亚王室，卡斯蒂利亚王室成员中将会出现一位"狮子王"，上帝属意他率领伊比利亚半岛的基督徒征服摩尔人，成功收复整个半岛。一旦这一使命胜利完成，卡斯蒂利亚王室的使命就会延伸至海外，征服非洲、亚洲和圣地。在上帝神圣的计划中，伊比利亚半岛的重新征服是向夺回圣城耶路撒冷的目标迈出的第一步。阿方索十世赞助的两部史作《通史》（*General Estoria*）和《第一部总体编年史》（*Primera Crönica General*）都宣示了这一神学主题和理念，它们的前半部分都沿袭了基督教世界编年史的若干传统，如照搬《旧约》中古代犹太人的历史作为神圣历史叙述的主线索，同时兼顾叙述世俗的四大帝国的历史。但它们在处理卡斯蒂利亚王国与罗马帝国关系的问题上没有把卡斯蒂利亚王国作为又一个罗马帝国或是古罗马帝国的余续来对待，而是把卡斯蒂利亚王国神定王权的合法性追溯至与古罗马帝国同等古老的历史源头。它们都借助于海格力斯的神话，认为半神海格力斯来自古代的特洛伊，他征服非洲后，在伊比利亚半岛的加的斯登陆，建立了以他名字命名的海格力斯之柱，随后穿越半岛建立了塞维利亚等城市，征服了伊比利亚半岛的大部分地区，任命他的侄子希斯帕里斯（Hispalis）为伊比利亚的第一位国王。从海格力斯家族直至西哥特、阿斯

---

① Theresa Earenfight, *Queenship and Political Power in Medieval and Early Modern Spain*, New York: Routledge, 2005, p. 128.

图里亚斯、卡斯蒂利亚，海格力斯的神族血脉一直传承至阿方索十世，所以卡斯提尔人与罗马人一样都来自特洛伊人，并且卡斯蒂利亚人在蒙神眷顾的问题上更胜罗马人一筹，他们还是诺亚的后裔，他们征服了罗马帝国。这两部编年史将西哥特统治下的西班牙描述成一个具有简单美德和自然道德的黄金时代，认为西哥特人是精神纯洁的高贵的野蛮人。[①]

阿方索十世之后，有关卡斯蒂利亚国王是"最后一位世界皇帝""狮子王"的预言继续流传。14世纪中叶，特拉斯泰姆兰伯爵恩里克在与卡斯蒂利亚国王佩德罗一世争夺卡斯蒂利亚王位的长期战争中获得了胜利，有关"最后一位世界皇帝""狮子王"的预言被人们附会到他的身上。当时的人们传播着这样一个预言——恩里克一旦在他跟佩德罗一世的那场不光彩的内战中获得胜利，他就会被上帝召唤从事更为崇高的事业。这一预言认为，作为卡斯蒂利亚国王的恩里克将把基督教战士聚集在一起，战胜那些不信基督的野蛮国家，作为预言中的"狮子王"，他的"狮尾"将会延伸至天涯海角。他不仅将成为整个伊比利亚半岛的霸主，堪为典范的教会旗手，而且他的子嗣们将会征服非洲、亚洲和圣地。关于"狮子王"的预言还被传播到与卡斯蒂利亚相邻的伊比利亚半岛上的另一个基督教王国阿拉贡王国。阿拉贡王国最初是从阿拉贡伯国发展而来的。9世纪法兰克人驱逐了阿拉贡河流域的阿拉伯人，建立了阿拉贡伯国，后来阿拉贡伯国并入了纳瓦拉王国。1035年纳瓦拉王国的国王桑乔三世崩逝前又把领地分成了三份，其中一个儿子领有了阿拉贡伯国的领地，拥有独立的行政管理权和自治权，但仍然作为纳瓦拉王国的附庸而存在。1076年纳瓦拉王国国王桑乔·加西亚崩逝后王位空缺，阿拉贡王国的国王开始兼任纳瓦拉王国的国王。[②] 后来，卡斯蒂利亚和阿拉贡合并形成了近代的西班牙王国。不过，在卡斯蒂利亚王国广为传播的"狮子王"的预言在阿拉贡王国被人们改良，那位被人们奉为救世主弥赛亚的"最后一位世界皇帝"不是"狮子王"，而是"蝙蝠王"，它跟"狮子王一样"从黑暗的洞穴中走出，征服西班牙，进而主导末日来临前的基督教与伊斯兰教的善恶大

① Peggy K. Liss, *Isabel the Queen: Life and Times*, Philadelphia: The University of Pennsylvania Press, 2004, p. 100.

② 赵卓煜：《西班牙史话》，中国书籍出版社，2017，第69页。

战，跨海征服了北非和亚洲的圣地。

有关"最后一位世界皇帝""狮子王"的预言一直流传至西班牙王国建立之初，而且这一预言无论对于天主教双王伊莎贝拉和斐迪南对内加强中央王权，巩固对于整个西班牙王国的统治，还是对外发动侵略战争都起到了思想武器的重要作用。1469 年卡斯蒂利亚王国的公主伊莎贝拉和阿拉贡王国的王子斐迪南因联姻而形成了紧密的联盟关系并进而向统一的封建国家——西班牙过渡。统一的西班牙王国建立后，天主教双王对南部的伊斯兰政权格拉纳达王国发动了征服战争，1492 年攻陷了格拉纳达，胜利结束了持续 7 个多世纪的"再征服运动"。"再征服运动"的胜利对伊比利亚半岛乃至整个世界的历史产生了深远的影响。这种影响主要表现在两个方面。

第一，西班牙是当时西欧天主教世界三个最为强大的封建国家之一。当时的西欧天主教世界，英格兰、法兰西和西班牙三个封建王国都逐渐克服了封建割据，建立了以王权为中心的统一的民族国家。此种以王权为中心的统一的民族国家相较于那些封建割据势力横行、王权软弱、国家四分五裂的封建国家更为顺应历史的潮流，更有利于为资本主义的发展开辟道路，创造条件，也更能引领整个民族走向近代转型的道路。英格兰王国结束了持续 30 年之久的红白玫瑰战争（1455~1485），出身于族徽为红玫瑰的兰开斯特家族的亨利·都铎结束了玫瑰战争，登上了英国王位，开创了都铎王朝，称亨利七世。亨利七世将主要精力用于国内，以消除封建割据，加强都铎王权，暂时无力观照海外扩张。此时的法兰西王国正处于华洛亚王朝统治时期。华洛亚王朝取得了英法百年战争（1337~1453）的胜利，成功地将英军逐出了法国大陆（仅残留一个据点加来港）。1494~1559 年，法国为了同哈布斯堡王朝争夺意大利爆发了连年的战争，同样无力顾及海外扩张。而享有"罗马帝国"名号的德意志神圣罗马帝国徒有帝国的"空架子"。尽管奥地利哈布斯堡王朝占有了帝国的皇位，但帝国内部的各个诸侯国实际上是独立的政治实体，帝国处于一种封建割据、四分五裂的状态，导致德意志世界在从中世纪向近代转型的时代之交里落后于时代的潮流。与西班牙接壤的葡萄牙王国虽然也跟西班牙一样确立了以王权为中心的民族国家，但葡萄牙在西欧属于体量偏小的国家，无法与西班牙相比。

第二，西班牙王国是建立在与伊斯兰教摩尔人的力量对抗7个多世纪之久，成功将摩尔人驱逐出伊比利亚半岛这一基础上的。西班牙王国的天主教信仰非常炽烈，而且在西欧诸国中唯有西班牙有足够的实力、足够的条件与伊斯兰教的势力相对抗，所以，罗马天主教会和许多神学家对它抱有很大的希望，希望西班牙王国能够扛起神圣罗马帝国已经无力扛起的责任——对抗迅速崛起的奥斯曼土耳其帝国，从信奉伊斯兰教的奥斯曼土耳其人的手中收复圣地耶路撒冷。事实上，从穆斯林手中夺回圣地耶路撒冷是自约阿希姆时代以来，也就是从第三次十字军东征以来，中世纪西欧政治预言中一个不变的主题。1453年，奥斯曼土耳其帝国苏丹穆罕默德二世攻占了拜占庭帝国的首都君士坦丁堡，引发了西欧天主教世界的严重恐慌。1455年，方济各会的修士们根据罗马教皇卡利克斯图斯三世的建议，到处宣扬重新发起针对近东和中东地区穆斯林的十字军东征。[1] 在15世纪下半叶，出于对奥斯曼土耳其人的恐惧，西班牙国内的许多人对"西卜神谕"重新产生了兴趣。人们通过这些预言表达了自己希望将穆斯林赶出耶路撒冷的宗教诉求，也反映了基督教终将战胜伊斯兰教的宗教幻想。随着印刷术的出现，有关这些预言的各种版本被不断印刷出版，广为流行。如塞巴斯蒂安－勃兰特于1498年出版了伪美多德预言的一个版本。[2]

西班牙女王伊莎贝拉也对这种社会思潮做出了某种形式上的回应。尽管她终其一生都没有发动大规模的以收复圣地耶路撒冷为目的的针对奥斯曼土耳其帝国的十字军东征，但她的某些回应似乎也给了神学家们一种暗示。每年她都会给耶路撒冷的圣方济各修士们送去1000金币和非常丰富的装饰品，她和斐迪南都非常强调他们二人对于圣地耶路撒冷所享有的基督教君主的王权权力。[3] 伊莎贝拉女王对于"最后一位世界皇帝""狮子

[1] Grace Magnier, *Perdo de Valencia and the Catholic Apologists of the Expulsion of the Moriscos*, Leiden: Brill, 2010, p. 59.

[2] Grace Magnier, *Perdo de Valencia and the Catholic Apologists of the Expulsion of the Moriscos*, Leiden: Brill, 2010, p. 60.

[3] Grace Magnier, *Perdo de Valencia and the Catholic Apologists of the Expulsion of the Moriscos*, Leiden: Brill, 2010, p. 60.

王"之类的预言的认同还表现在她珍藏了许多反映这一主题的历史著述，如她珍藏了阿方索十世赞助史家编纂的编年史——《通史》和《第一部总体编年史》，以及《梅林预言汇编》。结果，这一预言的主人公被附会到她的独生子胡安（Juan）王子的身上，一位宫廷诗人宣称胡安王子将像海格力斯一样强大和永恒，他右手持正义之剑，左手持世界皇帝的皇冠，他将像亚历山大大帝和恺撒大帝一样征服世界。在颂扬胡安王子的诗歌中提及现在西班牙的愤怒之狮正从它的洞穴中走出，重新征服世界并将海外的穆斯林势力清除掉。他一定会在耶路撒冷拥有自己的王位并被加冕为大帝，实现预言中的种种预测。①

　　胡安王子的导师帕布罗-德-圣玛利亚主教为了教导王子殿下还专门为他撰写了一篇名为《世界历史的七个时代》的历史长诗。这首长诗将世界历史划分为七个时代，而这七个时代的演进均遵从上帝意志的安排，世界历史的高潮阶段将在西班牙王国及其人民、国王的身上呈现。圣玛利亚还强调卡斯蒂利亚王室与古代以色列王、罗马皇帝之间的延续和继承关系，认为卡斯蒂利亚王室是大卫王、西哥特国王和中世纪神圣罗马帝国皇帝的后代，而事实上，卡斯蒂利亚王室在历史上也确曾与神圣罗马帝国皇室成员联姻，当然，这种延续和继承在胡安王子的导师圣玛利亚看来不仅仅是血脉传承上的延续和继承，更为重要的是宗教神圣精神上的延续和继承，即卡斯蒂利亚王室跟古代的以色列王、古罗马皇帝、中世纪的加洛林皇帝、神圣罗马皇帝一样是上帝所属意的基督教世界皇帝，将在整个世界拓展基督教的势力。

　　卡斯蒂利亚和阿拉贡两个王国合并之初，西班牙王国在西欧天主教世界中的庞大体量、强大国力、炽热的天主教热忱、长期对抗伊斯兰教的历史以及对于圣地耶路撒冷的王权占有诉求，使得一些神学家、史学家对它抱有很大的希望。他们将基督教末日启示神学中的若干理论加以修正和利用，赋予了西班牙王室神命的、天主教世界政治领袖的地位，认定西班牙特拉斯泰姆兰王朝的王室成员中将会产生一位传说已久的"狮子王"，他

---

① Peggy K. Liss, *Isabel the Queen: Life and Times*, Philadelphia: University of Pennsylvania Press, 2004, p. 103.

将作为世界末日来临前基督教世界"最后一位世界皇帝",在末日来临前基督教与伊斯兰教的善恶大对决中,击败邪恶的穆斯林,收复圣地耶路撒冷。编年史家古蒂埃·德·帕尔马(Gutiere de Palma)就是这些神学家、史学家的代表性,他在《编年史》中把伊莎贝拉女王与斐迪南国王的独生子胡安设定成已被民间传言已久的"狮子王",他还将但以理所解的"大像"梦加以革新改造,将中世纪许多神学家相沿已久的"四大帝国"理论升级改造为"五大帝国"理论。帕尔马认为但以理所解的"大像"梦象征着特拉斯泰姆兰王朝未来的命运。根据但以理梦幻启示的阐释,整个雕像都被石头打碎了。由于石头打在"半铁半泥的脚"上,把脚砸碎了,它的身体无以支撑,随之而来的是整个雕像的破碎。但帕尔马认为雕像的"黄金头颅"因为精金的质地坚固,无法破碎,故而,虽然银胸、铜腹和半铁半泥的脚都被砸碎了,但黄金头颅残存了下来,它象征着西班牙王子,也就是伊莎贝拉女王和斐迪南国王的独生子胡安王子。帕尔马认为作为"黄金头颅"的胡安将开创第五大帝国——西班牙帝国,它处于世界末日来临前的一个新的黄金时代,整个世界由一位类似弥赛亚(救世主)的西班牙国王胡安统治,而伊莎贝拉女王的地位则与圣母类似。[①]

　　帕尔马对但以理梦幻启示的解释与以往中世纪的神学家、史学家相比有新的特点。第一,以往的解释建立在"四大帝国"理论的基础上,这些解释充分利用了拜占庭帝国、加洛林帝国、神圣罗马帝国均以"罗马"为国号的共同性特征,构建这些新生帝国与古代罗马帝国之间帝统的延续性,把这些中世纪里产生的"罗马帝国"统统解释成古罗马帝国的延续,将古代的罗马帝国和中世纪这些新生的"罗马帝国"统统设定为但以理"大像"梦中"大像"的"半铁半泥的脚",也就是认为它们都属于第四大帝国阶段。但帕尔马倾慕的西班牙王国并未以"罗马帝国"为名号,他无法再以此种方式构建西班牙王国的神学合法性,而且与西班牙王国同时代的神圣罗马帝国仍然存在,这就需要绕过这个"罗马帝国"进行解释,所以只能废弃"四大帝国"理论,创立"五大帝国"理论。依照这

[①]　Peggy K. Liss, *Isabel the Queen: Life and Times*, Philadelphia: University of Pennsylvania Press, 2004, p. 172.

一理论，神圣罗马帝国是"半铁半泥的脚"被石头砸碎了，也就是失去了上帝的属意和眷顾，但黄金的头颅没有破碎，这个金头并不是第一大帝国——亚述帝国的新生，而是又一个新生的帝国在世界末日来临前为了承载和实践上帝的神意而屹立于尘世间。这种处理方式反映了帕尔马对于四分五裂的神圣罗马帝国的失望以及对于国势正在不断上升的西班牙王国的期待。第二，"五大帝国"理论并非帕尔马首创，加洛林时代的结巴诺特克和普鲁姆修道僧勒斋诺也创立了第五大帝国的说法，但他们认为第五大帝国是查理曼开创的加洛林帝国，而帕尔马则将第五大帝国认定为西班牙王国。另外，结巴诺特克仅以一则神谕的形式隐喻加洛林帝国是第五大帝国，普鲁姆修道僧勒斋诺仅在《勒斋诺编年史》的叙述中通过表明加洛林王权继承自墨洛温王朝而非继承自拜占庭皇帝的形式说明加洛林帝国是新生的第五大帝国，二者均未对这一理论予以明确的解释和说明，对于他们二人这一说法的认定需要一定的推断和分析。但帕尔马则不同，他的《编年史》明确地提出了这一说法，并且结合但以理所解的"大像"梦进行符合逻辑的解释，这种解释构建了神学与史学之间的联系，力求能够自圆其说。从这一角度审视，帕尔马的"五大帝国"理论又是一种创新。

帕尔马的"五大帝国"理论在 15 世纪末 16 世纪初的伊比利亚半岛并非"孤音独响"，犹太人拉比艾萨克·阿布拉瓦内尔（Isaac Abravanel，1437–1508）也提出了"五大帝国"的理论。基督教末日启示"帝国相继更替"的理论源于《旧约·但以理书》，《旧约》是犹太教徒和基督教教徒共同尊奉的宗教经典，故而犹太教拉比艾萨克·阿布拉瓦内尔对于但以理梦幻启示也是知晓的，但有关它的解释，因为与基督教神学家、史学家的宗教立场不同而在立意与宗教倾向性上存有本质性的差异。阿布拉瓦内尔是一位出生于葡萄牙王国的犹太人，他对于邻国西班牙王国迫害、驱逐犹太人的行径痛恨不已。1492 年西班牙天主教双王迫害犹太人的行径达到了高潮，大约 15 万名犹太人被迫离开了西班牙。从短期效果来看，这也是西班牙天主教双王的敛财行为，因为犹太人几乎没有机会将其财产带走。出于对基督教教会的痛恨，阿布拉瓦内尔于 1496 年撰写了《救赎的源泉》（*The Wellsprings of Salvation*），对《旧约·但以理书》予以了阐释。阿布拉瓦内尔认为人类将经历巴比伦、波斯、马其顿-希腊、罗马四大帝

国阶段,而第四只巨兽的十个犄角象征着犹太人第二圣殿被毁和基督教崛
起之前统治罗马帝国的十位帝王:恺撒、屋大维、提比略、卡里古拉、克
劳迪乌斯、尼禄、加尔巴、奥索、维特里乌斯和韦帕芗。在十个犄角中生
长的"小角"象征着罗马主教,它最初虽然微不足道,但最终成了统治
整个尘世的罗马教皇,"小角打败了三位国王"预示着罗马教皇制取代了
意大利半岛之前的三种政体形式——王制、共和制、帝制。"半铁半泥的
脚"象征着最初统一的罗马帝国的分裂,铁象征着基督教势力,泥象征
着伊斯兰教势力。[1] 他认为在基督徒和穆斯林的大对决中,第四大帝国将
被摧毁,尽管最初基督徒将会取得胜利,但是在冲突的第二个阶段,以色
列十个丢失的支族将会参与其中,犹太人和穆斯林将会联手击败基督徒,
一个新的时代或第五大帝国将会随之而来。[2] 这第五大帝国既不是基督教
神学家、史学家所解释的神的国度——以耶稣为王的"上帝之国",也不
是继四大帝国之后由信奉基督教的世俗君主统治的王国,而是由信奉犹太
教的以色列弥撒亚统治的犹太教的帝国。阿布拉瓦内尔把穆斯林看作犹太
人对抗基督徒的同盟者,甚至推断未来穆斯林的国王也可能会改信犹太
教,成为拯救犹太人的以色列弥赛亚。

西班牙王国建立之初,末日启示神学预言和史学作品所期待、宣扬的
主题从日后历史发展的角度审视,它的一些具体描述内容并没有真实地实
现,被许多预言指认为"最后一位世界皇帝""狮子王"的伊莎贝拉女王
和斐迪南国王的独生子胡安王子不仅没有如这些预言所期待的那样大展宏
图,反而短命而亡。1497年胡安王子与神圣罗马帝国皇帝马克西米安一
世的女儿马加丽达公主结婚,但婚后仅6个月就不幸去世,没留下任何子
女,使王储位置出现空缺。由于天主教双王的长女伊莎贝拉公主死于难
产,最后由天主教双王的次女胡安娜继承了王位。胡安娜与神圣罗马帝国
皇帝马克西米利安一世的儿子菲利普结婚,因为丈夫、父亲和儿子的背
叛、利用而精神失常并一直被丈夫、父亲和儿子囚禁。1516年天主教双

① Benzion Netanyahu, *Don Isaac Abravanel, Stateman and Philosopher*, London: The Cornell University Press, 1998, p. 214.

② Grace Magnier, *Perdo de Valencia and the Catholic Apologists of the Expulsion of the Moriscos: Visions of Christianity and Kingship*, Leiden: Brill, 2010, p. 61.

王的外孙，也就是胡安娜的儿子卡洛斯一世继位，开创了西班牙王国的哈布斯堡王朝。特拉斯泰姆兰王朝因男嗣断绝而亡，其结局并不像预言所宣扬的那样是世界末日来临前的"最后一位世界皇帝"，而且西班牙王国的主要扩张方向也不是穆斯林盘踞的北非、西亚地区。虽然西班牙王国与当时新崛起的信奉伊斯兰教的大帝国奥斯曼土耳其帝国相敌对并在1571年勒班陀海战中与威尼斯、教皇国、萨伏伊、热那亚等国联合击败了不可一世的奥斯曼土耳其海军，令后者丧失了地中海的海上霸权，但它的陆军并没有跨越直布罗陀海峡进入北非和西亚地区与奥斯曼土耳其人展开大决战并收复圣地耶路撒冷。16世纪末，在东南欧的哈布斯堡王朝成功保住了维也纳，遏制了奥斯曼土耳其帝国对中欧的进一步扩张。虽然未能彻底击垮奥斯曼土耳其帝国，但西班牙王国的宗教使命感和宗教狂热情绪促使它在美洲、亚洲、非洲疯狂开展殖民探险和殖民扩张活动。到16世纪中期，西班牙不仅在欧洲确立了霸主地位，还在美洲、亚洲、非洲拥有大量的殖民地，在全球范围内拥有辽阔的疆土，成了人类历史上第一个"日不落帝国"。也就是说，从中世纪基督教"圣战"扩张的主攻方向和主要对手的角度审视，西班牙王国没有实现自中世纪晚期以来末日启示神学预言、传说和神学、史学作品所期待的那样，建立以圣地耶路撒冷为中心的基督教世界帝国，但它在更大的范围内，也就是在全球范围内建立了一个真正的基督教帝国，将基督教文明扩展至全球各个主要地区，从这一点而言，这一历史事实又与末日启示神学预言、传说和神学、史学作品的期待有着些许的贴合之处。

葡萄牙王国也是在反抗摩尔人的"再征服战争"中形成的基督教王国。该王国最初是卡斯蒂利亚王国中的一个伯爵国。卡斯蒂利亚王国的国王阿方索六世将葡萄牙北部的领土册封给女婿勃艮第的亨利，由他担任葡萄牙伯爵。1112年，亨利去世，其子阿方索·恩里克斯在1139年宣布独立，试图摆脱和卡斯蒂利亚王国的臣属关系，但卡斯蒂利亚王国并不承认它的独立。1143年，在罗马教廷的调停下，卡斯蒂利亚与葡萄牙正式签署《萨莫拉条约》，卡斯蒂利亚正式承认葡萄牙的独立地位。葡萄牙独立伊始便展开了针对南部摩尔人的"再征服运动"。1249年，葡萄牙国王阿方索三世收复葡萄牙地区的南部领土，兵锋直抵伊比利亚半岛的西南端，先于邻国卡斯蒂利亚完成了"再征服运动"。葡萄牙王国由于领土面积狭小，人口数量少，长期面临强大邻国卡斯蒂利亚王国和之后形成的西班牙王国的威胁，所以，葡萄牙王室将王国拓展的战略方向放在了海外。在西欧诸国中，葡萄牙王国率先开展海外探险和殖民活动，16世纪，它跟西班牙一同成了分割整个世界的殖民帝国。按照罗马教皇的分割，葡萄牙的殖民地主要位于美洲的巴西以及非洲、亚洲部分地区。1580年，葡萄牙国王恩里克一世崩殂，西班牙国王腓力二世以其外甥的身份打败了另一位继承者，成功继承了葡萄牙王位，实现了西、葡两国的合并。但是两国合并后，西班牙王室试图将葡萄牙卡斯蒂利亚化的举措，触犯了葡萄牙贵族及社会下层的利益，导致1640年葡萄牙贵族发动反抗，拥戴布拉干萨伯爵约翰为国王，是为约翰四世，推翻了西班牙的统治，葡萄牙王国恢复了独立。恢复独立的葡萄牙王国重新在世界各地开展殖民扩张。耶稣会士安东尼奥·维埃拉为了迎合国家新近独立民族主义情绪高涨以及海外殖民扩张的现实需求，根据《旧约·但以理书》中"大像"梦启示，也创设了"五大帝国"的末日启示，认为在世界末日来临前，尘世将会出现亚述－迦勒底、波斯、希腊－马其顿、罗马、葡萄牙五个帝国，葡萄牙布拉干萨王朝的首任国王约翰四世是救世主，他将成为时代的领导者，恢复葡萄牙帝国的雄风。安东尼奥·维埃拉的"五大帝国"理论形成于近代，他的"五大帝国"理论与中世纪出现的那些"五大帝国"理论的最大不同之处在于这一理论中的"第五大帝国"是地域横跨全球的近代殖民帝国，以近代殖民帝国为神学论述构想的对象，而中世纪"五大帝国"理论中的"第五大帝国"都是以古代罗马帝国的版图，也就是以环地中海世界为疆域四至的。但在以神学启示神化王室霸权和宣示族群或民族情怀方面二者却有着异曲同工之妙，这一特点反映了基督教末日启示神学拥有超强的适应性，能够超越不同历史阶段、不同地域和不同国家形态的限制，在不断调整、修正论述对象——帝国地域范围的情况下保留其神学内核（如神佑帝国前后相继持续奔向世界末日），实现了自身从古代到中世纪再到近代延续性的时代跨越。

第六章

蒙古、奥斯曼土耳其侵欧与末日启示神学的史学运用

第一节　蒙古侵欧与末日启示神学的史学运用

　　13 世纪，蒙古人崛起，他们擅长骑射、骁勇善战，如同一股旋风一样席卷了亚欧大陆的大部分地区，其结果是在亚欧大陆建立了幅员辽阔的蒙古帝国。后来，蒙古帝国分裂为四大汗国——钦察汗国、窝阔台汗国、察合台汗国和伊尔汗国。蒙古人的征服活动给亚欧大陆的诸多民族带来了深重的灾难，但也在客观上加强了亚欧大陆东西方之间的人员、经济和文化交流。蒙古西征远及波兰、捷克、匈牙利、德国一线，给西欧人带来了深深的恐惧，这种恐惧心理对于他们信奉的末日启示的神学历史哲学也产生了深刻的影响。

一　蒙古西征及欧洲人的恐慌

　　蒙古西征引发了西欧人的恐慌，为神学家、史学家创作末日启示论的史作提供了素材。1211 年，蒙古灭西辽，1219 年蒙古灭花剌子模。蒙古在征服花剌子模的同时，一支偏师溯里海北上，越过了高加索山进入了顿河草原地带，与波洛夫奇人和罗斯联军展开了激战。当时统一的罗斯人国家基辅罗斯已经解体，罗斯人处于众多的封建公国的统治之下，他们联合起来在卡尔卡尔河畔迎战蒙古大军。由于对蒙古人的陌生和组织上的失误以及战略上的不协调，罗斯联军遭到了毁灭性的失败。罗斯诸王公开始臣

服蒙古人，但蒙古人并未在东欧久驻，他们在继续向西的过程中为保加尔人所败，随即便东归返国了。

蒙古的第二次西征是由成吉思汗之孙、术赤之长子拔都统领的，称"长子西征"，征讨钦察、罗斯及其以西的国家。1237 年春，蒙古西征军灭钦察；当时的罗斯处于封建割据的状态，罗斯诸王公之间争斗不已，无法形成合力抵御蒙古大军。1241 年春，拔都兵分两路攻波兰和匈牙利，当时的波兰和匈牙利都处于封建割据的状态无法组织有效的抵抗。1243 年，拔都因大汗窝阔台病逝返回南俄草原，以伏尔加河下游的萨莱为中心，建立了蒙古四大汗国之一的钦察汗国，因其帐顶为金色，故而又被称为"金帐汗国"。"金帐汗国"的辖域从乌拉尔山至西伯利亚，南部与"伊尔汗国"接壤，他们对治下的罗斯人、钦察人等被征服民族征收贡赋。因为蒙古人长期盘踞于南俄草原，随时都可能对欧洲的基督教世界发起进攻，所以整个 14 世纪，蒙古人即将入侵的传闻在整个欧洲散播，令欧洲的基督徒惶恐不已。在 1330 年末，威尼斯地理学家马里诺·桑努多（Marino Sanudo）发出警告，倘若拉丁世界继续分裂，蒙古人将会闯入法兰西、德意志和意大利。1286 年，条顿骑士团听说蒙古人极有可能进攻波兰，他们在普鲁士地区挖掘了四个防御要塞。[1] 1340~1341 年，蒙古人可能入侵勃兰登堡的传闻引起了普鲁士主教们的恐慌，他们集体呼吁教皇组织抵抗蒙古人的十字军，匈牙利西部地区的一位罗马教廷的征税官还因恐慌而将自己的财产转移至更为安全的克罗地亚萨格勒布地区。[2] 1340 年，英法两国处于百年战争的前叶，双方剑拔弩张，战争一触即发，罗马教皇本尼迪克特十二世在谨致法国国王的信函中，以蒙古人的威胁警告他要保持基督教世界的统一和团结，切莫与英国国王爱德华三世发生战争。"关于蒙古人来源的种种猜测纷纷出笼，由于入侵欧洲的蒙古人中有众多鞑靼部落的士兵，欧洲人联想到希腊神话地狱中的塔尔塔罗斯。还有人将他们与《圣经》中的'东方三王'联系起来。"基于此种恐惧，西欧的一

---

[1]　Peter Jackson, *The Mongols and the West 1221-1410*, Routledge: Pearson Education Limited, 2005, p. 206.

[2]　Peter Jackson, *The Mongols and the West 1221-1410*, Routledge: Pearson Education Limited, 2005, p. 206.

些神学家、史学家将令他们深感恐惧的蒙古人与基督教的末日启示论联系起来，在他们的著作中描写了蒙古人在人类走向末日启示的历史进程中所起到的重要作用。

卢布鲁克的威廉的《高卢小兄弟会修士威廉 1253 年至东方的行记》(*Itinerarium Fratris Willielmi de Rubruquis de Ordine Fratrum Minorum, Galli, Anno Gratiae 1253 ad Partes Orientales*) 将蒙古人与末日启示论联系在一起。卢布鲁克的威廉是弗兰德尔的方济各修会的传道士、探险家，他曾陪伴法国国王路易九世参加了 1248 年的第七次十字军东征。1253 年 5 月 7 日，他奉路易九世的命令，出使蒙古帝国，试图劝说鞑靼人皈依基督教。他旅行至蒙古帝国的首都哈拉和林，拜见了蒙古大汗蒙哥并在大汗的宫帐中参加了一次决定宗教优劣高低的辩论赛，参赛的三位辩论者分别是佛教徒、穆斯林和威廉代表的基督徒，三位裁判也分别来自这三个宗教。[①] 威廉返回法国后撰写了一份清楚、简洁的行记——《高卢小兄弟会修士威廉 1253 年至东方的行记》，上呈法国国王路易九世。他的这份行记是中世纪最为杰出的地理著作之一，可以与马可波罗和伊本巴图塔的行记相提并论。在这份行记中，他描述了蒙古的显贵人物和亚洲内陆一些独特的地形地貌以及风土人情，其中还有一些人类学和人种学的观察。威廉的行记共分为 40 章，第 1~10 章叙述蒙古人和他们的习俗。第 11~40 章叙述威廉旅行途中的种种见闻。[②] 威廉在这份行记中把蒙古人视为世界末日来临前作恶多端的 "敌基督"，而把法兰克人视为站在基督一边的善的力量，幻想法兰克人与蒙古人开展世界末日来临前的善恶对决，最后法兰克人成功击败蒙古人，统一了整个世界。事实上，法兰克人与蒙古人在战场上从未遭遇过，威廉是借用一位亚美尼亚主教的话表达自己这一主旨的，他在阿拉塞斯的纳希切万停留时听到过一位亚美尼亚主教对他说："亚美尼亚人有两位先知。第一位是殉道者美多德，他对于以实玛利人（阿拉伯人）的出现有过一个全面的预言。另一位先知是阿卡克龙，他在垂死之际预

---

① Jack Weatherford, *Genghis Khan and the Making of the Modern World*, New York: Crown and Three Rivers Press, 2004, p. 173.

② Devin DeWeese, *Islamization and Native Religion in the Golden Horde*, Pennsylvania: Penn State University Press, 1994, p. 3.

言，一个来自北方的游牧民族将会征服整个东方，他们将会占据从北至南的土地直至君士坦丁堡。法兰克人将在亚美尼亚人的帮助下，在耶路撒冷猛攻鞑靼人，一切不信基督的人都将皈依，和平将会统治这一世界，健在的人将会对死者这样说：'唉，对于你们真是遗憾，无法活着看到这一时刻。'"① 亚美尼亚人像相信《启示录》一样相信这一预言。这位亚美尼亚主教还告诉威廉："如同地狱中的灵魂等待基督拯救一样，我们期待您的到来将我们从蒙古人的奴役中解放出来。"②

二　匿名者的《哲学家西德拉克书》

《哲学家西德拉克书》（*The Book of Sydrac the Philosopher*）是 1270～1300 年匿名者撰写的哲学著作。《哲学家西德拉克书》讲述了一位名叫博克图斯的古巴比伦国王和一位名叫西德拉克的哲学家之间的对话，前者提出了 1227 个问题，后者做出相应的回应。这些问答构成一部有关中世纪后期流行文化的百科全书，其内容涵盖哲学、宗教、道德、医学、占星术、植物、矿物、美德等主题。它以预言的形式叙述了世界历史，所有预言都以先知预示的形式呈现且充满隐讳的神秘主义色彩。在预言中，穆罕默德被叙述成反对基督的异教徒（不是世界末日来临前的"敌基督"）。值得注意的是，在这部神学历史著作中，蒙古人在末日启示论中的作用发生了根本性的变化，他们不再是末日启示论中"邪恶"力量的化身，而是作为"善"的力量的盟友。也就是说，他们被叙述成西欧基督徒的同盟者和友军，在世界末日来临前基督徒与穆斯林之间展开的善恶对决战中站在了基督徒的一边。③ 蒙古人的形象在末日启示论中之所以发生如此大的变化与西欧基督徒面对的战略变局有关。蒙古人对于欧洲的侵扰仅发生在 13 世纪上半叶拔都西征期间，拔都回兵伏尔加河流域建立"金帐汗国"后开始致力于统治和管理东欧地区的斯拉夫人，自此之后，蒙古人

① Angeliki E. Laiou and Roy Parviz Mottahedeh eds., *The Crusades from the Perspective of Byzantium and the Muslim World*, Washington, D. C.: Dumbarton Oaks, 2002, p. 78.
② Angeliki E. Laiou and Roy Parviz Mottahedeh eds., *The Crusades from the Perspective of Byzantium and the Muslim World*, Washington, D. C.: Dumbarton Oaks, 2002, p. 78.
③ Angeliki E. Laiou and Roy Parviz Mottahedeh eds., *The Crusades from the Perspective of Byzantium and the Muslim World*, Washington, D. C.: Dumbarton Oaks, 2002, p. 78.

并未再次对西部的欧洲基督徒发动大规模的征服战争。与此同时，信奉伊斯兰教的埃及马木路克王朝在中东地区与来自欧洲的十字军展开了长期的战争，给欧洲的基督徒带来了长久的烦扰。欧洲的基督徒幻想能够联合远在东方的蒙古人共同对付信奉伊斯兰教的埃及马木路克王朝。1245年，罗马教皇英诺森四世曾派遣传教士柏朗嘉宾等人出使蒙古汗国。柏朗嘉宾抵达了位于哈拉和林的大汗宫帐，刚好赶上贵由的登基仪式，他们在贵由的宫帐中生活了四个月，返回了欧洲。1247年秋，他们抵达里昂，向罗马教皇呈献了贵由的回信以及自己见闻的详细报告。罗马教皇派遣使者长途跋涉晋见蒙古大汗，一个隐含的目的是与蒙古结盟共同对抗南方的伊斯兰势力，尤其是强大的埃及马木路克王朝。在欧洲长期流传着东方有一位信奉着基督教的强大的约翰王的传说，当时在蒙古诸部中也确实存在着信奉景教的蒙古部落，但后来中亚的蒙古汗国信奉了伊斯兰教，教皇的希望落空了。

三　罗杰·培根的《大著作》

罗杰·培根（Roger Bacon）是英国哲学家、方济各修会的修士，他非常重视通过经验主义研究自然。培根的主要作品是《大著作》（*Opus Maius*），1267年这部著作应罗马教皇克莱门特四世的要求被呈送至罗马教廷供教皇御览。尽管火药最初是在中国发明并被中国古籍描述的，但罗杰·培根是第一个记录其配方的欧洲人。培根的《大著作》涵盖了数学、光学、炼金术和天文学的知识，还包括天体位置和大小的理论。罗杰·培根在《大著作》中还提及了蒙古人，他把蒙古人当作基督徒对抗穆斯林的盟友。蒙古人在《大著作》撰写的15年前再次发动了西征，这次西征由拖雷之子、蒙哥之弟旭烈兀率领。1258年，旭烈兀率领的蒙古大军攻陷了阿拉伯帝国阿巴斯王朝的首都巴格达，哈里发穆斯台耳绥木出城投降，被装入袋内，纵马踏死。蒙古大军在城内烧杀劫掠达7日之久，数十万居民死于非命。培根的《大著作》记载了这一事件，他把蒙古人视为世界末日来临前对付"敌基督"（穆斯林）的力量，他也较为隐讳地记载了法国国王路易九世派遣使节出使蒙古，试图与蒙古结盟对抗穆斯林的历史事件：

他们准确而肯定地谈到了穆罕默德法律遭到破坏的问题。如阿尔布马泽在第二卷第八章中所说的那样，穆罕默德的法律不能持续超过 693 年。它持续并将只能持续这么长时间，但这一时间长度可能受到一些干预性因素的影响（如前所述），由于原因不同，时间可长可短。从穆罕默德时代起至今，阿拉伯人已经经历了 665 年，不久就会被上帝所毁灭，这对基督徒而言是极大的安慰。因此，上帝应该受到赞美。他给哲学家们以真理之光。通过它，真理的法则得到确认和加强；通过它，我们了解到信仰的敌人将被毁灭。……萨拉森人可能会被鞑靼人或基督教徒摧毁。大部分萨拉森人连同他们的首都巴格达，以及哈里发，也就是他们的教皇被鞑靼人摧毁了。这是 12 年前发生的事情。哲学家爱伦修斯在他的宇宙图形学中明确地说过，被关在里海门内的民族将会冲入世界，与"敌基督"遭遇并且爱伦修斯称这一民族为"上帝中的上帝"。毫无疑问，身处门内的鞑靼人喷薄欲出，我们无法确定大门是否已经被打开了，在方济各修士看来，如今的法国国王路易正穿过大门和封闭其中的鞑靼人一道进入了深山。①

四 的黎波里的威廉的《萨拉森人状况的论述》

的黎波里的威廉出生于 13 世纪初黎凡特地区的十字军国家的黎波里伯国，死于 1273 年后。有人猜测威廉可能是随同十字军东征定居于巴勒斯坦地区的法国或意大利人的后裔。他是多明我修会的修士，13 世纪初多明我修会在近东的各个十字军国家（拉丁帝国、耶路撒冷王国、安条克公国、的黎波里伯国）非常活跃，他们向近东地区的穆斯林、犹太人和东正教徒传播天主教义，试图让他们皈依天主教会。13 世纪后半叶，埃及的马木路克王朝崛起，旭烈兀攻占巴格达后阿巴斯王朝的哈里发后裔阿布·卡西姆逃亡埃及，被埃及马木路克王朝的苏丹拜伯尔斯尊奉为哈里

---

① Bernard McGinn, *Visions of the End Apocalyptic Traditions in the Middle Ages*, New York: Columbia University Press, 1979, p. 156.

发，马木路克王朝的历任苏丹均接受哈里发的册封，从他那里获取统治埃及、叙利亚、两河流域上游和阿拉伯半岛西部的权力。埃及马木路克王朝在 13 世纪后半叶既面临着蒙古人的入侵，同时又不断与近东的十字军国家发生战争。1260 年，马木路克王朝的苏丹库图兹与尚为禁卫军将领的拜伯尔斯在约旦河左岸贝桑附近的艾因·扎卢特击败了蒙古统帅怯的不花率领的大军。击溃蒙古后，埃及人不断进攻十字军的各个据点。埃及人的军事行动惊动了罗马教皇格雷戈里十世，他开始收集许多来自近东的报告并予以分析和评估，试图号召欧洲的基督教君主和人民再次发动新的十字军东征。其中，的黎波里的威廉向教皇格雷戈里十世提供了一份报告——《萨拉森人状况的论述》。的黎波里的威廉在这份报告中将穆斯林比作世界末日来临前的"敌基督"并对蒙古人抱有很大的幻想，希望蒙古人能够再次发动西征，彻底灭亡埃及的马木路克王朝以缓解近东十字军国家所遭受的巨大军事压力。他在这份报告中写道：

　　　　其中的一则信条是这样的：萨拉森人的宗教是从穆罕默德的宝剑中兴起的并且因上帝的宝剑而没落。也就是说，它起于宝剑，终于宝剑。还有另外一则信条能够证明这一点。另一则信条如是说：犹太人经历了他们的时间，建立了他们的国家并最终走向没落，萨拉森人的国家和王国也会走向没落，但基督徒的信仰和国家将会一直持续至基督从天国再次降世，使一切变得更为公正、平和并杀死"敌基督"。还有一则信条能够证明这一点。这则信条是由《古兰经》撰写的：罗马人已经被征服了，但那些被征服的人仍旧可以征服他人并取得胜利。还有另一则信条并没有否认这一点，穆罕默德家族的后裔已经不再掌握权力了，穆斯林的权力掌握在所谓的巴格达哈里发家族的手中，萨拉森人的宗教和人民将会失败。直至 1254 年，鞑靼王子旭烈兀攻占了巴格达并杀死了上文提及的哈里发，巴格达哈里发的家族才完全没落。他们说世界末日将要临近，如今正处于末日的门口。①

---

①　Bernard McGinn, *Visions of the End Apocalyptic Traditions in the Middle Ages*, New York: Columbia University Press, 1979, pp. 154–155.

五 维特里的雅各的《耶路撒冷东方史》

法国维特里的雅各撰写的《耶路撒冷东方史》（*Historia Orientalis seu Hierosolymitana*）表达了十字军应联手东方的蒙古人共同对付"敌基督"穆斯林的思想。维特里的雅各是一位狂热拥护罗马教皇及其领导的天主教会、竭力支持各种铲除异端、异教徒十字军运动的教士。他曾经巡游法国、德国各地招募了许多十字军战士并亲自参与了第五次十字军东征，包括参加了1218~1220年的达米埃塔围攻战。1219年，他开始撰写《耶路撒冷东方史》，这是一部从伊斯兰教产生直至他所生活时代圣地的历史。在这部书中，维特里的雅各一如既往地敌视近东地区的穆斯林，但对于蒙古人却有着异乎寻常的好感。在书中，维特里的雅各把东方的蒙古人与印度的圣多马教派联系起来。印度的圣多马教派最早产生于公元1世纪，是由使徒多马在波斯、印度等地传布基督教之后形成的本土化教派。圣多马教派后来分裂为北、南两个分支派系，其中南派将基督教信仰与印度教本土文化结合起来，同时也兼具叙利亚和欧洲的教会文化因素。在"地理大发现"葡萄牙人驶抵印度次大陆传布欧洲基督教文化之前，印度圣多马教派在神学和教会方面已经自行发展了1000多年。维特里的雅各将蒙古人与印度的圣多马教派强行联系起来，并把他们的领袖称为"印度人的大卫国王"。维特里的雅各的此种描述似乎跟历史事实毫不相符，因为蒙古人四大汗国的疆域并未囊括今天的印度、巴基斯坦地区，维特里的雅各生活的时代早于突厥化的蒙古后裔在印度建立莫卧儿帝国将近3个世纪。维特里的雅各生活的时代尚处于蒙古西征的早期。蒙古人西征后在西亚建立的伊尔汗国此时尚未建立，而且即使伊尔汗国的蒙古人大汗及其族人后来遭受当地人宗教文化的同化也是信仰的伊斯兰教，而非基督教。所以，维特里的雅各将东方的蒙古人领袖奉为印度圣多马教派的大卫国王纯属偏离事实的主观臆想，当然更多是为了服务于他敌视伊斯兰教的宗教情感。为此，他将蒙古人视为反对伊斯兰教的潜在盟友，而不是基督教信仰的敌人。他的这种观点也遭到了很多学者的批驳，其中迈克尔奥博维斯从手稿和年谱学两个角度予以了质疑。①

　　蒙古人对亚欧大陆各个民族发动的征服战争是继马其顿帝国的亚历山大东征、阿拉伯人的征服之后的第三次世界性的大征服运动。欧洲人在与蒙古人最初接触的过程中由于战争的失败以及因为不熟悉而产生恐慌，赋予了蒙古人以末日启示理论中负面角色的形象。不过，随着时间的推移，蒙古人对于欧洲的征服因距离过于遥远和战线的拉长而渐趋停滞，蒙古人对于欧洲人不再具有致命的军事威胁。另外，由于蒙古西征将亚欧大陆上的众多政权纳入了自己的版图，消除了亚欧大陆东西方人员、物资、文化之间交流的壁垒和障碍，促进了亚欧大陆东西方之间的经济文化交流。随着欧洲与蒙古两方使者、旅行家和商人之间日益增多的交往，欧洲人对于蒙古人的认知也实现了从完全陌生到有所了解的转变，以往因陌生和隔膜而产生的恐惧感逐渐消失。最后，由于欧洲人在这一时期长期与地中海东岸的穆斯林为敌，本着"我的敌人的敌人就是我的朋友"的古老政治法则，他们幻想着能够联合同样与穆斯林作战的蒙古人夹攻埃及的马木路克王朝，消除他们发动十字军战争中的敌对障碍。尽管这种幻想最终因中亚、西亚的蒙古人皈依伊斯兰教而落空，但蒙古人在欧洲人末日启示理论中的形象却因此而发生了根本性的转变。蒙古人成了末日启示前"善恶对决"战中"善"的同盟军，与欧洲人一道同邪恶的穆斯林势力决战。蒙古人在欧洲人末日启示理论中形象的转变再次反映了欧洲人对于这一理论的运用并非僵化机械，而是根据实际情况的变化而做出相应的调整。

第二节　奥斯曼土耳其侵欧与末日启示神学的史学运用

　　在中世纪西欧基督徒所遭遇的各种异教、异端势力中，伊斯兰政权是其中最具实力、威胁最大的一股势力，因为伊斯兰政权长期与西欧的基督徒武力对峙，双方互有胜负，不像犹太人那样没有土地和政权，往往任由基督徒迫害和屠杀，也不像西欧内部的各种异端那样即使猖獗一时，只要

① Michael Oberweis, "Jüdische Endzeiteiwartung im 13. Jahrhundert-Realität oder Christliche Proj Ektion？" in Wolfram Brandes, Felicitas Schmieder Hrsg., *Antichrist: Konstruktionen von Feindbildern*, Berlin: Akademie Verlag GmbH, 2014, S. 148.

西欧教俗封建主稍微着力即可扑灭。伊斯兰势力对于西欧基督徒的威胁有时还很严重，甚至一度威胁了西方基督教文明世界的生存。如711年，阿拉伯帝国灭亡西哥特王国后继续深入西欧内陆，虽然732年法兰克、墨洛温王朝的宫相查理·马特阻挡了阿拉伯人继续向西欧内陆前进的脚步，但双方在比利牛斯山一线的战争摩擦不断，直至加洛林王朝的查理曼、虔诚者路易时期双方还一度兵戎相见。843年，加洛林帝国解体后，无力保护以罗马教皇国为中心的意大利地区，阿拉伯帝国的海军在地中海地区肆意横行，劫掠意大利、法国南部地中海沿岸地带，甚至一度威胁了罗马教皇国的安全。阿拉伯帝国分崩离析后，塞尔柱突厥人取代了阿拉伯人成了西欧基督徒最大的穆斯林敌人。塞尔柱突厥人攻占了圣地耶路撒冷，迫害前往圣地朝圣的基督徒，引发了西欧基督徒从异教徒手中收复圣地的"十字军东征"。由于在所有异教势力中，伊斯兰政权实力最强、威胁最大、对抗时间最长，所以西欧的基督教神学家在西欧人与伊斯兰势力接触伊始，也就是在伊斯兰势力扩张至西欧世界之初，他们就把信奉伊斯兰教的伊斯兰政权或穆斯林首领置于各种末世论以及世界末日启示论的负面角色中。这种在世界末日启示的框架内对伊斯兰势力予以描述，借以抒发宗教情绪，预测伊斯兰政权"命不久矣"并为基督教政权与伊斯兰政治实体之间的政治、军事斗争服务的神学处理方式贯穿于整个中世纪，甚至一直延续至近代早期。

中世纪西欧基督教神学家、史学家的处理方式又可以分为两种。第一种处理方式是将伊斯兰教的创始人穆罕默德或是伊斯兰教现政权的首脑人物如萨拉丁等人视为耶稣基督复临人间之前，尘世中出现的那位与基督为敌并最终被基督所毁灭的"敌基督"，他的出现意味着世界末日来临的时间已经为时不远了。

第二种处理方式是把伊斯兰势力的崛起以及对于西欧基督教文明地区的进攻、占领或征服视为上帝对于西欧基督徒罪孽的惩罚，是基督徒在世界末日来临前所必须经历的种种苦难中的一种。西哥特王国的《先知编年史》、安德鲁斯政权统治下的保卢斯·阿尔维鲁斯和殉道者欧洛吉亚以及第三次十字军东征期间意大利神学家菲奥勒的约阿希姆都曾以世界末日启示的框架解释伊斯兰势力的崛起并对其未来的命运做了不利的预测。纵观整个中世纪，先后与西欧基督教为敌的伊斯兰政治体主要有三个：阿拉伯帝国、塞尔柱帝国和奥斯曼土耳其帝国，这三个伊斯兰政治体尽管存续的时间可能有所交叉，但它们与西欧基督教世界敌对的历史基本上是前后相继的。其中，奥斯曼土耳其人崛起最晚，但对欧洲基督教文明的威胁和冲击最大。阿拉伯帝国仅仅占领了欧洲西南部的伊比利亚半岛，它曾多次围攻当时世界上最大的基督教帝国拜占庭帝国的首都君士坦丁堡而不克。塞尔柱帝国并未深入欧洲基督教文明区，只是在近东与远道而来的欧洲十字军作战。相比上述两个伊斯兰政治体，奥斯曼土耳其帝国的成就最大，它的大军不仅深入欧洲基督教文明的核心区，占领了东南欧的大片领土，还灭掉了延续千年之久的拜占庭帝国。

奥斯曼土耳其人是西突厥人的一支，原属于西突厥人乌古兹部落联盟的凯伊部落，曾在呼罗珊地区从事游牧活动，信奉伊斯兰教逊尼派。13世纪初由于受蒙古人西征的威胁，奥斯曼土耳其人迁徙至两河流域上游，其中一部分奥斯曼土耳其人在厄尔图格鲁尔的率领下进入了小亚细亚半岛西北部，依附于罗姆苏丹国。厄尔图格鲁尔死后，他的儿子奥斯曼继承了父职，他自称埃米尔，创建了奥斯曼埃米尔国，奠定了日后奥斯曼土耳其帝国的雏形，奥斯曼土耳其帝国之名即来源于奥斯曼本人。奥斯曼之后，乌尔汗、穆拉德一世、巴耶济德、穆罕默德一世、穆拉德二世、穆罕默德二世先后即位，奥斯曼土耳其帝国向亚洲西部和东南欧地区大举扩张，其间也有过挫折和衰落期。巴耶济德统治时期奥斯曼土耳其的势力扩张至两河流域，与崛起于中亚的帖木儿汗国发生了激烈的碰撞，巴耶济德战败被俘并亡故，但奥斯曼土耳其帝国并没有一蹶不振。到巴耶济德之子穆罕默德一世即位后，奥斯曼土耳其帝国的国势稍微复振，之后奥斯曼土耳其帝国的统治者把扩张的焦点转移至东南欧地区。穆拉德二世先后占领了帖撒罗尼加、阿尔巴尼亚、塞尔维亚等地区并多次击败了由匈牙利国王率领的基督教十字军。自奥斯曼开始，历代奥斯曼土耳其的统治者都把拜占庭帝国作为扩张的主要对象，而拜占庭帝国帕列奥略格王朝王室的内讧又为奥斯曼土耳其帝国卷入拜占庭帝国内部的纷争、扩大侵略创造了条件。

在穆罕默德二世统治之前，奥斯曼土耳其人几乎吞并了拜占庭帝国除首都君士坦丁堡以外的绝大部分领土，拜占庭帝国凭借君士坦丁堡险要的地理位置苟延残喘，最后穆罕默德二世依靠与加拉太区的热那亚人里应外合才于 1453 年攻陷了君士坦丁堡，灭亡了千年之久的拜占庭帝国。拜占庭帝国的灭亡对西欧基督教世界震动很大，因为拜占庭帝国长久以来充当了保护西欧基督教世界免遭伊斯兰教势力染指的桥头堡，但现在它灭亡了，西欧基督教世界直接暴露在奥斯曼土耳其人的兵锋威胁之下。罗马教皇不断向西欧的教俗封建主以及普通基督徒呼吁，号召他们对"异教徒"奥斯曼土耳其人发动十字军东征，而且在 1502 年，罗马教皇开始在西欧各地兜售赎罪券，以此换取发动新的十字军东征的战费。在德国兜售赎罪券的行为直接引发了德国教士马丁·路德的反对，成了宗教改革的导火索。

　　1453 年奥斯曼土耳其帝国攻占拜占庭帝国首都君士坦丁堡以及不断向东南欧腹心地带推进给西欧有关末日启示神学的活跃带来了新的动力，因为这一学说往往利用基督教和伊斯兰教之间的冲突，并将这一冲突赋予世界末日前善恶对决的末日启示意义。15～16 世纪欧洲基督教国家在对抗奥斯曼土耳其帝国时遭受重大挫折，如 1480 年奥斯曼土耳其人对意大利港口奥兰托的洗劫和屠杀，导致西欧的神学家需要从宗教神学的角度解释基督教必胜、奥斯曼土耳其帝国必败的神定宿命以鼓舞人心。于是，人们对于伪美多德《启示录》的兴趣又在西欧复苏了，他预测可怕的奥斯曼土耳其人将被某个类似传统的准弥赛亚式的人物所推翻。1496 年，一位名叫沃尔夫冈·艾丁格尔（Wolfgang Aytinger）的德国教士出版了《圣美多德启示录》（*Tractatus de revelatione beati Methodii*）。该书预测最后一位世界皇帝将于 1509 年战胜奥斯曼土耳其人，但没有确定这位最后的世界皇帝究竟是谁。究竟是勃艮第的菲利普，还是波兰的拉迪斯劳斯（Ladislaus）会担任这一救世主的角色？[①] 沃尔夫冈·艾丁格尔参照《启示录》这样描述奥斯曼土耳其帝国的苏丹："约翰说了很多事情，特别是在第 16 章，关于教会的状况和磨难，以及关于七个天使，据

---

① Bernard McGinn, "Forms ot Catholic Millenarianism: A Brief Overview," in Matt Goldish, Karl A. Kottman, Richard Henry Popkin and James E. Forcep eds., *Millenarianism and Messianism in Early Modern European Culture Volume II Catholic Millenarianism: From Savonarola to the Abbé Grégoire*, London: Kluwer Academic Publishers, 2001, p. 8.

说他们是教会的七个祸害……基督教最大的磨难是在奥斯曼土耳其人征服东方帝国和君士坦丁堡的时候。"①

在 15 世纪末还有一本类似《启示录》的畅销书,是意大利多米尼修士维泰博的安纽斯 [又名乔瓦尼·南尼 (Giovanni Nanni)] 的《论未来基督教的胜利》(De futuris Christianorum triumphis)。安纽斯曾担任教皇亚历山大六世的圣宫主管、首席神学顾问。安纽斯作品的开头部分是对《启示录》的线性解读,展示了《启示录》第 1~15 章是如何预测教会历史上的关键事件,直至君士坦丁堡陷落。这部书的首要论点是穆罕默德是"敌基督",基督徒在他的迫害中持续生存。第二部分将《启示录》的其余部分解释为对于奥斯曼土耳其目前胜利的预言 (第 16~17 章) 和基督教即将来临的胜利,届时教皇将会任命一位新的皇帝,他将击败奥斯曼土耳其人并收复被伊斯兰教征服的全部土地 (第 18~19 章)。第 20 章被解读为预示着教会将在尘世建立"千年王国"。在该书的第三部分,安纽斯以典型的文艺复兴时期的写作风格提供了 10 个支持其阐释论点的占星术结论,即在救赎的 1480 年,奥斯曼土耳其帝国将开始走向衰落,而基督徒们的好运将逐渐出现,东方的皇帝将出人意料地被 (教皇) 选中。②

以马丁·路德为代表的新教改革家们同样延续了中世纪基督教神学家的做法,把信奉伊斯兰教的伊斯兰政权或穆斯林首领描述成各种末世论以及世界末日启示论中的负面角色。他们尽管反对罗马教皇及罗马教廷,在信仰和灵魂得救方面与天主教徒存在着根本性的神学歧见,但对于伊斯兰政权或穆斯林首领在人类历史中角色和地位的认知却几乎没有太大的差别。新教改革家们的世界观和价值观仍旧以神本为基础,故而他们只能以,也必然以传统的神学善恶观中邪恶的形象描述他们心目中的基督的敌人。这些敌人既包括了威胁基督教世界的异教敌人,也包括了同样信奉基

---

① Heather Madar, "Dürer's Depictions of the Ottoman Türks: A Case of Early Modern Orientalism?" in James G. Harper ed., *The Türk and Islam in the Western Eye, 1450–1750: Visual Imagery before Orientalism*, London: Routledge, 2011, p. 158.

② Bernard McGinn, "Forms ot Catholic Millenarianism: A Brief Overview," in Matt Goldish, Karl A. Kottman, Richard Henry Popkin and James E. Forcep eds., *Millenarianism and Messianism in Early Modern European Culture Volume II Catholic Millenarianism: From Savonarola to the Abbé Grégoire*, London: Kluwer Academic Publishers, 2001, p. 8.

督但在信仰和灵魂得救方面存在种种分歧的教内人士，所以一个很有意思的现象是路德把奥斯曼土耳其人和罗马教皇都视为"敌基督"。马丁·路德是在奥斯曼土耳其帝国对巴尔干半岛和神圣罗马帝国威胁最大的时候发动宗教改革的。1529 年奥斯曼土耳其人对维也纳发动了围攻并在 1540 年对匈牙利全境发动了征服。马丁·路德在一篇论述奥斯曼土耳其人威胁的文章中写道："既然现在土耳其人和他们的宗教就在我们家门口，我们的人民必须警惕，以免……他们否认他们的基督而跟随穆罕默德。"① 1529 年奥斯曼土耳其帝国对维也纳发动了第一次围攻，使欧洲人感到恐惧。同年，马丁·路德写下了《论对土耳其人的战争》（*Vom Krieg wider die Türken*）和《反对土耳其人的军队布道》（*Heerpredigt wider den Türken*）两篇文章，其中土耳其人被描绘成反基督者，他们崇拜魔鬼，玷污妇女和儿童，这可以看作路德呼吁与土耳其人作战。对路德来说，他一生都在密切地参与"土耳其问题"，将土耳其人视为"帝国的敌人，无上帝的破坏者"是他生活中非常重要的一个方面。② 路德在《反对土耳其人的军队布道》中以《旧约》中但以理的世界末日预言为出发点，根据传统的历史学概念，将但以理在其异象中看到的"四巨兽"与四个帝国联系起来。根据路德的理解，在《但以理书》中最后一只狰狞的野兽是罗马帝国，它有着铁齿铜爪和十只角，但突然间，第十一只角会出现，它有人类的眼睛和一张大嘴，说着亵渎神明的话。路德将这第十一只角与伊斯兰教的错误教义联系起来，因为它缺乏神圣的目光，发表着可耻的言论。在路德看来，第十一只角是奥斯曼土耳其帝国，它将其他三只角推到一边，这种说法跟同时代的事件相契合。鉴于土耳其人已经征服了亚洲、埃及和希腊这三只角的现实，他们不会成功击败神圣罗马帝国。但他们仍旧是充满危险和极具侵略性的。③ 马丁·路德与奥斯曼土耳其人虽然生活在同时代，奥

---

① Catherine MacMillan, *Discourse, Identity and the Question of Turkish Accession to the EU*, London: Routledge, 2013, p. 37.

② Jochen Neubauer, *Türkische Deutsche Kanakster und Deutschländer*, Würzburg: Neumann Gmbh, 2011, S. 139-140.

③ Bent Holm, "Turks in Royal Rituality: Apocalyptic Historiography in Performative Practice," in Bent Holm, Mikael Bøgh Rasmussen eds., *Imagined, Embodied and Actual Turks in Early Modern Europe*, Wien: Hollitzer Verlag, 2021, p. 389.

斯曼土耳其人的兵锋距离路德生活的地区也并不远，他也想亲自阅读《古兰经》，但这一愿望并未实现，故而他对于奥斯曼土耳其人和伊斯兰教的认识和了解主要依据中世纪的文本。因此，他在自己的著作中重复中世纪神学家一贯的观念，将奥斯曼土耳其人视为上帝愤怒而惩罚基督徒的鞭子以及"敌基督"也就不足为奇了。

　　奥斯曼土耳其帝国国势巅峰阶段处于苏莱曼大帝统治时期，他在欧洲被称为"壮士"，他在奥斯曼土耳其帝国则被视为"律法者"。他从1520年至1566年统治奥斯曼土耳其帝国并积极向欧洲扩张，其中就包括他第一次对维也纳城的围攻，使欧洲人产生了严重的恐惧，而且他在国际交往中凭依奥斯曼土耳其帝国强大的国势展示了十分强势，甚至称得上是咄咄逼人的自信。当时神圣罗马帝国的皇帝查理五世在欧洲拥有德意志、西班牙、意大利北部、尼德兰等广袤的领土，而且还通过占有西班牙王位而据有了西班牙在美洲的广阔殖民地。在当时欧洲的封建君王、公侯和教皇、主教们的眼中，查理五世皇帝是那个时代最强大的统治者。但苏莱曼大帝并不承认这一点，从他给欧洲各国统治者的信件中可以看出。对他来说，查理五世皇帝并不是什么罗马皇帝，而只是一位"西班牙国王"。苏莱曼大帝对于查理五世皇帝国际地位的蔑视和质疑与中世纪历史上曾经出现的查理曼与拜占庭皇帝之间、奥托大帝与拜占庭皇帝之间有关"皇帝"名号的外交争议颇为类似，都是西欧与东欧、近东地区之间究竟哪一方应具有更高国际地位的对立与冲突。西欧的教会神学家、史学家往往从《圣经》神学中寻章摘句，找到抬高西欧封建帝王、贬低对方的神学依据。这种冲突通常伴随着强权之间的军事对抗和外交争锋，只不过与往昔的对抗和争锋有所不同，奥斯曼土耳其帝国与西欧基督教国家的冲突更为激烈，而且奥斯曼土耳其帝国对西欧基督教国家的威胁很大，在冲突中西欧方面长期处于下风。于是，西欧基督教神职人员更为激烈地从末日启示神学的角度诋毁奥斯曼土耳其帝国及其苏丹，希望以此增强西欧基督徒们对抗奥斯曼土耳其帝国的必胜信心。此时，西欧基督教正处于宗教改革期间，尽管天主教和新教之间的敌视十分激烈、不可调和，但在诋毁奥斯曼土耳其帝国方面，二者却出奇的一致。

　　早在1453年，奥斯曼土耳其帝国苏丹穆罕默德二世攻占君士坦丁堡后，教皇尼古拉五世就发布了十字军圣谕，将穆罕默德二世视为预想中的"敌基督"的化身。圣谕如下：

> 很久以前，有一个无情而残酷的基督教会迫害者：穆罕默德，撒旦之子，灭亡之子，死亡之子，他想和他邪恶的父亲一起吃掉基督徒的灵魂和身体，他渴求基督徒的血，他是一个极其残忍和嗜血的敌人，通过基督救赎灵魂。如今在当代，第二个穆罕默德已经崛起，效仿第一个穆罕默德的邪恶行为，使基督徒流血，用大火摧毁基督徒。他现在经过艰苦的斗争，拿下了君士坦丁堡城并将其划归他的帝国。在这个过程中，他屠杀了无数的基督徒，亵渎了所有的教堂和圣地。这确实是"敌基督"显现的预兆，他没有理性和精神，希望将整个西方置于他的统治之下，将基督教的名字从整个世界上抹去。①

德国新教神学家、史学家尽管反对天主教会，但与天主教会一样把奥斯曼土耳其人对于欧洲基督教国家的冲击看作启示录中的预言即将实现的信号，其中梅兰西顿较为全面地论述了奥斯曼土耳其人崛起这一事端在末日启示神学及其影响下的人类历史中的地位。梅兰西顿认为奥斯曼土耳其人虽然扩张势头猛烈，但究其实质也不过是被上帝所利用的又一个工具，它和异化的罗马教皇一样，都是上帝用以惩罚基督徒崇拜偶像的工具。梅兰西顿从《圣经》中的《但以理书》《以西结书》《启示录》出发，将奥斯曼土耳其人和教皇解释为"歌革和玛各"，并向新教福音派信徒们保证奥斯曼土耳其人永远不会占领整个欧洲，教皇一派最终也不会获胜。梅兰西顿在谨致塞巴斯蒂安·海勒的信中强调奥斯曼土耳其帝国并不是人类历史上的第五大帝国，他还对黑森的菲利普说过："歌革和玛各，就是来自奥斯曼土耳其的人，最后他们会造成残酷的荒芜。然而，他们不应该成为第五大帝国。"梅兰西顿认为，尽管奥斯曼土耳其人采取了扩张政策，但他们不会成功地建立第五大帝国，基督徒应该从中得到安慰……梅兰西顿

---

① Maurus Reinkowsk, "Das Osmanische Reich und Europap," in Heinz Kramer, Maurus Reinkowski Hrsg., *Die Türkei und Europa: Eine Wechselhafte Beziehungsgeschichte*, Stuttgart: W. Kohlhammer GmbH, 2008, S. 41.

此论的依据是基于《但以理书》形成的四大世界性帝国的学说，这些帝国将一直行使政治统治，直至末日天启的开始。①

类似的德国新教神学家还有约翰内斯·布伦茨，约翰内斯·布伦茨主张一般的基督徒应为战争提供服务，特别是针对奥斯曼土耳其帝国的战争。约翰内斯·布伦茨认为传教士应该劝说他们的会众悔改，因为既然德国人已经唾弃了福音，上帝的惩罚也是理所应当的。而传教士应该像诺亚、洛特、亚伦、摩西、约拿、基督、使徒、教父安布罗斯和奥古斯丁那样，将教会一次又一次地从灾难中拯救出来，呼吁他们的会众悔改。传教士有必要让他的人民听话，让他们改过自新，并停止可恶的罪过。王公贵族和臣民也要被提醒他们对皇帝的义务。约翰内斯·布伦茨在他对《但以理书》第7章的解释中加入了有关服兵役合法性的争论。《但以理书》第7章中预言在罗马帝国之后将崛起一位国王，而且比以前的国王更强大，他还将把三个国王置于他的统治之下……约翰内斯·布伦茨将《但以理书》这段话中所描述的力量解释为"奥斯曼土耳其人"，而不是指一般的"敌基督"。鉴于《但以理书》中有关奥斯曼土耳其人的预言，约翰内斯·布伦茨要求人们对基督的这个敌人发动最后的战斗。②

奥斯曼土耳其帝国的扩张深入东南欧阻断了东西方之间原有的贸易交通，迫使西班牙等西欧王室委任达伽马、哥伦布等航海家另辟蹊径，从海上寻找前往东方的新航路，从而客观上促成了西半球美洲新大陆的发现以及随后疯狂的殖民扩张和西班牙美洲殖民帝国的建立。奥斯曼土耳其帝国在东南欧扩张最为咄咄逼人之时适逢西班牙在美洲疯狂扩张之时，哈布斯堡王朝在欧洲广泛联姻使得查理五世的疆土极为广袤，包含了西班牙、奥地利、低地国家、那不勒斯、撒丁岛、西西里岛、美洲殖民地等地，更名义上领有神圣罗马帝国，占有神圣罗马帝国皇帝的称号。宗教意义上高于欧洲其他君主的卓越地位以及其所辖疆域毗邻奥斯曼土耳其帝国在东南欧占领区的事实使许多教会神学家对查理五世战胜奥斯曼土耳其人抱有很大

① Malte von Spankeren, *Islam und Identitätspolitik: Die Funktionalisierung der "Türkenfrage" bei Melanchthon, Zwingli und Jonas*, Tübingen: Mohr Siebeck, 2018, S. 115.

② Damaris Grimmsmannpp, *Krieg mit dem Wort: Türkenpredigten des 16. Jahrhunderts im Alten Reich*, Berlin: Walter de Gruyter Gmbň, 2016, S. 133-134.

的期望，这种反奥斯曼土耳其人的期望不仅出现在欧洲大陆本土，甚至还出现在西班牙美洲殖民地。

西班牙新阿拉贡地区的方济各会修士托里比奥·德·贝内文特·莫托利尼亚（Toribio de Benavente Motolinia）撰写了《新西班牙印第安人史》（*Historia de los Indios de la Nueva España*）。该书的主题虽然强调如何将墨西哥印第安人转化为基督徒，如何将墨西哥的教会转变为基督教的"耶路撒冷"，如何将《圣经》历史中的事件与方济各会在美洲的福音使命相提并论以形成美洲印第安人教会的目的论，但其视野却波及遥远的近东地区。这与当时地理大发现后全球逐渐连为一体的现实相呼应。莫托利尼亚在《新西班牙印第安人史》中记载了1539年印第安特拉斯坎拉人的一个"征服耶路撒冷"的庆典表演，这一庆典表演表明方济各会幻想将印第安人打造成基督教会的一支好战武装，他们将为收复耶路撒冷和击败奥斯曼土耳其帝国献出生命。在方济各会指导下，印第安人原住民表演的"征服耶路撒冷"的灵感直接来自西班牙在欧洲的政治环境。在美洲传教的方济各会传教士们认为，印第安原住民和欧洲人的民族联盟将来到耶路撒冷，迫使奥斯曼土耳其人皈依基督教，从而在世界末日的历史中参与一场地球上的民族、种族斗争，这是千年末日的前奏……由教皇和西班牙君主领导的基督教会最终将通过军事力量击败奥斯曼土耳其人，随即使他们皈依基督教，而不是消灭他们。[①]

像西欧的某些神学家、史学家一样，同一时期的奥斯曼土耳其帝国也存在着与西欧那种以《但以理书》为基础的世界末日启示学说。这一学说传统本身就源于近东地区，后来随着基督教的向西传播而传延至西欧，但在它的发源地近东地区却并未消失并发展成了拜占庭帝国、奥斯曼土耳其帝国等近东强权帝国与西欧强权帝国争夺区域霸权的舆论性工具。在16、17世纪的奥斯曼土耳其帝国也流传着一种末日启示性的预言，该预言强调在16世纪末的某一时刻，伟大的一年将来临。在该年，以苏丹苏莱曼大帝为领袖的伊斯兰教逊尼派将战胜所有其他宗教，届时地球上将只

---

① José Juan Villagrana, *Racial Apocalypse: The Cultivation of Supremacy in the Early Modern World*, New York: Routledge, 2022. p. 49.

有一个帝国——由一位神圣任命的统治者——"最后一位世界皇帝"统治。奥斯曼土耳其帝国苏丹苏莱曼大帝也在各个方面积极营造自己就是这位世界末日来临前"最后一位世界皇帝"的舆论氛围。他接受了伊斯兰教逊尼派领袖哈里发的称号，还拥有"真主的影子"（zill Allah）、"世界的普遍统治者和庇护者"、"有人居住的世界的普遍统治者"等称号。1560 年，苏莱曼在伊斯坦布尔建造了大清真寺，并下令在正门的入口处刻上铭文："在全能的真主及其胜利之师的佑助下，东方和西方土地的征服者，世界王国的拥有者。"①

为迎合苏莱曼大帝的这一需要，史学家梅乌拉纳·伊萨（Mevlänä 'Isa）于 1543 年撰写了概述奥斯曼土耳其帝国历史的著作——《隐秘事物汇编》（Camic iil-Meknunat）。该书的主题之一是苏莱曼大帝与神圣罗马帝国哈布斯堡王朝皇帝查理五世的竞争，他们两人都被梅乌拉纳·伊萨视为有志于成为受神灵指引的世界统治者或最后的世界皇帝。但梅乌拉纳·伊萨以多种方式论证苏莱曼大帝就是伊斯兰教经典中所记载的那位于最后审判日之前降临世间的救世主"马赫迪"，他将于星体汇合的那一年，即伊斯兰教历的 960 年，也就是 1522～1523 年成为"大联合之主"（sähib qiran），即开创大联合统治的全球统治者。他还说苏莱曼是神秘的教主，第三十位教主，他的到来恰好与伊斯兰教历 1000 年的到来相一致，故而，他是世界的精神统治者，在他身上凝聚了世俗和精神的力量。② 末日启示和"最后一位世界皇帝"的观念是苏莱曼大帝统治时期奥斯曼土耳其帝国神化苏丹权力的重要内容，也是奥斯曼土耳其人与西欧人在统治世界的神学合法性方面展开舆论竞争的有力工具，除了梅乌拉纳·伊萨这位富有神秘主义色彩的宫廷学者外，类似的学者还有很多，其表达形式也不局限于史学作品。

无论是西欧还是奥斯曼土耳其帝国，有关末日启示神学、史学的预测——世界末日将在 16、17 世纪的某一天到来，在此之前西欧基督教帝

---

① Anthony Pagden, *Worlds at War: The 2,500-Year Struggle Between East and West*, New York: Random House, 2008, pp. 278-279.

② Mercedes Garcia-Arenal, *Messianism and Puritanical Reform: Mahdīs of the Muslim West*, Leiden: Koninkijke Brill NV, 2006, p. 293.

国的皇帝或奥斯曼土耳其帝国的哈里发将彻底战胜异教皇帝或哈里发，成为世界的主宰——并未在现实中实现。相反，在整个 16、17 世纪，西欧基督教国家和奥斯曼土耳其帝国在东南欧和东部地中海世界长期对峙，而且随着奥斯曼土耳其帝国军事采邑制的崩坏以及以苏丹为首的上层统治者之间的争斗，奥斯曼土耳其帝国在由封建制度向资本主义制度转变的历史大趋势中落了伍，这一庞大的帝国逐渐走上了无可挽回的衰败之路。而它的长期对手西欧基督教国家则在这一历史大趋势中率先转变，占得了先机从而使双方的力量对比和攻守态势发生了转变，奥斯曼土耳其帝国成了被英、法、奥、俄等国瓜分的"西亚病夫"。但这一切均与基督教的神意无关，也与末日启示神学家、史学家预先写定的"剧本"不相符。除了较晚实行君主立宪的沙皇俄国和奥地利帝国，参与瓜分奥斯曼土耳其帝国的英、法等西欧国家并不是什么神命的基督教帝国，其元首也不是神命的基督教帝国皇帝，两国在资产阶级革命中均推翻了封建君主专制政体。而被15、16 世纪末日启示神学家、史学家寄予厚望的神圣罗马帝国，在世界步入近代的历史阶段里衰落成"既非神圣，亦非罗马，更非帝国"的徒具其名的"封建僵尸和空壳"。1806 年，法兰西第一帝国的皇帝拿破仑迫使长期占据神圣罗马帝国皇位的奥地利哈布斯堡王朝的皇帝放弃了神圣罗马帝国皇帝的头衔，这一帝国寿终正寝。长期领有这一帝国头衔的奥地利哈布斯堡皇室也开展了具有资产阶级性质的改革，将帝国转化成二元制的奥匈帝国并走上了近代化之路。这些历史剧变均超脱了末日启示神学家、史学家的预测，反证了这一宗教神学思想的荒诞无稽。

第七章

文艺复兴和宗教改革时期思想家们对于末日启示神学历史哲学的批驳与继承

第一节 反对"四大帝国"理论的意、法人文主义史家和史著

自 15 世纪文艺复兴时期开始，意大利、法国的人文主义史家开始否定基督教末日启示的神学历史哲学及其形式——"四大帝国"理论。这一理论认为人类历史将经历亚述、米底和波斯、希腊-马其顿、罗马四大帝国阶段，之后那位冒充耶稣的"敌基督"出现了，但在耶稣复临人间后，"敌基督"被耶稣毁灭并展开末日审判，人类尘世的历史走向了终结。由于耶稣基督迟迟未能复临人间，相反在欧洲又出现了拜占庭帝国、加洛林帝国、神圣罗马帝国。这三大帝国或者与罗马帝国存在着直接的历史承接关系（拜占庭帝国），或者统治者及帝国配享"罗马"的名号。于是，中世纪的基督教史家开创了"帝国权力转移"的概念，把拜占庭帝国、加洛林帝国、神圣罗马帝国统统解释为第四大帝国——"罗马帝国阶段"，这样既与基督教末日启示的神学历史哲学及其形式相契合，又观照了中世纪的历史现实。而且，中世纪的基督教史家还开创了"敌基督"拖延者、"最后一位世界皇帝"的神学历史人物的概念，把加洛林帝国的创立者查理曼解释成"敌基督"拖延者、"最后一位世界皇帝"，并虚构了"查理曼东征""查理曼东行耶路撒冷"的故事情节。这种处理历史的手法把上古时代和中世纪的历史联系在一起，没有意识到罗马帝国已经灭亡的事实，把拜占庭帝国、加洛林帝国和神圣罗马帝国看作罗马帝国的继

续。而且，"帝国权力转移"的概念认为因上帝的属意，基督教世界的领导权已经由意大利人的先人罗马人那里转移至法国人的先人法兰克人那里，继而转移至德意志人的先人日耳曼人那里。从近代民族主义的角度审视，"四大帝国"的理论存在着偏袒德意志人，不利于法国人，尤其是不利于意大利人的情感倾向。

一　人文主义史家反对"四大帝国"理论的原因

近代文艺复兴运动肇始于意大利。意大利的人文主义史家否定"四大帝国"的理论。这种否定既有反对神本史观的因素，又有民族主义情结在内。15 世纪中叶的意大利人文主义者弗拉维奥·比昂多颇为反感德意志人的先人日耳曼人，他将罗马帝国晚期日耳曼蛮族的入侵视为一场"灾难"。他撰写的长篇史作《罗马衰亡以来的千年史》，就是从 410 年西哥特首领阿拉里克攻占罗马城开始一直叙述至作者生活的时代，其叙述起点的选取意在表明西罗马帝国并不是在一个时间段内缓慢走向衰落的，而是因日耳曼人的入侵而骤然毁灭的。[1] 莱昂纳多·布鲁尼也认为在日耳曼蛮族入侵者的屠杀下，罗马帝国已经毁灭了，它既未在意大利复兴过，同样也未在德国复兴过。言外之意，莱昂纳多·布鲁尼不承认中世纪德意志人建立的神圣罗马帝国是古罗马帝国的延续和继承者。在强调日耳曼人入侵毁灭罗马帝国的前提下，意大利的人文主义者们进而认为 5 世纪西罗马帝国的覆灭是西欧历史的一个分水岭，西欧人由此进入了经济文化落后的中世纪。彼特拉克还发明了"黑暗时代"这一术语用以形容中世纪文明落后的历史状况。他们在探讨古代向中世纪转型时期的历史时，强调日耳曼人入侵带来的灾难导致了古代社会向中世纪社会的骤然转型并认为这种转型是一种历史的断裂，处处体现着罗马人和日耳曼人、古代和中世纪绝对化的二元对立。其中，日耳曼人是野蛮、落后的入侵者，正是他们毁坏了文明先进的古代地中海文明并将西欧带入了黑暗的中世纪。意大利人文主义者们在研究古典文化时，不知不觉地对之产生了一种特殊的

---

① E. B Fryde, *Humanism and Renaissance Historiography*, Bodmin, Gornwall: Robert Hartnoll Ltd. , 1983, p. 8.

感情。他们对于古代世界的研究和赞美越强烈，把古代罗马的衰亡当作民族灾难的情感也就越强烈，因而把罗马帝国的征服者日耳曼人看作一些粗俗与暴戾的野蛮人。① 另外，意大利人文主义者对于日耳曼人的此种看法也与同时代民族主义思潮的抬头有关。这一时期意大利半岛上的城市国家萌生了资本主义萌芽，不仅经济贸易繁荣富庶，在科学文化方面也走在了欧洲诸国的前列，但在政治上，意大利半岛由于长期分裂缺乏一个强有力的中央集权国家而屡屡蒙受外族的入侵和干预，法国、西班牙、德国等国纷纷侵入意大利。这种现实激起了意大利人文主义者对于异族入侵者的仇恨，认为他们是落后的野蛮人。如彼特拉克就曾直言："所有法国人都是野蛮人，但不一定所有的野蛮人都是法国人。"② 总之，意大利人文主义者否定"四大帝国"理论，认为罗马帝国在日耳曼人入侵的时候就已经灭亡了，拜占庭帝国、加洛林帝国、神圣罗马帝国都不是罗马帝国的延续。

　　与意大利人文主义者一样，法国人文主义者反对"四大帝国"理论同样出于两方面的原因。一是人文主义者对待历史秉持了一种求真求实的态度，认为推动历史发展的动力是人类，重新肯定了人类在历史发展过程中的主体作用，不再认为历史是神意安排的，因而对于历史的认知较为客观和理性，排除了中世纪通行的"以经解史"的做法。二是受近代法兰西民族主义的影响，"四大帝国"及"帝国权力转移"理论构建了一个充当基督教世界领导者的大帝国，这一大帝国因上帝属意，有权领导整个基督教世界，它将率领全人类最终完成上帝赐予的神定使命并迎来世界的末日。在这一大帝国之外的其他国家或者为其所征服，被纳入它的版图，或者作为大帝国的附庸接受其领导，总之将匍匐在它的脚下俯首称臣。在中世纪鼎盛时期和晚期，"四大帝国"及"帝国权力转移"理论通常将神圣罗马帝国设定为"第四大帝国"，而 962 年，罗马教皇约翰十二世为萨克森公爵奥托一世加冕为"罗马皇帝"也秉持着同

---

① Alfons Dopsch, *The Economic and Social Foundations of European Civilization*, M. G. Beard, and Nadine Marshall trans. , Oxon: Routledge, 1937, p. 2.

② W. R. Jones, *The Image of the Barbarian in Medieval Europe*, New Hampshire: University of New Hampshire, 1971, p. 402.

样的用意，即重新建构一个领导基督教世界的大帝国。然而，有关神圣罗马帝国神学历史地位的此种设定与近代法国绝对君主制确立的现实相抵牾。英法百年战争结束后，法兰西王国逐渐消除了封建割据，走向了统一，而法国王权也逐渐走向强大。经历了查理八世、路易十二、法兰西斯一世三代君主的努力，法国绝对君主制得以确立。其间，原有的等级代表会议三级会议停止召开，国王依恃武力任意征税，一切决策均由官僚制的御前会议决定。弗朗索瓦一世统治时期，法国与哈布斯堡家族统治的神圣罗马帝国展开了激烈的争夺欧洲霸权的斗争。在法国绝对君主制确立的过程中，国内封建割据势力、国外的神圣罗马皇帝、罗马教皇都是法国王权的威胁，为了因应绝对君主制确立的需要，法国的人文主义者在政治思想领域重申国王的最高统治权以及法国的政治独立和宗教自主，形成了一种关于以君主制为核心的民族国家主权的政治学说和历史观点，其中让·博丹（Jean Bodin）是其中最具代表性的人物。由于"四大帝国"理论把德意志人的神圣罗马帝国设定为基督教世界的领导者，妨碍了法兰西民族国家的主权，遭到了让·博丹的批驳。他在《简单认识历史的方法》（*Method for the Easy Comprehension of History*）一书中对以"四大帝国"相继更替解释历史的方法展开了挑战，让·博丹认为把神圣罗马帝国作为人类历史发展的中心来叙述显然违背了他所生活的时代的历史现实。[①]

二　反对"四大帝国"理论的史家和史著

（一）莱昂纳多·布鲁尼的《佛罗伦萨人民史》

莱昂纳多·布鲁尼是意大利人文主义者，历史学家和政治家，常被视为早期文艺复兴时期最为重要的人文主义史家，被称为第一位近代史家。他也是最早使用"古典、中世纪和近代"三段论描写历史的史家。布鲁尼出生于托斯卡纳的阿雷佐城，曾任佛罗伦萨共和国政府秘书长，是佛罗伦萨人文主义者小圈子中的核心成员，还曾担任罗马教廷的秘书。他撰有

[①] Michael Laffan, Max Weiss, *The History of an Emotion in Global Perspective*, Princeton: Princeton University Press, 2012, p. 14.

《佛罗伦萨人民史》等著作。

布鲁尼在《佛罗伦萨人民史》的第一卷中彻底摒弃了中世纪传统的"四大帝国"相继更替的解说模式,没有再以《旧约》中的神圣历史故事为叙述的主线,而是以意大利人的历代先人为本位,从意大利亚平宁半岛自身的历史开始叙述。他对曾经发生在亚平宁半岛上的伊达拉里亚人的历史、罗马人的历史以及中世纪的历史轮廓进行了重构。伊达拉里亚人在罗马人的势力大为扩张之前就已经控制了意大利的中部。他们以托斯卡纳的12个城邦为中心组建了自由的族群联盟,他们享有高雅的文化和宗教生活。布鲁尼热切地歌颂共和制度,对于罗马帝制秉持批评的立场。他认为共和时期的罗马人具有的各种崇高品德和团结精神使他们成功打败了伊达拉里亚人并统一了意大利半岛。① 然而,罗马帝制确立后,罗马人失去了政治自由,皇帝们腐败不堪,布鲁尼认为罗马帝国的大多数皇帝是邪恶的怪物,于是一伙来自北欧的野蛮入侵者最终摧毁了罗马帝国的躯壳。② 君士坦丁大帝把首都转移至拜占庭,建立了希腊人的帝国,真正的以意大利为根据地的罗马帝国已经灭亡了。查理大帝曾试图重建罗马帝国,得到了某些不靠谱的教皇的支持,但他的努力最终失败了。"他的继任者们只不过是些日耳曼族群的野蛮人;他们为'罗马帝国'的空虚头衔而骄傲不已,却很少驻跸于意大利且并没有在意大利行使真正的权力。"③ 也就是说,布鲁尼最先提出罗马帝国在5世纪就已经寿终正寝了,并且把罗马帝国与拜占庭帝国和查理曼开创的加洛林帝国截然区分开来。

(二) 弗拉维奥·比昂多的《罗马衰亡以来的千年史》

弗拉维奥·比昂多出生于意大利的弗利,曾出任威尼斯共和国政治显要的秘书。后来,他曾在罗马教廷效力,成为教皇文书信件的撰写人并多次受教皇委派参与外交事务。比昂多的《罗马衰亡以来的千年史》从公

---

① Leonardo Bruni, *History of the Florentine People: Books I–IV*, James Hankins ed. and trans., London: Harvard University Press, 2001, pp. xiv–xv.

② Leonardo Bruni, *History of the Florentine People: Books I–IV*, James Hankins ed. and trans., London: Harvard University Press, 2001, pp. xiv–xv.

③ Leonardo Bruni, *History of the Florentine People: Books I–IV*, James Hankins ed. and trans., London: Harvard University Press, 2001, pp. xiv–xv.

元 410 年西哥特人攻占罗马城开始一直叙述至 1442 年。无论从书名还是著作的起止，都能看出比昂多对于中世纪基督教 "四大帝国" 理论的否定。首先，比昂多认为自日耳曼蛮族入侵后，罗马帝国已经灭亡了，他意识到中古时期罗马帝国已经不复存在，不承认神圣罗马帝国是古罗马帝国的继续。其次，他考察的对象是中古时代以意大利半岛为重心的欧洲历史，他侧重意大利的历史，同时也注重对于中古欧洲历史重大事件和重要历史人物的记叙。比昂多在其著作的年代学安排上，以及在第三个十卷集的导言中都隐约暗示他把公元 410~1442 年的 1000 多年看作一个不同于他所处时代的历史时期。他的这一观点对后来产生的中世纪概念有影响。[①]

（三）罗贝尔·盖刚的《法兰克人的起源和事业纪要》

罗贝尔·盖刚是法国人文主义学者，曾充任法国国王路易十一和查理八世的使节，出使德国、意大利和英国，替王室之间的政治联姻和订立盟约效力。[②] 盖刚的《法兰克人的起源和事业纪要》从古代高卢一直叙述至 1499 年。盖刚也摒弃了 "四大帝国" 理论，以法国和法兰西人的先人法兰克人作为主体和本位叙述历史，他对于中世纪历史撰著中长久沿袭的传说和由基督教末日启示说衍生的传奇故事秉持怀疑的态度，开篇就对法兰克人的 "特洛伊起源" 说提出了怀疑，而且对于因 "四大帝国" 理论衍生的 "查理曼远征耶路撒冷" 的传奇故事也采取了拒斥的态度，初步具备处理历史史料的辨别和批判意识。

（四）弗朗索瓦·博杜安的《论查士丁尼的新法》

博杜安，法国人文主义学者，罗马法研究者，著有《查士丁尼农业立法》《论查士丁尼的新法》《整体史建立及其与法学的结合》。1559 年，博杜安出版了《论查士丁尼的新法》，这部法学著作虽然主要是探讨和研究罗马法的，但从历史意识的角度，我们可以清晰地发现博杜安已经非常明确地意识到古代罗马帝国和中世纪的拜占庭帝国之间深刻而本质性的差

---

① Wallace K. Ferguson, *The Renaissance in Historical Thought*, Toronto：University of Toronto Press, 2006：13. 转引自徐波《文艺复兴时代著名历史学家及其代表作》，中国青年出版社，2015，第 60 页。

② 徐波：《文艺复兴时代著名历史学家及其代表作》，中国青年出版社，2015，第 119 页。

异，他的这种认知也是对中世纪基督教"四大帝国"理论的一种背离。依照"四大帝国"及"帝国权力转移"理论，君士坦丁大帝迁都古希腊殖民城市拜占庭后，只是罗马帝国的权力在地理位置上发生了迁移，帝国的实质并未发生改变，帝国依旧是上帝属意的"第四大帝国"——"罗马帝国"，古代的罗马帝国和中世纪的拜占庭帝国同属于第四大帝国"——"罗马帝国"阶段。"罗马帝国都城从罗马迁至君士坦丁堡，这不仅仅是都城的变换，实际上帝国的形式和面貌都发生了改变，它有不同的司法、不同的宗教、不同的风习、不同的政治。君士坦丁不仅抛弃了异教的迷信，同时也抛弃了罗马言语方式和生活方式。君士坦丁堡的罗马帝国与以前的罗马帝国的这种疏离，到查士丁尼时代终于完成。"[1]

（五）让·博丹的《简单认识历史的方法》

让·博丹是法国文艺复兴时期著名的政治思想家，出身于中产阶级家庭，青年时期就读于图鲁兹大学，毕业后担任过律师、检察官及法国三级会议代表，曾任阿朗松公爵的侍从秘书，受到法国国王恩宠。博丹一生除致力于政治学和法学的研究外，对古希腊哲学、占星学、地理学及物理、医学均有较深造诣。博丹认为由于真正的罗马帝国早已不复存在，但以理梦中的"第四大帝国"无法在世界近代史上寻觅到相应的对象国，这一时期奥斯曼土耳其帝国的规模之大、实力之强都超过了哈布斯堡家族统治下的神圣罗马帝国，神圣罗马帝国不是那个上帝属意的基督教帝国。[2] 博丹认为"四大帝国"理论不利于符合自然发展规律的正确历史分期的形成："'四大帝国'并不是一个暂时的怪念头或短暂的概念。相反，它是一种根深蒂固的历史思想，阻碍了学者依照一种更为符合自然的基础划分历史。"[3] 博丹不仅在《简单认识历史的方法》的第七章中驳斥了"四大帝国"理论，还驳斥了另一个由但以理神谕和古典诗人、哲学家创立的"黄金时代"的传奇说法。这种传奇说法认为人类历史由金、银、铜、铁

---

[1] 徐波：《文艺复兴时代著名历史学家及其代表作》，中国青年出版社，2015，第135~136页。

[2] Daniel Rosenberg, Anthony Grafton, *Cartographies of Time: A History of the Timeline*, New York: Princeton Architectural Press, 2010, p.56.

[3] Elena N. Boeck, *Imaging the Byzantine Past: The Perception of History in the Illustrated*, Cambridge: Cambridge University Press, 2015, p.116.

各个时代构成，依次倒退。但以理所解的"大像"梦代表着五个时代：金头代表的是第一个时代，银胸代表的是第二个时代，铜腹代表的是第三个时代，铁腿代表的是第四个时代，而泥足代表的是第五个时代。[1]

三　人文主义史家反对"四大帝国"理论的历史特点及影响

（一）神圣罗马帝国的敌对国

值得注意的是，反对"四大帝国"理论的人文主义史家出自神圣罗马帝国的敌对国家——法兰西王国和意大利。在 15、16 世纪向近代早期转型过渡的历史时期里，法兰西王国逐渐摆脱了中世纪的封建割据状态，法国王室已经基本上制服了地方上封建割据的大贵族，能够对全国实行较为直接和有力的控制，走上了绝对君主制确立和完善的道路。在对外政策上，法国的华洛亚王朝和波旁王朝积极扩张，参与了争夺欧洲霸权的战争，意大利半岛和尼德兰地区是法国争夺的重点，华洛亚王朝的末代君主查理八世企图控制意大利，使法国卷入了长达半个世纪之久的意大利战争（1494~1559）。大多数的意大利城邦、教皇国、法国、西班牙、神圣罗马帝国、英国、奥斯曼土耳其帝国不同程度地卷入了这场战争。这场旷日持久的战争虽然伴随着联盟、反联盟以及频繁的断交与背叛，但对决的主角自始至终都是法国和神圣罗马帝国，所以这一时期的法国与神圣罗马帝国之间存在着较为深刻的民族敌对情绪。自中世纪以来，意大利一直以四分五裂的政治形态出现在欧洲的政治舞台上，占据半岛中部以罗马城为中心的政治实体是教皇国，其余领土被威尼斯共和国、佛罗伦萨共和国、那不勒斯王国和米兰公国等较大的政治实体以及费拉拉、曼托瓦、乌尔比诺、波洛尼亚、佩鲁贾、锡耶纳等较小的政治实体所分割。四分五裂的政治形态不仅是近代意大利实力屡弱的根源，而且更为致命的是，意大利诸国的统治者们在发生内争时总是习惯寻求外国势力的支持，这就为法国、神圣罗马帝国等外族势力的干预和介入开辟了道路。在意大利战争期间，意大利半岛饱受兵燹之灾，西班牙国王查理一世继承了神圣罗马帝国的皇位（称查理五世），占有庞大的领地后，更为热情地参与争夺意大利的战争，

---

[1]　Julian H. Franklin, *Jean Bodin*, London: Routledge, 2016, p. 408.

曾一度击败法军并将其逐出意大利。事实上，自 962 年起，神圣罗马帝国成立后，历代皇帝为了使自己"罗马皇帝"的名号名副其实，热衷于出兵意大利并在罗马城由罗马教皇加冕。此举使神圣罗马帝国的皇帝们无法集中精力制服国内分裂割据的地方诸侯，同时也加剧了意大利分裂和遭受外族势力控制的状况，因而在中世纪向近代转型的历史时期里，德、意两国都未能形成类似英、法那样的，以王权为核心的统一的近代国家。"四大帝国"及"帝国权力转移"理论把神圣罗马帝国设定为上帝属意的基督教世界的领导者，认为上帝的属意已经由意大利人的先人罗马人转移至法兰西人的先人法兰克人那里，最终转移至德意志人那里，这种设定明显与法国和意大利的民族主义情结相抵触。在文艺复兴时期，法、意两国的民族主义情绪开始萌生并逐渐高涨，"四大帝国"及"帝国权力转移"理论自然而然地遭到了拒斥。

（二）人文主义者与宗教改革家之间的分歧

法国、意大利的人文主义者反对"四大帝国"理论，而德国新教路德宗的宗教改革家赞同"四大帝国"理论，这种态度上的差异体现了人文主义者与宗教改革家之间的分歧。文艺复兴与宗教改革同属于近代欧洲两场较大的思想文化解放运动，都对中世纪基督教会的思想文化造成了冲击，都在某种程度上反映了正在形成中的资产阶级的某些利益诉求，只是文艺复兴的革新性主要表现在文化艺术领域，宗教改革的革新性主要表现在思想意识形态领域。虽然同样反对中世纪基督教的思想文化，但人文主义者却与罗马教皇及其教廷保持着各种形式的合作，他们在教皇的庇护和支持下发展人本主义的文化艺术。相比之下，新教改革家们都是坚定的反教皇至上主义者，他们反对教皇及天主教会在人类灵魂救赎方面的"中介"作用，但他们的思想观念仍旧是基督教式的神本主义。由于强调恢复并借用早期基督教会的某些教义和传承，用以反对中世纪天主教会的种种做法，一些宗教改革家的神本主义观念甚至更为强烈和偏执，他们对于《圣经》的迷信也更为强烈，这也使他们成了近代自然科学的反对者。例如，在瑞士发动宗教改革的新教改革家加尔文就曾将发现血液循环的西班牙医生塞尔维特活活烧死。由于对《圣经》的迷信和受神本主义思想观念的影响，宗教改革家对于基督教末日启示的神学历史哲学深信不疑，而对于基督教末日启示神学历史哲学的一个重要理论和撰史模式——"四大帝国"理论也颇为认同。

第二节　德国新教史学家对"四大帝国"理论的运用

及至中古向近代转型的历史时期，随着文艺复兴时期人文主义思想的启迪和影响，中世纪基督教的神本史观受到了严重的否定和冲击，强调人本和理性的人文主义史学取代了神本史观的中世纪基督教史学，而"四大帝国"理论属于基督教末世论的神学范畴，自然遭到了人文主义者的反感。然而，在宗教改革时期，德国新教路德宗的史家却非常喜爱"四大帝国"理论。这一理论认为神圣罗马帝国皇帝是古罗马皇帝的合法继承人并把神圣罗马帝国置于人类历史发展的中心地位，因而它在宗教改革期间及其后的德意志世界仍旧大受欢迎并持续统治德意志世界的史学编纂领域，如约翰·卡里昂（Johann Carion，1499–1537）和菲利普·梅兰西顿（Philipp Melanchthon）的《总体编年史》（*Universal Chronicle*）等。[1]

一　德国新教史学家追捧"四大帝国"理论的原因

（一）对于中世纪基督教神学史观的继承

16世纪，德国的宗教改革虽然反对罗马教皇及其领导的天主教会，但对中世纪基督教神学史观却是极为认同的。"在德国，无论是路德派还是天主教都把历史学作为神学的婢女，宗教改革为史学增添了新的成分，史学服从于宗教论战的目的。"[2] 为了攻击罗马天主教会的历史根基，路德派新教徒在马提亚弗拉西阿斯身上找到希望。在六位同事的大力协助下，他编写了著名的《马格德堡世纪》13卷，该书以每100年为一卷，故称为"世纪"。但该书编写并未超过13个世纪，重点是论述教会史。它否定了意大利人文主义者所说的世界运动是人造成的论点，坚信推动历史前进的原动力是上帝而不是人，把历史看作上帝意志的记录。该书在历

---

① Paul Findlen, *Athanasius Kircher: The Last Man Who Knew Everything*, New York：Routledge, 2004, p. 177.

② 许敏：《德国宗教改革下的史学论战与史学发展》，《改革与开放》2015年第9期。

史进程与历史发展动力等方面也看不到意大利人文主义思想的影响，而且与中世纪的神学观点没有太多出入。① 反对罗马教廷的路德派为何认同中世纪基督教史学的神本史观呢？对于中世纪罗马教皇的世界主权和在人类救赎方面所起的"中介"作用，马丁·路德是坚决反对的，他主张人们的灵魂能否得救取决于他们是否虔信上帝，即"因信称义"，因而不需要罗马教廷在上帝和信徒之间的中介和沟通作用，《圣经》是信仰的唯一依据。基督教史学的末日启示论源于《圣经》，《圣经》揭示了人类历史将会最终走向终结并给出了耶稣基督将会复临人间进行审判，建立基督为王的"上帝之国"的启示。而且《圣经》在记载先后与上帝立约的"选民"——犹太人和基督徒的神圣历史的同时，也记载了与他们同时代的世俗帝国（亚述、米底波斯、希腊-马其顿、罗马）的历史。笃信《圣经》的路德教派自然对基督教的末日启示论和"四大帝国"更替的理论深信不疑，这一点他们与天主教徒是别无二致的，他们反对文艺复兴时期人文主义史家的人本史观。

从马丁·路德著名的"两个王国"理论中可以看出他对基督教末日启示论的认知。马丁·路德的"两个王国"理论认为人类历史是"上帝之城"或"上帝之国"与"魔鬼之城"或"魔鬼之国"的分歧与斗争。② 《启示录》中"上帝之国"和"魔鬼之国"之间的斗争将要一直持续至时间的终结。然而，马丁·路德没有明确指出耶稣复临人间展开末日审判的时间，他认为未来的这一时间是无法把握和确定的，因此《启示录》中"上帝之国"与"魔鬼之国"的斗争将会一直持续。③ 路德认为"上帝之国"又分为两个王国，其中一个是耶稣基督的精神王国，另一个是保护人们生命的世俗统治的王国。尘世中的王国通过法律、理性和武装暴力寻求正义，为它的公民们提供社会福祉。精神王国通过言辞和精神、圣恩和信仰寻求公正。它提供的是永恒的赎罪得救。这两个王国是独立的并

---

① 许敏：《德国宗教改革下的史学论战与史学发展》，《改革与开放》2015 年第 9 期。
② A. J. Swoboda, *Blood Cries Out: Pentecostal, Ecology, and the Groans of Creation*, Oregon, Eugene: Pickwick Publications, 2014, p. 119.
③ A. J. Swoboda, *Blood Cries Out: Pentecostal, Ecology, and the Groans of Creation*, Oregon, Eugene: Pickwick Publications, 2014, p. 119.

且互不干扰，只有在抵御精神邪恶方面，精神王国可以帮助世俗王国。①至于世俗王国将会经历"四大帝国"的更替，这一点路德也是非常认同的。他本人还曾经为《但以理书》作序，在这一序言中他写道："罗马帝国是人类将会经历的第四个帝国，也就是尼布甲尼撒梦魇中的第四只巨兽——它恐怖可怕，极其强壮……它有十个角。"路德认为，"《但以理书》中第四只巨兽的十个犄角指的是与罗马–拜占庭帝国同时出现的十个王国，包括叙利亚、希腊、意大利、英格兰和德国以及其他王国，其中一个小的犄角指代的是穆罕默德的伊斯兰诸帝国，还包括被奥斯曼土耳其人击败的希腊、埃及和亚洲其他国家。路德也信奉'帝国权力转移'理论，认为罗马帝国的权力最终转移至神圣罗马帝国，也就是说，他认为他所生活的时代仍旧属于'第四大帝国'阶段。路德宣称罗马帝国的遗产现在已经转移至神圣罗马帝国，尽管神圣罗马帝国现在如此虚弱，但它却能一直坚挺至世界末日到来前的最后一天。至于世界末日何时到来，路德没有明确表明"②。

（二）德意志民族主义情绪的刺激

15~16 世纪的德意志世界是由神圣罗马帝国统治的，然而，这一时期的神圣罗马帝国并不是一个实行中央集权制度的大一统帝国。神圣罗马帝国诞生于 962 年，当时的德意志国王、萨克森公爵奥托一世被教皇约翰十二世加冕，称"罗马皇帝"，德意志王国便成了"德意志民族神圣罗马帝国"，也就是德国历史上的第一帝国。神圣罗马帝国是建立在东法兰克王国分裂割据的基础上的。10 世纪初，东法兰克王国内部已经形成了萨克森、法兰克尼亚、巴伐利亚、士瓦本、洛林、图林根等大公国。而神圣罗马帝国建立初期的几位皇帝热衷于出兵征服意大利和参与十字军东征，影响了自己国内的统一。1356 年，神圣罗马帝国卢森堡王朝的皇帝查理四世颁布金玺诏书，确认皇帝须由七大选帝侯推选，进一步影响了德国皇权的强大，助长了德国割据分裂的局面。15 世纪

---

① A. J. Swoboda, *Blood Cries Out: Pentecostal, Ecology, and the Groans of Creation*, Oregon, Eugene: Pickwick Publications, 2014, p. 119.

② Mark J. Boda and J. Gordon McConville, *Dictionary of the Old Testament: Prophets*, Downers Grove: Intervarsity Press, 2012, p. 130.

初，德国的皇位开始由哈布斯堡家族世袭，16 世纪初哈布斯堡王朝的皇帝马克西米利安一世试图加强德意志的中央集权，但未获成功。德国严重分裂割据的局面使它成了罗马天主教会宗教控制和剥削的重要对象，马丁·路德宗教改革的直接导火索就是因为罗马天主教会在德国兜售赎罪券，榨取德国信徒的财富。依照德国新教联盟新闻通讯社编辑库尔特·辛多夫斯基的说法："在天主教会与有文化、具有个人主义精神的德意志民族之间根本不可能存在一致与和谐。辛多夫斯基认为中世纪的天主教不适合成为'年轻、富有活力、具有男子汉气概的部族'的一种持久的宗教，它赋予了民族'女性气质'的标志。路德对于罗马教廷的挑战揭露了德意志民族主义和罗马教廷世界主义之间原本的固有冲突。从这一角度而言，宗教改革代表的是民族的解放；它的主要领导者马丁·路德是第一位真正的德意志基督徒。"①

另外，德国虽然分裂割据，但皇帝从未丧失争斗欧洲霸权的雄心，一有机会便积极参与争夺欧洲霸权的战争。16 世纪初，神圣罗马帝国皇帝查理五世因继承关系而拥有了一个疆域包括德意志、西班牙、尼德兰、意大利北部以及美洲殖民地的地跨欧美两大洲的大帝国。他与法国国王弗朗索瓦一世和奥斯曼土耳其帝国苏丹苏莱曼一世展开了争夺欧洲霸权的战争。查理五世为了争夺勃艮第、意大利北部和匈牙利等地与法国-奥斯曼土耳其联盟几次交锋互有胜负。与法国、奥斯曼土耳其等的争霸战争刺激了国内的民族主义情绪，史学界也出现了加强民族主义的声音。雅各布·温费林的《直到我们时代的德国简史》一书便是最好的例证。该书痛斥法兰西君主力图强占德意志帝国以西领土的行为并力图证明法国人无权觊觎这些土地。他试图推断查理曼是德国人，还大量引用塔西佗和其他古代作家的言论，力证日耳曼部落特利博契人曾沿莱茵河和易北河居住，是斯特拉斯堡居民的祖先。断言阿尔萨斯自古以来是德国领土。② 依照"四大帝国"理论，神圣罗马帝国可以被解释为上帝属意的最后一个神圣帝国，满足了民族主义情绪高涨的德国人的需要，因而被新教路德宗史学家所采用。

---

① Helmut Walser Smith, *German Nationalism and Religious Conflict Culture, Ideology Politics, 1870-1914*, New Jersey: Princeton University Press, 1995, pp. 53-54.

② 许敏：《德国宗教改革下的史学论战与史学发展》，《改革与开放》2015 年第 9 期。

二 新教史家运用"四大帝国"理论撰写的史著

(一) 约翰·卡里昂和菲利普·梅兰西顿的《总体编年史》

在德国新教史学家中最早运用"四大帝国"理论撰写历史的是年代学家、占星家约翰·卡里昂,他的代表作是《总体编年史》。约翰·卡里昂曾在勃兰登堡边地侯约阿希姆一世的宫廷中担任"星官",他还是德国新教改革家路德的学生,菲利普·梅兰西顿大学期间的好友。由于深受德国宗教改革思想的熏陶,卡里昂立志撰写一部与德国宗教改革思想相契合的世界历史著作,用于教导德国教会学校中的学生。他于是广征博引,多方搜集材料,囊括了古典时期希罗多德及李维的著作、中世纪的各种编年史还有距离他所生活的时代较近的一部编年史——纳克勒的《编年史》。[1] 约翰·卡里昂完成《总体编年史》的写作后,把德文手稿寄给了宗教改革家菲利普·梅兰西顿,菲利普·梅兰西顿对约翰·卡里昂的《总体编年史》进行了改写并以自己的名义为它撰写了一则序言。[2] 1532 年,《总体编年史》被以约翰·卡里昂的名义出版,在宗教改革如火如荼展开的历史时期里,这部《总体编年史》深受新教大众的欢迎。1558 年和 1560 年,菲利普·梅兰西顿两次对拉丁文版的《总体编年史》进行了修订,该书涵盖了整个世界历史,直至查理大帝统治时期。1562~1565 年,菲利普·梅兰西顿的女婿卡斯帕·佩瑟(Kaspar Peucer)又补写了两卷拉丁文版的《总体编年史》,将这一史书的内容延伸至查理五世统治时期。[3] 菲利普·梅兰西顿改编后的《总体编年史》与约翰·卡里昂原版的《总体编年史》在方法论上有着很大的相似之处,其处理历史的方法和材料的结构仍旧以《圣经》为导向,其结构仍旧是以但以理对四个王国的预言为基础,即亚述人、波斯人、希腊人和罗马人,但在《圣经》中有异教和神圣王国之间的区别。卡里昂之所以把《圣经》作为教导教会学校学生的教材——《总体编年史》的结构基

---

[1] Alexandra H. Kess, *Johann Sleidan and the Protestant and Vision of History*, Ph. D. Dissertation, University of St. Andrews, 2004, p. 105.

[2] Alexandra H. Kess, *Johann Sleidan and the Protestant and Vision of History*, Ph. D. Dissertation, University of St. Andrews, 2004, p. 105.

[3] Alexandra H. Kess, *Johann Sleidan and the Protestant and Vision of History*, Ph. D. Dissertation, University of St. Andrews, 2004, p. 105.

础，其原因在于他认为《圣经》与教化管理息息相关，《圣经》不仅教导人们上帝的话语和意志以及基督的国度，而且还以前事的形式教导人们有关世俗的国度及德行（尤其是王公）和基督徒需要信仰的教义。

《总体编年史》被分为三卷，与世界寿命 6000 年的末世启示论预测相呼应。世界历史分为三个阶段，每个阶段均为 2000 年，第一阶段的 2000 年为贫瘠阶段，第二阶段的 2000 年为律法阶段，第三阶段的 2000 年为弥赛亚主导阶段。① 《总体编年史》同样运用了"四大帝国"理论，叙述了巴比伦、波斯、希腊和罗马四大帝国的历史，第四大帝国——罗马帝国的起始与世界历史第三个阶段——弥赛亚主导阶段的起始恰好耦合，同为 2000 年。第四大帝国，也就是最后的帝国在神圣罗马帝国那里发展到高潮，约翰·卡里昂、菲利普·梅兰西顿等人完全站在神圣罗马帝国的立场上，运用"四大帝国"的理论攻击神圣罗马帝国的主要敌人。他们认为奥斯曼土耳其帝国是神圣罗马帝国外部的敌人，而罗马教皇及其教廷则是神圣罗马帝国内部的敌人。在卡里昂、梅兰西顿看来，在世界历史第三个阶段，也就是第四大帝国阶段里，世界末日的到来已经临近。约翰·卡里昂司掌天文星象的观察，故而他把天文星象而不是政治、社会事件作为历史发展的原动力和分野的标志。② 约翰·卡里昂和菲利普·梅兰西顿的《总体编年史》被作为标准历史课本在 1557 年以后的福音派教会大学通行。

（二）约翰内斯·斯莱丹的《四大帝国》和《皇帝查理五世时代的政治与宗教实录》

新教史家约翰内斯·斯莱丹被誉为"宗教改革史学之父"，他在《四大帝国》和《皇帝查理五世时代的政治与宗教实录》两部著作中也运用了"四大帝国"理论。约翰内斯·斯莱丹与德国新教改革家梅兰西顿有着密切的联系，他本人受过良好的教育。1531 年，德国新教诸侯正式成立了士马尔登同盟。之后，由于布策尔和施图尔姆的举荐，斯莱丹得以进

① Alexandra H. Kess, *Johann Sleidan and the Protestant and Vision of History*, Ph. D. Dissertation, University of St. Andrews, 2004, p. 105.
② Alexandra H. Kess, *Johann Sleidan and the Protestant and Vision of History*, Ph. D. Dissertation, University of St. Andrews, 2004, p. 106.

入同盟上层，参与政治外交活动并且被任命为同盟的官方史官。① "作为士马尔登同盟的官方史官，宣传新教教义和新教历史观是他的职责。因此，他解释历史的更大语境是为新教改革领袖们所认可的'四大帝国'理论并且通过把日耳曼人的神圣罗马帝国解释为古罗马帝国的继承者来满足德国人的民族自豪感。"②

斯莱丹的《四大帝国》遵循但以理提出的"四大帝国"理论模式描述人类的历史。斯莱丹将这部著作献给了乌滕堡的埃伯哈德亲王之子克里斯托夫，强调了历史和学习的重要性并表达了希望将该书用于教育年轻人的愿望。③ 斯莱丹在序言中简明扼要地概括了尼布甲尼撒二世的"大像"梦隐喻以及但以理对它的解释——金头、银胸、铜腹、铁腿分别代表巴比伦、波斯、希腊和罗马四大帝国。在斯莱丹看来，世界历史的进程完全遵循了但以理的先验：在《四大帝国》的第一卷，他概述了巴比伦、波斯和希腊帝国的历史，随后叙述了罗马帝国的历史。斯莱丹认为罗马帝国最后以神圣罗马帝国的名义继续存在，因帝国权力转移，德意志成了罗马帝国的中心，神圣罗马帝国的第四位皇帝康拉德二世是第 93 位罗马皇帝。斯莱丹《四大帝国》的第二卷详细叙述了罗马帝国晚期早期教会时代直至中世纪的历史。《四大帝国》的第三卷回顾了最近的历史，包括斯莱丹本人生活的时代神圣罗马帝国的现状。斯莱丹觉察到《圣经》中预言的那些天启末日即将到来的所有迹象都在现阶段的神圣罗马帝国显现：帝国衰微、奥斯曼土耳其人袭击、教皇腐败、宗教动乱、风暴、洪水、日食，所有这些都预示着尘世即将结束。④《皇帝查理五世时代的政治和宗教实录》是一部当代史，斯莱丹从 1517 年路德提出"九十五条论纲"这一划时代事件开始写起一直叙述至 1552 年。这部历史巨著是记载这一时期政治和宗教状况最全面、最权威的著作，是按编年史方法编写的第一部系统叙述近代欧洲兴起的

---

① 徐波：《文艺复兴时代著名历史学家及其代表作》，中国青年出版社，2015，第 293 页。

② 徐波：《文艺复兴时代著名历史学家及其代表作》，中国青年出版社，2015，第 298 页。

③ Alexandra H. Kess, *Johann Sleidan and the Protestant and Vision of History*, Ph.D. Dissertation, University of St. Andrews, 2004, p. 88.

④ Alexandra H. Kess, *Johann Sleidan and the Protestant and Vision of History*, Ph.D. Dissertation, University of St. Andrews, 2004, pp. 88-89.

历史著作。但斯莱丹对当代史的解释不局限于德国，他依然沿袭传统
"四大帝国"相继更替理论，认为日耳曼人的神圣罗马帝国是古罗马帝
国的继承者。①

三　德国新教史家运用"四大帝国"理论的特点

在 15、16 世纪的西欧，中世纪基督教史学在历史观方面遭到了人文
主义者的冲击和否定，基督教的神本史观也遭到了人文主义史家的批判。
随之而来的一个变化是西欧人对于历史分期的认知发生了不同于中世纪的
变化，导致了原先长期通行的"六个时代""四大帝国"的历史分期方法
被许多人文主义者抛弃，新的"中世纪"历史观念被提出。"六个时代"
"四大帝国"的历史分期方法不承认中世纪与古代史之间的界限，故而无
法萌生出现代意义上的"中世纪"概念。把中世纪与古代史混同为一个
历史时期，也就无法正视二者在经济基础和上层建筑等方面的根本差异，
对于中世纪和古代史的科学性研究也就无从谈起。事实上，现代意义的
"中世纪"概念的萌生正是建立在对此种历史分期方法予以否定的基础上
的。在 11~14 世纪的意大利半岛，以佛罗伦萨、威尼斯为代表的一批城
市国家萌生了资本主义萌芽，它们无论在经济贸易的繁荣富庶，还是在科
学文化的昌明进步方面都走在了欧洲诸国的前列。这些城市国家出于维护
本国经贸发展的需要，竭力反对来自北部神圣罗马帝国皇帝的干涉和掠
夺。这一时期的意大利人文主义者对于神圣罗马帝国乃是上帝属意的统辖
世界的大帝国的说法和主张极为反感，因为这种说法和主张为神圣罗马帝
国皇帝干涉和掠夺意大利提供了理论依据。在意大利民族主义情绪的推动
下，莱昂纳多·布鲁尼、弗拉维奥·比昂多等人文主义者对"四大帝国"
更替的历史分期方法进行了重新思考和修正，他们认为古代罗马人是当今
意大利人的祖先，他们为自己祖先所取得的古典成就而深感自豪，并且认
为由异族（法兰西人、德意志人）祖先（法兰克人、德意志人）所主导
的帝国（法兰克帝国、神圣罗马帝国）并不是自己先人所创罗马帝国的
继续。他们认为在日耳曼蛮族的侵扰之下，罗马帝国已经灭亡了，它从未

① 徐波：《文艺复兴时代著名历史学家及其代表作》，中国青年出版社，2015，第 295~296 页。

在意大利抑或德意志复兴。① 此外，布鲁尼和比昂多还非常赞同彼特拉克的观点——自 5 世纪至他们自己生活的时代，由异族政权所主导的欧洲一直被尘封在文明退步的黑暗之中，直至意大利半岛诸城市国家的崛起，欧洲才开始走向文明复兴的道路，对于同时代意大利人的这一成就，他们深感自豪。尽管意大利人文主义者有关"中世纪"黑暗的论断已经遭到了后世众多学者的质疑，但他们已经意识到中世纪与古代史之间的历史界限，相较于"四大帝国"更替的历史分期方法仍不失为一个巨大的进步。然而，在 16 世纪德国宗教改革期间，"四大帝国"的基督教末日启示理论和相应的历史分期方法却受到了路德等新教改革家的热捧，约翰·卡里昂、菲利普·梅兰西顿、约翰内斯·斯莱丹等新教史家继续运用这一理论编纂带有新教思想观点的历史著作。这一现象在宗教改革时期的德国出现不外乎两种原因。

第一，德国路德派新教史家继承了中世纪基督教的神本史观。对于中世纪基督教神本史观的继承与肯定是由德国新教路德派的宗教主张决定的。德国新教路德派反对罗马教皇及其教廷在信徒灵魂救赎方面的"中介"作用，主张"因信称义"，把《圣经》作为信仰的唯一依据，而《圣经》中所揭示的人类历史发展需要经历"四大帝国"的相继更替，之后走向末日的必由路径自然也是德国新教史家思想深处不可改变的认知。他们在撰写历史著作时不由自主地将这种认知付诸笔端，运用"四大帝国"理论。在"四大帝国"的撰史模式中，神圣罗马帝国因"帝国权力转移"理论成了上帝属意的基督教世界的领导者，迎合了当时德意志民族主义高涨的需要。不过，德国新教史家毕竟处于中世纪向近代社会转型的历史时期，他们对于"四大帝国"理论的运用必然不同于中世纪的基督教史家。

他们把罗马教皇及其教廷视为"敌基督"。德国新教史家在宗教信仰上都是坚定的反教皇至上主义者，在宗教改革期间，他们无论在思想意识形态还是实际的宗教斗争方面，都站在了反对罗马教皇及其教廷的

---

① William A. Green, *History, Historians, and the Dynamics of Change*, Westport: Greenwood Publishing Group, 1993, p. 22.

前列，他们与罗马教皇及其教廷为首的反宗教改革阵营有着较为深刻的仇怨，因而在运用"四大帝国"这一基督教末日启示理论撰写历史的时候，把罗马教皇塑造成了上帝意志的"违背者"和耶稣复临前肆意危害人间的"敌基督"。这一新的特点与中世纪的基督教史家在运用"四大帝国"理论时有着显著的差异，仅以同属德意志人的弗莱辛主教奥托的《双城编年史》为例。弗莱辛主教奥托虽然在当时教权和皇权两大权威的斗争中倾向于皇权，但在他的《双城编年史》中仅仅是对罗马教皇扩张势力的行径有微词，对罗马教会势力一直膨胀的历史事实还是肯定的。弗莱辛主教奥托认为罗马教会势力的膨胀起始于古罗马暴君尼禄时期，经"君士坦丁赠礼"、"大格雷戈里改革"、扎哈利亚斯与加洛林家族合作导致墨洛温和加洛林两朝的易代、格雷戈里与亨利四世的斗争，最终导致罗马教会的权力发展到巅峰。奥托对于教会力量的膨胀感到恐惧并因为教会为了达到其目的而不惜发动战争的行径感到痛苦，对于教会势力膨胀能否给世人带来愉悦，他坦率地表示了怀疑。[1]尽管如此，奥托并未对罗马教皇有批评谴责之意，更未对罗马教皇予以宗教意义上的诅咒。相比之下，德国新教史家对于罗马教皇的敌对之意是极为强烈的。例如，约翰·卡里昂和菲利普·梅兰西顿在《总体编年史》中认为奥斯曼土耳其帝国是神圣罗马帝国外部的敌人，而罗马教皇及其教廷则是神圣罗马帝国内部的敌人。斯莱丹则在《四大帝国》中罗列了罗马教皇对神圣罗马帝国，尤其是对德意志人犯下的种种罪行，并在《四大帝国》的文末提出了召开一次全德意志宗教会议以解决德国宗教问题的主张并警告神圣罗马帝国的皇帝要格外小心罗马教皇的邪恶行径。[2]

"四大帝国"及"帝国权力转移"理论具有强烈的民族主义情结，史家在运用这一理论撰写历史的时候把自己的母国设定为古罗马帝国的延续并把本民族设定为最终完成上帝神定使命的民族。法兰克史家认为查理曼

---

[1] Otto, Bishop of Freising, *The Two Cities: A Chronicle of University History to the Year 1146 A. D.*, Charles Christopher Mierow trans., New York: Columbia University Press, 2002, p. 64.

[2] Alexandra H. Kess, *Johann Sleidan and the Protestant and Vision of History*, Ph. D. Dissertation, University of St. Andrews, 2004, p. 32.

加冕意味着罗马帝国的统治权从希腊人那里转移到法兰克人之手，这一观点与法兰克帝国同拜占庭帝国之间的政治外交斗争遥相呼应。查理曼加冕后，尘世间同时出现了两个罗马帝国，一个是东方的拜占庭帝国，另一个是西方的法兰克帝国。双方围绕着究竟谁是古罗马帝国的真正继承者及双方在现实的国际外交关系中孰高孰低的问题展开了诸多的政治外交斗争，甚至一度诉诸武力。法兰克史家所建构的"帝国权力转移"理论为本国的此类政治外交斗争提供了有力的政治工具，凸显了中古西欧史家以本民族、本国为撰史本位的民族情怀。

第二，德意志史家运用这一理论也饱含着民族主义的情结，只不过，神圣罗马帝国在欧洲实际的国际地位无法与查理曼时代的法兰克帝国相提并论。15、16 世纪的欧洲正处于封建制度解体、资本主义因素苗壮成长的历史关头，在这一时期，伊比利亚半岛的西班牙、葡萄牙完成了驱逐摩尔人的"再征服运动"，实现了国家的统一。同时以英、法为代表的西欧国家逐渐消除了封建割据，建立了以王权为核心的近代绝对君主制国家。欧洲出现了多强并存争雄的格局，向"多强均衡"的欧洲近代国际关系体系转化。宗教改革时期的神圣罗马帝国因查理五世继承的缘故，建立了地跨德意志、西班牙、尼德兰、意大利北部以及美洲殖民地的庞大帝国。查理五世的庞大帝国虽然是欧洲大陆上的一个庞然大物，但在当时的欧洲国际关系中并未彻底压倒法兰西、奥斯曼土耳其帝国等其他强权势力，并未处于一种绝对优势的地位。神圣罗马帝国的此种国际地位与"四大帝国"理论所宣扬的基督教世界领导者的地位存在着较大的差距，德国新教史家在撰写历史时正视了这种差距，对"四大帝国"理论进行了补充和发展以与神圣罗马帝国当时实际的国际地位相匹配。

约翰·卡里昂和菲利普·梅兰西顿在《总体编年史》中不仅延续了"四大帝国"及"帝国权力转移"理论，而且还进一步提出了"次要帝国权力"的观点。他们认为在世界性帝国的旁边可能存在一个次要的帝国权力，如上古时期，古埃及王国是新巴比伦王国旁边的次要帝国权力。尽管古埃及王国富庶且强大，但在帝国权势方面仍旧逊色于新巴比伦王国。当今的法兰西王国则是神圣罗马帝国旁边的次要帝国权力，法兰西王国在欧洲虽然具备了一定威望和势力，但这种威望和势力仍旧不及神圣罗马帝国在欧洲的威望和势力。① 这一观点既承认了法兰西王国并不从属于神圣罗马帝国的历史现实，又体现了德意志新教史家贬低法国的民族主义情绪。法国及意大利的人文主义者极为反感"四大帝国"理论。1566 年，法国史学家让·博丹在他的《简单认识历史的方法》中对以"四大帝国"相继更替解释历史的方法展开了挑战，博丹认为把神圣罗马帝国作为人类历史发展的中心来叙述显然违背了他所生活的时代的历史现实。②

在 15～16 世纪，由于"文艺复兴运动"的兴起，中世纪基督教会的神本史观遭到了人文主义者的批驳和否定，中世纪基督教史学逐渐被人文主义史学所取代，不再成为西欧史学修撰领域主要的类型。然而，在德国宗教改革时期，由于尊崇《圣经》和受德意志民族主义情绪高涨的刺激，建立在基督教末日启示这一神本史观基础上的"四大帝国"理论受到了德国宗教改革史家的追捧。约翰·卡里昂和菲利普·梅兰西顿的《总体编年史》，约翰内斯·斯莱丹的《四大帝国》和《皇帝查理五世时代的政治与宗教实录》等史著，在延续"四大帝国"理论主旨的同时又赋予了这一理论与新时代形势相契合的新内容，如将罗马教皇贬低为"敌基督"，提出了"次要帝国权力"的概念，将同时代的法兰西帝国解释成神圣罗马帝国旁边的"次要帝国权力"。

---

① Paul Findlen, *Athanasius Kircher: The Last Man Who Knew Everything*, New York：Routledge, 2004, p. 177.
② Michael Laffan, Max Weiss, *The History of an Emotion in Global Perspective*, Princeton：Princeton University Press, 2012, p. 14.

结　论

行文至此，笔者似乎可以对中古西欧末日启示神学的史学运用状况得出某些概括性、总结性的结论，尽管这些结论可能略显粗疏，并不十分完善，但它们仍旧有着独特的史学价值，至少在一定程度上突破了国内西方史学史传统教科书对于西方史学史状况极为简单的定性和介绍，似乎能够在一定程度上预示笔者或其他青年学子们今后对这一问题展开进一步深入、细腻研究的方向。笔者将这些不太完善的结论，或更为准确地讲，应该称其为学术心得的内容附加在本书之后，既是作为这些年来笔者有关这一问题艰辛探索的某种成果的呈现，又是为未来更为深入、细致的学术研究做铺垫。笔者认为中古西欧末日启示神学的史学运用存在以下七大特征。

一　神学导向的虚妄性

中古西欧末日启示神学的史学运用以基督教神学为根本的理论基础和运用的导向，其中各种具体的神学理论形式，无论是源于《启示录》的末日启示论，还是"四大帝国"理论，抑或是"六个时代"理论，无不以《圣经》这部被各派基督教会奉为根基性神学理论的经典为其立论的源头。由于基督教信奉人类历史乃是神所预定的神定论，故而《圣经》中的记载被普遍认定为预示了人类历史发展的整个走向。信奉基督教的史家，尤其是编年史家在构建史作框架结构和记叙历史的内容详情时往往以《圣经》中的某些记载为依据，并将这些记载予以凝练、升华，形成了若干能够观照历史现实与未来走向的神学历史理论。如"四大帝国"理论源于《但以理书》中所记载的"四巨兽"说和"大像"梦，"六个时代"

理论以《圣经·诗篇》中"千年如已过的昨日，又如夜间的一更"的记载以及《圣经·创世纪》中所载上帝在六天的时间里创造了世界，在第七天休息的叙述为依据，认定人类的历史也相应地分为"六个时代"。在中世纪，各种末日启示论的理论变体，如"敌基督"说、"敌基督"拖延者说、末日前"善恶对决"说也都能从《圣经》中寻找到理论源头。"敌基督"说源于《圣经·帖撒罗尼迦后书》。圣保罗在《帖撒罗尼迦后书》中说过，在尘世即将结束，耶稣复临人间之前将会出现冒充主的假先知，他会抵挡主，高抬自己超过一切所谓的神明和人们崇拜的对象，甚至坐在上帝的殿中以上帝自居！这个假先知就是基督教宣扬的"敌基督"。"敌基督"拖延者说同样源于《帖撒罗尼迦后书》，认为在"敌基督"出现之前会有人拦阻他，待拦阻"敌基督"的人一离开，"敌基督"就会出现，但耶稣会用自己口中的气毁灭他，用从天降临的荣光废掉他。这个"敌基督"拖延者自 10 世纪起被许多基督教神学家认定为查理曼。末日前"善恶对决"说则源于《启示录》。

　　除了《圣经》，在宗教蒙昧和宗教狂热的情况下，某些神学预言家的预言、神谕、传奇故事也会被基督徒奉为揭示人类历史走向的指南，也会产生较大的社会影响力，并因此而被中世纪的基督教神学家、史学家所利用，从中建构末日启示神学理论的新形式并在史学创作中予以运用。最为典型的一例是"最后一位世界皇帝"的传说。该传说源于近东叙利亚地区的伪美多德《启示录》，它传入西欧后与 9~11 世纪有关查理曼的传说在流传过程中相互交织，并与 11、12 世纪陷入十字军东征狂热中的西欧人呼唤光复圣地英雄出现的需求相呼应。类似的事例也出现于伊比利亚半岛的卡斯蒂利亚王国。在卡斯蒂利亚王国，以神谕形式传播的"狮子王"传说，认为卡斯蒂利亚王国将会产生一位"狮子王"，他不仅会成为整个西班牙的霸主和教会的旗手，还将征服非洲、统治亚洲并定居在耶路撒冷。

　　由于末日启示神学的诸种理论形式以《圣经》神学或神谕、传说为理论源头，其内在世界观的非理性、非科学性决定了将其运用于史学创作后形成的历史记述必然存在虚妄的种种缺点。这种虚妄性主要表现在两个方面。

一是有关历史事实的记载严重违背了历史的真实性。最为典型的一例是中世纪鼎盛时期，许多信奉"最后一位世界皇帝"说法的史家，如蒙特索拉克特的本尼迪克特、维特比的戈德弗雷、阿尔贝里克·德·特鲁伊斯·方丹、赫利南德、古·德·巴佐什、皮埃尔·芒吉尔德、伪特平佐凡尼·维拉尼等描述了查理曼东征圣地耶路撒冷的故事，蒙特索拉克特的本尼迪克特还记载查理曼曾经与阿拉伯哈里发会晤，且在返归途中，经停拜占庭首都君士坦丁堡并与拜占庭皇帝会晤。事实上，历史上的查理曼根本没有到过圣地耶路撒冷，他东南方向的远征最远不过到达今天的意大利罗马地区，而且他终其一生也未与阿拉伯哈里发和拜占庭皇帝本人见过面，顶多接见过他们遣派的使节。这些查理曼东征的记载完全属于荒诞无稽的虚构。

二是有关历史走向预测的非科学性，秉持末日启示神学观的神学家、史学家所构造的诸种理论形式以上帝的意志为名，揭示了人类历史的发展轨迹，但其理论内核——神本史观的非科学性导致了其历史预测的不准确。例如，依照"四大帝国"理论，在耶稣复临人间开展末日审判之前，尘世间将会出现亚述、波斯、希腊-马其顿和罗马四大帝国，罗马帝国是人类历史上的最后一个帝国，罗马帝国灭亡后，耶稣为王的"千年王国"将会建立。但欧洲最后一个以罗马帝国为帝国名号的大帝国——神圣罗马帝国早已于1806年被拿破仑所解散，罗马帝国无论是名还是实都不存在了，耶稣也始终未能复临人间。反而，今天的欧洲各国都早已摆脱封建制度，步入了现代社会的历史阶段。

二　注重逻辑形式的自洽性

审视中古西欧末日启示神学的史学运用，我们会发现这样一个特点——虽然这种运用的理论内核是非科学的，但其逻辑形式却存在着一定程度的自洽性。中古西欧的神学家、史学家非常在意此种逻辑形式的自洽性，并且努力根据历史新形势的变化不断观照神学理论与历史现实之间的契合度。这种对于逻辑形式自洽性的维护主要通过修正末日启示神学理论具体内容的方式予以实现。因为即使狂热的基督徒也有可能基于逻辑关系的不合理从而发现末日启示神学理论与历史现实之间的不契合，进而动摇对于这一理论的虔信，所以为了维护对于这一理论的信仰，不断修正其内容便是神学家、史学家势在必行之举。正是由于末日启示神学理论在中世纪的西欧被不断修正与补充，其生命力才不断得到延续。

在中世纪的西欧，末日启示理论曾多次出现神学理论与历史现实之间逻辑关系难以自洽的窘境，主要表现为名与实的不符，如某些早期教会的神学家预测世界寿命将为 6000 岁，有的教会神学家如阿非利加纳预测"道成肉身"后，尘世还将继续存在 500 年，届时基督为王的"千年王国"将会建立。这种预测与早期教会神学家期盼罗马帝国早日灭亡的社会心理息息相关，而西罗马帝国灭亡前后西欧战乱、天灾等各种乱象频生导致的人们末日将近的恐惧心理又进一步加剧了人们的这一期盼。但西罗马帝国灭亡后，世界末日迟迟未来临，相反尘世中又出现了一个大帝国——加洛林帝国，新的客观现实呼唤神学家、史学家做出合乎逻辑的解释。另外，中世纪的神学家、史学家大多属于高踞社会金字塔顶端的既得利益阶层，对他们而言，世界末日的来临不仅意味着世俗权力的终结，也意味着他们无法继续享受幸福的世俗生活，因而他们希望能够延迟世界末日的来临。于是，他们将世界末日未能如期来临归因于"敌基督"拖延者的阻挡，同时创造了"帝国权力转移"理论，把拜占庭帝国、加洛林帝国和神圣罗马帝国都视作"四大帝国"中的第四大帝国——罗马帝国，认为帝国权力因上帝属意的变迁从拜占庭帝国转移至加洛林帝国再转移至神圣罗马帝国，以此与"四大帝国"理论相契合。

巧合的是，中世纪的这几大帝国——拜占庭帝国、加洛林帝国和神圣罗马帝国在名号上都有罗马的印记，拜占庭帝国自称为罗马帝国，查理曼被人们称为"罗马人的皇帝"，他开创的加洛林帝国和百余年后的神圣罗马帝国都是罗马帝国政治文化遗产、基督教神权和日耳曼人传统相结合的产物，其政治发展是朝着重建"神圣的罗马帝国"的道路迈进。可见，眷恋罗马帝国的政治情结在中世纪的欧洲是如此的厚重，以至于中世纪的君主们一再热衷于重建"神圣的罗马帝国"，这种眷顾和重建造成了中世纪欧洲几个帝国与古典罗马帝国名号上的雷同。尽管族属构成、宗教文明、阶级关系、政治制度、地域范围等各种本质并不相同，但这种名义上的"同"为中世纪的欧洲人在理论上建构他们同为尘世中最后一个帝国——罗马帝国的观点创造了条件，而族属构成、宗教文明、阶级关系、政治制度、地域范围等的"不同"则以上帝属意的变迁进行遮蔽，从而实现"四大帝国"理论逻辑关系上的自洽。

三　理论运用的变通性

末日启示神学发轫于早期基督教会时期，发展于中世纪阶段，其间因为历史现实的变迁，其运用于史学的诸种理论形式几经变化，中世纪西欧运用这一理论著史的神学家、史学家亦未照本宣科，不加变通地予以机械运用。这种理论运用的变通性主要表现在两个方面。

一是他们观照到地域、历史传承、政治道路选择的差异而有选择地使用末日启示神学的某些理论形式。如中世纪伊比利亚半岛和不列颠的神学家、史学家对于"四大帝国"理论进一步加以改造，不再像加洛林帝国和神圣罗马帝国的神学家、史学家那样强调本国的王国政权是罗马帝国的赓续。尽管他们继续采用"帝国权力转移"或"最后一位世界皇帝"的说法，如《盎格鲁-撒克逊编年史》的作者们强调帝国权力已从加洛林帝国转移至威塞克斯王国，但并未指称威塞克斯王国就是与古罗马帝国一脉相承的第四大帝国。又如中古后期卡斯蒂利亚王国和阿拉贡王国因为联姻而形成了西班牙王国，编年史家古蒂埃·德·帕尔马虽然在《编年史》中把伊莎贝拉女王与斐迪南国王的独生子胡安王子设定成已被民间传言已久的"狮子王"——"最后一位世界皇帝"，但并未指称西班牙王国是第四大帝国，而是声称西班牙王国是继罗马帝国之后的第五大帝国。不列颠、伊比利亚半岛的神学家、史学家如此处理是因为他们充分意识到了自己的王国与古罗马帝国缺乏地理、历史传承，不列颠和伊比利亚地区并非古罗马帝国统治的核心区域，更为重要的是他们意识到了在政治道路选择和国家政权建构上，盎格鲁-撒克逊人和伊比利亚半岛的基督徒从未像法兰克人、德意志人那样选择重建"神圣的罗马帝国"。因为客观条件的不充分，倘若强行照本宣科加以运用的话容易导致逻辑关系上的不自洽，故而加以舍弃。有鉴于此，相较于"四大帝国"的末日启示理论形式，中世纪不列颠和伊比利亚半岛的神学家、史学家更愿意借用《启示录》中的末日启示理论形式撰述历史，如英格兰的豪登的罗杰、科格索尔的拉尔夫，阿斯图里亚斯王国的黎巴纳的比阿图斯、《先知编年史》的匿名作者等。

　　二是他们观照到历史撰著需要注重当代史，注重王朝世俗层面政治史军事史的需要，相应地在历史著述的框架结构和谋篇布局上适当取舍，即舍弃不断赘述古代犹太人以及早期基督教会历史发展脉络的做法，相应地增加同时代王朝政治史、军事史的篇幅。早期教会史家阿非利加纳开创了世界编年史体裁，奥古斯丁在叙述历史时又构建了"神圣"（"上帝之城"指教会历史）和"凡俗"（"地上之城"指世俗历史）双重的历史演进轨迹。自此之后，作为圣史部分的古代犹太人的历史和早期基督教会的历史便成了中世纪早期诸多编年史家撰著历史著作时必须囊括的部分，也就是必须构成一个完整的"四大帝国"或"六个时代"的演进序列。这些编年史（普罗斯珀的《编年史》、伊达提乌斯的《编年史》、阿旺什的马里奥斯的《编年史》，以及《452年的高卢编年史》《511年的高卢编年史》等）都包含了一个从亚当开始的《圣经》人物的谱系，以这些人物谱系标注年份。这些编年史家对于这一谱系的构建大多是摘抄、反复插入、篡改以前的谱系。

　　然而，随着历史的推移，在加洛林时代晚期及随后的中世纪鼎盛时期，法兰克人的历史已被西欧人普遍认定为上帝神圣安排的一部分，是不断迈向世界末日终点进程的一部分。这一认知已不再需要史家通过赘述《旧约》中基督教圣史前事的形式予以强调，所以越来越多的史家开始着重强调同时代的历史。勒斋诺率先将《世界编年史》限制在"第六个时代"之内并从"道成肉身"元年开始记载历史，之后的弗洛达尔德、里歇尔、鲁道夫格莱伯、科尔比的韦杜金德、梅泽堡的蒂特马尔等都省去了《旧约》中的基督教圣史前史，从法兰克时代开始写起。也就是说，加洛林时代晚期以后的许多编年史家，虽然认同"四大帝国"或"六个时代"理论的精神内核——承认罗马帝国并未消亡于476年，拜占庭帝国、加洛林帝国、神圣罗马帝国是罗马帝国的赓续，都属于第四大帝国阶段，但不再力求在史作的框架结构上全面呈现"四大帝国"或"六个时代"的完整演进轨迹，仅仅从第六个时代的起点——耶稣"道成肉身"开始，甚至从第四大帝国阶段中间的某一时刻，从第六个时代阶段中间的某一时刻，也就是以靠近撰著者同时代的某一时间点为起点开始撰写历史。

四 忽视历史本质的盲目性

中古西欧末日启示神学的史学运用存在注重逻辑形式自洽性的特点，但这种逻辑形式的自洽性是以古罗马帝国与中世纪的拜占庭帝国、加洛林帝国和神圣罗马帝国名号的雷同作为其历史逻辑得以自圆其说的基础，也就是说，其逻辑形式的自洽性是以侧重于强调"名"同而忽视实际层面的不同实现的。此种运用方式在维护末日启示神学理论逻辑形式上"正确"的同时，必然导致忽视某些历史本质性特征的负面结果。这种忽视表现在以下几个方面。

首先，它扼杀了"中世纪"概念的产生。依照"四大帝国"理论，古代和中世纪的历史是连在一起的，拜占庭帝国、加洛林帝国和神圣罗马帝国与古罗马帝国都被归入了"第四大帝国"——罗马帝国阶段。这种划分法模糊了古代晚期欧洲及地中海世界发生的深刻社会历史变化，扼杀了"中世纪"概念产生的可能，不利于对中世纪历史，尤其是中世纪早期历史的研究。近代史学的产生正是建立在突破中世纪历史分期方法的基础上的，以莱昂纳多·布鲁尼、弗拉维奥·比昂多为代表的意大利人文主义者清晰地意识到古代罗马帝国与中世纪拜占庭帝国、加洛林帝国和神圣罗马帝国之间的本质差异，否定和拒斥了中世纪基督教"四大帝国"和"六个时代"的历史分期法，首次将人类历史划分为"古代、中世纪和近代"三个阶段，为后世较为客观公正地认知中世纪，尤其是中世纪早期的历史创造了前提条件。

其次，依照"四大帝国"理论撰史也不利于以单一国族为单位的民族史的产生。依照这一理论，《圣经》中"四大帝国"的相继更替将成为历史叙事的主线，而那些处于"四大帝国"周边地区的国家、族群的历史倘若与基督教圣史无甚关联则将遭到舍弃和忽略。而且依照"四大帝国"的模式记史，由于需要观照基督教会的圣史，史家将无法集中精力和笔墨叙述单一国族的历史，只有彻底排除了"四大帝国"模式的干扰，以单一国族为时空对象和叙史主体的近代民族史著才能真正地产生。

最后，依照"四大帝国"理论撰史忽视并遮蔽了拜占庭帝国在中世纪新的历史条件下形成的各种有别于古代罗马帝国的新因素，如文化方面的"希腊化"，政治制度、阶级关系方面的封建化等，阻碍了"拜占庭学"的产生。依照这一理论，拜占庭帝国在中世纪长期被视为罗马帝国的延续，它的历史也与古罗马帝国的历史连在了一起，对于拜占庭帝国的此种认知和定位造成了人们无法科学地研究拜占庭帝国的历史，直至文艺复兴时期，"四大帝国"理论被拒斥，拜占庭帝国与古罗马帝国的本质差异被强调后，"拜占庭学"方才作为中世纪历史文化学术研究中的一个分支诞生。

五　民族本位的优越性

中古西欧的末日启示论，在运用于历史撰著时存在着一定程度的偏爱本族群、偏爱母国的情感特点，与近代方才出现的民族主义倾向颇为类似。例如，法兰克史家运用"帝国权力转移"理论解释法兰克人的帝国才是上帝属意的"罗马帝国"的继承者，而不是拜占庭帝国。德国史家运用"帝国权力转移"理论解释神圣罗马帝国才是上帝属意的"罗马帝国"的继承者。谈及中世纪西欧的末日启示论史学运用的这一特征，不得不涉及中世纪西欧族群的概念。在中世纪西欧的大部分时间里，尤其是在中世纪早期，族群的内涵、外延自然不同于以四种特征（共同语言、共同地域、共同血缘、共同心理素质）为基础的近现代民族。至于中世纪早期西欧的族群概念在多大程度上与近现代民族的概念相贴切，二者有何差异，这不仅需要史学家的研究，而且还需要人类学和民族学家的共同努力才能完全弄清楚。而且中世纪西欧早期，各个族群共同体因政治兴衰而不断聚散兴亡，其民族内涵和外延变动不居，与近现代的后继民族或许存在一定程度的血缘和文化联结，但却不能完全等同视之。以在中世纪早期的西欧扮演最为重要历史作用的法兰克人为例，墨洛温时代专指纽斯特里亚人，并不包含与之对峙的奥斯达拉西亚人。在查理曼统治的早期，法兰克人或许还仅仅指代法兰西亚地区的法兰克族群，不过，随着查理曼对周边民族的征服和同化，萨克森人、巴伐利亚人、阿勒曼尼人、勃艮第人、威尔兹人等族群在虔诚者路易统治时期已与法兰克人一样被认同为帝国臣民。随着843年加洛林帝国的分裂，西法兰克王国、东法兰克王国和中法兰克王国三个加洛林家系统治的王国由于长期分离，逐渐整合自身的族群及其语言文化特征，向新生的独立族群——封建时代的法兰西人、德意志人和意大利人转化。

因为中世纪早期的西欧，族群因政治兴衰而聚散兴亡，族群共同体是一个政治体，是某一政权控制下的一些人，不是我们现在所说的民族概念，所以运用末日启示神学理论编纂历史的史学家偏爱本族群的情感倾向更多地以认同、推崇统治本族群的王国政治实体的方式表现出来，突出表现为赋予王国的君王以这样的角色——世界末日前，统领基督教世界，战胜异教徒并从其手中收复圣地耶路撒冷的"最后一位世界皇帝"。十字军东征时期，法国的一些编年史家，如蒙特索拉克特的本尼迪克特等人，把他们视为"祖先王"的查理曼奉为"最后一位世界皇帝"，虚构了"查理曼东行耶路撒冷"的传奇故事。西班牙卡斯蒂利亚王国的编年史家则把阿方索十世和伊莎贝拉女王的儿子胡安王子奉为"狮子王"。英格兰编年史家豪登的罗杰则借约阿希姆之口预测英王理查一世将在十字军东征中战胜萨拉丁，成为上帝属意的"众王之王"，尽管真实的历史并非如此。

我们不能因为中世纪西欧的史家在运用末日启示神学理论时融入了偏爱本族群、偏爱母国的情感就断言他们的历史著作是民族史。因为他们这种对于本族群、对于母国的偏爱并没有使他们彻底摆脱基督教会"世界主权论"的影响和束缚，他们对于世俗政权和领袖的情感也并非他们唯一的情感维度。他们热衷于记叙基督教会向外扩张的历史，也热衷于记叙迎奉圣骨、圣徒虔敬等活动，更为重要的是，他们的道德价值观是基督教式的，而非世俗式的。另外，值得注意的是，中古西欧的末日启示论虽为基督宗教性质的神学历史哲学，但其史学运用的服务对象却并不限于教会及其领袖人物，甚至可以这样认为，在中古西欧，其史学运用的主流服务对象是以加洛林皇帝、神圣罗马帝国皇帝为代表的世俗帝王，基督教神学家、史学家把他们解释成上帝属意的，在人类历史走向末日的神定历史进程中扮演着神圣而重要作用的人物。这种现象与史学运用者同世俗帝王之间的政治从属和效忠关系有关。

六　宗教虔敬的排他性

中古西欧末日启示神学属于基督教意识形态，而中古时期西欧的基督教信仰具有狂热性和极端排外性的特点，这种狂热性和极端排外性突出表现在它对其他宗教的极端不宽容，甚至对同属基督教信仰但存在些许歧见的其他派别也同样不宽容，残杀、驱逐、迫害、强迫改宗是基督教王国政权和基督教会对待异教徒和异端的常见做法，宗教宽容的思想和实践直至近代方才出现。在中世纪的西欧，绝大多数人信仰罗马天主教，只有极少数的犹太人恪守本民族的犹太教信仰，因而犹太人饱受欧洲基督徒的歧视与迫害。在中世纪的西欧，对西欧基督教文明的生存和发展构成最大挑战的异教势力是崛起于西亚阿拉伯半岛的伊斯兰教。在中世纪阶段，阿拉伯帝国、塞尔柱帝国与奥斯曼土耳其帝国三大信奉伊斯兰教的帝国都曾与西方基督教王国长期作战，阿拉伯帝国和奥斯曼土耳其帝国还深入欧洲大陆腹地，长期占据欧洲的部分土地并将伊斯兰教信仰和文化带入了被他们征服的地区。如8世纪初，阿拉伯人越过直布罗陀海峡，灭掉了西哥特王国，在伊比利亚半岛建立了安德鲁斯政权，原先的西哥特人基督徒逃入了北部山区，建立了阿斯图里亚斯等基督教的小王国。在整个中世纪，伊比利亚半岛的基督教王国与南部摩尔人的王国长期对峙，成了欧洲基督教文明与伊斯兰教文明对峙的前沿阵地。奥斯曼土耳其帝国不仅灭亡了存在千年之久的、长期充当欧洲基督教文明抵御伊斯兰教帝国入侵屏障的拜占庭帝国，而且还长期占领了东南欧地区，将伊斯兰教信仰和文化传入了这一地区，彻底改变了这一地区的宗教格局，使东南欧地区由天主教信仰和东正教信仰的两方对立演变为天主教信仰、东正教信仰和伊斯兰教信仰的三足鼎立。时至今日，伊斯兰教还是东南欧巴尔干地区的主要宗教信仰之一，在波斯尼亚和黑塞哥维那、阿尔巴尼亚和塞尔维亚被许多人所信仰。塞尔柱帝国和埃及的阿尤布王朝虽未像阿拉伯帝国和奥斯曼土耳其帝国那样深入欧洲内陆并长久占领其部分地区，但这两大伊斯兰政权都曾一度占领基督教的起源地且被全体基督徒奉为圣地的耶路撒冷。这一现实被西欧的基督徒视为奇耻大辱并激发了他们从异教徒手中"收复圣地"的宗教狂热，中世纪鼎盛时期教皇倡导的十字军东征运动便是以此作为号召的口号。

中古西欧运用末日启示神学理论撰写历史著作的作者以神职教士、修士为主体，他们与居于俗界的基督徒一样有着反对异教徒的宗教狂热，甚至因为职业的缘故有过之而无不及。他们对于与西欧基督教王国敌对的伊斯兰教政权——安德鲁斯政权、塞尔柱帝国、埃及阿尤布王朝、奥斯曼土耳其帝国非常仇视，他们借用《启示录》中的末日启示，把伊斯兰教的创始人穆罕默德和伊斯兰政权的首脑视为"敌基督"和世界末日来临前善恶对决中"恶"势力的代表。此种事例颇为常见，如在阿斯图里亚斯王国，《先知编年史》的匿名作者把伊斯兰教的创始人穆罕默德称呼为"异教的头子"，把阿方索三世与伊比利亚半岛南部伊斯兰政权之间的争斗看作世界末日来临之前的善恶对决，认为随着基督徒的胜利，耶稣将复临人间实行永远的统治。安德鲁斯政权统治下的基督教神学家也把满腔怒火倾泻到伊斯兰教创始人穆罕默德的身上，他们借用基督教末日论中的"敌基督"来形容这位伊斯兰教的圣人。保卢斯·阿尔维鲁斯是第一位将伊斯兰教创始人穆罕默德贬称为"敌基督"的拉丁著作家。殉道者欧洛吉亚则把"敌基督先锋""假先知"之类的名号标签贴到了穆罕默德的身上，认为他和阿里乌斯异端一样，因为拒绝接受基督的神性而赢得了这些可耻的称号。英格兰神学家豪登的罗杰认为《启示录》中"大红龙，七头十角"的异象象征着恶魔邪灵，他转述意大利神学家约阿希姆的话，将"七头"解释为迫害教会的七个邪恶的统治者，分别是希律王、尼禄、康斯坦提乌斯、穆罕默德、莫尔塞穆特、萨拉丁、"敌基督"。其中穆罕默德和萨拉丁都是伊斯兰教的政教领袖。意大利多米尼修士维泰博的安纽斯在《论未来基督教的胜利》中也将穆罕默德视为"敌基督"，他认为教皇将会任命一位新的皇帝，这位皇帝将击败奥斯曼土耳其人并收复被伊斯兰教征服的全部土地。

七　跨越历史的适应性

在中世纪，西欧的史家热衷于运用末日启示神学的理论形式撰著历史，这一做法是由当时社会奉为主流的基督教意识形态所决定的。不过，值得注意的是，运用末日启示神学的理论形式撰著历史的做法并未随着中世纪

历史阶段的终止而销声匿迹，也并未随着"文艺复兴"时期宗教蒙昧主义
和神本史观遭受冲击而戛然而止。相反，此种撰著历史的方法仍旧被近代
的一些史家所沿用，它成功地跨越了中世纪进入了近代的历史阶段。末日
启示神学被运用于历史撰著的做法表现出跨越历史的较强的适应性。笔者
认为此种历史现象是由以下两方面的因素导致的。

　　一是中世纪晚期以至近代，西欧社会虽然历经"文艺复兴""宗教改
革""启蒙运动"等多次思想解放运动的启迪，罗马教会及其教皇的权威，
宗教蒙昧主义、非理性的神本主义遭受了很大的冲击，同时也为理性、科
学和民主开辟了道路，但并没有彻底改变基督教信仰是西欧人最为主要的
宗教信仰的社会现实，而且基督教信仰为了在遭受冲击的情况下生存和延
续也积极寻求变革，它以新教的形式"改头换面"以与近代资本主义的生
产、生活方式和精神文明形态相适应。在理性、科学和民主不断深入人心
的同时，西欧社会仍然存在着基督教信仰生存的广阔空间，所以神本史观
自然依旧在历史著注中占有一席之地。如德国的新教改革家虽然激烈反对
罗马教皇及其领导的天主教会，但对末日启示论却是极为认同的。约翰·
卡里昂和菲利普·梅兰西顿的《总体编年史》，约翰内斯·斯莱丹的《四大
帝国》，以及《皇帝查理五世时代的政治与宗教实录》都运用了"四大帝
国"的理论阐释人类的世界史，其中《总体编年史》还被作为标准历史课
本在 1557 年以后的福音派教会大学中通行。

　　二是中世纪晚期以来，西欧国家的民族主义情绪及其扩张实践为末日
启示论在历史著述中的延续创造了条件。地理大发现后，以西班牙、葡萄
牙为代表的天主教国家一马当先，率先走上了对亚、非、拉美国家进行殖
民扩张的道路。荷兰、法国和英国则紧随其后，在西欧国家的殖民扩张活
动中，基督教发挥了极其重要的作用，推行殖民政策的王国政府需要从基
督宗教中寻找神学理论依据鼓舞人心，同时也要为自己所建立的庞大殖民
帝国寻找神学合法性。如耶稣会士安东尼奥·维埃拉创立的葡萄牙殖民帝
国为"第五大帝国"的末日启示论。此外，末日启示论在 15、16 世纪德
国的盛行也与德意志民族主义情绪的刺激有关。15、16 世纪的德意志世
界是由神圣罗马帝国统治的，尽管这一时期的神圣罗马帝国并不是一个实
行中央集权制度的大一统帝国，分裂割据盛行，但神圣罗马皇帝从未丧失

争斗欧洲霸权的雄心，一有机会便积极参与争夺欧洲霸权的战争。16 世纪初，神圣罗马帝国皇帝查理五世与法国国王弗朗索瓦一世和奥斯曼土耳其帝国苏丹苏莱曼一世展开了争夺欧洲霸权的战争，而"四大帝国"理论能够迎合德意志民族主义的需要。这一理论认为神圣罗马帝国仍旧属于"四大帝国"中的第四大帝国——罗马帝国阶段，罗马帝国的权力最终转移至德意志人的手中乃是上帝的意志，是上帝的眷顾才使得神圣罗马帝国成了基督教世界的领导者。经过这一理论的包装，德意志人在宗教神圣性方面就拥有了高于法兰西人、意大利人、奥斯曼土耳其人等的优越性，极大地满足了德意志民族主义的需要，从而被强调德意志民族主义的新教路德宗史学家所采用。

主要参考文献

一 中文类

（一）著作类

〔拜占庭〕普洛科皮乌斯：《战争史》，王以铸、崔妙因译，商务印书馆，2010。

〔美〕J. W. 汤普森：《历史著作史》，谢德风译，商务印书馆，1988。

〔比〕亨利·皮朗：《穆罕默德与查理曼》，王晋新译，上海三联书店，2011。

〔法兰克〕艾因哈德、圣高尔修道院僧侣：《查理大帝传》，A. J. 格兰特英译，戚国淦译，商务印书馆，1979。

〔法兰克〕格雷戈里：《法兰克人史》，O. M. 道尔顿英译，寿纪瑜、戚国淦译，商务印书馆，1981。

〔美〕斯塔夫里阿诺斯：《全球通史：1500 年以前的世界》，吴象婴、梁赤民译，上海社会科学院出版社，1999。

徐波：《文艺复兴时代著名历史学家及其代表作》，中国青年出版社，2015。

徐家玲：《拜占庭文明》，人民出版社，2006。

赵立行：《西方史学通史第三卷：中世纪时期》，复旦大学出版社，2011。

中国基督教三自爱国运动委员会：《圣经》，南京爱德印刷有限公司，2012。

朱君杙：《加洛林时代史学成就研究》，辽宁人民出版社，2015。

（二）论文类

张宏忠：《弗莱辛主教奥托〈双城史〉中的基督教世界帝国思想》，硕士学位论文，北京师范大学，2007。

徐家玲：《拜占庭的历史分期与早期拜占庭》，《东北师大学报》（哲学社会科学版）1999 年第 6 期。

孙宝国：《查理曼加冕历史真相之再思考》，《长春师范学院学报》2004 年第 8 期。

徐宏英：《浅析罗马帝国末期西方古典文化的衰落》，《青岛大学师范学院学报》2006 年第 2 期。

王晋新：《古典文明的终结与地中海世界的裂变：对西方文明形成的重新审视》，《东北师大学报》（哲学社会科学版）2010 年第 1 期。

刘林海：《早期基督教的历史分期理论及其特点》，《史学史研究》2011 年第 2 期。

陈文海：《法兰克族源叙事及其社会文化情境》，《学术研究》2014 年第 10 期。

陈文海：《百年学讼与"弗莱德加"信度问题》，《史学史研究》2015 年第 3 期。

李隆国：《从结巴诺特克的〈查理大帝传〉看"金属"中的人类历史》，陈恒、洪庆明主编《世界历史评论第 3 辑：叙述事实与历史事实》，上海人民出版社，2015。

许敏：《德国宗教改革下的史学论战与史学发展》，《改革与开放》2015 年第 9 期。

朱君杙、王晋新：《长存多变的"巨兽"——论中古西欧史家"四大帝国"结构原则的运用》，《历史教学》（下半月刊）2016 年第 2 期。

二　外文类

（一）拉丁文原典史料

Folcuin, "Gesta abbatum Lobiensium," in Pertz, G. H. ed. , *Annales, Chronica et Historiae Aevi Carolini et Saxonici MGH Scriptores 4*, Hannover: Impensis Bibliopolii Avlici Hahniani, 1841.

Freeman, Ann, *Opus Caroli Regis Contra Synodum（Libri Carolini）*, Hannover：Hahn. , 1998.

Glaber, Raoul , *Historiarvm Libri Qvinqve*, Oxford：Clarendon Press, 1989.

Krusch, Bruno, *Fredegarii et Aliorum Chronica. Vitae Sanctorum*, Hannover：Hahn, 1888.

Namatianus Rutilius, Claudius, *De Reditu Suo*, Turnhout：Brepols, 2010.

King J. E. , *Baedae Opera Historica*, London：Heinemann, 1954.

Severus, Sulpicius, *Chronica*, *Sulpicii Severi Libri qui Supersunt*, in Halm, Karl ed. , Vindobonae：Apud C. Geroldi Filium Bibliopolam Academiae, 1866.

（二）英译史料

Anonymous, *The Lives of the Eighth-Century Popes, The Ancient Biographies of the Popes from A. D. 715 - A. D. 817*, Davis, Raymond trans. , Liverpool：Liverpool University Press, 1992.

Anonymous and Nithard, *Carolingian Chronicles：Royal Frankish Annals and Nithard's Histories*, Walter Scholz, Bernhard trans. , Michigan：The University of Michigan Press, 1970.

Appian, *Appian's Roman History*, White, Horace trans. , London：Harvard University Press, 1912.

Cassiodorus, *Institutions of Divine and Secular Learning and On the Soul*, W. Halporn, James and Vessey, Mark trans. , Liverpool：Liverpool University Press, 2004.

Dionysius of Halicarnassus, *The Roman Antiquities of Dionysius of Halicarnassus*, Cary, Earnest trans. , Cambridge：Harvard University Press, 1939.

Isidore of Seville, *The Etymologies of Isidore of Seville*, Barney, Stephen A. et al. trans. , Cambridge：Cambridge University Press, 2006.

Jerome, *Jerome's Commentary on Daniel*, Archer, Gleason L. trans. , Michigan：Baker Book House, 1958.

Kinnamos, John, *Deeds of John and Manuel Comnenus*, Brand, Charles M. trans. , New York：Columbia University Press, 1976.

Liudprand of Cremona, *The Complete of Works of Liudprand of Cremona*, Squatriti, Paolo trans. , Washington, D. C. : The Catholic University of America Press, 2007.

Maclean, Simon, *History and Politics in Late Carolingian and Ottonian Europe: The Chronicle of Regino of Prüm and Adalbert of Magdeburg*, *Manchester*: Manchester University Press, 2009.

Otto, Bishop of Freising, *The Two Cities: A Chronicle of University History to the Year 1146 A. D.* , Mierow, Charles Christopher trans. , New York: Columbia University Press, 2002.

Ovid, *Fastorum Libri Sex: The Fasti of Ovid Volume I*, Frazer, James George trans. , London: Macmillan, 1929.

Rudolf of Fulda and Liutbert, *The Annals of Fulda*, Reuter, Timothy trans. , Manchester: Manchester University Press, 1992.

Saint Bede (the Venerable), *Bede, The Reckoning of Time*, Wallis, Faith trans. , Liverpool: The Liverpool University Press, 1999.

Theophanes Confessor, *The Chronicle of Theophanes Confessor: Byzantine and Near Eastern History AD 284-813*, Mango, Cyril and Scott, Roger trans. , Oxford: Clarendon Press, 1997 .

（三）英文专著

Albu, Emily, *The Medieval Peutinger Map: Imperial Roman Revival in a German Empire*, Cambridge: Cambridge University Press, 2014.

Althoff, Gerd, Fried, Johannes and Geary, Patrick J. , *Medieval Concepts of the Past: Ritual, Memory, Historiography*, Cambridge: Cambridge University Press, 2002.

Benson, Robert L. , Constable, Giles and Lanham, Carol Dana, *Renaissance and Renewal in the Twelfth Century*, Toronto: University of Toronto Press, 1991.

Bisaha, Nancy, *Creating East and West: Renaissance Humanists and the Ottoman Turks*, Pennsylvania: University of Pennsylvania Press, 2004.

Bjornlie, M. Shane, *The Life and Legacy of Constantine: Traditions through the Ages*, New York: Routledge, 2016.

Boda, Mark J. and McConville, J. Gordon, *Dictionary of the Old Testament*, Lisle: Intervarsity Press, 2012.

Boeck, Elena N., *Imaging the Byzantine Past: The Perception of History in the Illustrated*, Cambridge: Cambridge University Press, 2015.

Boyle, Marjorie O'Rourke, *Christening Pagan Mysteries: Erasmus in Pursuit of Wisdom*, Toronto: University of Toronto Press, 1981.

Breisach, Ernst, *Historiography: Ancient, Medieval, and Modern*, Chicago: The University of Chicago Press, 2008.

Burns, J. H. ed. , *The Cambridge History of Medieval Political Thought*, Cambridge: Cambridge University Press, 2008.

Burns, C. Delisle, *The First Europe: A Study of the Establishment of Medieval Christendom A. D. 400-800*, London: George Allen & Unwin, 1961.

Calaway, Jared C. , *The Sabbath and the Sanctuary: Access to God in the Letter to the Hebrews and Its Priestly Context*, Tübingen: Mohr Siebeck, 2013.

Callahan, Daniel F. , *Jerusalem and the Cross in the Life and Writings of Ademar of Chabannes*, Boston: Brill, 2016.

Campopiano, Michele and Bainton, Henry, *Universal Chronicles in the High Middle Ages*, York: York University Press, 2017.

Chisholm, Hugh ed. , *The Encyclopædia Britannica: A Dictionary of Arts, Sciences, Literature and General Information*, Vol. 1, Cambridge: Cambridge University Press, 1910.

Choy, Renie S. and Choy, Renie Shun-Man, *Intercessory Prayer and the Monastic Ideal in the Time of the Carolingian*, Oxford: Oxford University Press, 2016.

Claessen, Henri J. M. and Oosten, Jarich G. eds. , *Ideology and the Formation of Early States*, New York: Brill, 1996.

Comnena, Anna, *The Alexiad of the Princess Anna Comnena*, Dawes, Elizabeth A. S. trans. , Hoboken: Taylor and Francis, 2014.

Cresswell, Julia, *Charlemagne and the Paladins*, Oxford: Osprey Publishing, 2014.

Dopsch, Alfons, *The Economic and Social Foundations of European Civilization*, Beard, M. G. and Marshall, Nadine trans., Oxford: Routledge, 1937.

Drake, H. A., *In Praise of Constantine: A Historical Study and New Translation of Eusebius' Tricennial Orations*, California: California University Press, 1975.

Dutton, Paul Edward, *The Politics of Dreaming in the Carolingian Empire*, Lincoln: University of Nebraska Press, 1994.

Dutton, Paul Edward ed., *Carolingian Civilization: A Reader*, Second Edition, North York: University of Toronto Press, 2009.

Eastwood, Bruce, *Ordering the Heavens: Roman Astronomy and Cosmology in the Carolingian*, Boston: Brill, 2007.

Emmerson, Richard Kenneth and McGinn, Bernard, *The Apocalypse in the Middle Ages*, New York: Cornell University of Press, 1992.

Ferguson, Wallace K., *The Renaissance in Historical Thought*, Toronto: University of Toronto Press, 2006.

Findlen, Paul, *Athanasius Kircher: The Last Man Who Knew Everything*, New York: Routledge, 2004.

Folz, Robert, *The Concept of Empire in Western Europe: From the Fifth to the Fourteenth Century*, Ogilvie, Sheila Ann trans., London: Edward Arnold, 1969.

Franklin, Julian H., *Jean Bodin*, London: Routledge, 2016.

Frassetto, Michael, *The Early Medieval World: From the Fall of Rome to the Time of Charlemagne*, Santa Barbara: ABC-CLIO, 2013.

Fryde, E. B., *Humanism and Renaissance Historiography*, Bodmin: Robert Hartnoll Ltd., 1983.

Gabriele, Matthew, *An Empire of Memory: The Legend of Charlemagne, the Franks and Jerusalem*, Oxford: Oxford University Press, 2011.

Gould, Stephen Jay, *Dinosaru in a Haystack: Reflections in Natural History*, New York: Three Rivers Press, 1995.

Green, William A. , *History, Historians and the Dynamics of Change*, Westport: Greenwood Publishing Group, 1993.

Head, Thomas F. and Landes, Richard Allen, *The Peace of God: Social Violence and Religious Response in France Around the Year 1000*, London: Cornell University Press, 1992.

Hen, Y. , *Roman Barbarians: The Royal Court and Culture in the Early Medieval West*, New York: Palgrave Macmillan, 2007.

Holland, Tom, *The Forge of Christendom: The End of Days and the Epic Rise of the West*, London: Doubleday, 2009.

Hummer, Hans, *Visions of Kinship in Medieval Europe*, Oxford: Oxford University Press, 2018.

Jackson, Peter, *The Mongols and the West 1221 – 1410*, Routledge: Pearson Education Limited, 2005.

Jussen, Bernhard, *Spiritual Kingship as Social Practice: Godparenthood and Adoption in the Early Middle Age*, Selwyn, Pamela trans, newark, Delaware: University of Delaware Press, 2000.

Kern, Fritz, *Kingship and Law in the Middle Ages: Ⅰ. The Divine Right of Kings and the Right of Resistance in the Early Middle Ages. Ⅱ. Law and Constitution in the Middle Ages*, Chrimes, S. B. trans. , New Jersey: The Lawbook Exchange LTD, 2005.

Kleinschmidt, Harald, *Understanding the Middle Ages: The Transformation of Ideas and Attitudes in the Medieval World*, Woodbridge: The Boydell Press, 2003.

Korobeinibov, Dimitri, *Byzantium and the Turks in the Thirteenth Century*, Oxford: Oxford University Press, 2014.

Laffan, Michael and Weiss, Max, *The History of an Emotion in Global Perspective*, Princeton: Princeton University Press, 2012.

Laiou, Angeliki E. and Mottahedeh Roy P. , *The Crusades From the Perspective of Byzantium and the Muslim World*, Washington, D. C. : Dumbarton Oaks, 2002.

Landes, Richard Allen, Landes, Richard, Gow, Andrew Colin and Meter, David C. Van, *The Apocalyptic Year 1000: Religious Expectation and Social Changes 950-1050*, Oxford: Oxford University Press, 2003.

Latowsky, Anne A. , *Emperor of the World: Charlemagne and the Construction of Imperial Authority, 800 - 1229*, London: Cornell University Press, 2013.

MacLean, Simon, *Kingship and Politics in the Late Ninth Century: Charles the Fat and the End of the Carolingian Empire*, Cambridge: Cambridge University Press, 2003.

McGinn, Bernard, Collins, John J. , Collins, John Janes and Stein, Stephen, *The Continuum History of Apocalypticism*, New York: Continuum, 2003.

McGinn, Bernard, *Visions of the End Apocalyptic Traditions in the Middle Ages*, New York: Columbia University Press, 1979.

McKitterick, Rosamond, *Perceptions of the Past in the Early Middle Ages*, Notre Dame: Notre Dame University Press, 2013.

Morton, Nicholas, *Encountering Islam on the First Crusade*, Cambridge: Cambridge University Press, 2016.

Negru, Catalin, *A History of the Apocalypse*, Raleigh: Lulu. com, 2018.

McKitterick, Rosamond ed. , *The New Cambridge Medieval History, Volume II , c. 700-c. 900*, Cambridge: Cambridge University Press, 1995.

Newsom, Carol Ann and Breed, Brennan W. , *Daniel: A Commentary*, Louisville: Westminster John Knox Press, 2014.

Noble, Thomas F. X. trans. , *Charlemagne and Louis the Pious: The Lives by Einhard, Notker, Ermoldus Thegan and the Astronomer*, Philadelphia: Pennsylvania State University Press, 2009.

Noble, Thomas F. X. , *Images, Iconoclasm, and the Carolingians*, Philadelphia: University of Pennsylvania Press, 2009.

Palmer, James T. , *The Apocalypse in the Early Middle Ages*, Cambridge: Cambridge University Press, 2014.

Percival, Henry Robert, *The Seven Ecumenical Councils of the Undivided Church*, Oxford: James Parker and Company, 1900.

Rojinsky, David, *Companion to Empire: A Genealogy of the Written Word in Spain and New Spain*, Amsterdam: Rodolphi, 2010.

Rosenberg, Daniel and Grafton, Anthony, *Cartographies of Time: A History of the Timeline*, Princeton: Princeton Architectural Press, 2010.

Rubenstein, Jay, *Nebuchadnezzar's Dream: the Crusades, Apocalyptic Prophecy, and the End of History*, Oxford: Oxford University Press, 2019.

Sæbø, Magne ed. , *Hebrew Bible / Old Testament: The History of Its Interpretation, Vol. 1, From the Beginnings to the Middle Ages*, Göttingen: Vandenhoeck & Ruprecht, 2000.

Scott, Roger, *Byzantine Chronicles and the Sixth Century*, London: Routledge, 2018.

Shoemaker, Stephen J. , *The Apocalypse of Empire: Imperial Eschatology in Late Antiquity and Early Islam*, Philadelphia: University of Pennsylvania Press, 2018.

Shotwell, James Thomson, *An Introduction to the History of History*, New York: Columbia University Press, 1922.

Smith, Helmut Walser, *German Nationalism and Religious Conflict: Culture, Ideology Politics, 1870 - 1914*, Princeton: Princeton University Press, 1995.

Smyth, Alfred P. , *The Medieval Life of King Alfred the Great: A Translation and Commentary on the Text Attributed to Asser*, Basingstoke: Palgrave Macmillan, 2002.

Swoboda, A. J. , *Blood Cries Out: Pentecostal, Ecology, and the Groans of Creation*, Oregon Eugene: Pickwick Publications, 2014.

Szarmach, Paul E. , Tavormina, M. Teresa and Rosenthal, Joel T. , *Routledge Revivals: Medieval England (1999): An Encyclopedia*, New York: Routledge, 2017.

Utterback, Kristine T. and Price, Merrall L. , *Jews in Medieval*

Christendom: Slay Them Not, Leiden: Brill, 2013.

Verbeke, Werner and Verhelst, D. , *The Use and Abuse of Eschatology in the Middle Ages*, Leuven: Leuven University Press, 1988.

Wallace-Hadrill, J. M, *The Long-Haired Kings and other Studies in Frankish History*, New York: Barnes, 1962.

Wilson, Peter H. , *Heart of Europe*, Cambridge: The Belknap Press of Harvard University Press, 2016.

Wood, Jamie, *The Politics of Identity in Visigothic Spain: Religion and Power in the Histories of Isidore of Seville*, Boston: Brill, 2012.

(四) 英文论文

Fischer, Herman, "The Belief in the Continuity of the Roman Empire among the Franks of the Fifth and Sixth Centuries," *The Catholic Historical Review*, Vol. 10, No. 4, 1925.

Jones, W. R. , "The Image of the Barbarian in Medieval Europe," *Comparative Studies in Society and History*, Vol. 13, No. 4, 1971.

Kess, Alexandra H. , "Johann Sleidan and the Protestant and Vision of History," Ph. D. Dissertation, University of St. Andrews, 2004.

Landes, Richard, "The Fear of an Apocalyptic Year 1000: Augustian Historiography Medieval and Modern," *Speculum*, Vol. 75, No. 1, 2000.

Ostrogorsky, George, "The Byzantine Emperor and the Hierarchical World Order," *The Slavonic and East European Review*, Vol. 35, No. 84, 1956.

Swain, Joseph Ward, "The Theory of the Four Monarchies Opposition History Under the Roman Empire," *Classical History*, Vol. 35, No. 1, 1940.

Twomey, Michael W. , "The Revelationes of Pseudo-Methodius and Scriptural Study at Salisbury in the Eleventh Century," in Wright, Charles D. , Biggs, Frederick M. and Hall, Thomas N. eds. , *Source of Wisdom: Old Englsih and Early Medieval Latin Studies in Honour of Thomas D. Hill*, Toronto, Buffalo, London: University of Toronto Press, 2016.